U0043306

政治時差‧時差政治

敘事共時性作為民主政治的一種想像

葉浩 ── 著

〔社會〕是一個合夥關係，但這關係並不僅存於現存者之間而已，而是存在於活著的人、逝去者及尚未出生的人之間。

——埃德蒙・柏克，《法國大革命反思》
（*Reflections on the Revolution in France*）

目次 ⸻⸻⸻⸻ **Contents**

前言

甚少人理解到，說書人和聽眾之間的關係單純取決於聽的人能繼續保持興趣。他們願意繼續聽是因為想自己來重講同樣的故事。

—— 華特・班雅明，〈說故事的人〉[1]

說書人的敘事必定是行動者自己看不到的，因為後者在行動當中，而且深陷在它的種種影響裡，對他而言，他的行為之意義不在後來的故事裡。

—— 漢娜・鄂蘭，《人的條件》[2]

▌符合島嶼歷史與現實處境的「公共哲學」

眾所周知，馬克思（Karl Marx）曾說：「哲學家至今只是以不同方式來詮釋世界，但重點在於：改變它！」本書呼應此一說法，也相信政治哲學可以是門為了改變世界而存在的學問。只不過，筆者將改變的希望寄託在鄂蘭（Hannah Arendt）所謂的「說故事」（story-telling）之上。那基本上是一種故事接龍的概念。對她來說，故事的真正力量在於它能讓人一講再講，以不同的角度、從不同人物的視角來講，講的人可以是當事人、旁觀者，也可以是人不在現場的聽故事者。故事不但因為內容總是與

1　Walter Benjamin, *Illuminations*（London: Fontana Press, 1973）, p.96.
2　漢娜・鄂蘭，《人的條件》，臺北：商周出版，2021。

人的親身經歷有關，因此能感動人，人們也能在傳講的過程中跟其他人產生了新的連結。這一種強調故事本身具有各種理解與說法，甚至本身具有生命力的問題，既不擔心法國文論家羅蘭‧巴特（Roland Barthes）在意的「作者已死」的問題，更不認為人們需要急著為任何一件事蓋棺論定，因為那一口被蓋上的棺木遲早一定會再度打開。

關於故事這種文類，鄂蘭是站在她的好友班雅明（Walter Benjamin）這一邊。後者知道，只要還有人對故事涉及的那些人、那些事還讓活著的人感興趣，那故事就沒有真正停止的那一天。鄂蘭為此添加上的是：除非有人不願意那些事被人知道，被人再次傳講。關於「六四」的一切或許就是一例。無論當權者如何嚴禁，有多少人想蒙上眼睛、摀上耳朵，關於那一晚的事蹟仍在世上流傳著，甚至還在以鄂蘭所說的方式繼續進行下去。

如此一來，鄂蘭意義上的說故事，是一件高度具政治性的事。讓人深陷囹圄只是其一，而且是在特定政權底下才會發生。對她來說，「故事」的發展可能與「政治」作為一種人類活動，乃一體兩面之事。一群人之所以能凝聚為一個社群，甚至進而發展成一個政治體，一個國家，取決於是否存在一個允許每一個人都能成為一個「誰」，以某種特定角色來彼此互動的空間。政治既是這一種活動的具體展現，也是屬於這群人的共同演出，彼此成就一個故事的集體活動。不僅如此，重講故事也是讓一個歷經創傷的政治社群，克服歷史負擔並修復社會關係的一種方式。無論是哪一種，一群人藉重講故事來重啟彼此的關係，來延續既有的政治社群，例如讓國家進入下一個共和（如法國、德國所經歷），抑或由一群人以建立新的社群來開始一個專屬他們自己的新故事，包括另立政府，打造一個新的國家（如革命成功的美國），都關乎一群人是否是為同屬一個政治體的存在。這是本書

詮釋的鄂蘭政治思想之核心論點。這論點既是筆者藉以討論島嶼政治關於如何進行民主深化、轉型正義乃至追求國家正常化的理論基礎，政治希望之所在，也是針對馬克思那一句話的回應。

作為一種政治哲學式回應，本書致力於理論化此時臺灣作為一個政治體的根本存在，並據此提出一套能真正符合島嶼歷史與現實處境的「公共哲學」（public philosophy）。筆者稱此為一種「脈絡化的規範性理論」（contextualised normative theory）。這主要涉及了關於島嶼政治主要特徵的基本理解之提出，然後援引以撒・柏林（Isaiah Berlin）及鄂蘭兩位猶太哲人的著作為思想資源，來針對筆者所認為最不能迴避的政治議題來進行討論，並指出問題及可能的出路之所在。

為何是柏林與鄂蘭兩位思想家？當然不僅是學術興趣使然，更不該是因為筆者的正式學術生涯剛好始於柏林研究，而鄂蘭當紅。事實上，在西方政治思想學界人們通常只會擇取兩者之一來進行研究，且彼此沒有交集，例外屈指可數。主因是這兩位同為猶太裔的思想家生前即彼此交惡。導火線就是鄂蘭毛遂自薦擔任《紐約客》（*New Yorker*）雜誌特派員之後，於 1961 年遠赴耶路撒冷聆聽前納粹軍官艾希曼（Adolf Eichmann）受審過程而寫下的紀實報導。鄂蘭一度提及了猶太長老如何屈從納粹屠殺政策並交付名單的事實。此舉加上「平庸之惡」（banality of evil）概念的提出，讓許多人認為那是替納粹人員開脫之詞，報導刊登之後立即在猶太圈內引起軒然大波。不僅如此，柏林甚至親上火線批評並阻擋過《艾希曼在耶路撒冷》（*Eichmann in Jerusalem*）的出版。[3] 相較於流亡至美國的鄂蘭，柏林曾任職於英國駐外單

3　詳見 David Caute, *Isaac and Isaiah: The Covert Punishment of Cold War Heretic*（New Haven & London: Yale University Press, 2013）, pp.262-72。

位並婉拒過以色列總理提出外交部長一職的邀請，不僅與兩國政要和學術圈關係良好，更是英美政治思想學界最負盛名的牛津「奇切爾講座」（Chichele Chair）教授，甚至有「學術聖人」之稱。兩人在學術界和猶太社群中地位懸殊，恩怨也某程度外溢到了學術研究。

事實上，直到「九一一事件」發生之後，長期受主流政治哲學社群冷落的鄂蘭及其強調共同世界和公共事務參與的思想，才重新受到學界關注。恐攻事件讓主流政治思想學者猛然察覺到他們長期推動的多元文化論（multi-culturalism），雖然讓人類文化這一座花圃終於呈現了柏林期待的「百花齊放」（a hundred flowers blooming）風景，但這種各過各生活的處境並不能讓不同族群的成員深切意識到自己自幼習得的文化並非唯一，更非絕對。此外，在高舉尊重差異而樹立的「政治正確」大旗底下，不同族群不僅現實上欠缺互動，社群媒體的崛起也讓各種能彼此呼應、滋養仇恨言論的同溫層，打造成政治極端主義的溫床，甚至醞釀了本土恐怖分子和宗教基本教義派等民主社會的內部敵人。2005 年發生於英國的「倫敦七七爆炸案」即是一例。當主事者被證實為巴基斯坦裔的英國公民，這讓整個社會掀起了一股關於「誰是英國人？」的輿論熱潮。無獨有偶，美國政治學者杭亭頓（Samuel Huntington）也在那年年底以出版《「誰是美國人？」：族群融合的問題與國家認同的危機》（*Who Are We? The Challenges to America's National Identity*）一書，來對美國社會提出同樣問題。

主流政治思想學界的討問首先見證了 19 世紀法國思想家托克維爾（Alexis de Tocqueville）和同期的英國自由主義代表人物約翰・彌爾（John Stuart Mill）這兩位思想家的重磅回歸。托克維爾近來被譽為「政治先知」，因為他對美國民主的研究不僅指

出了成功之道，也提出了憂心的看法且幾乎皆已成真。根據他親
自到美國當地進行的田野調查，是地方鄉鎮自治傳統，基督教信
仰及資本主義精神共同支撐了民主運作（Tocqueville, 1994）。
這一份最早的「政治文化」研究至今仍被視為經典。許多人也因
此認為若想移植民主制度到非西方國家，就必須連基督教和資本
主義也一起移植過來。杭亭頓則認為，當前的美國認同問題根源
之一在於英國清教徒的信仰逐漸式微。彌爾則一方面接受托克維
爾對於民主制度乃人類歷史之所趨的判斷，並同意單憑人數來決
定對錯的「多數暴政」（the tyranny of the majority）將是未來必
須克服之事，一方面則提倡公民精神的養成且主張民主制度的良
好運作前提是國家認同感（Mill, 1991: 427-434）。畢竟，民主
自由的社會意味著多元與意見衝突。欠缺國家意識作為基礎的社
會，不僅會讓許多涉及族群的議題無限上綱，爭論起來既沒底線
甚至將深化分裂。彌爾的主張讓許多自由主義者回歸愛國精神的
討論。

　　愛國精神的重要性於是重獲西方學界的承認。也是在此脈
絡底下，長久以來奠定於「共善」（the common good）概念的
「共和主義」（republicanism）也再度成為西方政治思潮的主
流，威脅著自由主義作為主要政治意識形態的地位。尤須注意
的是，以上英文字基本上是翻譯自拉丁文「*res publica*」，原意
是「共有之物」（common things）。[4] 羅馬共和國晚期政治家兼
思想家西塞羅（Marcus Tullius Cicero, 106BC-43BC）的《論共和
國》（*De Re Publica*）是西方古典共和主義的基石，該書開宗明
義地說：

4　Rachel Hammersley, *Republicanism: An Introduction*（Cambridge: Polity Press,
　2020），P.22.

> 公共事務（*res publica*）乃人民之事物（*res populi*），
> 但人民不是人們某種隨意聚合的集合體，而是許多人基於
> 法律的協議性（*iuris consensu*）和利益的共同性（*utilitatis
> communion*）而結合成的集合體（*sociatus*）。[5]

政治思想史家蕭高彥曾援引蔡英文教授的詮釋，認為西塞羅藉此主張的是「公民在法律架構之中共同參與公共事務的審議（*concilium*; deliberation），並達成階級之和諧（concord）」，並進而指出：雖然在當時的羅馬共和體制仍以貴族世家為統治階級核心，但西塞羅將「人民」概念融入其定義之舉，預留了日後以民主體制為型態的共和主義論述發展之可能（蕭高彥，2013: 7）。

　　姑且不論此一淵遠流長的思想傳統之細節，共和主義大抵有兩種基本理解。一是單純將善治或正當的政府都認定為「共和」，西塞羅及追隨者基本上都如此認為，包括 17 世紀英國推翻君主體制的弒君者，他們將「*res publica*」譯為「commonwealth」並藉此強調國家乃所有人民共有的財產；不管多少人統治，能否守護國家並體現共善或將財富、國家安全、社會穩定等基本共有物讓人民共享的政治實踐，才是重點，也才是偉大政治家追求榮耀之方向（Hammersley, 2020: 24）。另一則是將共和與君主制對立，主張唯有人民憑藉意志統治的國家才是共和。後面這一種共和主義者將致力於政治制度設計，希望以各種方式來落實「人民意志」（the will of the people）的展現並確保人民能有自己的意志，尤其是法治、權力制衡或人民立法等措

5　引自蕭高彥，《西方共和主義思想史論》，臺北：聯經出版公司，2013，頁6-7。

施，並鼓勵公民積極參政並提倡愛國精神。

　　向來被認定為共和主義者的鄂蘭，其實是在這思想傳統重新崛起並挑戰自由主義的脈絡底下，才真正進入了新一代學者的視野並成為主流政治思想家。學術之外，民粹現象的出現則是主因。重大全球性經濟和社會危機將主要民主國家的選民推向了民粹色彩濃厚的政治人物，但對許多人來說這轉向本身才是民主危機。鄂蘭關於德國如何從威瑪共和民主制度走向極權主義的著作，在此時極具現實意涵，一時洛陽紙貴。另一方面，因為她的著作大多為面向社會大眾的書寫，接受度高。加上富有傳奇色彩的個人生平及敢冒天下之大不韙也要講真話的個性，相對容易成為大眾輿論和媒體焦點，甚至成為電影與紀錄片的主角。此一風潮在聯合國自 2010 年起致力於在國際上推動「轉型正義」（transitional justice）之後，更加興盛。[6] 一時間，「平庸之惡」成了許多有識之士琅琅上口的概念。他們害怕身邊忙於生計而不關心公共事務的人將選出另一個希特勒。

　　反觀自由主義這一邊，雖然有論者也將矛頭轉向柏林本人，畢竟倡議文化多元論及其哲學理論前身「社群主義」（communitarianism）多是他的弟子、友人，或嫡傳弟子如國內媒體競相報導過的哈佛大學教授桑德爾（Michael Sandel），但堅持柏林的價值多元論（value pluralism）並試圖從中推論出因應多元社會的嚴重政治分裂，亦大有人在。例如，倫敦政經學院教授約翰・葛雷（John Gray）曾根據柏林思想所提出的「暫定協議」（modus vivendi）理論，其目的不外是「共生」（co-existence）。該理論當時也影響了英國首相布萊爾（Tony Blair）所

6　見聯合國 2010 年的〈秘書長指導說明〉（Guidance note of the Secretary-General : United Nations approach to transitional justice），UN. Secretariat: ST/SG(09)/A652。

領導的「新工黨」（New Labour）論述及其處理蘇格蘭與愛爾蘭事務的基本精神。[7]

　　社群主義及衍生於此的多元文化論，支持者眾，國內外皆然。葛雷的理論亦曾讓學界一度寄予厚望，國內政治思想學者江宜樺教授及蔡英文教授先後將它引入，後者更將闡釋該理論的專書《自由主義的兩種面貌》（*Two Faces of Liberalism*）譯成中文並於 2002 年出版。2006 年 2 月，時任臺北市長的馬英九先生在倫敦政經學院的演說首次提及，若國民黨再次取得政權將重啟「九二共識」以推動兩岸和平架構（peace framework）並呼籲國際社會讓臺灣有更多的實質參與。這說法可見暫定協議的身影。他隨後在哈佛的演講則進而以「modus vivendi」一詞來表達同樣想法，當時媒體普遍以「兩岸暫行架構」和「國際參與的暫行架構」來報導。[8] 當選總統之後的馬英九，將說法再改為「活路外交」，而「活路」其實就是「modus vivendi」這兩個拉丁文字的直譯。惟，以上提及的說法都未獲得更進一步的申論，正如另一位總統候選人謝長廷先生提出的「和解共生」之說。

　　筆者以為，上述種種借用西方政治概念及理論來提出方案，但卻未進一步申論的做法實屬可惜。欠缺深入論述的說法不僅容易流於口號，長期下來也有導致集體失語症之虞，最後只能以政治顏色代替思考。這種或可稱為「論述赤字」的現象，終將不利於民主制度的運作。畢竟，該制度的可貴之處在於讓多元的社會能以討論、商議甚至爭吵來做出必要的政治決定。更重要的是，

7　葛雷日後多次批評工黨並右傾轉向了民族主義，見 https://www.opendemocracy.net/en/can-europe-make-it/john-gray-the-nationalist-philosophe-stoking-culture-wars-fires/。

8　詳見 https://city.udn.com/50346/1560960?tpno=22&cate_no=0; 相關報導見 https://news.ltn.com.tw/news/politics/paper/63266; https://www.matsu-news.gov.tw/news/article/155592。

柏林尚有相當值得發展的思想資源，可供我們思索島嶼政治困境
的出路，尤其是關於如何分析爭議中的各種論述。

▌自由的兩種概念

柏林最著名的〈自由的兩種概念〉（Two Concepts of Liberty）
即是一篇為我們示範如何從概念分析來把握政治爭議的文章。撰
寫於劍拔弩張的冷戰高峰期，該文從雙方各自的論述當中提煉出
兩種自由的概念。亦即英美為首的自由主義和對立的蘇聯共產
陣營各自追求的是「消極自由」（negative liberty）和「積極自
由」（positive liberty），前者以「不受干涉」為目的，而後者視
「自主」或說「當自己的主人」為自由之真諦並盡一切可能排除
各種被認定誤導人民認知的各種價值觀和影響力。這種二分法既
指出了兩大對立意識形態在最抽象思想層次上的真正差異，也肯
定了敵對方亦致力於追求一種比始於近現代的消極自由更古老且
高貴的政治價值。

筆者以為，〈自由的兩種概念〉有三個關於方法論的特點
值得注意。第一、自由的兩種概念是從實際論述鬥爭當中所提
煉出來，藉以解釋兩大意識形態在最抽象層次上的根本差異。
那不僅證實在最抽象層次上，兩個南轅北轍的政治想像也可能
使用同一語詞概念，更告訴我們任何的概念都必須放在具體脈絡
當中，才能確切掌握其真正意思。更重要的是，從爭議雙方各自
視為真正值得追求的價值理念和政治理想，等同認真對待人們真
正在意的政治理念和價值概念，也就是他們真正在意的「規範」
（norms）。

第二、該文也示範了如何從（一）爭議中的價值概念；（二）
相關的實踐政治原則，以及（三）更具體層次的整套價值體系或

說意識形態等三個思維層次，來進行政治論述的把握，然後再將這些不同層次的想法置於西方政治思想史的脈絡當中，針對不同意識形態的論點及優缺進行分析與評估。另一方面，柏林進行評估與批判的最終依據是實際的政治經驗。他指出積極自由雖然高貴但比起消極自由更加危險，因為前者在現實上容易轉為關於「什麼狀態」才是真正的自主（例如完全理性，不受資本階級價值觀的控制），「哪一種方式」才能讓自己成為真正的主人（例如革命或為自己立法），最後則是「誰」才真正懂以上兩個問題的答案，也因此始於自由的追求經常走向奴役之路。這也印證了另一位冷戰自由主義者海耶克（Friedrich von Hayek）所說，「通往地獄的路總是由善意鋪成的」。[9]

第三、柏林也根據上述工作提出了一種處方（prescription）。毋需再妖魔化對手之外，他更在意的是，建構政治理論時不能失去「現實感」（sense of reality），尤其應當心存他人的存在，且是真真實實、活生生的存在，有血有肉亦有思想、有堅持的理念和價值。因此，試圖建構政治理論或提出政治理想的人，不可誤把史觀代替真實的歷史，以邏輯推論來代替現實政治中的判斷與道德掙扎，甚至支持國家領導人把活生生的人當作陶土來捏塑，把社會硬是塞入某一偉大的政治模型當中，因為那將只會讓解放的初衷最後以走向威權乃至極權告終。

以上論點其實是擷取自筆者在葛雷指導之下的博士論文，其創新之處在於從方法論來把握柏林的政治思想及價值多元論。收錄為本書第一章的〈柏林的價值多元論與自由主義〉，原是深化

9　雖然許多人將這一句話歸功於海耶克，但實際上這是源於 19 世紀初的英國諺語，而且海耶克的原話是引自德國哲學家霍德林（Friedrich Hölderlin）所說：「讓國家變成地獄的，通常也就是那些想把它變成天堂的人。」見 Friedrich von Hayek, *The Road to Serfdom*（London: Routledge, 1944），p.24。

此一詮釋的期刊論文，而筆者所謂的「脈絡化規範性理論」也是一種以〈自由的兩種概念〉為典範的方法論立場。該文也說明了為何承認多元價值的存在意味著某種開放心態或說自由主義精神的展現，以及該心態對如何因應多元事實這件事的理論和實踐意涵。實踐上，那則意味著：如果共存是彼此的最小共識，妥協與折衷將是一種必要，且堅持不同價值理念的人應當努力跨出同溫層去認識異己。換言之，「百花齊放」本身不是最高目的，人們應當致力於「同情理解」（empathy），一方面從別人的價值體系當中學習到世界之大能允許多種美好且同樣值得追求的價值、人生樣態和文化之存在，從而達至德國大哲康德（Immanuel Kant）所謂的「擴大心智」（enlarged mentality），一方面則因此意識到自己手上並不掌握著關於宇宙人生最重要問題的唯一答案。

某一概念的真正意義唯有從實際脈絡當中才能理解，也意味著借自西方學界的想法和理論一旦放在島嶼實際脈絡當中，意義可能會大不相同。同理，相較於英美等老牌民主國家的有識之士擔憂民粹主義會讓國家陷入極權主義，在其他國家經歷過威權和極權統治的學者，卻是為了防範威權復辟乃至極權主義再起而閱讀鄂蘭。換言之，前者關乎一個實施了很久的制度是否正在退化，或是否如劍橋大學教授朗希曼（David Runciman, 2018）所說正在經歷開始喜新厭舊，希望生活多一點刺激，因此想藉不尋常的舉動來刷一下存在感的「中年危機」，但後者卻是如何順利長大成人，如何在舊制度遺緒尚存的條件底下深化並鞏固民主這一個新制度的問題。正視兩者的差異，意味著即使相似症狀，根源卻不同，例如民粹現象可以是英雄崇拜使然，也可能源自猶太教彌賽亞觀（Jewish messianism）的救世主期待，或者是對於強人政治的懷念。而擔憂威權遺緒會威脅新興民主國家的政治運

作，正是聯合國推動轉型正義的主要理由。

本書以〈自由的兩種概念〉為借鏡並嘗試為島嶼政治的核心爭議進行分析、診斷並開立處方。首要工作是致力於從實際論述中分析出爭議中各方自視為值得追求的理念，包括最抽象層次的基本價值理念（如自由、人權、尊嚴、正義），政治或道德原則（如強權即是公理、德不孤必有鄰，或不以國家主權換取經濟利益），以及更具體層次的整套價值體系或說意識形態（如民主法治社會或中華民族偉大復興）。筆者的第十三章〈從執拗的低音到主旋律：臺灣轉型正義的思想史側寫〉文章是據此方法進行的分析與診斷。「主旋律」指的是從蔡英文女士以轉型正義為主要政見競選總統並於上任後立即推動此一政治工程後至今的過程。這其實也是為了因應馬英九政府在 2009 年所批准並生效的「公民與政治權利國際公約」及「經濟社會文化權利國際公約」（俗稱《兩公約》）當中關於轉型正義的要求。自《兩公約》入法之後，國際人權組織即格外關切島嶼上的轉型正義工作。當國際刑事法院首席檢察官葛斯東（Richard Goldstone）於 2016 年率團訪問時，更直接呼籲：「時間是轉型正義的敵人，不是朋友！」[10] 葛斯東也是成立於 1995 年的南非「真相與和解委員會」（Truth and Reconciliation Commission）的主要推手並參與過聯合國人權理事會（UNHRC）的重要調查工作。他那句話更成了前總統蔡英文後來在國際人權日上演講時的起手式。

事實上，該文初稿撰寫於轉型正義議題還是「執拗低音」的時候，雖然國際上效仿南非而成立的類似機構已超過三十個（Nordquist, 2017: 151-60）。只不過，當時以此議題投稿國內期刊頗為困難，收到的外審意見包括：此乃撕裂社會的仇恨政治議

---

10 https://www.twreporter.org/a/constitutional-court-simulation

題，且分析對象取自政治人物發言與媒體文章，不具學術價值。惟，筆者仍舊相信分析實際爭議中的論述是理解島嶼政治的重要方式，且同時具有理論和現實意義。也因此當十年過後有幸接獲香港中文大學的《21世紀》雙月刊就此議題邀稿時，筆者欣然接受並對內容進行了必要的更新並於2017年刊登。或許，這也與該議題在香港的現實意義並不同於在臺灣有關。該議題在臺灣似乎總是沾染了政治顏色。

為了方便解說爭議的屬性，容筆者借用柏林的兩種自由區分來解釋一下民主與《兩公約》。源自古希臘文「*dēmos*」（人民）和「*kratia*」（統治）這兩個字結合而成的「民主」（democracy）一詞的原本含義是指「人民自我統治」，且在一個以「城邦」（*polis*）為基本政治體型態的時代底下，那既是以城邦人民在城邦之內「當自己的主人」（不受君王統治）的一種積極自由之實踐，現實上也意味著城邦整體「不受外人管轄或干涉」，因此也體現了一種集體意義上的消極自由。換言之，「民主」的意涵不能被化約到「自由」概念那樣的程度。以柏林的話來說，那是一種混搭了兩種自由的複合性概念，也因此人們能側重它的某一面意義並據此宣稱自己為一個民主國家。進入了現代世界之後，政治體以「主權國家」（sovereign state）為典型。那是一種「對外不承認有更高權威」的政治主體，因此全民「當自己的主人」且全體「不受外來干涉」是其基本預設，也就是說那包含了古希臘民主概念最素樸的意義。

在此一現代設定下，人們對民主的理解將自然從對外關係轉向內部的人民與政府之權利和義務之上，尤其是有關政府權力該如何受限、制衡，以及人民該具備何種不受政府干涉的保障作為基本權利。作為限制公權力行使並以保障人民各種消極自由的「法治」（the rule of law）、權力制衡（balance of power）、權

力分立（separations of power）乃至定期選舉（以確保某一群人不會永遠掌權）於是應運而生。這些正是「公民與政治權利國際公約」的內容，也是多數人對現代民主的基本理解。至於積極自由，那主要成了在不受政府干涉的私領域內的理想追求，例如生命意義或道德主體性的追求。而為了讓這類的積極自由得以成為可能，於是也有了「賦權」（empower）的各種方案被提出，包括社會福利政策，其目的在於增進人民追求自我實現的能力。「經濟社會文化權利國際公約」即是以此為目的。

據此理解，《兩公約》乃一套包括了現代消極自由和積極自由的權利法案，並以具有實質（de facto）主權獨立的政治體為基本預設，且兩公約內容獲得落實的程度多寡既與國際社會是否接受它為法理（de jure）主權國家無絕對關聯，也未必能滿足民主最古老且素樸的「當自己的主人」概念——甚至可以生活在由別人幫忙制定的一部憲法底下。不意外，如果真的有這樣的一部憲法，追求民主的方向之一將是人民制憲或掙脫外人或外來政權的統治。某程度而言，這就是島嶼政治的爭議核心。自由、民主、主權於是成了難以切割的議題，且無一不涉及了以什麼史觀、以誰為國家的主體乃至以哪一個族群的歷史記憶才算是所有人都應該接受的歷史意識等涉及了時間維度認知的層面。

於是，雖然《兩公約》已國內法化，且位階僅次於憲法、高於一般法律，甚至亦有學者期盼將它提升至憲法位階，但談及法條內容及轉型正義議題，島嶼人民的意見仍呈現兩極化。島嶼究竟業已「完成」民主，抑或還剩最後一哩路？當時倡議者的主打口號是「轉型正義是民主化的最後一哩路！」，但反對者如前總統馬英九則反駁說：臺灣已是民主國家，不需轉型正義。[11] 甚

11　https://news.ltn.com.tw/news/politics/breakingnews/1972733

至，支持者內部亦有關於小英政府的轉型正義走得太快或太慢的爭議。認為太快者甚至有聲音主張，應當等民主真正鞏固了之後再來做轉型正義，否則動搖國本。

　　一時間，各種涉及了時間維度的認知差異浮現。轉型正義與民主化於是成了一體兩面議題。尤有甚者，鑒於亦有論者將民主化的終極目標理解為「邁向正常國家」。其核心若非徹底包括捨棄那一部為中國大陸制定但執行於島嶼之上的《中華民國憲法》，重新制憲的主張，即是終結國民黨所代表的「外來政權」，亦有一說是「殖民政權」。「民主化」、「轉型正義」及「國家正常化」於是成了一組彼此鑲嵌的議題，且終歸與人們對島嶼地位的不同歷史認知密切相關。第十三章〈從執拗的低音到主旋律〉，筆者以「時差」來指各種涉及了時間維度差異的認知差異。

　　就某程度而言，本書是以上所提兩篇論文的進一步反思與發展，尤其是關於上述時差概念的進一步理解。轉型正義爭議中涉及時間維度的認知差異，讓筆者意識到「時間」與「政治」的密切關聯性。首先是關於臺灣作為一個移民島嶼的政治存在之理解。這一個曾讓16世紀中葉的葡萄牙人讚嘆為「*Ilha Formosa*」，從而有了「福爾摩沙」之名的島嶼，雖然當時並非無主之地，但居住於上的人們不曾積極主動參與「民族國家」（nation-state）體制的打造，而是在百年之後被動地捲入了西方人建立的主權國家體系之中，且此時亟欲以「臺灣」之名重新登上國際舞臺。此後四百多年間，島嶼接受過一波又一波的移民，而每一次大規模的移民都帶入了特定族群的集體記憶、史觀，也在許多不同時間點上引入了各種思潮，因此有了一次又一次的制度移植嘗試。

　　本書主張，島嶼政治正深陷於肇因以上「移民」與「移植」兩股力量各自拉扯且彼此纏繞的政治分歧與社會分裂之中。各自

拉扯，一方面是因為移民帶來了各自對過去的理解及對未來的想像，以及據此對當前現狀所做出的理解，另一方面則是因為不同時間點移入的思想與制度，分屬政治光譜上的不同位置，不僅邏輯上相互扞格，實踐上也恐有抵銷各自的成效之虞。

彼此纏繞，則主因是移民帶來的不同歷史認知或史觀不僅會讓不同時間點引入的政治觀念或理念，增添了理論與實踐之外的另一種衝突。統、獨或維持現狀，即是三種關於島嶼未來最籠統的政治想像，也是理解許多移植概念的不同基本框架。例如「民族」（nation）在西方即是一個「本質上可爭議」（essentially contested）的概念，置於島嶼的脈絡更意味著「民族國家」的建立、「民族解放」的主體乃至「國家正常化」的方向，爭議更大。尤有甚者，以國會為核心的「代議民主」和以公投乃至制憲為主軸的「直接民主」，本來在理論基礎即彼此迥異並可見於過往爭取民主的不同論述當中，但多次移民且民族相關認知不同的事實也讓各自的擁護者彼此針鋒相對。該採取哪一種才是真正的民主，才是民主深化的方向？人們有不同理解。對於民主是否業已完成、現有的成就又該歸功於「誰」，也難有共識，遑論一個讓島嶼全體住民願意攜手合作、共同邁向的「正常國家」願景。國際上近五十個國家正在推動的轉型正義工作也因此被視為一黨之私算計，政治操弄，甚至支持者們對那究竟是民主最後一哩路還是民主鞏固了之後的下一階段任務，亦有根本分歧。

▌政治時差／延異政治

法國哲學家德希達（Jacques Derrida, 1930-2004）曾創了一個字「différance」來指出，相較於人們在言說進行中得以立即理解並確認對方的意圖，書寫本身及文本閱讀不但涉及了「延遲」

（to defer）的必然，因為那是企圖以文字來捕捉思緒和情感，也會因為解讀而產生「差異」（to differ），畢竟那是在另一個時間點及不同脈絡底下來進行。[12] 該詞似乎能相當精準地捕捉到以上關於臺灣政治爭議根源的理解，中文通常譯為「延異」。無論是民主制度、轉型正義或主權國家概念，皆是西方概念，抵達島嶼當然是經過了很久之後的「延」，而進入島嶼的文化與政治脈絡之後將產生「異」則是難以避免之事，甚至可說是制度移植的可預期後果。筆者曾以「A Politics of Différance」為題在英國進行過臺灣轉型正義議題的演講，當時的反饋證實該詞有助於西方學者進入論證脈絡。[13] 然而直接以「延異」概念來進行講述時，既不平易近人又略為拗口（此即一種延異），本書於是沿用「時差」一詞並將那兩軸線彼此交纏的事實稱為「雙螺旋時差結構」。它指的是島嶼上不同族群所各自賴以理解政治事件及其意義的多重認知框架結構。任何肇因於此的政治歧見，將被理解為一種「政治時差」案例，而政治時差所導致的各種爭議與意識形態衝突，則統稱為「時差政治」——或說「延異政治」。

　　撇開語詞的琢磨，正視政治爭議中的時差也意味著底下兩個理論問題難以迴避。一是如何才能克服這個阻礙著島上住民全體對未來有共同政治想像的結構？第二則是：我們該怎麼做才能突破時差格局，走向共同未來？筆者以為，此時西方主流政治理論並不存在適合直接採用的方案。而本書對該議題提出的理論層次回應則是從鄂蘭文本當中提煉出來，奠基於筆者所謂的「敘事共時性」概念之政治本體論。本文接下來將以延續此前文提到的文

12　Jacques Derrida, *Margins of Philosophy*, trans. Alan Bass（Chicago & London: Chicago University Press, 1982），pp.1-27.

13　時間為 2021 年 11 月，地點在愛丁堡大學、諾丁漢大學、倫敦亞非學院及薩塞克斯大學，筆者由衷感謝邀請單位及在場與會者的提問。

化多元政策討論，及其促成的「誰是英國人？」輿論走向，來進一步對此說明。

相關討論其實很快地以何謂「Britishness」（英國獨特性）這議題展開，然後聚焦於：能不能要求移民融入主流文化？該不該承認英國特殊性即文化多樣性？文化多元性仍是基本預設。誠然，許多人堅信唯有更加包容不同文化才能更好地凝聚英國社會。即使是導致 2016 年脫歐的「英國獨立黨」（UK Independence Party），當時訴諸的官方理由是歐盟政策過於左傾（重社會福利，輕市場機制），立法機構的代表性不足（因為歐洲議員選舉投票率低於四成）、權力過大（制定之後即適用於英國，剝奪英國國會的立法權）且難以監督等理由，無涉民族優越性，雖然支持者多為所謂的「英格蘭民族主義」（English nationalism）運動者。而該運動此時賴以為繼的主訴求是：相對於蘇格蘭、威爾斯、北愛爾蘭等三個民族（nation）在 1999 年各自設置了得以專司自己事務的議會，人口占英國 84% 的英格蘭至今卻未能享有同樣權利。

事實上，地方議會的設置是英國工黨（Labour Party）為了抑制崛起中的蘇格蘭民族主義而採取的「權力下放」（devolution）政策，背後邏輯即是首相布萊爾（Tony Blair）接受自葛雷所提出以和平共存為目的之「暫定協議」。**14** 但那並未阻擋了當地民族主義內從高舉民族特殊性轉為獨立建國運動，而是造成了英格蘭的相對剝奪感。根據「蘇獨」主要倡議者也是著名馬克思主義者奈倫（Tom Nairn）教授的說法，讓蘇格蘭與英格蘭合併的《1707 年聯合法令》（Acts of Union 1707）是一種帝國主義擴

14　Andrew McDonald, *Reinventing Britain: Constitutional Change Under New Labour*（Berkeley: University of California Press, 2007），p.17, 116.

張的見證，而締造「大不列顛暨愛爾蘭聯合王國」的《1800 年聯合法令》（Acts of Union 1800）本身更是違背了始於 1789 年法國大革命的「廢君主改制共和」人類歷史趨勢（Nairn, 1977; 1981）。尤須注意的是，該「法令」其實指的是英格蘭國會和蘇格蘭國會各自通過的《1706 年與蘇格蘭聯合法令》和《1707 年與英格蘭聯合法令》，而且允許蘇格蘭保留自己的宗教、學制、法律制度至今，因此「蘇格蘭特殊性」堪稱完整也不存在「誰是蘇格蘭人？」這種靈魂拷問。蘇獨人士主張《1707 年聯合法令》是兩國契約，且身為簽約主體之一的蘇格蘭從未消失。聯合王國的四個成員向來也的確以「民族」（nation）或「國家」（country）來彼此稱呼。

2012 年，英國政府與蘇格蘭政府簽訂了《愛丁堡協議》（Edinburgh Agreement）並據此制定了 2014 年的獨立公投條款，實施結果並未過半。脫歐之後，蘇格蘭政府以脫歐公投時有 62% 蘇格蘭人決定留歐為由，要求再次舉行公投，未獲得同意之後遂於 2022 年就自身是否有權決定此事向英國最高法院聲請裁定。法官的判決如下：於英國國會通過的《1998 年蘇格蘭法》委任該地區設置議會並制定法律，但立法範圍不得涉及「保留事項」（reserved matters）內容，亦即關乎憲政體制改革事宜，包括《1707 年聯合法令》內容的改變；此外，即令獨立公投不會產生「立即的法律後果」（immediate legal consequences），那仍是「一件具有重大政治影響的政治事件」（a political event with important consequences）[15] ——換言之，「保留事項」乃是「政治權力」（political powers）的行使範圍，英國國會並未將此下放

15　https://commonslibrary.parliament.uk/supreme-court-judgment-on-scottish-independence-referendum/

給地方議會。[16]

　　以上案例凸顯了在法治國家底下，許多政治主張在實踐層次上涉及了立法程序及配套措施的事實；此外，涉及憲政的爭議在屬性上並非法律之事，而是政治的範圍。而既然是政治之事，那意味著各自解讀及持續爭論的可能性。蘇格蘭首席部長堅稱英國國會違反了《1707 年聯合法令》精神且絕不讓「蘇格蘭的民主受囚於西敏寺」，而下一次大選將會以獨立作為主要政見，屆時大選就是一場公投；然而愛丁堡大學公共政策教授詹姆斯・米歇爾（James Mitchell）此前即提醒人們，議會選舉不等同於公投，也不能被解讀為公投。[17] 不意外，《1707 年聯合法令》的法律地位向來也是爭論焦點。[18] 長期以來有論者主張英國國會根本無從撤銷該法令，因為該法令是國際條約，而當時的締約者已不復存在。對此，享有權威地位的蘇格蘭法教授大衛・沃克（David Walker）則反駁說，既然國會無從改變，那當初的條約內容就該被視為永久有效。但分別任教於劍橋大學和愛丁堡大學的兩位國際法教授克洛福（James Crawford）和艾倫・鮑伊爾（Alan Boyle）卻共同執筆解釋：「聯合法令」嚴格說不是條約，而是兩國的談判紀錄，此時的英國政府更非締約者。[19]

　　討論至此，讀者可見從國際法角度切入的爭論，政治屬性似乎並不低於憲法爭議本身，且涉及了許多的政治判斷。對於臺灣政治未來發展，相信也有啟發。不過，此時重點在於蘇獨問題也

16　https://researchbriefings.files.parliament.uk/documents/CBP-8544/CBP-8544.pdf

17　https://commonslibrary.parliament.uk/supreme-court-judgment-on-scottish-independence-referendum/

18　https://en.wikipedia.org/wiki/Scottish_independence。以下關於法律的討論引自此則。

19　詳見 https://www.research.ed.ac.uk/en/publications/annex-a-opinion-referendum-on-the-independence-of-scotland-intern

凸顯出來時間維度之於現實政治的重要性。鑒於蘇格蘭與英格蘭乃至英國政府對於《1707 年聯合法令》各自解讀並按此來安排政治生活，那也意味著：聯合王國底下的多元性存在一個不可化約為價值衝突（如自由 vs. 安全，或國家主權 vs. 經濟發展）的時間維度，想以高喊「異中求同，共創雙贏」讓事情迎刃而解似乎更不可能。因為當中的「多元」與「時差」，幾乎是一種相互構成的關係。

柏林意識到了這一點，畢竟是他指出了兩種自由觀之所以會成為同場競爭的敵人，是因冷戰雙方各自堅持一種線性史觀（linear conception of history）。自由主義和共產主義爭的是誰才是唯一的歷史進步力量。堅持聯合王國必然分裂，君主制度必將讓位給共和主義的奈倫也是如此，主張「歷史選擇了毛澤東」的共產黨更是如此。[20] 柏林將此類思維稱為「一元論」（monism）。藉此，他提醒人們：高舉自己碰巧出生在內的國家、文化或集體記憶並強壓於他人之上，甚至不樂見其他族群使用母語來表達自己，都是一元論心態，而且可能是來自遭遇某種集體創傷所致，猶如「樹枝被壓彎後的反彈」，而不是一種文化自信或道路自信的展現。[21]

惟，柏林並未對時間和政治的互構性進行論述。本書下一章〈導論〉將以此主題展開本書內容，而筆者認為可以指引我們一條理論出路的卻是體現於蘇獨人士的論述策略。那就是：以重新詮釋歷史事件的政治意義來介入當下現實政治的做法。這正是鄂蘭所界定的「政治行動」真諦。以她的術語來說，英國政府還活在 1707 年簽約開始的那一條故事線當中並認同它，但蘇格蘭已

20　http://dangshi.people.com.cn/BIG5/n/2015/0915/c85037-27587583.html

21　Isaiah Berlin, "The Bent Twig", *Foreign Affairs*, Vol. 51, No. 1 (Oct., 1972), pp. 11-30.

開始以自己的角度來重講故事，甚至企圖藉此來開啟一個新的故事起點，一條以蘇格蘭人為主角的敘事時間軸。

當一群人願意共同生活在一起並相互肯定對方為同一個故事的成員，他們就是活在一個專屬於他們的共同故事當中。這即是筆者從鄂蘭文本當中提煉出來的「敘事共時性」（narrative synchronicity）之展現。此處所謂的「共時」並不是指物理時間上的「同一時間」（simultaneity），而是同一條敘事時間軸，生活於不同年代的人也能以各種不同身分來參與的某一時間序列，各自成為不可或缺的角色，成為共同故事的一部分。筆者將論證，這種共時性才是一種真正能將逝者、活人及尚未出生者凝聚為一個政治社群的基礎，也是鄂蘭所謂的「社群共感」（*sensus communis*）之要義。

「敘事共時性」是鑲嵌於本書第二章將提出的「政治本體論」之核心概念，也是筆者欲以論述並捍衛的一種共和主義。不同於奠定在「共善」（common good）之上並鼓勵公共參與和階級和諧的古典共和主義，抑或那一種以平民參政為基礎從而必須以廢除皇室為手段的現代版本，又或者是此時正捲土重來以兼具消極自由和積極自由（乃至社群共善）的當代共和主義，敘事共時性指向了另一種以時間維度為社群共感基礎的政治願景，一個得以讓不同時代的人凝聚彼此，各自為共同的歷史敘事做出獨特貢獻的「共和」。

以上理論既是筆者對鄂蘭政治思想做出的重新詮釋，也是本書藉以討論如何「突破時差、走向共和」的理論基礎。作為一個「理論」，它最多只能提供現實政治中人們在行動時的指引。至於那適用於哪一種情況、哪一些人，則是另一個政治判斷的問題，且這判斷的適當與否並不等同理論本身的好壞。

更重要的是，橫跨不同時代的人是否願意共同參與，實際上

取決於活著的人是否能在前人開啟的故事線上看到自己的角色扮演具有意義，是否願意為這故事增添新情節使之延續下去。那不是理論層次的問題。更何況，增添的方式種類繁多。採取實際行動之外，重講前人的篳路藍縷、革命先烈的偉大無私、開國元勛的雄才大略乃至哪一次的國家動盪之際誰力挽狂瀾，也可以是一種守護共和的方式。正如鄂蘭所說，真正的「傳統」（tradition）即是一種前人事蹟對後代仍有指引能力，而後代也相繼願意讓前人來指引如何走向未來的夥伴關係。

反之，當奠基者企圖高舉自己到至尊地位並阻斷後人開創屬於自己事業的可能時，那既是一種針對未來所進行的暴力（violence）也不會成功。當然，前人會如此做的狀況其實不多。常見的是活著的人以前人的名義來限制其他人的言行能力或機會。此舉不僅將會讓傳統失去了「權威」（authority），也是對活人與生俱來、能成為一個「誰」的潛力之剝奪。這同樣是一種暴力，也難以成功。

事實上，蘇獨爭議雙方所訴諸的《1707 年聯合法令》無論是條約或契約，在本質上都反映了一種人們想藉某一時間點凝結而成規範來形塑未來，或至少降低未來不可預測性的企圖。這不一定會成功，正如此時想把命運重新掌握在自己手上的蘇獨人士。當這一刻來到時，當年締約者或立法者對未來後代的約束力將面臨考驗。不可否認，向最高法院聲請裁定之舉意味著蘇格蘭政府還承認英國憲政秩序的權威，也就是尚未真正脫離那一個舊的故事。當判決告訴他們英國國會才是「四國聯合」政治體的最高政治權威，更證實如此。於是，他們必須做出政治決定，也只有他們能做出決定。此處的「他們」主要指甫上任即宣布將延續前任路線並將下次大選視為「實質獨立公投」（de facto referendum）的蘇格蘭首席部長尤沙夫（Humza Yousaf），蘇格

蘭民族黨（SNP）及蘇格蘭選民。[22] 根據尤沙夫的說法，取得勝選（無論是詮釋為席次過半或票數過半）後蘇格蘭政府將仍啟動跟英國政府的獨立談判。屆時，那「他們」或許會擴大為英國政府及英格蘭人甚至是國際社會，正如相關爭論最後也來到了魁北克的案例。[23]

焦點在於《聯合國憲章》第一章第一條第二款所載明，該組織將致力於落實的「人民平等權利及自決原則」（principle of equal right and self-determination of peoples）該如何落實。[24] 加拿大高等法院於 1998 年對魁北克是否有權單方逕自脫離的判決，結果如下。原則上，聯合國賦予人民的自決權僅適用於底下三種情況（一）受殖民統治，或（二）生活於外人占領之下，又或者（三）生活於既有主權國家內的人民，被徹底剝奪了「有意義行使自決權」（meaningful exercise of its right to self-determination）的機會。[25] 然三種情況皆不適用於魁北克，畢竟，過去半個世紀中的近四十年時間，首相是由魁北克人擔任，內政、外交重要人員也不乏魁北克人。鑒於提案緣由與 1995 年獨立公投結果以 1.16% 之差未過，法官並藉此提醒雙方，無論民主投票結果的差距多少，都無損該結果的合法性（legal status），更不該以此為由而不顧法治原則及相對於其他族群的公平性。判決書最後以此作結：「雖然在憲法與國際法底下並無單方逕行脫離的權利，但本庭並不排除魁北克以違憲方式宣布並成為實質脫離（*de facto* secession）的可能性，惟最後能否脫離成功並成為一個獨

---

22 https://www.bbc.com/news/uk-scotland-67116489

23 https://www.thetimes.co.uk/article/scotland-and-the-thorny-road-to-independence-k2nbhhtstbz

24 https://www.un.org/securitycouncil/content/purposes-and-principles-un-chapter-i-un-charter#rel1

25 https://www.canlii.org/en/ca/scc/doc/1998/1998canlii793/1998canlii793.html

立國家則取決於國際社群的承認（the recognition of international community）」，而該行動的「合法性及正當性」（legality and legitimacy）將會是他們的考慮重點。[26]

關於一個國家如何取得「國格」（statehood）的問題，國際法上存在兩種看法。加拿大最高法院的依據即是所謂的「構成說」（constitutive theory）。該說並不認為載明於 1933 年的《蒙特維多國家權利義務公約》（Montevideo Convention on the Rights and Duties of States）當中的國家四要件——明確領土、久住人民、有效政府及與他國進行外交的能力——即足夠，必須加上國際社會的正式承認才稱得上完整的主權國家的身分。[27] 國際承認才是充分條件。蘇格蘭政府亦承認這一點，因此並未採取「宣示說」（declarative theory）所主張的四要件加上正式宣布獨立即可，仍以尋求英國憲政秩序底下取得「法理」（de jure）獨立的管道。換言之，任何一個想以「主權國家」姿態躍上國際舞臺並與其他主角互動，有其現實條件必須滿足。以鄂蘭的術語來說則是，那不單單是一群人如何以獨立公投來書寫一個專屬於他們的新故事，而是同時涉及了如何跟既有的許多主權國家互動，如何加入那一個以國際社會為主體的宏大敘事，成為共同主角的一場政治行動。

▎三種時間維度、更大的觀看角度

蘇格蘭及魁北克爭取獨立的案例讓我們清楚看到，以行動開啟一個屬於自己的故事並非如同上帝那樣能無中生有。反之，那

26　同上，節 151。

27　參閱陳隆志，《美國、臺灣、中國的關係：國際法與政策觀點》，臺北：臺灣新世紀文教基金會，2018，頁 319。

意味著既要從既存的主權國家當中脫離出來，又要以一個新的主權國家身分加入國際社會。無視於國內憲政體制及國際規範而一意孤行，走不了多遠。另一方面，正如國際法存在的實際規範是一回事，加拿大高等法院如何詮釋規範並應用於具體的魁北克脈絡當中是另一回事，筆者從鄂蘭文本當中提煉出來的「政治本體論」及鑲嵌於此的「敘事共時性」，對於臺灣脈絡具有如何的現實政治意涵，也必須置於具體的脈絡當中才能呈現，而且實際的討論將考驗筆者對島嶼歷史的理解及政治判斷。

　　柏林的摯友也是著名的英國倫理學家威廉斯（Bernard Williams）在其成名著《道德：倫理學導論》（*Morality: An Introduction to Ethics*）的前言提及，關於道德哲學的書寫是一門頗為冒險的事業。一來，這主題本來就難，因此比起其他哲學領域更容易暴露出作者對事情看法的局限與欠缺智慧。二來，倫理議題的討論一旦走偏了方向，恐有誤導讀者對人生重大事件做出錯誤的判斷之虞，不可不慎（Williams, 1993: xvii）。事實上，本書的風險更高。脈絡化的規範理論意味著必須扣緊現實脈絡來書寫，而這必然得針對諸多過往和當前的事件進行判斷，既容易自曝其短，讓人看出筆者對歷史的認識有限，對某些方面的社會現實也不夠敏銳乃至跨學科知識的不足。此外，作為旨在為了介入既有爭論或實踐的一種書寫，那不僅動輒得咎，更難以避免讓人貼上特定的政治標籤。

　　無論如何，「雙螺旋時差結構」的提出是筆者對島嶼政治處境的最初步詮釋，也是理論建構的開始。所謂的「詮釋」（interpretation）指的其實就是一種從特定角度的看法。鄂蘭經常提醒讀者，英文字「theory」（理論）的最早字根是希臘文「*theōrein*」，意思是「看」（seeing）。在亞里斯多德筆下，專注於觀看的生活方式成了一種理想，也就是他所謂的「*theōria*」

（沉思），[28] 此後這概念再轉化沉思對象本身，亦即「永恆真理」。這幾個字都跟劇場底下的「*theōrós*」（觀眾）密切相關，所以理論本指人們從劇場或真實世界的舞臺上來進行的一種觀看，無涉行動。馬克思對哲學家的批評，似乎認為哲學家及其理論基本上旨在提供人們一種自己看待世界的方式，改變不了世界，因此無涉行動。不過，也正如鄂蘭指出，以一己之見來就教於他人，其實深具政治意義。主要原因如同前述的「回應」概念。人人都站在一個他人不能取代的立足點之上，看到的世界樣貌也必然與其他人所見不同，因此才有分享的意義。既可互通有無，又能避免盲人摸象，甚至在特定的時候意味著對主流意見乃至政治權威的挑戰。「雙螺旋時差結構」本身即是一種聚焦於「福爾摩沙」，將這島嶼視為一個政治舞臺的觀看。

　　然而關於島嶼為何進入了殖民者的視野，又必須從另一個更大的世界舞臺來觀看才能理解。那舞臺就是所謂的「西伐利亞主權體系」（Westphalian system）的發展史。它始於正式結束「三十年戰爭」（Thirty Year's War, 1618-1648）的《西伐利亞和約》（Peace of Westphalia），對外不承認更高權威並以互不干涉內政為原則的主權國家體制於焉誕生。這體制是現代意義的國際法及外交之基礎，而背後的原則即是讓葛雷發揚光大的「modus vivendi」，原意指交戰方的共同「活路之道」。惟，暫定協議成了日後數百年至今的體制，以此為起點的各種關於主權國家本身或如何規範主權國家彼此互動的各種理論與實際措施，不斷演變至今。

　　就理論而言，西伐利亞體制讓底下兩種政治思想傳統取得了穩定發展的基礎。一是將根植於基督教神學的自然法（natural

28　Arendt, *The Human Condition*, p.14; *The Promise of Politics*, p.56.

law）運用於國與國該如何互動之上的做法。被稱為「國際法之父」的荷蘭法政思想家葛老秀斯（Hugo Grotius, 1583-1645）即是採取此一做法。他提出了人們當享有「海上無傷害性自由通行」（innocent passage at sea）權利的說法，亦即「公海」概念，讓荷蘭得以突破西班牙和英國的海權壟斷，逐步成為新的海洋霸權。主權國家體制以此發展出一整套規範著今日各個國家的國際法。另一方面則是英國政治哲學家霍布斯（Thomas Hobbes, 1588-1679）提出的「社會契約論」（theory of social contract）為這種新型態的國家奠定了深厚的哲學基礎。雖然該理論的書寫動機首要與英國內戰相關，而且內容並不指向民主制度，但它將國家詮釋為那是一群人按照自己意願來組成的一種組織，成了日後憲政主義（constitutionalism）即民主制度的理論基礎。國家之所以能存在，是因為人們想要在尚未進入該體制以前的自然權利（natural rights）如生命和安全等，可以獲得更好的保障，而且必須加碼提供更多的服務才有足夠誘因讓人願意彼此簽訂契約來組成這一種組織。此一想法即《聯合國憲章》載明的「人民自決權」之理論根源。

　　就實踐來說，《西伐利亞和約》開啟的主權國家體系其實是朝向了「民族國家」（nation-state）的方向發展，而且有兩種不同的趨勢：一是以類似英格蘭人或蘇格蘭人那一種語言、血緣、文化相近的民族（nation）為核心的國家，另一種則是法蘭西共和國那樣，由國家（state）統治者試圖將實質統治範圍下各族群打造成一個民族的做法。撇開細節不論，及至 19 世紀「民族國家」成了相當多受壓迫民族或共享同一語言、文化但卻居住於不同國家的民族，致力於追求的理想。民族主義在此時成了一種「建國」（state-building）運動。然而，無論是從現有國家分離出去或分散在不同國家的人重新凝聚起來，那都意味著戰爭的可

能性，而事實也的確以此方式發展至 20 世紀。更重要的是，民族主義的盛行基本上也和帝國主義的新一波發展有關。相較於多民族所構成的大英帝國，晚近才統一的德意志民族正是在這種氛圍之下壯大成企圖挑戰舊秩序的後進帝國。

不可否認，雖然 19 世紀以來多數既有的主權國家正如國內相當知名的愛爾蘭籍人類學家安德森（2010：38）所說，皆以「民族國家」自居，即使幅員遼闊且人種眾多的中華人民共和國亦不例外，但曾被主權國家納為同一民族的族群其實也有形成新的自我認同之可能。是故，民族分布不僅可能和領土範圍有落差。這也是為何主權國家數目從二戰至今已增添了約莫一百個，且每隔一段時間會有新的「想像共同體」（imagined community）形成並爭取獨立民族國家地位。此時所謂的「民族」概念開始有了些許變化。首先是 1918 年由英美政治家共同提出的《十四點和平原則》（Fourteen Points）[29] 仍主張必須以「民族性」（nationality）來重劃國界，隨後簽訂的《國際聯盟盟約》中第二十二條也採取了「nation」一字來指涉享有自決權的主體，[30] 然而《聯合國憲章》關於人民自決的條文與人權《兩公約》在第壹編第一條第一款當中對「所有民族均享有自決權」（All peoples have the right of self-determination）的重申，使用的則都是意義更為寬鬆的「people」一字，既可指單一血緣或種族的民族但也適用於其他原因而長久居住在一起的人民。[31]

上述的語言轉變反映了上文提及的 1933 年的《蒙特維多國家權利義務公約》以「久住人民」（permanent population）來取

29　https://www.theworldwar.org/learn/peace/fourteen-points

30　https://avalon.law.yale.edu/20th_century/leagcov.asp

31　https://law.moj.gov.tw/LawClass/LawAll.aspx?pcode=Y0000040 與 https://law.moj.gov.tw/LawClass/LawAll.aspx?pcode=Y0000041。

代過去更常使用的「民族」，應是理由之一。但更為關鍵的或許是為了防止繼承帝國的新國家以訴諸過往的統治歷史，或以同文同種為由來重新統一那些業已視自己為獨立人民的政治共同體。此外，正如知名國際法學者陳隆志指出，聯合國成立以前，公投即逐步被視為領土割讓或轉移過程當中，一種能緩和人民的剝奪感並確認人民意志的做法，但那尚未成為基本原則；但二戰結束所進入的後殖民國際社會，《聯合國憲章》不僅賦予了前殖民地、託管領土等地區上的永久居民自決權，更尊重他們自由表達的願望，且通常是以人民公投的方式來進行。[32] 那取代了始於常見於 19 世紀那一種將同文同種的「民族」視為單一集體，甚至本身擁有一個獨立的精神（*Geist*）、靈魂或所謂「國魂」的那一種民族主義，讓位給了「人民意志」。

更重要的是，鄂蘭那一種以「願意共同生活在一起」為社群基礎並具有潛力發展為國家的政治本體論，是最符合此一型態的國家形成方式。當然，這不可能產生於政治真空。一群人有各種理由來到一個地方，也有各種理由願意或必須居住在一起。這是他們的共同故事。但無論是哪些理由，那都涉及了特定價值的追求。美國耶魯大學法政學者保羅・卡恩（Paul Kahn, 2005: 259-262）曾主張，奠定於一部成文憲法的美國是真正意義上的現代民族國家，也是兩個多世紀以來無數人民追求獨立建國的典範，而這種典範正是柏林意義上的集體積極自由之實現，以及個人層次的消極自由之保障。這說法呼應了彌爾所說，國家不僅是一個能集體稱為「人民」（people）的成長與發展場地，更是一種邁向「文明」（civilization）的必經之路，甚至可理解為一種「文化成就」（cultural achievement）（Mill, 1825: 119）。

---

32 陳隆志，2018，頁 367-369。

　　憲政民主國家是一種文化成就。這也是本書的主要論點。前文提及關於多元文化與國家認同感的討論讓人們再次回到了彌爾的論點，尤其是他指出民主運作仰賴以國家意識為基礎的公共精神這一個洞見。筆者也認同這說法並會在本書〈結論〉論述島嶼上該如何建立這一種公共精神。事實上，位於彌爾民主理論核心的概念是「真理愈辯愈明」以及關於「活的真理」和「死的教條」之分。後者其實是一種涉及了時間維度的洞見。這區分凸顯了社會作為一個逝者、活人及尚未出生者的夥伴關係之特徵，那就是：享受法治保障與國人權利的一代，不一定理解奠定國家基礎那一代人的理念甚至是民主的價值本身。此時西方社會正面臨這一種遺忘所造成的制度危機。本書第二部收錄的六篇文章基本上是一系列對此現象進行的分析與診斷。第三部也將以此開啟筆者對實際臺灣政治的討論。

　　惟，島嶼社會的「三代」人之外更有另一個肇因時間維度的三種公民，那就是，作為一個新興民主國家，肯定是有：（一）經歷過威權時代並深感厭惡者，（二）懷念其歲月靜好者，以及（三）未親身經歷過威權的年輕世代。以彌爾的語言來說，生活在民主制度底下卻不知曉或忘了其可貴及代表的重要價值，那不過是奉行一套死的教條之體制，不同於以能激勵人心的活真理為基礎的民主政治文化。第十二章〈民主政治的理想與現實：臺灣黨國體制及其遺緒的反思〉是筆者轉向島嶼民主政治困境的診斷基礎。前文所提及托克維爾關於民主制度仰賴哪樣的文化因素才能支撐，也將成為本書思索如何在島嶼上建立一個符合民主制度的政治文化之借鏡。屆時，鄂蘭式重啟社會的可能性及奠定於柏林價值多元論之上的一種妥協精神，也將成為論證焦點。

　　然而在進入本書論證內文以前，底下這一個普遍被人們遺忘的事實，必須在此先指出。那就是：中華民國不僅是 1942 年

《聯合國共同宣言》和 1945 年《聯合國憲章》的共同簽訂者，且是以安理會五大常任理事國身分簽署並批准的國家，更於 1946 年參與了《世界人權宣言》的起草工作。事實上，當時負責此一工作的聯合國人權委員會主席是美國首任駐聯合國大使，也就是美國總統羅斯福的遺孀愛蓮娜・羅斯福（Eleanor Roosevelt, 1884-1962），而主要起草者兼副主席則是中華民國的安理會代表張彭春。根據當前學術界的主要理解，主導者是堅信自然法的法國天主教哲學家馬里頓（Jacques Maritain, 1882-1973），[33] 但以試圖揉合孟子和亞里斯多德（Aristotle）思想見著並高舉「良知」（conscience）概念的哲學家張彭春，亦做出卓越貢獻。進來甚至有學者指出，那也是《世界人權宣言》兼具西方普世精神與儒家色彩的原因（劉蔚之，2019）。

　　《世界人權宣言》是人權兩公約的基礎，而中華民國曾經為奠定於這些偉大事蹟之上的國際人權建制做出重大貢獻。筆者認為對此事實的遺忘，甚是可惜。尤有甚者，當奠定於該宣言的人權《兩公約》於 1966 年 12 月通過之後，中華民國旋即於隔年簽署。惟該兩公約本訂於 1976 年正式生效，但中華民國於 1971 年即退出聯合國。及至 2009 年在馬英九執政之下，兩公約獲得批准並成為我國國內法的一部分，位階上高於一般法律，僅次於憲法。[34] 然而，社會大眾卻對兩公約的內容相對不熟悉，以至於聯合國按照兩公約內容來推動，以轉型正義來進行民主鞏固及人權深化的工作，在島嶼上可以被解讀為仇恨政治或一黨之私。

　　筆者以為，生活在一個自己曾貢獻心力來打造的國際人權建制當中，卻不認識這一個規範世界，即是一種「異化」

---

[33] https://www.unesco.org/en/articles/human-rights-and-natural-law-0；參閱 https://digitalcommons.law.villanova.edu/cgi/viewcontent.cgi?article=1084&context=vlr。

[34] https://www.ly.gov.tw/Pages/Detail.aspx?nodeid=6586&pid=85233

（alienation）。事實上，異化概念是一個源自猶太－基督教神學的重要概念，指涉人作為上帝的受造物卻不認識造物者，內心陷入聽從上帝和聽從己欲的分裂，最後被趕出伊甸園，然後一路墮落，造成人與自己、與其他人、與社會、與世界的離異過程。鄂蘭提出了「世界異化」概念來描繪當代社會的主要特徵並認為這種異化是極權主義得以崛起的主因。下一章〈導論〉將會借用這一個概念來分析島嶼政治當中的各種異化，也會藉此來更進一步將「如何走出時差？」問題意識轉化為一套題組。讀者可以將本書關於現實政治的討論理解為是針對這一系列時差造成的各種政治異化之分析、診斷及處方。

　　不意外，關於島嶼政治的分析與診斷將會放在國際政治的脈絡當中。正如蘇格蘭和魁北克的獨立建國追求並非是一個族群或一個國家內部的事，而是關乎以什麼身分與姿態進入國際社會之事。曾被動捲入西伐利亞主權國家體制的島嶼，此時以曾參與聯合國建立及世界人權建制成立的中華民國為國際政治層次的化身，如何追求國家正常化將無法自絕於國際社會及其規範當中。是故，本書也涉及了關於當前以聯合國為中心的國際社會規範及全球性民主危機和民粹現象之討論。該部分旨在分析潛藏於西方民主理論與實踐當中某些造成當今民主危機 —— 例如英國脫歐和川普崛起等事件 —— 的元素。筆者希望能藉此釐清，臺灣如何在民主化及追求轉型正義的過程當中也移植了哪些造成當前西方危機的元素。尋求適合島嶼脈絡的規範性理論及政治處方，必須置於此一思想與制度的移植脈絡當中才能進行。

　　本書分為三大部分。接下來的〈導論〉及收錄於第一部的五篇文章皆為理論性文章，第二、第三部分及〈結論〉則是討論具體政治現實的文章。兩者合併才能構成一個完整的脈絡化規範性理論。容筆者將本書整體論證結構留待導論的最後節再詳述。此

時該注意的是，作為規範性理論的第一部分不必然指向筆者將於後者提出的諸多診斷與處方，因為那必然涉及了人們對於現實中的歷史理解，對現實社會脈絡的掌握，以及個人的政治分析與判斷，因此存在可爭議的詮釋空間。同理，不同意後面兩部分的讀者，也毋須因此否認理論層次的有效性。

鄂蘭總是把通常翻譯為「責任」的英文字「responsibility」，理解為一個人回應（respond）自身所處時代的必要性。因為，那既不能也不該交由他人或下一代來做，正如沒有人是站在另一個人腳下立足之處那樣，更何況後者也有他們的時代與困境必須面對。換言之，承擔責任本身也涉及了一種身分認同。一個人唯有在認定自己與某些人事物有所牽連，才能尋得一種角色扮演來介入某一進行中的故事之可能性。也唯有如此，才可能吹皺一池春水。職是之故，雖然撰寫脈絡化的政治哲學是一件充滿冒險的事，但念及身為島嶼居民的筆者，既是中華民國的一介公民，也是一位以政治哲學和國際政治理論為專長的大學教師，本書的出版似乎是筆者最能履行鄂蘭意義上的公民身分並展現對腳下這塊土地的認同感之方式。

雙螺旋時差結構：
正視政治爭議的時差，掌握衝突根源

> 生活在多大程度上需要歷史，是關乎一個人、一個民族和一個文化能否健康的一大嚴肅問題。過量的歷史會讓人喪失活力，甚至會讓歷史也跟著退化，最後敗壞！
>
> ——尼采，《不合時宜的觀察》

> 發展於某個政治、經濟上先進國家的一套哲學，雖然在原生地不過是一種普遍想法的釐清與系統化，到了另一個地方卻可能點燃革命熱情，甚至是發動革命的理由。
>
> ——羅素，《西方哲學史》

　　貫穿本書的是一個學術關懷，那就是時間與政治的相互構成性。這是從最抽象層次上來進行的表述，更具體地說則是關乎各種涉及時間維度的認知對「政治」作為一種人類集體活動的關聯性——尤其是個人經驗、集體記憶、歷史知識乃至人們藉以把握或認識歷史整體的宏觀設想，或說史觀（例如：將歷史設想成某一朝向特定方向發展的進程，或某種不斷重複的循環歷程），如何影響人們對政治根本屬性的理解，以及這種理解又如何影響現實政治的運作。實際的書寫則是放在臺灣的脈絡底下來進行，因此本書也是一個試圖從時間維度來分析島嶼政治的嘗試。

　　若按主流的學術分工而言，本書是一種政治哲學的理論嘗試，內容主要為：（一）關於英國政治哲學兼思想史家以撒・柏林和德裔美籍政治理論家漢娜・鄂蘭這兩位思想家的系統性研究，以及從中所延伸推論出來；（二）兩個關於如何因應多元且分裂中的社會並修復族群關係的政治理論，然後再根據這兩個理論來（三）針對筆者認為島嶼政治關於民主深化、轉型正義乃至如何追求國家正常化等三大議題來進行的具體討論。

　　第三部分的內容包括了實際政治現象的分析、問題的診斷和提出處方。從政治哲學內部的區分來說，以上三項工作依序涉及了文本詮釋、延伸性理論建構，以及理論的實際應用之嘗試。整體而言，本書致力於提出一個符合本地歷史與社會條件的政治哲學理論，亦即筆者稱為「脈絡化規範性理論」（contextualised normative political theory）的方法論之實踐（葉浩、趙翊夫，2020），也是身為一個政治思想工作者對自身所處時代與現實政治做出的具體回應。

　　質言之，「時間維度」（the dimension of time）既是筆者分析具體現象的角度，也是重建柏林與鄂蘭的思想之主要線索，切入點則是存在許多政治爭議內涉及了時間維度的不同認知與感受差異——亦即〈前言〉所謂的「政治時差」，尤指肇因不同時間感（sense of time）、史觀（view of history）、史學方法（historiography）乃至集體記憶的根本性認知分歧。而本書的基本主張是，倘若不正視政治爭議中的時差，我們將難以掌握衝突的根源，更遑論解決之道的尋得。一方面，事關政府該採取哪些政策，追求哪種政治理想的爭議，爭的畢竟不僅是關於人權、正義、和解、和平或人性尊嚴等不同政治理念哪一個值得或應該去追求，更有哪一種優先順序才適當的判斷，而後者則是鑲嵌於分別由「過去」、「現在」、「未來」所組成的一種時間想像或

歷史理解框架當中。因此，即使雙方肯定同一個價值理念的重要性，也不一定會在實踐的先後排序上有共識。另一方面，不願意正視這種「政治時差」恐有造成「時間性政治異化」（temporal political alienation）之虞，輕則導致公民對公共事務漠不關心，重則更加激化社會分裂至難以修復的地步。

▍從一個「時差政治」案例談起

　　本章旨在釐清本書核心關懷作為一個問題意識題組，並藉此提供一個理解全書收錄文章之基本框架。近年來，西方學界愈來愈意識到時間性思維之於政治的重要性。筆者將首先對此及福爾摩沙島如何被捲入現代主權國家體制提出一個極簡史，再進而扼要說明本書將如何把「雙螺旋時差結構」置於一個更宏大的「政治本體論」抽象理論當中，藉以哲學化島嶼政治的進行方向。

　　為了方便讀者進入情況，下述發生於日治時期且引起過一連串爭議的布農族繪曆事件，或許是比較能感同身受的開始。根據人類學家黃應貴的鉅著《「文明」之路》第一卷，《臺灣日日新報》早於 1925 年即披露了繪曆的存在，且該事實於 1930 年代中曾引起了廣泛的社會關注長達數年，且以底下兩方面為主。

　　首先，繪曆的出現，引起當時日本殖民官員（特別是橫尾廣輔與鈴木質）及學者對於象形式的繪曆是否是一種文字的辯論。其次，依山路勝彥的意見，繪曆的出現使日本殖民政府對布農族「未開化」的看法受到動搖。主要是當時布農族一直被日本當局認為是「僅次於雅美族之進化最遲緩的種族」且「到最後都沒有歸順日本當局」，居然擁有能製作繪曆的能力，這否定了日本政府所賦予的「未開化的要素」之形象，實令殖民者感到驚愕。相對而言，日本人類學界如馬淵東一所關懷的重點，在於祭儀與禁

忌背後的親屬與社會關係，而移川子之藏可能是唯一真正考慮到繪曆反映了布農族人的時間觀這個層次。可惜，他因進化論的影響而得到以下的結論：「（繪曆）強烈地反映了現實生活，尚未達到以抽象化的數字來表現月亮的境界。更不用說，「布農族長老以繪曆的形式將自己的文化客體化的創意卻完全沒有被觸及」。（黃應貴，2012：48-49）

讀者不難察覺，雖然論者此處爭的是繪曆本身的屬性，但關鍵在於兩個關於「文明進程」的觀點。一是日本政府官員以曆法的有無來理解一個族群是否已進入了文明的階段。二則是關於年曆的呈現方式。殖民者認為能以數字或抽象符號，而非具象圖形來再現（representing）自然時間及其相應的活動，才是更加進步的表徵。兩者的共同指向是，更抽象的思維和表述方式才符合文明的進步指標。殖民統治的「正當性」（legitimacy）於是與呈現大自然的時序及對人類整體歷史的理解有關，兩種時間想像相互應援，分別從不同層次來支撐一種文明進程的理解。

事實上，橫尾廣輔與鈴木質能以警務局「理蕃課」官員之姿與布農族相遇，可說是日本於前一世紀中葉逐步接受西方啟蒙運動以降的進步史觀並據此現代化的結果。1853 年的「黑船事件」讓當時的日本人見識到了洋人的船堅砲利，並開啟了以在政治、經濟乃至文化思想上接軌西方的明治維新。換言之，江戶幕府末年意圖推動國家改革的有識之士，亦曾採取了同一線性文明史觀來衡量日本在人類發展史上的地位，且斷定日本為必須奮起直追的落後國家。而一般咸認是福澤諭吉在 1885 年提出的「脫亞論」（或譯「脫亞入歐論」，其方法為全盤西化），即是文明史觀最具政治意義的案例之一。

殖民官員與學者對布農族乃至其他原住民族的態度，大抵反映了上述日本自明治維新以來，奠定於「單一線性進步史觀」

（the linear-progressive view of history）的「現代性」（modernity）想像。他們根據這種具方向性的時間軸想像找到了兩種曆制的相對位置，斷定誰是進步、誰是落後。不可否認的是，現代化讓日本人取得了科技和軍事上的相對優勢，而這正好也反映在黃應貴提及的某一未經確認的傳說。事發日治末期，因為殖民政府強行徵調布農族人去南洋打仗，南投東埔社與東部近玉里的布農部落決定共同反抗並相約起義時間。然而因為太陽在中部與東部的起落時間並不相同，按繪曆來行動的兩地布農族人真正採取行動的時間，實際上相差了一個月之久，最後當然各自都以失敗告終（ibid., 49）。這失敗某程度上凸顯了客觀性精確表示時間的重要性。將時間以秒、分、時、日、月、年來切割，才能讓所有人按照同一標準時間來互動甚至是共同行動。

　　不過，黃應貴關於繪曆爭議的整理還指出了上述耳熟能詳史觀之外的兩個特點。第一個與論者對進化論（evolutionary theory）的援引有關。[1] 姑且不論援引的是哪一種版本的理論，抽象思維是否真正優於具象呈現，布農族事件中的日本學者所採取的一種預設了一種方向性的「進化論」而非強調環境變遷與偶然因素的「演化論」，這本身也是一種具方向性的時間想像。此舉基本上將整部人類史可以併入自然時間來理解，且認定自然時間存在一種適用於人類全體的「進化方向」並可當作藉以判斷人類文明發展的普世標準。更精確地說，那意味著：（一）自然時間存在一種適用於人類全體的「進程」，因此可以從生物演化的角度來理解人類社會乃至文明的發展；以及（二）人為世界的時間──亦即歷史發展──其實某程度受制於生物演化時間。這種思

1　日本學界普遍將英文「evolution」一詞譯為「進化」，而非嚴復使用的「演化」。詳見李冬木，〈從「天演」到「進化」〉，收錄於《魯迅精神史探源》，臺北：秀威出版，2019，頁 111-163。

維不同於單純以某一典章制度來區分文明（civilisation）與野蠻（barbarism），或斷定誰是進步、誰是未開化的做法。因為後者乃人為創建，人是該制度的締造者，但前者則把真正的能動性（agency）歸於大自然本身。但任何將文明進程史觀奠基於進化論的做法，其實已徹底改變了進步的本質，甚至在一定程度上弱化了人的能動性（agency）。這不僅將整部人類史想像為一場由大自然決定勝負的競技場，也等同把日本置於必須在這一場所有人種都「不得不」參加的淘汰賽當中，勝者才能生存。

殖民者援引進化論的事實讓我們看到：史觀本身既可源自於人們對不同生活方式本身或戰爭的輸贏評價來區分先進與落後，或說「現代」與「前現代」，亦可援引自然科學作為佐證來定位演化程度上的座標位置，因此，時間維度本身不僅可從不同層次來分析，且各自允許多種理解，也能從不同領域的發展邏輯來進行組合。不僅如此，黃應貴也意圖藉此指出的是，人們對自然時間的共同理解，本身是一種社會生活的基礎。正如黃應貴所指出，布農族具有「成員必須遵守共有的時序，才能履行成員應盡的義務」的明確意識（ibid., 53）。繪曆反映的不僅是一群人對自然時序的理解，亦有以此為基礎的社群意識，不僅讓分工合作成為可能，更可能進一步奠定了社會秩序與地位分配的共有基礎。換言之，共同的自然時序理解，不僅能將人凝聚為一個社群，亦能提供該社群一個穩固的政治認同感（identity）。

置於時間與政治關聯性的脈絡當中，布農族繪曆事件讓我們看見，底下三個層次的時間想像可具有政治意涵：（一）關於時間本身的想像或呈現方式，例如曆法或日曆的製作方式；（二）史觀或關於整體人類史理解上的差異，日本殖民官員採取的是一種進步史觀的軸線時間想像，並以進步者自居，也據此區分文明與野蠻，進步與未開化；以及（三）社群的共有時序，例如布農

族與日本殖民者雙方各自活在不同時間想像當中，並據此時間來進行社會分工乃至政治權力的分配。這三個不同層次的區別，足以提供一個初步理解本身問題意識的基礎。

當然，政治哲學真正關切的不是日本殖民者與布農族各自究竟擁有什麼時間想像或史觀，而是他們的互動之政治意義以及底下這一類的規範性（normative）問題。以上述進化論為例，當人的行動與發展被理解為必須符合大自然的運作機制本身，那其實在邏輯上預設了：大自然界的「實然」（is）就是人類的「應然」（ought），兩者並無絕對性的差異。但這本身其實是一種判斷且具爭議性，畢竟，即使人性本惡，我們也該盡力去抑惡揚善；即使人性自私自利，亦可培養「利他」（altruistic）的精神。是故，即使大自然界是生存競技場，我們也能追問：鬥爭的勝負本身，是否可以作為一個判斷不同族群的優劣（進步與落後）的依據？

此外，單一線性的時間想像如何改變了人們想像自身的能動性，也是一個值得探究的問題。英國政治思想家彼得・奧斯本（Peter Osborne）曾在其著作《時間的政治》（*The Politics of Time*, 1995）當中，細緻地處理了西方哲學家如何將歷史「時間化」（temporalise）為不同時代，尤其是黑格爾（G. W. F. Hegel）以「現代性」概念將整部人類史一分為二之後，讓所有已知的各種社會生活與型態全放在同一條時間軸當中來互相比較並據此界定所謂的「進步」與「保守」、「革命」或「反動」的各種哲學爭辯。奧斯本將這些爭議稱為「時間政治」，其焦點為：單一線性史觀在多大程度上限制了人類的主體性，是否會剝奪了人類身為歷史的主體？

相較於如何想像整部人類史的問題，本書欲以聚焦的時間政治則是衍生於這島嶼上伴隨著一波波移民而來的各種時間想像，

尤其是據此來理解臺灣的過去、未來以及當前處境該何去何從的史觀。就某程度而言，本書是針對上面引自德國哲學家尼采（Friedrich Nietzsche, 1844-1900）《歷史之於人生的使用價值與誤用》（*On the Utility and Liability of History*）書中那段話的冗長註腳。第一句涉及了歷史研究的方法論和根本目的：歷史不同於科學研究，因為它既不該也不能以實證主義（positivism）所設想的那一種以累積事實並進行歸納的客觀、中立方式來進行。那最多只能滿足以採集事實片段為樂的「知識花園裡被寵壞的懶鬼」（Nietzsche, 1995: 85）。為何如此？答案就在藉第二句提出的命題本身，那是因為：歷史研究關乎個人、民族乃至一整個文化的健康 —— 換言之，人們如何理解過往、應該記得或遺忘哪些事情，重點不在於關於過往事實的堆疊，而是因為那種累積能形塑未來，亦即某程度決定了人們如何走向未來。

尼采的命題正是本書核心關懷的實踐面意義。人們關於過去與未來的各種時間想像，與一個社群如何運作其政治生活具有相互構成的關係。從最抽象的層次來說，本書是以時間與政治的關聯性為主題，但實際書寫則圍繞隱藏於各種政治爭議背後的史觀、集體記憶、歷史想像等更具體的層次，尤其是時間維度的元素如何能凝聚一個政治社群並形塑集體認同的議題之上。不可否認，島嶼上的不同族群持有南轅北轍的史觀，對過往殖民歷史以及渡海來臺的國民黨政府之屬性，也存在相當大的認知差異。因此，對於當前的政治體制究竟處於民主化進程的哪一個階段或未來該朝哪一個方向來改革等議題，不僅難有共識，甚至連進行理性爭辯的共同基礎也猶待建立。各種爭議背後的時間維度，才是本書藉以討論政治與時間之關聯性的主要層次與案例。

不過，究其島嶼上時間政治的根源，除了一波波移民所帶來的史觀之外，亦有島嶼上政治行動者在不同時間點引入的政治理

想，尤其是始於 17 世紀「西伐利亞體制」（Westphalia System）
建立之後的民族國家（nation-state）想像，盛行於始於 19 世紀
歐洲的國族主義（nationalism）以及 20 世紀成為世界主流的民
主制度。正如大哲羅素（Bertrand Russell, 1872-1970）在本文第
二個引言當中所說，這些飄洋過海來的各種政治理想，原是被認
定為先進西方國家文化與制度的理論化結果，但在這裡卻是能點
燃政治熱情的改革方案。這本質上是一種效仿，實踐上則是一種
跨文化與思想脈絡的移植。筆者以為，「移民」與「移植」這兩
股力量的交纏才是島嶼上時間政治的根本結構，也是造成許多層
次的政治時差及多重政治異化之主因，必須正視。

多元政治時間作為規範性政治理論的方向

　　為了進一步說明如何理論化上述雙螺旋結構，英國國際關
係理論家金佰利・哈欽斯（Kimberly Hutchings）出版於 2008 年
的《時間與世界政治》（*Time and World Politics*）可茲借鏡。該
書公認為關於時間政治及其現實意涵的鉅著。作者以「時序」
（*chronos*）和「契機」（*kairos*）作為一組概念來分析主流國際
關係理論中關於時間的基本預設，並據此對西方的主要世界政治
想像提出挑戰。「時序」是一種把時間類比為水往特定方向奔騰
的一條河流之想像，也能更抽象化一條可切割成等量刻度的水平
軸線。那是人將自己有生有死的經歷投射到自然時間或說牛頓式
（Newtonian）物理時間的結果。「時機」概念則略為複雜。其
希臘文「*kairos*」原意是「天神介入人間事務的時間」，但哈欽
斯採取了更為寬鬆的世俗化用法，泛指各種具有獨特意義的時
刻，包括能啟始、終結、重複、靜止、改變既有建立於某一時間
想像的政治秩序之時機（Hutchings, 2008: 4-8）。

　　一個政治社群可能在過去某一時間點經歷過重大事件，從而賦予一年當中的某些日期獨特的意義。因此，不同的社群除了能以獨特方式來呈現物理時間（例如繪曆），也可在此時通用於國際的公曆紀年（Common Era.）之上賦予某些年、月、日一個專屬於他們才能理解的特殊意義，並根據這些日子所構成的時間框架來過日子，包括什麼時候該一起慶祝或紀念哪些人、事、物。這正是黃應貴所謂「共有時序」的基礎，哈欽斯將這種專屬某一社群或政治體（polity）獨有的時序為「政治體時間」（political time）。

　　或有讀者立即想到，所謂「公曆」其實是西方人的曆制，甚至想反駁：那種「西曆」不過是根據當時西方人以為的耶穌誕生時間來劃分歷史的基督教產物，稱不上人普世的紀年。更重要的是：當前的「世界政治時間」（world-political time）為何？哪些事件構成了它？誰主導了我們的時間想像？

　　這些正是構成哈欽斯問題意識的題組。進一步解釋，哈欽斯首先將形塑現代世界的政治時間想像的源頭追溯至馬基維利（Machiavelli）和培根（Francis Bacon）兩位思想家。據她理解，馬基維利將「*chronos*」與「*kairos*」分別理解為「大自然」和「機運」，前者以萬物不斷生死起滅的一種循環在運作，後者則是打破既有秩序的時間，包括天災與人禍，而一個偉大政治家的特徵即是因應這種機運，將危機化為轉機的能力（ibid., 30-31）。如此一來，政治於是乃一門洞察時局並能預先防範各種意外的藝術。哈欽斯指出這其實違反了聖奧古斯丁（St. Augustine, 354-430）建立的正統基督教史觀，因為據此設想的歷史是一種「循環」（cyclical）史觀。正如馬基維利所認為，人類總是會在歷經戰亂、英雄平亂，進入承平時代又開始懶散，最後徹底失去了危機意識而再次陷入另一次秩序敗壞的不斷重複當中。所謂

的政治局勢，說穿了是自然秩序、機運、人為回應——從時間角度來說則是「上帝時間」、「不可知時間」以及「政治人物採取行動的時間」——這三者之間的動態平衡。

哈欽斯的解讀受到柏林的影響。柏林將馬基維利視為首位大膽提出價值多元論者，因為他主張為政者必須以國家興亡為己任，且該不計手段來應付內憂外患，因此既不該恪守基督教倫理，更別想著自己上天堂的事。誠然，若人們欲把耶穌登山寶訓所要求的「有人打你的右臉，連左臉也轉過來由他打」應用於兵凶戰危之際，那將是一場政治災難。這猶如說政治與道德乃互不隸屬，各自有其運作邏輯的兩個領域，甚至意識到了一種專屬為政者必須堅守的政治倫理（Berlin, 1997: 269-325）。柏林認為這種高度原創的想法才是西方進入現代性的臨門一腳。

無獨有偶，鄂蘭也看重馬基維利所主張，偉大政治家必須具備洞察時局、掌握契機來因應各種突發事件的能力，且應當致力於營造良好的公眾形象，尤其是讓人「看見」他如何愛民如子，如何溫良恭儉的「表象」（Buckler, 2011: 139-145）。當然，鄂蘭認同的是政治乃一門表演藝術，甚至好君王應當是獅子與狐狸的結合，但絕不會認同那種表面上謙謙君子、滿口仁義道德，其實卻謊話連篇甚至遠比政敵更陰險狡詐的政客，能稱得上是政治家。畢竟，她厭惡謊言，更認為謊言與假新聞摧毀的不只是人與人之間的信任，更讓人從此不再關心真相（鄂蘭，2021：311-364）。嚴格說，展現於馬基維利思想中的現實感與歷史感，才是柏林與鄂蘭共同在意且支持的特點。

不過，哈欽斯認為培根對西方現代性的貢獻更大。因為他開啟的自然科學一方面掌握了大自然的運作法則，等同奪權，不讓它限制人類的生命，另一方面則利用科技來改善生活條件，增進生產乃至延長了生命。這既征服了時間也創造了時間，人與

大自然的關係，乃至世俗時間（人為典章制度的變遷）與神聖時間（上帝的救恩計畫），從此改變（Hutchings, 2008: 33）。康德、黑格爾、馬克思（Karl Marx）順此才提出了各自的歷史哲學。此外，也是培根的貢獻才促成了真正的世俗化，因為這種史觀所預設、允許或預言的「介入時刻」（kairotic time），基本上都是肇因於人類能動性的歷史事件，不是來自時間以外的上帝干預。

再一次，「世俗」指的是一種時間或說具時間性（temporality）本身。但更重要的是《時間與世界政治》提供了一套分析時間政治的語彙並示範了一種從時間角度來進行的規範性政治理論，適當地掌握其要點有助於我們進一步思考臺灣的特殊處境。首先讓我們從該書的前半開始，作者在此扼要又精準地分析了上述幾位德國哲學家的歷史哲學及其對世界政治的理論意涵後，也討論了英國科學哲學家卡爾・波普（Karl Popper）以及班雅明（Walter Benjamin）、鄂蘭、德希達等人對康德以降那種相信歷史有單一方向的歷史主義（historicism）所提出的批判。

值得一提的是，哈欽斯特別指出班雅明和鄂蘭擔憂的是歷史主義者把人為歷史事件併入了大自然的運作機制當中，也就是自然化（naturalise）了人為時間，從而讓人為世界的運作失去了獨立性與獨特性，甚至連人本身都失去了特有價值，無異於其他動物，但波普的批判則相反。後者認為歷史主義乃出自於對科學研究本身的理解不足所致，一方面過度簡化了科學家對因果關係的理解，誤以為那是一種根據已知科學定律來理解並推論未知的智識活動，另一方面又將這種科學觀直接套用於社會事件乃至人類歷史本身，以至於他們想在一個相當長的時間跨度當中找尋不變的律則、韻律或趨勢，甚至意圖藉此來回推過去並預測未來。換言之，歷史主義不但混淆了自然科學和人文學科的研究屬性，最

後還把有基礎的科學預測（prediction）與非科學乃至偽科學的未卜先知（prophecy）相提並論（ibid., 82-82）。

　　基於上述關於歷史主義的討論，《時間與世界政治》接著將焦點轉向了二戰結束後開始主導國際關係學門的美國現實主義（realism）與自由國際主義（liberal internationalism），並聚焦於它們的後冷戰代表，亦即杭亭頓（Samuel Huntington）的「文明衝突論」（clash of civilizations）和福山（Francis Fukuyama）的「歷史終結論」（the end of history）。哈欽斯再次運用了「*chronos/kairos*」這一組概念來進行分析並指出，杭亭頓與福山各自提出了新的「時序」想像，且試圖藉此來掌握時代的「契機」或說世界時間的真正意義。於是，採取自由國際主義史觀的福山從中看見了一個新自由主義（neo-liberalism）的全球化時刻，相信國際經濟將更加擴大市場化與自由化的程度，甚至最終會走向政經制度上的全球一體化。然而杭亭頓卻預告了世界上的主要文明即將成為後冷戰世界的戰爭根源，且所有文明都是為了生存而競爭，唯有殲滅其他文明才能活到最後，稍有不慎會釀成世界末日。

　　柏林與鄂蘭的思想事實上既影響了冷戰時期的國際關係理論，更是後冷戰時期的理論資源。本書後文將對此有詳述。此時的重點在於進一步指出，哈欽斯從「時序」和「契機」角度對國際關係學者的論述分析，另有三個重點，且有助於理解本書的整體論證方向。

　　首先是時間維度的分析讓我們看出，相較於福山採取了簡單的進步史觀並以先知自居，文明衝突論其實同時暗藏了線性史觀與循環史觀。不可否認，無論福山的歷史終結論指的是人類關於理想政治制度與自由的追求，將從此卡在一套允許各種政治爭辯的自由民主體制底下，停滯不前，還是意味著美式資本主義民主

乃人類政治文明的最高展現，因此他是站在美國人自稱的「山巔之城」（city upon a hill）[2]或世界的「自由燈塔」之上，歡呼自己國家取得了意識形態之爭的最後勝利，那都在某程度上呼應了黑格爾的現代史觀，認為歷史終點是一個美好時刻。然而黑格爾史觀本身是一種基督教「Providence」（指神對世界的安排，依不同教派可譯為「神恩」、「天命」、「神佑」或「護理」等）概念的應用，且他藉此詮釋人類歷史的做法通常在神學界被視為一種近乎異端的極端（Löwith, 1949: 52-59；參閱 Agar, 2014）。[3]

相較於黑格爾式異端人類史想像，將歷史視為一種文明之間優勝劣敗、不適者淘汰的生存遊戲，杭亭頓的文明衝突論反而更符合正統基督教史觀，尤其是《啟示錄》當中描繪的末世圖像。不過，在這種線性史觀當中也藏著馬基維利式的循環：雖然新舊國家不斷來來去去，但為政者必須盡可能避免讓國家陷入生存危機，甚至跟人民一起走下歷史舞臺。看出這結合了兩種史觀的哈欽斯於是直指，那猶如是一種新的「社會達爾文主義」（social Darwinism）（2008: 91）。

當然，杭亭頓預想的比盛行於 20 世紀初至中葉的版本更加悲觀，畢竟此時的許多國家都擁有大規模毀滅性武器。也因此他才認為冷戰後是另一個世界時間的開始，必須重新掌握其契機，並藉此呼籲美國人起身阻止世界末日的提早來臨。哈欽斯在這種焦慮當中察覺到了一個事實。一方面，那透露出國際關係研究本身絕非是一門純粹科學、理性、客觀的科學，而是一種呼籲政府

2　語出《新約聖經・馬太福音》第五章第十四節〈登山寶訓〉中耶穌所說：
　　「你們是世上的光。成立在山巔，是不能隱藏的。」

3　根據法國神學家庫爾曼（Oscar Cullmann, 1902-1999）的理解，黑格爾哲學甚至影響了人們對聖經與基督教救贖史觀的理解，詳見其著作 *Salvation in History*（London: SCM, 1967）。

採取行動的書寫。那本身也就是一種政治行動。杭亭頓憂心美國乃至以其為首的西方基督教文明會走下歷史舞臺，因此振筆疾書。福山則看到了另一個讓美國主導世界的契機。另一方面，當杭亭頓憑藉自己的理論來呼籲為政者採取行動時，也可能更進一步導致文明衝突。事實上，文明衝突論是在 2001 年「九一一事件」發生之後才搶了歷史終結論的風采，成為先知的預言。這樣的事實也提醒我們：社會科學提供的理論本身，可能會成為「自我實現的預言」（self-fulfilling prophecy）（ibid., 95）。換言之，堅信市場萬能的人將會讓交易邏輯攻占生活的每一個領域，讓社會愈來愈走向資本主義化，而相信社會達爾文主義的國家也可能讓世界淪為修羅場，學者不可不慎。

　　第三個有助於理解本書的論點是關於規範性理論的方向。相較於福山與杭亭頓或更廣泛地說是高舉全球化的新自由主義者與憂心文明衝突會導致世界末日的現實主義者各自都擁抱著特定的史觀，哈欽斯則把焦點放在：如何讓此時由西方所主導的國際關係理論及其關於世界時間的理解，正視並容納非西方國家的政治時間？這是另闢蹊徑來避免文明衝突的方式。作為一種國際關係理論的建構方式，它意識到：

　　（一）西方主流學界本身都過度仰賴單一的時序想像，從而提出的因應方式也相當具有一元論（monism）色彩，若非把世界史想像成所有人都必須加入的一場遊戲，就是為了某一種價值理想（例如個人自由或經濟發展）的追求或實現。

　　（二）那些標榜「科學、理性、客觀、中立」的國際關係經驗性（empirical）研究，本身其實都暗藏了一種規範性或應然想法，例如社會達爾文主義者認為「世界本來就是那樣」，因此不需改變，該做的是尋找確保讓自己在競爭中勝出的方式。以哲學語言來說，那種「應然」並不會挑戰「實然」，而是順應。這些

經驗研究的基本預設是：當前政治秩序是合理的存在。

哈欽斯並認為「存在即合理」的預設，尤其是對於非西方國家的政治時間想像之忽視。於是她在該書尾端援引了後殖民主義學者查克拉芭蒂（Dipesh Chakrabarty）的「時間節點」（time-knots）概念作為重新思考世界時間的起點。據她理解，「時間節點」指的是人在「實際生活中所經歷到的不同時間性」（different temporalities in lived experience），且這概念正好是提出者的學思生涯之寫照（ibid., 167）。身為印度人與南亞史學者的查克拉芭蒂，清楚他的研究主題既不受西方主導的史學研究者青睞，且印度的現代化經驗也不同於西方的歷程，難以說是「若合符節」。不過，也就像他本人的生命經歷與學思歷程那樣，印度經驗確實曾和世界發展的主軸有過交會並產生了節點。更重要的是，他也意識到即使學者再努力也不可能真正認識在地的一切經驗，將所有族群的時序想像乃至曾有發端但不見結果的各種努力，全部串聯成一個歷史敘事。同理，人類史也是如此。

另一方面，她也援引了美國政治哲學學者康諾里（William Connolly）的底下說法：康德以降各種懷抱世界主義（cosmopolitanism）的規範性政治理論，基本上都是在「已然／既存」（being）的時間框架當中進行建構，且欠缺對多元的時序與時間維度上的各種不可預測性之考量，因此既不能迎接「未然／將來」（becoming）的其他可能，也難脫西方中心論心態，更遑論真正擁抱人類共同世界（ibid., 170-2）。對哈欽斯來說，康諾里和查克拉芭蒂兩者共同指向的是一種規範性政治理論：尊重族群差異並兼顧世界存在許多政治時間——或她所謂的「異質時間性」（heterotemporality）——之事實（ibid., 174），且具有自我批判性並理解自身限制的理論。

尊重世上存在多元、異質的政治時間乃哈欽斯所提出的規範

性國際政治理論建構方向。更具體地說，她從國際上確實存在許多各自有其獨特時間想像的政治社群，既不該也無法化約為單一的全球政治時間的事實，推論出：西方主流國際關係理論及受其指引的國際政治現實，應當走向一個能容納各種政治時間並保持人類共同未來之開放性的世界想像。有鑑於政治時間如此多元繁複且彼此交錯，她也否定了任何試圖超越所有族群或國家的介入行動之可能。換言之，即使是跨國性階級革命，對她來說迎來的都不會是真正的彌賽亞，反而是一種化多為一的政治企圖，恐有更隱微的壓迫與忽視之虞。也因此國際政治理論家該做的是不斷指出新的宰制形式並予以批判。

　　哈欽斯的理論其實也揉合了康德關於啟蒙的反思以及鄂蘭對判斷的想法。正如她曾在《康德，批判與政治》（*Kant, Critique and Politics*）書中主張，雖然哈伯瑪斯（Jürgen Habermas）藉溝通理性（communicative rationality）概念推論出的世界主義理想及國際社會如何藉溝通來達至進步的政治想像，都貼緊康德的理性主義與普世主義，但卻少了後者的現實感，而努力克制甚至抑制政治思想家想為世界立法之企圖的鄂蘭，反而體現了康德的這一面並替世界保留了未來的開放性以及不同於此時的政治可能性（ibid., 81-101）。哈欽斯贊同鄂蘭反對將純粹理性直接應用在政治理論與實踐之上。任何抽象理論或特定時刻所做的判斷，也都不該凝固為一套脫離歷史脈絡的抽象理論，更不該轉化為一個放諸四海皆準的政治藍圖（ibid., 1, 187-190）。反之，真正的判斷是必須與時俱進，不斷來回於理想與現實，或鄂蘭所謂的「沉思」（*vita contemplativa*）與「行動」（*vita activa*）之間的一種心智活動（ibid., 100）。這正是為何哈欽斯（2008: 173）會說，關於如何因應國際上多元政治時間這處境的規範性思考，本身必須從意識到自身的歷史偶然性（historicity）作為開始。

　　鑒於二戰後帝國瓦解掀起了解殖與人民自決（self-determination of peoples）潮，以及冷戰後至今未歇的全球化，分裂與整合是並進中的兩股潮流，哈欽斯提出的是相當符合當前國際政治脈絡的規範性理論。不過，那不該直接套用於國內層次。理由有三。一是國內政治與國際政治本身是兩個不同層次的人類活動領域，因為前者有政府作為一個壟斷合法使用武力權力的機構，但後者沒有。兩層次的秩序不能完全類比。這正是許多國際關係理論的前提。二是國內秩序若欠缺一個穩定的社群意識將難以運作，尤其當套用的對象是一個分裂的社會。事實上，她在意的「多」乃由許許多多的「一」所組成，而後者本身作為一個社群或國家則必然涉及了某種化多為一，將各自獨立的個人或族群凝聚為一個社群的政治過程。

　　第三也是最重要的理由則是，相較於西方哲學家與國際關係學者爭論的是歷史正在往哪一個方向走，抑或哪一個時序想像才能準確理解時間或歷史進行的方向，本地的政治分裂並非肇因於人類整體的時序問題，而是臺灣應當走向獨立或統一的時序想像。這一種「*chronos*」非關時間本身，而是加諸於一種人為領域的歷史理解之上的時序，而且主要範圍是民族或國家，不是人類歷史整體。雖然爭論中的相關的論述欠缺歷史哲學的深度，但對於必須統一或獨立的「必然性」（inevitability）之堅持，卻是有過之而無不及，畢竟，那爭的不是日曆該如何繪製才更能呈現物理時間，而是日曆上的哪些時間才值得慶祝或紀念，哪個時候才是人們應該介入「既有」秩序的「*kairos*」，才能迎接那一個被壓抑著的「將來」，讓國家真正獲得解放或救贖的契機。

▌介於「一」與「多」的政治，及其時間維度

鑒於英文字「politics」乃源自希臘文「_πόλις/polis_」，意指「城邦」，因此政治首要之義是「關乎城邦整體的事」，且英文字「political」亦可指涉「關乎政治社群整體的一切」，而不只是「政治」兩字所指，哈欽斯稱之為「political time」的概念若譯為「政治時間」或有讓人誤解之虞。是故，本書以「共同體時間」來指涉一個政治社群的共同時序，正如布農族繪曆提供了一個讓族人得以分工合作、相互協調的共同時序。本書將論證的是：這種時序是讓社群生活發展成一個政治共同體及其認同感之必要條件。

不過，此時更重要的是何謂「政治」本身。柏林在牛津大學以「自由的兩種概念」（Two Concepts of Liberty）為題的講座教授就職演說，反映了一種淵遠流長的觀點。他藉以開場的話是：「要是人類不曾對人生目的見解不一，要是我們的祖先還無憂無慮地待在伊甸園裡，那麼或許很難想像會有奇切爾社會與政治理論講座教授一職的研究了吧。」[4] 誠然，社群的產生本身即是一群多樣的個人所組成，至於是否會進一步形成連結更深的政治共同體，則仰賴某一種能將多凝聚為一的力量。換言之，多元事實既是政治的起源，也是其核心問題。「多」與「一」的辯證可說是與人類政治活動本身一樣古老。從歷史上來看，將多凝聚為一力量可以是語言，例如讓古希臘雅典城邦藉以區分內外的基礎，抑或同一血緣，例如以色列十二支派根據《聖經·創世紀》所記載，乃曾與神摔跤賜獲勝之後被改名為「以色列」的雅各（Jacob）之十二個子嗣所開枝散葉的後代。當然，那也可以是

4　Isaiah Berlin, _Liberty_（Oxford: Oxford University Press, 2002），p.166.

各種不同血緣與文化傳統的人類對同一神祇的共同信仰。

人類對各種議題抱持不同看法，自古已然、於今尤烈。英國政治學者貝拉米（Richard Bellamy）說得精準，多元性（plurality）意味著社會成員之間存在「分裂的忠誠度」（divided loyalties）（1999: 1），也因此哲學家自古以來即致力於政治上如何化多為一的問題。近年來致力於此一問題並極力呼籲人們正視政治議題中的時間維度者，莫過於公認為一代宗教領袖的前英國首席拉比薩克斯男爵（Baron Jonathan Sacks, 1948-2020）。

薩克斯在他最後著作《道德：在分裂的年代中重建共善》（*Morality: Restoring the Common Good in Divided Times*）當中感嘆道，西方法政學者與政客過去數十年來在提出改革方案時，總忽略了政治中的時間維度（Sacks, 2020: 142），因此社會正在為那些立意良好的法律和政策所產生的負面蝴蝶效應付出嚴重的代價，包括民主危機、貧富差距、家庭破裂、毒品氾濫、政治欠缺信任，以及漫天飛舞的假新聞、惡意言論和各種有毒物質。而首要始作俑者則是冷戰期間高舉個人自由並鼓吹多元價值的法哲學家哈特（H.L.A. Hart, 1907-1992）以及政治思想家柏林。他們不僅延續了約翰・彌爾所說，個人自由唯有在會傷害他人之際才能限制，更讓這種當時嚇壞一票衛道人士的激進思想，發展成當今西方社會的基本共識。

與柏林私交甚篤甚至為他主持葬禮的薩克斯，其實曾試圖將前者提出的價值多元論（value pluralism）融入猶太教義並推動多元文化與跨宗教對話的落實。價值多元論主張：（一）許多人們視為人生終極目標或理想並致力於實踐的價值概念，例如「自由」、「平等」、「正義」，都允許不只一種的正當理解，不僅邏輯上難以相容，甚至在實踐上會彼此衝突；（二）不同的價值之間也是如此，例如特定情境底下忠孝難以兩全，伸張正義與原

諒或寬容之間，也必須選擇，而且有些選擇帶有悲劇色彩，因為
那意味著無論怎麼選都有遺憾甚至後悔之處；以及在更大範圍上
的（三）不同文化、人生觀或道德觀之間，亦有類似的衝突，畢
竟，那些各自都是一個價值體系，不僅包含了不只一個的核心價
值，例如忠、孝、仁義或自由、平等、正義，亦有關於那些價值
之間的先後排序（Berlin, 1969: 167-172）。

　　事實上，柏林在那一場影響西方政治思想甚巨的就職演說當
中，試圖指出冷戰期間以美、蘇為首的兩大陣營各自堅持的是消
極（negative）和積極（positive）版本的自由，分別以「不受他
人干涉」與「當自己的主人」為追求目標，並藉此告誡人們，這
兩種自由各有優缺及其正當性，因此不該以自身觀點來詆毀、妖
魔化對方，才能避免文明的衝突。深諳柏林政治思想的薩克斯，
曾以「如何避免文明衝突？」當作他此前的重要著作《差異的尊
嚴》（*The Dignity of Difference*, 2002）一書的副標題，並呼籲不
同宗教的信徒彼此尊重，進行對話。不過，他在該書即表示難以
接受柏林的這一種結論：

> 　　實踐自己的信念時，能止於相對的正當性所容許，但又能
> 堅定不移地捍衛它們，是一個文明人與野蠻人的區分之所
> 在。（Berlin, 1969: 172）

桑德爾曾對此反駁說：「如果人的信念僅具有相對的正當性，那
何必堅定不移地捍衛呢？」（引自 Sacks, 2003: 18）薩克斯援引
此說但將柏林的論點當作一種必須回應的挑戰，並試圖推論出一
套能尊重多元，又不至於淪為那一種不相信有任何絕對真理的相
對主義（relativism）之方案。

　　置於「一與多」的脈絡來說，薩克斯認為柏林總是站在

「多」那一邊，才會否定各種一元論，包括相信有單一真理的宗教，於是一路滑坡到放棄堅持自己信念具有絕對性的立場，但其實我們所堅信的「一」本身可以是以「多」為內涵的宗教信仰，且唯有源自猶太教、基督宗教和伊斯蘭教這三個系出亞伯拉罕同源的宗教，才足以對抗相對主義（ibid., 19）。以拉比身分發言的薩克斯於是宣告，他本人就是將「尊重人性尊嚴與個別差異」當作絕對信念來捍衛。是故，「多」與「一」不必然對立，「個殊主義」（particularism）與「普世主義」（universalism）亦有彼此相容之時。就像上帝創造的世界能容納各種人並以其特有方式來體現祂的「絕對真理」（absolute truth），個別的信仰可以是對同一真理的獨特詮釋與理解。

據此，薩克斯並不反對柏林的「百花齊放」願景，而是擔憂那一種以價值多元為前提的方案，根本不能提供時代所需的價值排序並予以絕對化。其結果不僅讓文明的花園雜草叢生，甚至以一片焦土收場。而為了維護這一座花園，他也曾在《毋以神為名》（*Not in God's Name*, 2015）書中，以各種記載於《創世紀》的案例來告誡人們切勿高舉自己為唯一的上帝選民，更別以神或正義的名義來進行手足相殘與殺戮之實。他稱這種行動為「利他之惡」（altruistic evil）並據此來提出一個亞伯拉罕三大教都應當接受的最小幅度的經文詮釋，作為修復關係的基礎。薩克斯的做法不在「多」與「一」之間選擇，也不從既有的「多」中取「一」，而是找尋諸多「一」當中的重疊共識（overlapping consensus）。

《道德》是薩克斯對「一與多」議題的最後沉思。該書直接反駁了以「多」為策略的各種方案，認為那是毒藥而非解方，因為那就是造成社會分裂的主因且正在摧毀原本不同文化與宗教所賴以維持的「一」。其推論是根據底下的診斷：現代西方對國家

的理解是建立在一種把簽約雙方當作利害關係人並以自利為目的之「契約」（contract）關係，與過去那種奠定於宗教信仰之上、那一種能召喚彼此的強烈認同感以及互相承擔對方命運的「聖約」（covenant）關係大相逕庭。

對西方政治思想史稍有涉獵的讀者想必知曉，現代民主理論、自由主義和共和主義，乃至當代美國政治哲學家羅爾斯（John Rawls, 1921-2002）的社會正義理論，無一不是衍生自英國哲學家霍布斯（Thomas Hobbes, 1588-1679）所開啟的「社會契約論」（Social Contract）傳統。其要旨為：人類在國家出現以前是生活在「自然狀態」（state of nature）底下，因為沒有政治權威的存在，所以人人自危、天天枕戈待旦，無處不在恐懼當中，直到最後所有人決定一起放下武器，彼此簽約並共同推舉一位主權者（sovereign），才成立了有政府的社會。薩克斯將西方社會的崩壞歸咎於「聖約」讓位給「契約」並藉此來批判西方政治思想，等同想釜底抽薪。

聖約讓位給契約也意味著過去曾存在的「大我」（we）讓位給了「小我」（I）。換言之，那種奠基於單一宗教、族群或文化的共同體，分解為人人都成了一座孤島的個體（Sacks, 2020: 319-22）。薩克斯認為這也是造成人們普遍短視近利的原因。於是他主張，國會議員在制定法律或政策的時候，必須將時間跨度拉長，從更宏觀且長期的角度來思考它們的風險與可能影響。

為了掌握薩克斯想法中的時間維度，我們必須進一步理解「聖約」概念。在猶太－基督教傳統底下，「covenant」一字尤指耶和華主動承諾給亞伯拉罕及其子孫的應許，因此是來自上帝單方面和無條件的恩典，神學上通常理解為「聖約」（參閱林鴻信，2017: 1197-1232）。薩克斯將它引申為一種旨在互相成

就對方的立約關係並據此提了一個「聖約式政治」（covenantal politics）。相較於此時以契約精神為基礎的西方政治，高舉個人主義、追求私利，甚至視掠奪和占領為成功之道，人民與政府之間似乎沒有利益交換之外的關係，更毋須為未出生的後代做任何犧牲，他所倡議的聖約式政治則以彼此的責任與互相承擔的意願為核心，相信國家是一個我為人人、人人為我的命運共同體，因此富人應當關懷窮人並提供後者能成功的條件，政府與人民互信，人人願意彼此傾聽，絕不讓任何一個族群成為局外人。

尤須注意的是，筆者的翻譯是「聖約式政治」，但許多學者在研究西方現代政治思想時也會將「covenant」一詞解讀為「盟約」或「共約」，因此或許有薩克斯的理論可譯為「盟約政治」。是也，非也。首先，薩克斯在《道德》一書當中的確刻意避開「covenant」一字的神學意涵，因此有理由將他這理論譯為「盟約政治」。畢竟，該書的預設讀者也不是亞伯拉罕三大教的信徒，而是所處社會的所有人。據此，他是以一位英國公民的身分來進行書寫。

當然，他依舊相信「人是上帝按自己的形象所造」才是人性尊嚴與生命的神聖性的根源（Sacks, 2020: 229），才會嚴厲批判廣被視為柏林繼承人且宣稱自由意志以及衍生而來的道德不過是假象的英國思想家約翰‧葛雷，以及撰寫《人類大命運》（該書原文名為「Homo Deus」，直譯是「人神」，暗示人已成為決定自己命運的神）的以色列史學家哈拉瑞（Yuval Harari）。同理，他雖然同意據說是史上最理解美國民主的法國思想家托克維爾（Tocqueville, 1805-59）所說，「少了道德，自由難以有基礎；沒有宗教，則道德也同樣如此」（ibid., 277），但卻強調此時真正需要的不是單一宗教，也不是亞伯拉罕三大教的重疊共識，而是更廣的整體社會所能接受的最低限度之道德共識。

　　職是之故，薩克斯才不援引《聖經》來捍衛人性尊嚴，反而一方面將葛雷、哈拉瑞以及諸多達爾文主義者批評成跟尼采一樣，全是把科學家當作祭司的「新宗教」倡議者，一方面則提醒讀者，人類具有切換於「主觀」與「客觀」兩種視角並藉此進行反思與道德判斷的能力，就是人性尊嚴的實底（ibid., 227: 232）。與此同時，他也指向了北美洲的早期移民者，宣稱「人人生而平等」的《美國獨立宣言》（Declaration of Independence），還有那以「我們人民」（We the people）作為開始的《美國憲法》來告訴讀者，美國的建立本身即是一種「聖約式政治」的實踐。

　　這是薩克斯關於人性尊嚴與美國獨立史的一種詮釋。他當然知道早期開墾者多數深信他們自己是蒙受上帝恩典才抵達了新世界的清教徒。換言之，那是一個新的「聖約」，而不只是「盟約」。畢竟，那一份獨立宣言在「人人生而平等」之後立刻接著說「造物主賦予他們若干不可剝奪的權利」。反對將美國視為以基督教立國者，當然也大有人在。例如，美國史家凱文・M・庫斯（Kevin M. Kruse, 2016）即主張那種說法源自 1930 年代的資本家，為的是反對羅斯福的新政（The New Deal）並捍衛他們自己的利益。然而，正因為不援引神學來論述「covenantal politics」，才能讓它在上述兩種彼此對立的史觀當中各自解讀，以「聖約政治」和「共約政治」被雙方接受。

　　此舉其實正好示範了柏林所謂的「止於相對的正當性所容許」說法，該如何付諸實踐。薩克斯在此確實擱置了他的猶太教徒身分，並在可能被接受的範圍底下竭力捍衛自己所堅信的理念。在其他為教徒而寫的著作當中，他當然直接討論神學。換言之，在《道德》這一本同時寫給所有人看的書，他試圖尋找的重疊共識必須遠超過亞伯拉罕三大教之外，內容也因此更抽象。據

此，他提的方案並非想進一步俗世化西方政治思想，而是為了因應那早已俗世化的現代西方社會。筆者以為，這種論證策略也體現了柏林所念茲在茲的「現實感」（sense of reality），其內涵包括了道德感、歷史感以及最小限度的人類共同道德基礎之存在。不過，薩克斯的論述也確實替「一與多」這議題注入了不該忽略的時間維度，並補足了柏林的價值多元論當中尚未被凸顯出來的重要面向。

然而就其內容而言，內建於「聖約式政治」當中最重要的時間維度考量是西方的俗世化本身。事實上，俗世化與政治其實存在更密切的關係。聖奧古斯丁以降的正統神學，更認為兩者是相互構成，而且兩者的關係透露了時間維度的政治性。聖奧古斯丁見解如下：政治乃專屬有死朽之人在進入「天主之城」（the City of God）以前的「地上之城」（city of man）之必然——換言之，政治始於人類的價值觀與人生觀的認知差異，也是人類在離開伊甸園後、回到天堂以前的塵世生活之難以避免的惡。柏林關於政治始於人類祖先被逐出伊甸園之後且是塵世特徵的說法，當然呼應了這一種說法。當然，被譽為「憲法之父」並曾任美國總統的政治家麥迪遜（James Madison, 1751-1836）的名言，「如果人類是天使，那就不需要政府了；假如天使治理人間，那麼對政府的外在或內在控制則統統不需要」，[5] 則或許更加直接。

尤有甚者，英國神哲學家米爾班（John Milbank）在其公認為當代神學經典的《神學與社會理論》（*Theology and Social Theory*）第一章首段即指出：曾經，西方世界並沒有現代人所謂的「俗世」（secularity）概念。作為該詞起源的拉丁文字「saeculum」，在中世紀時指的是從亞當與夏娃在伊甸園的「墮

5　https://guides.loc.gov/federalist-papers/text-51-60

落」開始算起，直到「末世」中基督再臨那一刻為止的時間
（Milbank, 1990: 9）。這不僅呼應了前面提及的政治觀，更提醒
了讀者奧古斯丁真正主張的是：上帝創造世界以前並不存在時
間，創造之後祂也不受限於時間，但人作為一種受造物卻必然受
限於時間，且時間之流必然會沖刷掉這世上發生過的一切，將曾
經的生成與興起都抹去，甚至將所有個人生命之間的偉大與渺小
的差別也全部抹平。

　　此外，奧古斯丁也將人的心智活動分為面向有時間性事物和
面向永恆兩種，前者包括了關於逝去之物的「記憶」與關於尚未
獲得的一切種種之「想像」，後者則是定睛於超越時間的上帝之
上。他也據此認為，當使徒保羅（St. Paul）說人應當「忘記背
後，努力面前的」（〈腓立比書〉三13）時，那「面前的」就是
必然會實現的上帝應許，也因此人生應當是一場「朝聖之旅」
（pilgrimage），且任何一個「現在」都可能是人從時間轉向永
恆、從俗世轉向神聖的一刻。

　　相較於布農族事件凸顯了時間想像與呈現方式具有政治後果，
米爾班的提醒及奧古斯丁關於人類心智活動的看法，讓我們得知
西方有一個思想傳統將政治當作專屬人類特有的一段時間，且把
人當成時間性存在。影響鄂蘭頗深的班雅明，也曾直指時間本身
其實具有深具政治意義的道德性，那就是：（一）時間能抹消曾
經存在的一切過錯，且（二）沒有任何人的記憶或遺忘可以超過
時間的長度本身，也因此（三）原諒乃內建於時間走向本身當
中的意義，只不過那也意味著（四）沒有任何一種和解能真正的
完成（Benjamin, 1996: 286-287）。從時間本身及其方向看出如此
的道德與政治意義，或許能為這一位猶太哲學家更加添了神祕色
彩。但放在奧古斯丁神學與俗世概念的脈絡當中來理解，並不晦
澀。甚至他在交付給鄂蘭的手稿〈歷史哲學論綱〉（Theses on

the Philosophy of History）當中所強調，彌賽亞可能在任何一個此刻降臨的說法，似乎也不再突兀（Benjamin, 1973: 255）。

然而現代人似乎大多忘了時間具有的政治意涵，更別說時間與政治的共構性，且俗世化等同去（基督）宗教化的歷史想像主導了人們關於現代性或現代化的想像。或許，薩克斯也是理解這一點才會在指出西方現代文化思想乃脫胎於猶太－基督教（Judeo-Christian）信仰，例如奠定了民主憲政的「權力分立」（separation of powers）原則即是轉化自耶穌所說的「凱撒的歸凱撒，上帝的歸上帝」這一句話（Sacks, 2020: 284），卻不把「回歸」神學意義上的聖約時代當作選項。鄂蘭是例外。她在雅斯培（Karl Jaspers, 1883-1969）指導底下完成的博士論文《愛與聖奧古斯丁》（*Love and Saint Augustine*），旨在論證人們是因為關注永恆上帝與死後世界，才逐漸退出了公共領域，甚至讓政治從此成了偶爾曇花一現的存在。終其一生，她想讓人知道「自由」的真諦在於開啟新事物，在於打破既有的時序並重啟一個新的時間軸，而政治的意義則在於一群人協力達成這樣的新開端。

▎雙螺旋時差結構與新興民主體制底下的政治異化

鄂蘭無疑是對時間與政治兩者之互構性最高度重視的思想家，在收錄於《過去與未來之間》（*Between Past and Future*）書中的〈傳統與現代〉（Tradition and the Modern Age）文章即可見以下九種跟政治有關的概念：大自然界的「循環時間」（cyclical time），讓人得以計畫如何製作事物或安排時間的「線性時間」（linear time），猶如上帝般讓新事物進入世界的「開端」（beginning）及開始之後所進入的一連串充滿各種不可預測性的「歷程」（process），道德真理所預設的那一種「永恆」

（eternality），偉大事蹟所具有的那種「不朽」（immortality），人們藉以理解事件原因始末的一種「因果關係」（causation）時間序列，人們從已發生事情當中所理解到的那一種時間之「不可逆性」（irreversibility），以及作為連結過去與現在、逝者與生者之間並給予人們智慧和行動指引的「傳統」。[6]

　　以上種種與時間有關的概念都深具政治意涵，尤其是（一）那得以讓逝者、生者、未生者真正產生連結的「傳統」，（二）突破傳統並創造新局的「開端」（此後鄂蘭則以拉丁文字「initium」來專指人類特有的開創能力，藉以區分上帝的無中生有和人類必然在充滿既有條件的現實脈絡中的創新），以及（三）那一種鑲嵌於各種事件當中，人類不得不接受，且如果想繼續共同生活下去則必須選擇原諒彼此的「不可逆性」。以上可以提供一個用來討論島嶼政治當前的處境的框架。惟，除了「開端」及「不可逆」之外，文獻上關於鄂蘭思想中的時間維度關懷並未獲得足夠的關注。

　　容筆者稍後再討論鄂蘭的以上想法對本書問題意識的重要意涵，此時重點乃上述的「俗世化」（secularisation）其實是西方思想文化從神聖永恆「再次」轉向關注塵世生活的過程。關於這件事，尼采這一句話頗令人玩味：「上帝死了，但鑒於人類那種樣子，也許人們還會在洞穴中展示他的影子長達千年之久，然而我們──就是我們──還必須徹底打敗他的影子才行！」（Nietzsche, 2001: 109）這一語道破了現代思想的困境。正如薩克斯所理解，民主制度奠定於猶太－基督教信仰且某程度依舊如此。這事實提醒了我們，現代社會的價值多元與政治衝突，本身即是一種時間維度的轉向。更重要的是，那也意味著：試圖在猶

6　漢娜・鄂蘭，《過去與未來之間》，臺北：商周出版，2021，頁 21-52。

太－基督教文化圈之外的社會進行民主化，不可生搬硬套，而是必須提供一個適合該文化脈絡的論述作為橋梁並提供指導原則，才不至於以水土不服收場。

事實上，西方政治思想正深陷於徹底俗世化或回歸神學基礎的路線鬥爭當中。撰寫《理解自由民主》（*Understanding Liberal Democracy*, 2012）的基督新教神哲學家 Nicholas Wolterstorff 對羅爾斯的嚴厲批判，即是美國政治哲學學界內自由主義陣營同室操戈的典型案例。高度意識到此一困境的薩克斯雖然提出了一個希望能讓雙方都接受的理論，但能否成功仍是一個未知數。唯一能確定的是，即使信奉同一位神的上帝子民也能因為對同一本聖經的詮釋差異而分裂。例如馬丁‧路德（Martin Luther）於 1517年發起的宗教改革及其衝突，在 1618 年以星火燎原成一場慘絕人寰的「三十年戰爭」，許多國家在過程中紛紛滅亡。

提及此事是為了凸顯，臺灣社會既無猶太－基督教信仰傳統可讓人回歸，也沒有一本聖經或大多數人認識並能閱讀的文本來指引人化解衝突甚至走向族群和解。事實上，和解概念基本上是猶太－基督教教義的核心，其反面則是常見於西方左派思想中的「異化」（alienation）概念。後者的要旨可見於聖經《創世紀》第三章所記錄：上帝按照自身的形象造了亞當並從後者身上取了一根肋骨造了夏娃，但夏娃之因為聽了蛇（撒旦）的誘惑而吃了知善惡樹上的果子，從而開始了一連串的人與自己（不敢正視赤裸）、與他人（亞當和夏娃）、與上帝（躲在樹後不敢見祂）、與原初美好世界（被逐出伊甸園）的離異過程。反之，和解則是為了這一連串關係疏離的修復。正如薩克斯在他的《差異的尊嚴》當中所分析，整部聖經基本上就是從上帝主動尋找人類，原諒人類，尋求關係的恢復，最後甚至讓獨生子來替人類完成贖罪的計畫。且上帝親身示範了和解的實踐方式，一次次告誡人們該

如何與兄弟，與鄰人，與異族，與上帝乃至他所創的世界，徹底化解衝突的過程，而和解在這過程當中也逐漸轉化為一種儀式與誡命（詳見 Sacks, 2002: 182-88）。如果讀同一本聖經的亞伯拉罕子孫都難以和解，那不同信仰或文化的族群之間，談何容易？

　　提及三十年戰爭的另一個原因是，這場宗教戰爭最後以多國彼此簽訂了《西伐利亞和約》（Peace of Westphalia）告終並奠定了維持至今的現代主權國家體制（system of sovereign states），也就是所謂的「西伐利亞體制」（Westphalia System）新型態國際秩序。於 1555 年的《奧格斯堡和約》（Peace of Augsburg）中確立的「教隨君定」（*Cuius regio, eius religo*）原則，於是擴大為適用整個歐洲的「宗教寬容」（religious tolerance）政策，而羅馬法原先規範個人財產的「所有權」（*dominium*）概念，也發揮了作用（Chris Brown, 2013: 37）。雙管齊下的結果，誕生了中世紀不曾存在的「絕對主權」概念。某一領土的掌權者，從此不再是代理上帝照料萬物的「管家」（stewards），而是享有絕對所有權的「主權者」（sovereign）。他們既不承認外部的任何權威，也不得互相干涉對方，包括選擇新教或舊教，或信仰哪一個教派。

　　西伐利亞體制的建立，本身可說是國際政治的「一」與「多」兩股力量之辯證。更重要的是，大航海時代曾被當時國力正值巔峰的葡萄牙帝國船員讚嘆為「美麗之島」（Ilha Formosa）的臺灣，也捲入其中。16 世紀末與 17 世紀初，它成為西班牙與日本兩強夾縫中的東亞航線必經之地。豐臣秀吉一度想以本地為跳板進攻呂宋島並曾要求島上的「高山國」向日本進貢，1580 年併吞葡萄牙的西班牙帝國則數次從菲律賓出兵臺灣，並於 1626 年在今日位於基隆市的和平島上建立聖薩爾瓦多城（Fort San Salvador，原意為「聖救主城」）。不過，原屬西班牙統治

區的低地行政區（包括今日的荷蘭與比利時）在 1581 年組成了
「尼德蘭七省共和國」（因荷蘭處於主導地位，又稱「荷蘭共和
國」）之後，也在 1624 年率先進入南臺灣，在今日的臺南安平
建立了要塞，爾後改稱「熱蘭遮堡」（Fort Zeelandia）。三十年
戰爭期間，荷蘭發動了新一波的獨立戰爭並於 1642 年在聖薩爾
瓦多城激烈交戰，最後將西班牙人逐出臺灣。1648 年的《西伐
利亞和約》也見證了荷蘭正式獨立並取得西班牙帝國的部分領
土，且以新海上強權之姿躍上國際舞臺並正式統治臺灣到 1661
年，由明鄭政權取而代之。原是為了尋求反清復明基地的明鄭，
於是成了島上的第一個漢人政權。直到明鄭前將領施琅在降清之
後率清軍水師反攻，在 1683 年將臺灣納入了滿清帝國的版圖。

　　然後就是多數人熟悉的歷史了，不再贅述。唯須指出的是，
這島嶼的政治命運與世界史的發展息息相關。當年是被外人強行
納入西伐利亞體制當中，而非本地人主動爭取而來。值得一提的
是，當豐臣秀吉意圖將「高山國」納入其朝貢體制時，他並未抱
持主權國家體制的思維，但明治維新後的日本則已深諳新的國際
規範，故在簽訂《馬關條約》之際也和其他國家進行協商，確保
該條約是正式的國際條約，而非中日之間的協議。這正是伊藤博
文能主張「臺灣係日本帝國根據國際法取得」的根據（林滿紅，
2002：30）。相較於當時的大清帝國乃至二十年後才開始主張
「不平等條約」的中華民國，日本是相對與時俱進的國家。同樣
值得注意的是，入主臺灣的日本帝國是最後一個擠進西伐利亞體
制處於帝國時期的國家。更早的殖民者如取代葡萄牙的西班牙以
及取代西班牙的荷蘭，也是後進帝國。是故，島上多數住民每每
遭逢的現代主權者總是以帝國之姿出現的外來殖民者。

　　尤須注意的是，移民帶來了不同的史觀、集體記憶以及多元
的身分認同，移植則分別在不同時間點上引入了彼此難以同時實

現的價值觀念與政治理想。如果人人身上都是一個時代，那飄洋過海來的移民，不意外當中也會有人帶著原本的世界觀與史觀來到這裡。上一段簡史說的是一次次以帝國者之姿來到這裡的外來移民。他們其實也帶來了「主權」與「國家」概念。這也是一種移植，因為島嶼上原住民對土地的看法採取一種共享的概念，不同於預設了「是你的就不是我的，反之亦然」那種排他性極強的所有權概念。這種源自西方現代國家的概念，難以嫁接在地社會實踐。以領土為絕對所有權範圍的主權國家概念，也是如此。在戰爭作為相逢的背景底下，島嶼上原本的在地思維也一次次讓位給外來的想法。「國家」、「主權」等政治概念是如此。

　　史觀也是如此。荷西殖民者的現代主權國家概念與進步史觀，明鄭政權的反清復明史觀，日本人亟欲脫亞入歐的東亞進步史觀，清末革命人士抱持想「驅逐韃虜、恢復中華」的漢人中心史觀，民初知識分子將時間跨度設定為四千多年的中華民族史觀，乃至國民黨政府渡海來臺之後以五千年歷史中華文化的「道統」與「法統」自居，並將大清帝國遭受西方列強侵略史定調為「百年國恥」，日治時期則重新界定為「日據」，中華人民共和國則是「共匪竊據」的中華民國黨國史觀。這些史觀，各個都是一個敘事體系，涉及了時間軸相當長的「時序」及據此理解的「現狀」，加上一個關於如何介入歷史、改變現狀的「時機」之理解。

　　此時想必有讀者已察覺到，上述幾段簡史都是從統治者而非被統治者的角度所進行的陳述。這是中小學歷史教科書典型的書寫觀點。這觀點有三個值得注意之處。

　　一是本島與外界的時間節點，的確大多是外來的政治力量所致。原住民遭逢遠洋來的荷蘭人以及大量遷徙過來的漢人，定居於此並以漢人為多數社會遭逢日本帝國及其殖民官員，戰敗的日

本帝國離開之後的人民遭逢來自許多人視為祖國的軍隊及其鎮壓，國民黨政府統治底下的臺灣在冷戰期間被納入了美國的國際政治布局乃至國際經濟體系的分工（例如 1966 年以「中美經濟社會發展基金」協助成立於高雄的全球首座加工出口區）當中，無一不是外力使然；二是從「主權者」角度來理解臺灣，容易忽視島嶼上不同族群的不同集體記憶。誠然，不同族群是在不同的時間點上遭逢了不同的帝國，以及這些不同的時間節點其實對不同的族群有不同意義，因此許多事件也會各自以獨特的意義烙印在不同族群的歷史記憶當中。第三則是，從主權者角度來理解臺灣史也容易讓人忽略，《聯合國憲章》所主張世上所有「人民」皆該享有的「自決權」從未在這島嶼上完整地實現過。

筆者以為，這種忽略本身與時間政治雙螺旋結構當中的「移植」軸線有關。進一步解釋，讓我們回顧一下薩克斯關於民主的理解。如他所述，西方民主憲政思想與猶太－基督教思想傳統存在難以切割的關聯性。據此，欲將民主制度落實於欠缺此一傳統的臺灣社會，勢必得致力於提出一個能將該制度基本理念轉譯為符合本地政治脈絡的論述，才能適當地診斷問題之所在並提出有效的處方。這正是一個脈絡化的規範性理論建構工作。實踐上，那則意味著跨文化脈絡的制度移植尤需建立一套相應的應然論述作為輔助，否則不僅難以成功，更可能產生理論與實踐以及政治與文化之間的嚴重異化。

為了方便解釋，讓我們從建立在人權《兩公約》的國際人權建制（international human rights regime）所關切的轉型正義（transitional justice）議題為例開始。眾所周知，德國曾分別於 1945 納粹倒臺與 1990 兩德統一之後，進行大規模清查前政權侵犯人權的事蹟並起訴相關人員，且推動過一連串以「除垢」（lustration）為名的各種法律與政策，作為瓦解舊時代政治遺緒

的策略。這些強硬的舉措，即是文獻上慣稱為「防衛性民主」
（Streitbare demokratie）的實踐。其基礎為二戰後盟軍根據國
際法針對納粹黨而進行的「紐倫堡大審」（Nuremberg Trials）
之結果。當時的國際軍事法庭法官在援引既有的戰爭法之外，
也創造了「違反人道罪」（crime against humanity）來定罪納粹
黨，且該判決原理更於 1947 年的聯合國大會進一步獲得肯定，
責成國際法委員會編定了一套「紐倫堡原則」（The Nuremberg
Principles），包括否定參與侵犯人權的政府官員不得以「上級命
令」為由來免除其國際法上的責任。[7]

　　紐倫堡原則是日後國際法庭審判嚴重違反人權的國家元首
及政府官員的基礎，其原理其實來自中世紀基督教神學的「自
然法」（natural law）傳統──「自然」在這裡指的是上帝賦予
人類的「天性」（nature），亦即理性，而自然法就是人類憑藉
理性推論出來的彼此相處之道。其位階在中世紀被認為僅次於
寫於《聖經》的「神定法」（divine law），且高於「人定法」
（human law），也就是任何個別國家立法機構所制定並訴諸
白紙黑字的法律。若非有位階高於人定法的自然法傳統，國際
法庭將難以越過作為現代法理學主流的「法實證主義」（legal
positivism）見解，更遑論暫時擱置適用於民主憲政體制一般情
況的「不溯及既往原則」。也是這一個自然法傳統才能讓德意志
聯邦共和國能將前朝的法律視為偏離常軌，並得以據此分別針對
納粹黨和東德共產黨進行了兩次人事清查與司法起訴。

　　不僅是「紐倫堡原則」，根據國際法學者陳隆志的理解，人
民自決權本身也來自於基督教傳統的自然法（陳隆志，2018：
367）。事實上，南非於 1995 年成立的「真相與和解委員會」

7　詳見 https://www.nurembergacademy.org/about-us/history/。

（Truth and Reconciliation Commission）也與基督教神學淵源頗深。該委員會主席為當地享有厚望的南非聖公會屠圖主教（Desmond Tutu. 1931-2021），以具有宗教色彩濃厚的「和解」（reconciliation）概念作為基礎。然而正如前述，和解概念是猶太－基督教神學的核心，既是教義也是誡命。幸而，南非當地亦有一個義理相通的哲學概念「烏班圖」（ubundu），支撐著主要受害者族群的和解意願。烏班圖將人類視為一個生命共同體，沒有人該遭受不人道的對待，且應當致力於共生並互相成就對方。當時的「真相與和解委員會」刻意高舉這想法，且將它延伸為一套反對以復仇來伸張正義並致力於修復破裂的社會關係的論述，亦即所謂的「修復式正義」（restorative justice）理論（Moon, 2008: 35-37）。正是這種取自在地思想與文化元素的轉型正義論述，為當時極為脆弱的國家取得了最大的社會共識，避免更進一步的族群分裂。

　　從上述兩個案例，可見在地文化傳統與論述能力對於轉型正義實踐的重要性。姑且不論國際上另外三十七個國家所設置的真相與和解委員會（Nordquist, 2017: 151-60），或採取除垢模式的許多東歐國家之執行成效，對一個既無自然法傳統也不把和解當宗教誡命的臺灣，我們不能不問：該以什麼目的作為轉型正義的終極目標？該根據哪些文化元素或論述作為行動的指導方針？

　　指向德國或南非作為效仿對象，絕非解決之道，除非那能輔以一個為何該國的「實然」必須是我們的「應然」之論述。換言之，逕自效仿另一個國家的做法，也就是——借羅素的話來說——企圖將「在原生地不過是一種普遍想法的釐清與系統化」的理論或實踐直接嫁接過來，則等同認為他人的思想和政治實踐也適合我們，更可能會難以落地生根甚至早夭。在脈絡化的規範性論述付之闕如之下進行轉型正義，恐將以方向不清且難以服眾的

場面告終。

以直接移植制度到本地的效仿方式，正是一種不顧脈絡並試圖採取捷徑的做法，也是〈前言〉提及的「延遲」（*différance*）案例之極致。不僅如此，對此議題公認有權威性貢獻的美國法律學者泰鐸（Ruti G. Teitel）曾將轉型正義全球化過程區分為底下三階段：

（一）二戰之後紐倫堡大審及以此為先例的各種國內審判。

（二）第三波民主化見證了許多國家告別威權體制並轉型為新興民主國家。

（三）更大規模地體現在國家經歷內戰或聯合國安理會背書的人道干預（humanitarian intervention）之後，致力於恢復政治秩序的後衝突重建階段（Teitel, 2014: 49-80）。

顯而易見，轉型正義主要是建國期間或國家在經歷戰爭後所採取的政治措施，也因此總是從憲法層級來制定相關法律並推動民主化政策。然而二戰後的臺灣並未趁國際上的解殖與民族自決風潮進行獨立，二二八事件之後更採取清鄉行動，接著讓國家進入了白色恐怖。加入「第三波」（Third Wave）民主化的方式又以既未制憲也不處理黨國遺緒的「寧靜革命」。

上述三個適合進行轉型正義的時間點，臺灣全都錯過。這或許是島嶼上最嚴重的一種政治時差。在定位不明且論述闕如的情境底下進行轉型正義，則不僅是一種實踐與論述上的疏離，若主事者一意孤行更可能造成人民與政府，支持者與反對者乃至轉型正義路上走得快和走得慢者之間更加異化。置於更大的民主化脈絡底下來談，畢竟，倡議轉型正義者常說那是民主化的最後一哩路，其實也不改制度移植的本質，因為那不過將選擇改為：臺灣該追求的是哪一種民主？

問題是，民主也不只一種。英國政治哲人洛克（John Locke,

1632-1704）提出是以「法治」（Rule of Law）為基礎的憲政民主，其目的在於確保人民的基本權利，尤其是柏林所謂的「消極自由」，手段則是藉制定憲法來限制政府的公權力，讓國家的手不得任意介入人民的生活。立法與行政則交由定期選出的代議士來負責。來自瑞士的盧梭（Rousseau, 1712-1778）對此強烈反對。他認為代議民主不過是一種政商統治集團鞏固自身利益的計謀並批評說：那些自以為是國家主人的英國人民，其實只有在選舉國會議員當天才是，一旦投票結束之後就立刻淪為奴隸。反之，唯有人民參與立法過程才是真正的民主。而任何活在由他人制定的法律底下，包括立意良好的憲法，則無異於接受奴役。

　　走洛克路線，臺灣作為一位自詡為以二十年完成西方三百年進程的民主跳級生，至少必須從面對威權時代的各種思維習慣與政治態度開始。這些遺緒包括教學方式、偉人崇拜、服從權威、憑道德感或正義感來激烈衝撞體制或乾脆不關心任何公共事務，甚至人們會在倡議特定具高度政治意涵的公共議題時不斷宣稱那跟政治無關。無論哪一種民主，其核心政治觀念是：「政治乃關乎眾人之事。」若是想走向盧梭式民主，除了公投之外，可能還得加上全民參與式的制憲或相當大幅度的修憲。畢竟，那是一種最古老的「積極自由」想像。正如〈前言〉指出的，「民主」（democracy）一詞來自於希臘文「*demos*」（整體人民）和「*kratos*」（統治或掌權）兩字的結合，不受外人管轄並由共同體成員一起決定自己的命運。活在一部由他人在另一個地方制定的憲法，肯定不是完整的「人民當家作主」（the rule of the people）。這是一種將總統改為直選也不能完成的民主化。

▍重啟分裂的社會：兩種同時性與敘事共時性

筆者將上述涉及不同時間移入族群與制度移植的雙螺旋時差結構，及其衍生出來在諸多層次的異化與族群之間的疏離，尤其是因為遭逢不同主權國家而留下的集體記憶與創傷，加上在不同時間點引入了各自難以落實且彼此難以協調或化解差異的政治想像，統稱為「時差政治」。這現象意味著一種規範性理論的挑戰，亦即：如何在如實描述並理解其哲學意義之外，也尋求因應之道。前者是本章的主旨，後者則是本書主要動機與目的。

鑒於該處境乃肇因時間維度的差異，我們也該問：如何才能化解這種多層次的複合性時差格局？或說，該如何才能讓社會建立黃應貴所謂能提供一群人穩固的社群認同感（identity）之「共同時序」？

關於共同時序，中國昆明出身的英裔美國人類學家班納迪克‧安德森（Benedict Anderson）在其著作《想像的共同體》（Imagined Communities）中提供的兩種「同時性」（simultaneity）或許值得參照。第一種是安德森意圖反駁的，可見於猶太－基督教的彌賽亞主義（Messianism）當中，他的舉例直接援引了德國文學評論家奧爾巴哈（Erich Auerbach）底下這段話：

> 如果像以撒（Isaac；譯按：聖經中亞伯拉罕之子，被其父獻祭給上帝）的犧牲這樣的事件，被詮釋為預告了基督的犧牲，因而前者彷彿像是宣告且承諾了後者的發生，而後者則「成就了」前者，那麼，在兩個相互沒有時間或因果關聯的事件之間，某種關聯就被建立起來了——而這兩個關聯是無法用理性在水平的次元上建立起來的……只有兩個事件都被垂直地聯繫到唯一能夠如此規劃歷史並且提供理解歷史之鑰

的神諭，這個關聯性才有可能確立……此地此時不再只是塵
世事件之鏈的一環而已，他**同時**是一個始終存在，並且終將
在未來被完成的事物；而且，嚴格說來，在上帝眼中，它是
某種永恆的，無時不在的，以及已支離破碎的塵世領域中被
完成的事物。（安德森，2010：60）

安德森認為，隱藏在這一個例子的同時性其實相當接近班雅明
所謂的「彌賽亞時間」，亦即「一種讓過去與未來匯聚於瞬息
即逝的現在的同時性」，而且在這種觀點底下「與此同時」
（meanwhile）一詞根本不可能具有實質意義 —— 畢竟，亞伯拉
罕的獻祭與基督的犧牲乃相互蘊含的兩件事，一如各種必然實現
的預言，時間不過是一個不會改變方向的歷程，兩個時間點之間
別無其他可能。

　　姑且不論這種同時性是否為班雅明的彌賽亞主義要旨。相較
於猶太－基督教信仰那一種猶如取消「過去」、「現在」、「未
來」三種時間差異，或至少是「承諾」與「實現」兩點之間一切
意義的同時性，安德森本人指向了另一種由印刷技術的進步所帶
給現代世界，讓一群人得以閱讀相同的小說與報紙的同時性。這
一種同時性始於人們以時鐘與日曆來標誌不斷前進的時間，讓人
們既能同步化彼此的生活，亦可與時間同步的中世紀。班雅明曾
在其〈歷史哲學論綱〉文中指出，這一種觀點將歷史想像為一
種「進程」（progression），猶如一條軸線且可以切割為一段段
等量，等待事件來填補的「同質且空洞的時間」（homogeneous
empty time）（Benjamin, 1973: 261）。安德森於是再借用班雅明
的話來指出，這是一種「橫斷的並且與時間交錯的」同時性想
像，其本質為「時間上的一致」（同上，頁 61）。更重要的是
他進而指出，興起於 18 世紀歐洲的小說與報紙將這一種物理時

間上的同時性轉化為讓一群人得以生活在同一「想像共同體」的基礎。而這正是現代民族主義的起源。

　　值得注意的是，捷克裔英國社會學家蓋爾納（Ernest Gellner, 1925-1995）在其早年著作《思想與變革》（*Thought and Change*）當中即指出民族主義其實是一種反映現代性的政治策略，基本上是現代主權國家為了教育普及與文化一致性而採取的策略。換言之，「民族主義不是為了喚醒民族的自我意識，而是將尚未存在的民族發明出來」（Gellner, 1964: 169）。他在公認為經典之作的《民族與民族主義》（*Nations and Nationalism*）書中延續了此說並直指，民族主義不外是一種企圖讓「政治單位與民族單位吻合一致的」政治主張（Gellner, 1983: 1）。猶太裔英國史家霍布斯邦（Eric Hobsbawn, 1917-2012）大抵同意此說。不過，他也觀察到高舉民族意識者並不一定會倡議獨立建國，正如 19 世紀末的蘇格蘭資產階級與知識分子那樣（Hobsbawm, 1983）。因此，雖然每當歷史上有國家陷入分裂，亟需重建秩序並凝聚人心時，某種古老的「傳統」也將會被發明出來，但每一個民族建國的案例都必須置於歷史脈絡當中才能準確理解。統治精英操作民族主義和受迫的人民訴諸民族情感，意義並不相同，前者主要是為了激發民族情緒並藉此鞏固既得利益的反動，後者則可能是一種反壓迫的抗爭或草根民主運動（詳見 Hobsbawm, 1990）。

　　安德森拓展了這一種「現代論」（modernism）並提出挑戰。對他來說，認為任何一個人們終其一生也不可能認識大部分其他人的社群，必然是「想像的」共同體，無論其基礎是某一神論、啟示或一連串由被賦予特定意義的事件所構成的共同認知與情感框架。然而，想像的共同體並不必然涉及了蓋爾納所說，來自國家的意識形態操作或「捏造」（安德森，2010：42）。相反，那是源自印刷技術進入日常生活的緩慢結果。一方面，小說

的興起讓現代人有了一種類似上帝的觀點來看待書中的不同人物，例如，能將兩位人物理解成總是錯過彼此的遺憾，是預設了「相會」的可能性，但現代社會何其大，相遇哪有如此容易？安德森認為這是一種社會想像。另一方面，同一天發行的報紙不僅讓讀者能認識不曾碰面的人，意識到無數的人也正在看著跟他手上一樣的內容，更加深了某種共同感。讀者甚至可以想像，昨天的頭條新聞人物，今天可能必須得回應，且即使保持緘默也不代表他已不在世上，而是心虛躲了起來。這是伴隨印刷術而來的同時性才能促成的一種想像。

筆者同意安德森藉以指出兩種同時性的案例。他們既深化了黃應貴所謂的共同時序作為一種凝聚認同感的基礎，也點出了薩克斯的真正信念並凸顯出了本文尚未觸及的時間與政治關聯性。不過，它們也再次提醒了我們人類學經驗性研究與規範性政治理論的差異。尼采關乎歷史記憶與人類健康該取得哪樣的平衡，才是本書的核心關懷，且他在《查拉圖斯特拉如是說》（*Thus Spoke Zarathustra*）第一卷關於「新偶像」那一章所觀察的，「國家」（Staat/state）是假裝成單一「民族」（Völker/people）的說謊者，文化的偷竊者，也值得我們注意。他的論點是：現代國家明明是一群人所共同創造，但它卻回過頭來把人民當作材料，以一套關於善、惡的語言，將他們塑造成一個盲目愛國而恨鄰人的群眾，而失去的都是一個個活生生的人的生命力與創造力（Nietzsche, 2006: 34-35）。這是來自一位 19 世紀哲人對主權國家採取民族主義政策來凝聚人心，尤其是當時盛行於德國的民族主義的嚴厲批判。本書在意的是如何在化解時差與多元的認同時，避免讓民族主義情緒吞噬了真正的文化與生命力。

無論如何，安德森指出的同時性既不符合也不適合島嶼上的政治現實，因此難以指引我們走出當前的政治時差格局。畢竟，

如稍早討論國外轉型正義經驗時已提及，島嶼上並不存在多數人共同信仰的單一宗教或一本聖經，更別說神人之間的聖約。另一方面，進入了網路分眾與政治極端化時代的我們，早已熟知物理時間意義上的共時並非解方。畢竟，多數人是因為政治認同而選擇了棲身的網路族群，而同步的消息傳播不但難以跨越網路社群藩籬，甚至可能強化對立。

　　相較於上述的「同時性」，本書將提出一個關於如何讓分裂社會重啟的「敘事共時性」（narrative synchronicity）理論。其核心論點來自筆者對鄂蘭的共和主義（republicanism）思想之批判性重建與應用，並輔以從柏林的價值多元論（value pluralism）重建並延伸推論出來的一套「政治文化」論述，作為重啟社會的行動方針與願景。兩者的恩怨〈前言〉已提過。此時筆者想指出的是《差異的尊嚴》既是最早同時論及柏林與鄂蘭的書，也讓後人理解到他們的思想不僅有相通之處，更有助於我們思考如何修復這一個深受族群衝突、歷史不義與恥辱所苦的分裂世界。

　　更重要的是，薩克斯也認同柏林所說，文化思想上的唯我獨尊心態和歷史上導致各種衝突的民族主義，「往往是某一民族的自尊心或領土受到另一個民族傷害所致」（Sacks, 2003: 178）。柏林也常用「被強行壓彎的樹枝」（bent twig）來比喻這種自尊受損或自卑才自大的民族主義（Berlin, 1972）。薩克斯因此才在《差異的尊嚴》當中指出，民族甚少會忘記所受的歷史屈辱，即使不立即報仇，也必然伺機而動，尤其是在危機來到的時候。正因如此，他才引述了鄂蘭底下這一段話（Sacks, 2003: 179）：

　　　　從不可逆性的困境──人沒辦法改變他所做的事，雖然他
　　　不知道也不可能知道他在做什麼──救贖（redemption）的
　　　方法，就是寬恕的能力。至於不可預測性、未來混沌不明的

> 不確定性，其解決之道則是包含在做出承諾且履行它的能力
> 裡。這兩種能力形影不離，其中的寬恕可以改變過去的行
> 為，它的「罪」（sins）宛如達摩克里斯（Damocles）的劍
> 一般威脅著每個新世代。（鄂蘭，2016：329）

這一段話出自鄂蘭的《人的條件》（*The Human Condition*）第五章，討論的脈絡是人的行動能力。薩克斯是從他人著作轉述而來且並未進行文本分析，而是想藉此強調：「寬恕」與「承諾」不單是上帝賦予人類的能力，也是祂賜予人類的恩典，更是聖愛的展現，救贖計畫的一部分。不意外，寬恕與原諒既是猶太－基督徒的兩個誡命，也是一種面對歷史不義或說「罪」的方式。

令人玩味的是，不同於薩克斯將鄂蘭的話放入神學脈絡來討論，《人的條件》中文譯者卻把「救贖」翻成「解脫出來」。筆者將它改了回來是為了符合猶太大拉比的語境。不過，本書認同世俗化作為一種策略性解讀，理由不再重述。此時重點是薩克斯接著引述了《他鄉：以撒·柏林傳》（*Isaiah Berlin: A Life*）作者葉禮廷（Michael Ignatieff）底下的提醒：和解之路最大的障礙是報復之心——這種心態雖然對許多人來說並不高尚，但那卻是生者與死者的一種獨特連結，且深具道德意涵，因為不替死去的親友或同胞報仇猶如一種背叛（Sacks, 2003: 187）。換言之，仇恨也可以是一種凝聚社群的力量，一種活人對死者的尊重、紀念和展現忠誠之方式。承認這種並非正向的道德力量，更讓薩克斯感受到和解的迫切性，也強化了寬恕作為一種政治能力與公民精神的重要性。這正是鄂蘭與柏林的共同點，也是至今文獻上尚未深入討論的思想資源。

本書延續了上述薩克斯所開啟但並未走下去的理路。進一步說明，柏林的「樹枝」比喻準確掌握到了上述「一」與「多」辯

證過程的心理層面。從個人到集體到國家乃至跨國族群，人都可能因屈辱而變得自大或因抵抗而轉為壓迫他人。這說法呼應了尼采在其《道德系譜學》（*On the Genealogy of Morality*）當中所指出，二分善惡的道德語言始於弱者無法起身正面對抗強者之際，那基本上是一種生命策略或說精神勝利法，也就是一種不得不採取的情緒出口（詳見 Nietzsche, 2007）。自大與壓迫弱小的民族主義，對柏林來說正是源自於此。真正具有自信的個人或群體，不但不會想強迫使別人屈服於他，反而更能尊重異己並願意學習他人。價值多元論指向的是一種百花齊放的政治願景，一種允許諸多「一」各自綻放的「多」。然而現代民族主義卻是反其道而行，以排除異己甚至妖魔化他者為特徵。其結果是高舉自我特色的民族主義訴求取代了本應深具普世色彩並以尊重他人為起點的道德，甚至成了主要的是非善惡判斷依據。

　　美國史家史奈德（Timothy D. Snyder）在其近作《到不自由之路》（*The Road to Unfreedom*）更為此說添加了另一個時間維度。對他來說，後冷戰美國沉浸於相信自己正走在歷史唯一的進步方向之上，以致對內、對外總展現出一種「必然政治」（politics of inevitability）的色彩，例如相信社會不平等乃終究會過去的階段，或容忍某些糟糕的親美政權是讓那些國家過渡到民主的必經之路。普丁政權則逐漸走向了一種「永恆的政治」（politics of eternity）。它一方面高舉俄羅斯特色，主張唯有其特殊東正教文化能拯救萬惡的資本主義世界，另一方面則重申西元 1025 年基輔大公皈依基督教讓俄羅斯與烏克蘭成為單一民族的歷史，並據此作為入侵烏克蘭的理由（史奈德，2023：140）。不僅如此，普丁政權是以「受害者」的身分來回顧，且在這反覆過程當中不斷訴諸過去曾經和即將回歸的偉大。史奈德認為這意味著現實感及責任感的失去。取而代之的是周而復始的

假象、謊言，危機感和族群情緒的操弄。最後是一個永遠以過去
埋葬未來的現狀。更重要的是，史奈德也在此時的美國政治當中
看見類似的傾向。後冷戰的現實並未如想像的美好，歷史也並非
終結於最後的勝利。當川普抱怨外國移民且想築起主權的圍牆
時，美國便正式進入永恆政治的開端。

　　史奈德的研究提醒了我們，首先，雖然現代的想像共同體如
安德森所言，是以「主權國家」為基本的樣板，且想像的主體基
本上是「民族」，但人們對於民族的想像並不如西伐利亞體制所
設想那樣，以實際掌控的領土為民族國家的想像共同體的地理範
圍，而是可以採取更大的時間跨度。訴諸千年前某一事蹟來發動
戰爭的俄羅斯，是一典型案例。這呼應了民族主義乃力圖讓「政
治單位與民族單位吻合一致」之說，但重點卻與蓋爾納設想的相
反。俄羅斯的企圖並不是為了讓特定領土範圍內的人民培養出單
一民族認同，而是以一種獨特的民族論述來超越實際統御的地理
範圍，且在時間上追溯回遠超過西伐利亞體系建立以前的事件為
單一民族的想像起點。這是「一」與「多」在國際層次上的主要
動力來源。柏林一再以維科（Giambattista Vico, 1668-1744）所
說，人為世界的事物與自然界事物大不相同，因為前者可以不斷
重新界定（Berlin, 1998: 340-358）。這正是思想的力量所在，且
一個偉大思想家在安靜的書房中想出來的理論，甚至可能摧毀世
界。當然，唯一能對抗這種把整個國家或民族鎖入某一自古以來
的民族時序當中的，也是思想。

　　其次，史奈德所謂的「永恆」包括了一種「迴圈」行進方
式，因為那涉及了重溫早已逝去的某一事蹟，有時甚至藉此顧影
自憐並誓言恢復過往的偉大，高舉一種霍布斯邦所提醒的虛構傳
統作為救贖想像。熟知尼采的讀者當然也能看出，這種講法反映
了他所說的，那一種習於反芻民族恥辱、舔拭歷史傷口且不能忘

卻受害記憶的弱者。失去了蘇聯的俄羅斯是國際上舉足輕重的案例，當然也印證了柏林的樹枝比喻。但此時正在追求以「中華民族偉大復興」為「中國夢」核心內容的中華人民共和國，又何嘗不是？橫亙於眼前的一大哉問是：我們該怎麼做，才能斷開那一種尼采認為是建立於針對特定族群的「積怨」（resentiment）之上的「永劫回歸」（eternal recurrence of the same）？更重要的是，我們該如何才能避免讓島嶼上猶記「百年恥辱」和「二二八屠殺」的不同族群，落入永劫回歸的循環？

再者，埋在「必然政治」底下的是一顆終將萌生虛無主義（nihilism）的種子，且與時間維度相關。史奈德將那種政治的焦點放在人們會因為對「目的」的深信確鑿，而允許了各種手段。但這種做法不僅會讓人對於過程當中可能造成的諸多傷害無感，甚至到最後會忘了目的究竟為何，從而沉浸於手段的效益計算。屆時，地獄之路不僅是由善意鋪成的，更因為那一個善意終將如擔任「漢娜‧鄂蘭中心」（Hannah Arendt Center）主任的羅傑‧柏克維茲（Roger Berkowitz）（2022）所言，會蒙蔽所有的其他價值——包括人命及其個人尊嚴。這洞見不僅呼應了前文提及的異化問題，更直指了當人們與政治現實疏離之後的可能處境。走向這種虛無主義的可能性，既符合了鄂蘭所謂的「世界異化」（world-alienation）（Arendt, 1998: 248-57；鄂蘭，2016：352-361），也是柏林所擔憂的一種民族主義後果。

本書將論證，柏林價值多元論是關於上述採取一元論史觀的最深刻回應並指向了一種真正符合多元社會的政治文化，其核心為一個願意尊重多元且不以特定族群史觀為單一歷史敘事的公民精神，而鄂蘭的著作則可指引我們如何斷開諸如朝代史觀與民族偉大復興的回歸想像，以及各種政治必然性的想像。正如〈前言〉提及彌爾在 19 世紀即明確指出，欠缺一個以民族認同感作為

公民精神基礎的社會將難以運作現代的民主制度。這也是當代重要政治思想家如牛津大學的大衛・米勒（Miller, 1995）教授倡議民族主義，並認為唯有如此一個國家才能盡其國際社會義務的理由。[8] 那意味著柏林設想的多元主義理想其實必須以此為前提，而非作為解決分裂社會的方案。換言之，在一個對國家認同嚴重分歧，尤其是深陷於雙螺旋時差結構的社會來說，首要任務在於建立一個鄂蘭意義底下的「共同世界」，一方面允許不同族群以自由、平等的方式互動，一方面藉此互動來重啟社會並造就一個真正專屬於島嶼上所有人的共同故事。此為本書所謂的「敘事共時性」及「共和」願景。

本書核心論點與論證結構

一群人說同一個故事：敘事共時性

以上述「敘事共時性」概念開展出來，關於一群人如何藉彼此互動而發展成一個政治體的「政治本體論」（theory of political ontology），是本書的核心。這是本著從鄂蘭關於時間與政治兩者互構性的文本當中提煉出來的一套理論，而非她本人的論述。柏林的現實感、方法論、價值多元論及鄂蘭的「社群共感」概念和敘事理論，皆可見於筆者的論述。不可否認，兩位思想家對「自由」的理解，其實來自完全不同的關懷。相較於柏林界定的消極與積極自由，兩者都是一種關於個人或集體層次上的主體（subject）及意志（will）的政治概念，基本上與時間維度無涉，鄂蘭那一種將自由理解為「啟新」（initium）能力的實現

8　參閱梁文韜，《市場、正義與反全球主義》，臺北：主流出版，2021，頁280-374。

的說法，則必須預設一個時間軸才能成立。「新」是相對於「既有」的概念。此外，雖然她在意的自由跟柏林界定的積極自由，都是一種人必須經過努力才能實現的成就，但鄂蘭的版本指的必然是一群人協同合作才能完成的結果，因此也是一種「政治」實踐。自由是人將自身與生俱來的潛力進行發揮，讓自己能成為一個「誰」。

當然，前提是讓自己鑲嵌於特定的人際網絡，先能成為一個誰的誰的誰，才能成為一種「角色」。與其說鄂蘭的自由概念不能獨立於時間維度之外，毋寧說那必須放在一個敘事當中才能理解。是故，鄂蘭所謂的「故事」概念，首要指的是一群人開啟了一條屬於他們自己的關係網絡和因果連結。那必然是一種互相效力才能成就的共同行動結果。因此，政治的實踐即是一種共同行動，也是一種自由的具體展現。一個政治體正是透過這樣的過程才能誕生。

鑑於任何一個故事都預設了一個時間軸讓各種人物在同一個時序當中展開，筆者將這種肇因於一群人共同打造並參與一個故事的政治社群，稱為奠定於一個「敘事共時性」的政治共同體。

以敘事共時性為基礎的政治本體論，本身是關於一群人如何成為政治社群的一種抽象化時序想像。至於實際的一群人將會如何發展，端視他們在現實條件中的具體互動，而且不一定所有人都能如此展現自由，也不是所有人真的都是主角。由結束宗教戰爭的《西伐利亞和約》所發展出來的主權國家體制，既是一種政治行動的結果，也藉其內建的規範在某程度上限制了之後的人類社群之互動及行動力。以聯合國為核心的國際社會既是這種互動的結果，也進一步設定了更多的規範與互動原則，例如《聯合國憲章》、《世界人權宣言》和人權《兩公約》。它們是這一個國際社會發展史的重大里程碑，也是當前關於一群人如何能成為一

個獨立國家，如何運作國內外政治、進行民主化乃至轉型正義的主要規範來源。

這些規範也是本書將分析與評述島嶼上相關民主化、轉型正義及追求國家正常化的論述之主要依據。柏林的現實感指引我們區分（一）抽象層次的規範性理論、（二）實際的國際政治規範，以及（三）展現於島嶼政治中的價值追求與政治理想。這是三個不同層次的現實，唯有區隔清楚才能各自分析，從而進行各種評估和判斷，最後才能提出適當的建議。筆者撰寫本書的主要現實關懷是：距今（2024）剛好四百年前的 1624 年，臺灣正式被捲入了西伐利亞主權國家體系當中，進入了所謂「荷西殖民時期」，但島上住民卻從未真正致力於追求真正的集體積極自由，成為國際社會普遍承認的主權國家，且在民主化的過程中並未落實轉型正義，甚至造成了嚴重的時差政治格局及諸多層次的政治異化。鑒於這關懷本身涉及了國內政治、國際政治以及兩者的互動，本書也必須針對這三個層次的現實進行分析。

雙螺旋時差結構與多層次異化

分析島嶼上關於轉型正義的爭辯是個方便的切入點，因為從該議題的不同立場可得出一個人們關於轉型正義的認知光譜，作為我們進一步掌握關於民主制度的不同認識，及關於主權國家的基本理解與想像臺灣未來的方式。因為這些不同政治立場皆涉及了時間維度的認知差異，從中得出的轉型正義論述光譜將指向一個由「移民」和「移植」兩條歷史發展軸線所構成的結構。本書以「雙螺旋時差結構」來指涉這兩條軸線所代表的兩股政治力量。這兩股力量不僅各自內部存在嚴重的時間維度認知差異或說「時差」，也相互影響，甚至讓此時島嶼上的「民主化」、「轉型正義」、「國家正常化」三種政治追求成為在論述上彼此鑲

嵌，實踐起來則互為前提的三位一體，難分難解。本書將肇因於各種時差的政治爭議，總稱為「時差政治」——雖然「延異政治」（a politics of *différance*）一詞，或許更能凸顯出伴隨移民而來的各種史觀、歷史認知和集體記憶的「差異」及因為移植而必然產生的「延遲」。

行文至此，相信讀者也意識到，本書在〈前言〉提出的「雙螺旋時差結構」本身已經是一種關於島嶼政治爭議根源的理解。那既是關於島嶼政治根本結構的詮釋，也指向了本書的主要問題意識：如何突破這種政治時差格局？這問題意識在本章針對「時間」與「政治」如何相互構成的脈絡底下，轉化為一組問題意識，那就是雙螺旋時差結構為島嶼政治帶來了底下不同層次的「異化」：（一）不同政治族群之間的意識形態衝突；（二）民主制度與政治文化之間存在嚴重落差；（三）島嶼民主政治與國際人權建制的疏離，乃至於（四）島嶼上的中華民國公民普遍對自己國家曾和其他國家共同扮演要角所建立的國際社會如此陌生。肇因於多重層次時差的政治異化，也造成了不同族群對政治的過度狂熱與過度冷漠，族群之間的互不信任，以及對同一事件總有南轅北轍的解讀。受這種時差性異化影響的人們，輕則陷入相對主義，各說各話，重則彼此對立甚至妖魔化對方，以陰謀論取代事實查核乃至走入虛無主義境地，無論對價值追求或精神世界，若非無感就是呈現鄙夷態度。

以上多層次異化及政治後果，可說是鄂蘭所謂的「世界異化」在島嶼上的具體化。如何突破政治時差格局，於是意味著：如何克服多重層次的政治異化。「敘事共時性」則是本書為此症狀開立的主要處方，目的在於為了破解「雙螺旋時差結構」及其造成的各種政治時差。換言之，根植於時差現象的問題意識並不必然指向一個以革命或立憲作為重啟社會的方案，而是一組如何

化解政治時差及肇因於此的政治異化之題組。雖然在理論上筆者的「敘事共時性」並不排除這一種最激烈的「同時化」方式，但調整時差或說「共時化」指的主要是島嶼上不同族群能以鄂蘭意義上的「共同主角」身分來延續這一個早已開始且屬於島嶼原住民及一波波移民者的共同故事。

　　然而關於這一個「移民之島」的故事早已於四百年前，島嶼被捲入西伐利亞體系當中即展開。當時不諳那一個誕生於《西伐利亞和約》的「主權國家」概念之島嶼原住民，未能對外宣示主權，遑論爭取國際社會的承認。之後數百年間，不同的主權者來去島嶼。一波波的移民既帶來了他們各自的史觀，集體記憶及歷史認知，也不斷地與握有統治權力的主權者及其族群互動，但從未有過島嶼全體永久住民明確以一個獨立的「主權國家」之姿對外宣示主權並爭取以此身分加入國際社會的舉動。以至於二戰之後未能凝聚足夠的「人民意志」對重組中的國際社會爭取落實「人民自決」的機會，錯過了美國國務院遠東事務司及聯合國事務司一度試圖為島嶼做的政治安排，[9] 甚至在具備了載明於 1933 年《蒙特維多國家權利義務公約》（Montevideo Convention on the Rights and Duties of States）的「領土、人民、政府、外交」等國家四要件之後，也從未正式以斬釘截鐵的方式對外主張過自己是一個以臺灣為明確領土範圍的主權國家。正因如此，〈前言〉提及的前國際法院法官並長期任教於劍橋大學的國際法巨擘克洛福教授，並不認為臺灣是一個國家。以他的話來說：

　　　　國格乃一種權利主張。擁有國格的主張，不能在缺乏明確宣示的情況底下由陳述或行為來推斷；鑒於不曾明確主張過

9　陳翠蓮，《重探戰後臺灣政治史》，臺北：春山出版，2023，頁 71-76。

脫離中國，臺灣的地位只能是『中國』這一個國家底下，由另一個行政權管轄的一部分。[10]

　　本書基本上認同克洛福的主張，但也理解主張以「人民公投」（referendum）讓臺灣成為一個「正常化國家」的美國紐約大學國際法教授陳隆志反對這種說法的理由。[11] 對後者來說，臺灣其實一再以「通常默示，有時明示」的方式主張獨立；李登輝總統於 1999 年提出的兩岸關係是「特殊國與國關係」之說，陳水扁總統在 2002 年提出的「臺灣、中國，一邊一國」主張，以及在 2007 年曾以「臺灣」之名向聯合國申請加入會員，即是證據（陳隆志，2018：94）。筆者同意這些動作具有某種宣示主權的意涵，尤其是最後一項。不過，那是否如同陳隆志所說「等於是在國際大舞臺上的『獨立宣言』」則有待商榷（同上）。畢竟，當時陳總統的民調支持度僅剩下三成。更重要的是，隔年的「臺灣入聯公投」並未過半。

　　尤須注意的是，克洛福所謂的「國格」（statehood）指的是法理（*de jure*）地位的主權國家，不是實質（*de facto*）獨立國家。臺灣作為一個實質獨立卻從不如此對外主張的國家，對他來說才是困惑所在。猶記〈前言〉也提過愛丁堡大學公共政策教授詹姆斯‧米歇爾堅決反對蘇格蘭政府將下一屆國會大選視為一場「實質公投」的主張。其理由與克洛福的相似，國格之爭取，茲事體大，必須意圖與意志明確，不能靠他人從其他主張或宣稱來推斷。國際社會更不可能會主動贈與任何實質獨立政治體一個法

10　James Crawford, *The Creation of States in International Law* (2ⁿᵈ ed.)（Oxford: Oxford University Press, 2006），p.211.

11　陳隆志，《美國、臺灣、中國的關係：國際法與政策觀點》，臺北：臺灣新世紀文教基金會，2018，頁 318-322。

理主權國家的地位。而陳隆志所謂的「等於是」即是一種推論。本書主張的是，國格之爭取必須是一個符合敘事共時性的具體展現，也就是島嶼上居民以明確方式來展現「人民意志」所做出的政治行動，而全民公投確實是一種選項。就這點而言，本書在現實層次的主張其實可理解為替陳隆志的論述提供了一種政治哲學的規範性理論基礎。

相信讀者已從本書〈前言〉理解到，國際法的爭論涉及了關於法條及國家行為的詮釋，而這本身存在一個可爭議空間且亟須以論述來支撐主張的正當性。容筆者將此議題留待本書〈結論〉再做討論，此時重要的是：島嶼關於「主權國家」的爭論並不是以《蒙特維多國家權利義務公約》所謂的「常住人口」（a permanent population）為主體的概念，而是以「民族」為主體的「民族國家」（nation-state）想像。本書將從轉型正義論述分析來指出，這種盛行於 19 世紀及 20 世紀初的民族主義，正是以此為基本預設。然而這對一個數次接受過大規模移民潮的島嶼來說，反而是落實「人民自決權」的一種妨礙，不是助力。這當然也是「多元文化論」或「暫定協議」難以處理島嶼政治多元問題的理由。細節〈前言〉已討論過，此處再提是為了指出，我們真正面臨的困難其實是如何讓島嶼上的不同族群把自己當作一個值得享有「自決權」的「人民」整體。

筆者以為，訴諸同文同種或單一語言文化的民族主義並非出路。正視臺灣作為一個對外開放並多次接納大規模移民潮的島嶼，則或許是一種重新凝聚不同族群的方式。鄂蘭式政治本體論主張，一群人能否成為一個爭取自決權的「人民」（people），進而成為一個國際上普遍承認的「主權國家」（sovereign state），取決於當事人本身的意願和意志。那是他們的事，他們的故事。有時候，受奴役的當事人或許想成為一個新的政治主體並開啟一

條新的故事線，即使那甚至意味著徹底脫離既有的故事框架並願意為這理想拋頭顱、灑熱血。作為一個規範性政治理論不能以此為預設，也因此敘事共時性真正能捍衛的是存在於過程中的各種可能性，各種轉折與契機。只不過，在具體層次的現實上，筆者即是島嶼上的當事人之一，也希冀以書寫作為政治行動的開端。

而這一個開端始於本書將借鏡柏林的〈自由的兩種概念〉來分析島嶼政治爭議的論述，並從鄂蘭的文本來推論出一個能繞過民族主義、自然法及基督教神學來論證一群人如何成為一個政治共同體，又如何在遭逢巨大創傷之後得以進行政治原諒，讓社會不經歷流血革命而重啟的「政治本體論」。實際的內容，除了〈前言〉、〈導論〉和〈結論〉之外，其餘文章都在他處發表過，包括以學術期刊、書評導讀和社論的形式。為了保留一些回應時代問題的動態和印記，筆者不做修改。底下是對全書如何作為一個脈絡化規範性理論的簡要說明，裨益讀者閱讀。

各章概要

收錄於第一部的五篇文章皆為理論性文章。第一章和第二章分別是筆者對柏林和鄂蘭兩位思想家的系統性理論重建，前者處理了以價值多元論為基礎的自由主義政治願景，而後者則是重建一套以敘事共時性為基礎的政治本體論。此後三章則是延伸應用。第三、第四章將前兩章內容置於轉型正義和民主化脈絡上來討論柏林和鄂蘭政治思想之於這些議題的理論意涵，尤其是以他們關於何謂「政治」與多元性作為一種人類根本處境的洞見，來討論如何面對歷史不義並克服政治創傷的議題。這兩章各自為「南非真相與和解委員會」及納粹所侵犯的「人性尊嚴」提供了非基督教式的哲學基礎，也指向了如何培養公民精神及符合民主制度的政治文化之方向。第五章則是針對以聯合國為中心的國際

社會進行詮釋並藉此指出當前國際社會的根本規範和政治願景。這章內容既是同時涉及了價值多元論本身的應用及筆者對此時國際社會的根本理解。就屬性而言，第五章既是理論延伸也是應用。筆者將論證，這是國際關係「英國學派」（English School）的理論特色，也是一種脈絡化規範性理論的實踐。本書隨後關於國際政治議題的討論都以此為基礎。

第二部分和第三部分基本上都是貼緊現實脈絡的討論，雖然對象分別為國際民主危機和國內政治，但共同的焦點都是政治時差。第六章旨在分析民主與民粹之間的關聯性，尤其是人們在全球化底下失業又失去耐心之後將如何寄望於偉大領袖可以降臨世上，一次性解決所有問題。第七章則以政治時差的視角來分析美中關係，也藉此指出島嶼上的時差結構若不放在國際上的美中時差政治當中，亦有盲點。兩章的共同指向是一個由新自由主義主導的世界如何造成當前的民主危機。之後的四章是關於四本處理民主危機的專書之導讀。四本書的作者各自針對民主與民粹的問題進行論述並提出了診斷及不同程度的處方，筆者以為，這些論述本身既反映了此時西方民主的實際境況，也凸顯了此時的民主危機具有一個與時間維度脫離不了干係的根源，那就是忘了民主內建的緩慢機制。那一種以模仿來解決自身問題的策略最為急躁，因為那企圖將外來制度生搬硬套於自己的社會脈絡。

第三部分收錄了五篇文章。第十二章旨在延續第二部分的討論，進一步分析現代民主制度的基本預設和當前民主危機的根源，包括了國際層次與國內層級的討論，而且兩層級都是針對實然的分析。該文指出奠定了現代民主理論的社會契約論基本上將政府視為人民的主要假想敵，已不符當前世界的現實，畢竟，跨國企業及試圖操控民主選舉的威權國家才是真正的民主制度敵人。但新興民主國家則多了另一個敵人，那就是威權時代的遺

緒，尤其是民主跳級生臺灣，必須進行公民教育的補課。第十三章則是針對島嶼上涉及轉型正義與民主化的各種論述之分析，內容直接呼應〈導論〉提出的「雙螺旋時差結構」。第十四章和第十五章是分別從「敘事共時性」及柏林的價值多元論角度提出的政治處方，前者討論以立憲來解決時差的可能性，後者則指向妥協作為一種政治藝術的重要性。事實上，妥協藝術是第一章提及的「暫時性平衡」（precarious equilibrium）概念之應用，也是第十二章關於民主補課的延續討論。第十六章把焦點拉回到兩岸政治的現實面。該文旨在凸顯真正讓我們難以接受國際社會規範及《聯合國憲章》成立宗旨的是學界過度仰賴美國國際關係理論。這也呼應了第十二章當中論及的學術模仿與思想和制度的移植。

　　本書的〈結論〉將會扼要討論第二部分及第三部分的主要論點，並藉此來進一步討論該如何走出雙螺旋時差結構，克服各種層次的政治異化。該文將指出，最好的克服方式是建立一個符合民主制度的政治文化。這種政治文化在內容上揉合了柏林的價值多元論以及敘事共時性的現實意涵。至此，本書才算是一個「脈絡化規範性理論」的完成，也是鄂蘭意義上的共和精神的具體實踐。

第一部

時差政治的
政治哲學與理論

第一章

柏林的價值多元論與自由主義

> 認真研究另一種生活方式，無非是想讓我們自己的拓展出去，而不是將它納入自己的現有領域之內。
>
> —— 彼德 · 溫奇（Peter Winch, 1972: 33）

> 狐狸所追求的許多目標經常沒有關聯，甚至互相牴觸，若有相關的話，也僅只於某種心理上或生理上的現實因素，絕非出自於道德上或美感上的原則。
>
> —— 以撒 · 柏林（Isaiah Berlin, 1957: 7）

▍前言

以撒 · 柏林擅於分類，並且以多種身分留名於世。[1] 作為政治思想家，他於 1959 年發表的〈自由的兩種概念〉堪稱是 20 世紀最有影響力的一篇政治哲學文章（Swift, 2006: 51）；該文基本上是他接任牛津大學講座教授時所發表的就職演說辭，其中所界定的「消極自由」與「積極自由」，半世紀以來幾乎是學界所有討論自由的起點。作為觀念史家，他用以對照「啟蒙運動」的

1　本文之研究受惠於國科會補助（計畫編號：96-2414-H-194-001），作者謹致謝忱。作者並且感謝兩位匿名審查人的評審意見，據此對原稿做了修正與補充說明，惟文責由作者自負。

「反啟蒙運動」（Counter-Enlightenment）概念，亦是今日歷史學界普遍接受的術語，指涉德國浪漫主義以及其他反對理性主義的同路人。至於他將作家區分成「狐狸」與「刺蝟」兩種類型的做法，在文學批評理論領域則是無心插柳柳成蔭。[2] 與此同時，柏林也是上個世紀西方著名的公共知識分子，其著作所預設的讀者基本上是受過教育的一般大眾，不是學者專家。無論藉由寫作或公開演講甚至廣播節目，柏林總在強調人類價值的多元性以及「同情理解」（empathy）的重要性，並且不斷提醒「消極自由」的可貴與「積極自由」的危險。

學界今日對於柏林的政治思想之關注，主要在於「消極自由」與「積極自由」的區分，以及所謂的「價值多元論」（value pluralism）之上。關於前者的相關討論幾乎圍繞在三個議題之上：

（一）思想史上，自由是否只有「積極」與「消極」兩種概念，亦即能否有第三種政治自由？[3]

（二）邏輯上上述兩種自由是否可進一步歸納為一種？[4]

（三）消極自由是否具有優先性，或說是所有自由的「基本」（basic）形式？

至於柏林的「價值多元論」，亦即貫穿其所有著作的主題（motif），則引起底下兩個議題的爭辯：

（一）「價值多元論」的論述本身，也就是價值是否真如柏林所說的「多元」，其焦點在於諸如「平等」、「自由」、「公

2　李歐梵（1994）以柏林所界定的「狐狸」自居而著有《狐狸洞話語》一書，是漢語文學評論界受柏林所啟發的著名例子。

3　請參照 Quentin Skinner（1984; 1998; 2002）。

4　參照 Gerald C. MacCallum（1972）的批評。John Gray（1980）的 "On Negative Liberty and Positive Liberty" 一文是文獻上對於 MacCallum 的重要回應。

義」等價值是否真的相互不可相容（incompatible）或不可化約
（irreducible），甚至於彼此不可共量（incommensurable），因
而可能導致悲劇性衝突；

　　（二）價值多元論是否邏輯上支持自由主義，或者可作為一
種新的自由主義之理論基礎。關切第一個議題的學家往往假定，
倘若不同的價值之間能夠做出排序，或者可以重新界定成彼此相
容，甚至是邏輯上互相蘊含（implied），則「多元」只是個表
象，而且悲劇性價值衝突可以避免。[5]

　　值得注意的是，學界對於上述諸多議題的討論，傾向將柏林
的政治思想切割成版塊來分析與理解，不但無視於其整體性，也
往往受限於學門的本位主義。無論對於「自由」本身或與其他價
值的關係之討論，分析哲學家在意的只是「概念」的本身，以
及概念之間的邏輯關聯，也因此將價值多元論理解為關於人類
價值的本體論（ontology）宣稱，一方面視「價值」為「抽象概
念」，因此在討論個別價值（如「自由」或「平等」）時，就是
在討論概念的定義，一方面視「多元」的宣稱為抽象概念的衝突
問題，亦即，如果「自由」與「平等」兩個價值可以相互化約或
者理解成邏輯上相互蘊含，就沒有衝突，「多元」就不存在──
於是爭議的焦點圍繞在特定核心概念該如何理解或重新界定之
上。關注價值多元論與自由主義之間關係的政治理論學者，雖然
較為聚焦於文本，不過，往往也僅止於〈自由的兩種概念〉一
文，甚少提及柏林的思想史著作，既不顧柏林所多次強調，價值
多元論與自由主義之間並無邏輯關係，也忽略柏林一生不斷呼籲

5　Charles Taylor（2001: 116）指出，分析政治哲學家經常採取的策略是將概念
　　重新界定，使原先的衝突不再，甚至邏輯上互相蘊含。參照 Ronald Dworkin
　　（2001）、Thomas Nagel（2001）與 Bernard Williams（2001）的相關討論。

的「同情理解」與價值多元論之間的關係。

　　本文的焦點在於價值多元論與自由主義之間的關係。透過分析學界對於此議題的討論，筆者將指出：柏林政治思想的獨特性在於對政治理論的方法論之重視，而且，〈自由的兩種概念〉一文以及對於自由主義的支持與理解，必須藉此才能完整地掌握。本文的進行將秉持「同情理解」的精神，按照柏林的用語來解讀他的思想，並且採取抽絲剝繭的方式，漸進理解價值多元論的多重意涵，同時指出該理論與自由主義之間的關係。本文的第二節將對喬治‧克勞德（George Crowder）與約翰‧葛雷至今的重要批評與重建工作進行分析，旨在凸顯當今柏林的主要詮釋者，無論在批判或重建柏林的政治思想時，皆採取高度抽象的方法。第三節將進一步指出，上述的抽象邏輯推論方式，與柏林在〈20世紀政治觀念〉（Twentieth Century Political Ideas）裡所做的方法論宣言格格不入。不僅如此，這些詮釋者的方法論其實顯露了柏林所反對的「一元論」思維模式特性，而且對於何謂「價值」與「多元」的理解也與柏林的用語之原意有所不同，所以最多僅是價值多元論的「同路人」。本文的第四節將對〈自由的兩種概念〉一文進行分析，一方面確立該文為柏林的政治理論方法之實踐，一方面指出價值多元論實際上乃「同情理解」之實踐。第五節則旨在分析價值多元論的本身蘊含的自由主義精神。本文也將於結論之處指出，柏林捨棄分析哲學而從事政治思想史，主要原因在於他清楚一元論與多元論的根本差異：邏輯推論的方式無法說服一元論者成為多元論者，唯一的方法正如溫奇上面的引言所指，讓他親自理解另一種世界觀，看到另一種生活的可能。就此而言，柏林的思想史著作是引導讀者「同情理解」，培養自由主義的寬容精神之策略——換言之，也就是「狐狸」的邀請。

價值多元論與自由主義的邏輯關係

　　對於柏林的價值多元論與自由主義兩者的邏輯關係之研究，喬治‧克勞德與約翰‧葛雷無疑是最受矚目也是最受爭議的兩位學者。他們各自對於柏林有不同的理解，也互相影響對方的詮釋，並且在幾次提出的不同詮釋當中轉變立場，執意探索價值多元論與自由主義之間的各種邏輯關聯。克勞德（1994）的文章〈多元論與自由主義〉（Pluralism and Liberalism），可謂集此議題相關討論之大成，因此提供了極佳的討論起點。根據該文，企圖建立價值多元主義與自由主義關聯性的學者，必然涉及（一）從價值多元論推導出特定的價值之重要性；（二）再從這個價值推論至自由主義的可欲性（desirability）。克勞德的批判不外是，上述的任何嘗試在第一階段必然失敗，即使成功也無法在第二階段成功。第一階段必然失敗的原因在於，價值多元論者在宣稱人世間存在多種不可共量的價值之時，邏輯上已經失去「獨惠」（privilege）其中任何一個價值的依據。第二階段無法成功則是因為，沒有一個特定價值「專屬」（uniquely related to）自由主義所有；換句話說，任何一個能從價值多元論推出的特定價值，都無法隻手撐起自由主義理論。

　　根據克勞德的理解，柏林本人提出兩種上述兩段式論證，分別從「選擇」（choice）與「人道」（humanness/humanity）兩個價值出發，企圖支持自由主義。不過，他首先討論史蒂芬‧路克斯（Steven Lukes）如下的推論：倘若人世間存在不只一種「善」（good），值得人類生活的方式就不只一種，而且政府將沒有理由強迫人民接受任何特定的一種生活方式；[6]同理，倘若理

6　克勞德所批評的詳細推論，參見 Steven Lukes（1989）。

性無法單獨指向一個特定的解決方案，沒人有理由可強迫他人接受任何一個特定的方案，反而唯有秉持寬容的態度面對他人的選擇，才是合乎理性——如此一來，傳統上自由主義所主張的「寬容」（tolerance），與價值多元論似乎有邏輯上的關聯。克勞德斷言，這個「寬容」論點在邏輯上自相矛盾，原因如下：既然價值多元論意味著人世間存在「同等」值得重視的價值，且之間缺乏「衡量」彼此重要性的基礎，宣稱寬容的重要性既違背「寬容」與其他價值（例如「政局穩定」或「正義」）之間的「平等」，也牴觸了價值無法排序的宣稱。簡言之，反對價值可以排序的價值多元論，邏輯上無法獨惠任何一個價值，包括自由主義傳統上所重視的價值，因此走不出一條邏輯的康莊大道通往自由主義。

反駁路克斯的推論之後，克勞德直指柏林自己提出的論點也犯了同樣的邏輯錯誤。柏林曾在〈兩個自由的概念〉一文宣稱，人們若能正視價值多元的事實，將只能「賦予自由選擇（the freedom to choose）相當高的價值——畢竟，如果他們確信所追求的各種目標之間不會有衝突，抉擇的必要性與當下的痛苦，將隨著自由選擇的重要性不復存在。」（Berlin, 1969: 168）根據克勞德的診斷，柏林這個「選擇」論點既無法直接證成價值多元論與自由選擇的關聯，同時也過於誇大，甚至不具任何說服力可言。進一步解釋，克勞德認為，柏林上面這段話最多只說明了，倘若我們不承認價值多元論的真實性，我們將同時失去支持自由選擇的依據，不過，這宣稱既無法證成價值多元論為真，也不足以直接證成自由選擇的價值。除此之外，這段話預設了「唯有承認價值多元論為真，才可證成自由選擇的價值」，全然無視於並非唯有承認價值多元的事實才能有「理由」（reason）支持自由選擇的事實——畢竟自由主義者在柏林提出價值多元論之前就已

經重視自由選擇的價值。另一方面，克勞德也指出，柏林同時也忽略了兩種「選擇」的差別：面對不可共量價值時理性也無能為力的選擇（rationally underdetermined choice），以及一般狀況時的選擇（choice in general）。[7] 例如，效益主義（Utilitarianism）只排除前者的可能，但不否認後者在人類生活上的存在。如此的忽略，導致柏林高估了價值多元論的特殊性、低估了如同效益主義等一元論（monism）主張的有效性，同時也意味著柏林的推論乃建立在含糊概念的基礎之上。基於上述理由，克勞德斷定，除非柏林能證明唯獨價值多元論有理由支持選擇的價值，否則不具說服力。

眼明的讀者可以預見，克勞德將依循同樣邏輯策略，逐一反駁企圖以其他價值連結價值多元論與自由主義的推論。不過，他對於柏林的「人道」（humanness）論點之批評，並不止於邏輯層面。進一步解釋，他的批評乃基於對柏林下面這段話的解釋：

> 在我看來，比起那些企圖藉由宏偉、有紀律的威權體制來落實階級或民族甚至是人類整體「積極」自我作主的理想，多元主義以及它所蘊含的某程度「消極」自由，似乎是個較為真實（truer）且更加合乎人道（more humane）的理想。較為真實，是因為它至少能正視人類的終極目標既多元且不斷相互競爭，有些甚至於無法「共量」（commensurable）的事實。

根據克勞德的理解，柏林在此獨惠了「人道」價值，此舉無疑與價值多元論的內在邏輯牴觸，也就是犯了與「選擇」論點相同的

7　詳細推論，參見 Crowder（1994: 298-9）。

錯誤。此外，克勞德也意圖指出，柏林在聲稱價值多元論較為真實的時候，自己卻忽略了人類歷史經驗同樣可證實為真的另一面人性，亦即傾向服從權威，甚至於拒絕自由的特性。克勞德此刻提醒讀者，柏林在上面這段話之前曾說明，消極自由才是真正合乎人道，因為它不會剝奪人之所以為人的生命所需，也就是作為「不可預測且能自我改造的人類」之一切所需。正視人性的幽暗面，將讓我們不得不接受克勞德的判斷：柏林上面這一段話所預設的真實人性只是一種選擇性的片面解讀。如此一來，柏林的價值多元論及其隱含的消極自由，其實並不比威權體制更加真實或更加符合「人性」（humanity）。倘若我們也接受克勞德所主張，「符合人性」乃「合乎人道」的必要條件，那麼我們只能接受他的結論：柏林上面這段話不僅邏輯上自相矛盾，在經驗層次上也站不住腳。

　　徹底否認柏林的論點之後，克勞德繼而反駁了威廉斯（Bernard Williams）分別從「多樣性」（diversity）與「真實性」（truthfulness）兩個角度所提出的論點。[8] 威廉斯的第一個論點是：柏林的價值多元論深諳價值之間無法並存（或說同時實踐）的可能，於是主張愈能容許多元價值的社會——也就是自由主義制度——愈好，反之，愈是單一價值取向的社會意味著愈多的價值被壓抑，也就是愈多人的理想得不到實踐的機會。克勞德將上述主張簡化為「愈多愈好」的論點，進而指出：既然價值多元深諳價值之間的衝突與無法並存（所以有選擇的必要），邏輯上就不能主張愈多愈好，也不應該渴望社會制度容納愈多價值愈好，除非把「多樣性」本身視為一種價值來追求——不過，克勞德想

8　威廉斯的詳細論述，參見 Bernard Williams（"Introduction" to Isaiah Berlin, *Concepts and Categories*, 1980）。

說的是，價值多元的事實，本身並不足以構成將「多樣性」視為一種「善」來追求的理由，反倒提供了理由讓社會避免同時追求不可相容的價值。此外，克勞德也暗指，作為後設倫理學（meta-ethical）立場的價值多元論，根本在「誰」能決定社會該容納多少價值的問題上無能為力，所以沒有理由反對人類集體地從眾多（包括非自由主義所重視的）價值之中擇一實踐；換句話說，價值的「多元」本身不足以構成反對選擇非自由主義社會制度（例如強調服從或和諧的威權體制）的理由──據此，就邏輯上而言，價值多元論與自由主義並無必然關聯。

前文已經提及，克勞德對於價值多元論與自由主義的關係這個議題提出兩個根本詰問，亦即：（一）能否從價值多元論推出特定的自由主義價值？（二）能否從根據這個價值推論至自由主義的可欲性？截至目前為止，克勞德的批評猶如宣告學者至今的嘗試皆在第一階段就已失敗。然而，對於威廉斯的「真實性」論點，克勞德卻要求讀者將焦點轉移至第二階段推論之上。進一步解釋，威廉斯的論點包括兩個不同的主張：

（一）對於價值多元事實的體認，本身即是一種「善」，一件有內在價值的事情，容許多元價值存在的自由主義制度，從這個角度來看不僅本身反映真理，也讓公民體認真理；

（二）自由主義比其他政治制度更能彰顯「價值乃是多元繁複」這個真理（truth）。

不過，克勞德似乎認為讀者至此必然可輕易看穿第一個主張的自相矛盾之處，所以直接進入他的第二個詰問階段。他的批評基本上是針對威廉斯理解的自由主義。根據後者的看法，自由主義可貴之處不在於彰顯價值多元的「真理」，而是徹底體認到不同價值在人類生命所扮演的角色與重要性，也就是忠於「人性的歷史體驗」（historical experience of human nature）。克勞德的反駁

是，自由主義根本上可理解為一種道德一元論傳統，其原則與制度皆假定人類有個終極目標，只是同時也懷疑我們是否有能力找出該目標的確切內容——作為 19 世紀西方自由主義代表的約翰・彌爾，其思想正是反對價值多元的一元論體系。[9] 此刻，讓我們避免捲入彌爾是否為一元論者的爭議，因為克勞德的重點在於：自由主義必然涉及排除特定價值，所以無法徹底彰顯價值多元的真理，價值多元論者也不必然要選擇自由主義所認同的價值；此外，威廉斯對於人性的理解過於樂觀，畢竟並非所有人都會追求特定的價值——誠如克勞德對柏林的「人道」論點之批評所暗示，歷史經驗顯示人性也有看輕價值甚至逃避理想的幽暗面，自由主義並不比其他政治理論更忠於人性在歷史所彰顯的一切。

事實上，克勞德對於柏林的「人道」論點與威廉斯的「真實性」論點之批評，某種程度上展現了柏林意圖為現代政治思想注入的「歷史感」（the sense of history）與「現實感」（the sense of reality），同時也點到了本文的主要論旨之一：價值多元論之最後成敗乃為繫於特定的歷史解讀之上。不過，克勞德並未進一步探索歷史經驗與價值多元論之間的關聯，因為他的焦點仍然在於推論的邏輯。於是，針對「個人自主」論點，他再度套用了原先的邏輯策略進行批評。該論點的基本想法是：對於價值多元事實的體悟，能增益對於個人自主的培養，而個人自主正是自由主義的傳統核心價值之一。史蒂芬・馬賽多（Stephen Macedo）的版本強調，柏林提倡的「基進多元主義」（radical pluralism）正

9　事實上，柏林所理解的約翰・彌爾是個表面上支持一元論但心裡卻真正支持多元論的矛盾思想家，與克勞德的理解不同。參見柏林的 "John Stuart Mill and the Ends of Life" 一文，收錄於 *Four Essays on Liberty* 第四章。關於彌爾是否為矛盾思想家的詳細文獻回顧，參見 John Gray, *Mill on Liberty: A Defence*, 1983。

好可以強化我們的「內在價值衝突之經驗」，迫使我們對自己所持的信念進行反思，進而培養個人的自主性。[10] 約瑟夫・拉茲（Joseph Raz）則側重於柏林的價值多元論內所暗示的「理性不足以決定」（indeterminacy of reason），主張人們在面對抉擇但理性卻無能為力的時刻，反而強化了自主性的創造層面，讓我們更加成為自己生命的主人。[11] 克勞德認為，雖然後者版本較為細緻，不過，兩者都誤以為遭遇多元價值必然引人進行自我反思，無視於反倒可能採取抵抗或本位主義地批評之可能，甚至走向相對主義，放棄對錯好壞等價值判斷的思考。對於拉茲的論點，克勞德則進一步強調：即使能促成反思，也不代表人們會因此而珍惜總是處於必須選擇的情境，或者認同自由主義的寬容策略，畢竟為抉擇所苦之人不見得會對此處境感到滿意。據此，克勞德最後斷定，「個人自主」論點終究沒能證成價值多元論通往自由主義的必然性，於是宣告失敗。

　　逐一反駁上述各個論點之後，克勞德最後重申，價值多元論暗示一種「開放性」，必然與作為一套預設特定價值——或最多只能容納有限價值組合——的自由主義有所衝突。他最後斷言，除了約翰・葛雷之外，所有當代主流自由主義者，包括沃爾澤（Michael Walzer）、羅狄（Richard Rorty）乃至於晚期的約翰・羅爾斯，都未能正視多元價值事實的開放性意涵，其理論基本上都犯了同樣的論證錯誤，以及無法從價值多元事實證成自由主義的可欲性。究竟上述三位主流自由主義者的理論是否能如此輕易地推翻，本文隨後將會討論。此刻必須指出的是，克勞德對於如何才算是成功地由價值多元論推論至自由主義的關聯性，有

10　參見 Stephen Macedo（1991）。
11　參見 Joseph Raz（1986）。

相當嚴苛的標準，亦即：成功的「證成」必須揭示某種邏輯必然的關係，也就是價值多元論與自由主義之間必須被證明為一種「若且唯若」（if and only if）的關係——以符號表示，也就是「a ←→ b」或「a → b 而且 b → a」。本文隨後將指出，這種政治理論的想像，基本上是柏林所批判的「一元論」思維，與柏林所呼籲採取的政治思維模式大相逕庭，若以前者理解後者，結果也將只是一種誤解。本文下個部分將本著柏林所建議的「同情理解」方式，藉由討論價值多元論真正意涵來處理這個議題，讓我們在此先進一步理解克勞德所謂的特例，也就是約翰·葛雷所做的理論嘗試。

啟發克勞德做出上述批判的約翰·葛雷，無疑深諳前文提及的邏輯問題：價值多元論邏輯上無法通往當今的主流自由主義，因為根據約翰·葛雷（1984）自己的理解後者乃是奠基於「個人主義」、「平等主義」、「普世主義」（universalism）與「改良主義」（meliorism）之上的啟蒙運動思想遺產，若能據其核心思想推出一套自由主義，必然是能反映價值之不可共量與悲劇性衝突的理論。於是，不若喬治·克勞德將焦點置於檢驗價值多元論與主流自由主義的邏輯關係，約翰·葛雷意圖直接從價值多元論推導出一套政治理論，也就是「競爭式自由主義」（agonistic liberalism），強調人類價值的多元繁複與衝突，允許各種不同價值與理想互相競爭，從而接受悲劇性衝突的政治制度。就推論邏輯而言，他無疑秉持戴維森（Donald Davidson, 2004: 35）所謂的「慈善原則」（principle of charity），事先假定（一）柏林宣稱支持自由主義的陳述為真，並且（二）其思想具有邏輯上的一致性，然後再進行推論，因此只能藉由改造主流的自由主義之內涵，才能得出一套自由主義理論。不過，本文隨後會指出約翰·葛雷的詮釋原則終究與柏林向來所呼籲的「同情理解」有所差

別，前者的詮釋也因此偏離後者的真正意圖。

　　無論如何，約翰・葛雷所謂的「競爭式自由主義」於 1995年呈現了微妙的轉變，因為此時的他側重於價值多元論的文化應用層次。[12] 根據他的解讀，價值多元論深入人類生活的三個不同層次：

　　（一）概念層次之上，單一價值可容許不同的理解或詮釋之可能，例如「自由」則可有「消極」與「積極」之分，其差異既無法相容，甚至可能衝突；

　　（二）單一價值體系之內，不同的價值也有衝突的可能，例如「忠」、「孝」不能兩全，或者面對仇敵時的「正義」與「寬恕」之間，只能擇一落實，之間既不能比較也沒有客觀的排序；

　　（三）不同的價值體系之間，例如有神論與無神論文化之間，或者不同的宗教之間，對於政治目的乃至於人生意義的見解差異甚大，彼此之間缺乏共量的基礎。

　　此時的約翰・葛雷所關切的是國際上的文化差異與文明衝突問題，主張柏林的價值多元論意味著自由主義與其他政治傳統之間不容許比較或做出排序，因為沒有跨文化或歷史的單一標準；就邏輯上言，這意味著於西方實踐成功的自由民主制度，充其量只證明其區域性的有效性，尚未取得全球性的有效性。換言之，自由主義只是諸多可能的政治體制選項之一，並非「普世」，其「普適」於人類整體的地位仍須與其他同樣有效的體制競爭──約翰・葛雷所謂的「競爭式自由主義」，於是在內涵上增添了歷史脈絡的自我理解，也就是對於自由主義本身作為眾多政治制度選項之一的體悟。

　　前文提及，克勞德認為約翰・葛雷是唯一正視價值多元論的

12　關於約翰・葛雷的思想演變，參見 John Horton（2006）。

開放性邏輯意涵之評論者，並且將他置於沃爾澤和羅狄的對立面，因為後兩者分別以特有「傳統」與偶然性的「歷史成就」之名，捍衛西方的自由主義。[13] 然而，「競爭式自由主義」的意涵變化，應該讓約翰‧葛雷看似上述兩位基進的同路人，而非敵人。不過，事實證明約翰‧葛雷與他們同路的旅程並不長久，因為他在掀起一片討論價值多元論與自由主義邏輯關係之後，再度轉向，並且是回頭定睛在他宣稱為自由主義源頭的「暫定協議」（*modus vivendi*）概念之上（Gray, 2000）。此次的轉向讓約翰‧葛雷捲入關於霍布斯（Hobbes）政治思想詮釋以及何謂自由主義正統的爭辯。一反自己原先對於自由主義傳統的理解，亦即作為啟蒙運動思想遺產的政治理想，他將該傳統的源頭推至更早的宗教寬容策略，旨在尋求和平與共存的「暫定協議」，而非追求一種共同的理想生活方式，並且將霍布斯理解為此一源頭的主角。自由主義於是在傳統上有兩張不同的面孔：一為追求人類共同理想生活方式的普世主義面孔，一為旨在包容多元價值且尋求和平共存的多元主義面孔。

　　值得注意的是，雖然柏林的思想仍舊重要，但是此刻的約翰‧葛雷在論述上已經不再依賴前者的價值多元論，畢竟將多元論的政治意涵追溯至霍布斯的思想，意味著柏林的思想只是暫定協議式自由主義的延續──然而，弔詭的是，約翰‧葛雷的後期思想反而更接近柏林的原意。本文的結論會對此做出說明。此刻的重點在於：「暫定協議」概念提供了一個角度，讓我們理解柏林的價值多元論及其政治意涵。威廉‧蓋爾斯敦（William Galston, 2002: 26）隨後也將自由主義區分了強調自主的「啟蒙

13　克勞德所批評的沃爾澤與羅狄之思想，參見 Walzer（*Spheres of Justice*, 1983）與 Rorty（*Contingency, Irony and Solidarity*, 1989）。

運動」與強調多元的「後宗教改革式大業」（post-Reformation project）兩種；雖然他將後者確立在宗教改革的寬容策略，而非霍布斯，但基本上認同約翰・葛雷（1995a）所理解的「啟蒙運動大業」（Enlightenment Project），也維持了其詮釋價值多元論的基調。本文最終將指出，柏林所認同的「自由主義」其實是一種寬容的精神，以及對於個人自由的捍衛，而非一套教條或意識形態。造成如此差異的根源，其實在於雙方對於何謂「政治理論」，乃至於何謂「理性」的理解上差距甚遠。讓我們將焦點轉移至柏林所提倡的政治理論方法。

柏林的思想風格與「一元論」思維模式

　　誠如前文所顯示，喬治・克勞德與約翰・葛雷的詮釋在風格上非常邏輯，且兩者分別從不同層次來探索價值多元論的內部邏輯以及延伸至外的邏輯意涵。此一論證方式，其實與柏林的思維模式格格不入，因為柏林所反對的正是如此邏輯且抽象的推論方式。事實上，這種當代主流政治理論的論證風格，按照柏林的分類應該歸屬「一元論者」的思維模式。此一思維模式主導了西方政治理論的推論風格，其影響不僅反映在喬治・克勞德對於價值多元論的批評，也展現在相對較能同情理解柏林的約翰・葛雷身上，甚至，接受柏林與威廉斯的反駁之後改為支持價值多元論的喬治・克勞德，仍然未能跳脫一元論思想框架，也因此其轉向後所提出的「多元式自由主義」依舊有違於價值多元論的基本精神。本文的第三部分旨在釐清柏林的思想風格，一方面藉由他與威廉斯對於喬治・克勞德的反駁，循線釐清柏林所謂的「一元論」，進而釐清柏林獨特的政治理論方法論；一方面將價值多元論重新理解為一種思維模式，並藉此指出柏林與其主要詮釋者在

方法論上，以及對於何謂「理性」的根本差異。

　　首先，讓我們進一步理解柏林與威廉斯對於喬治・克勞德的共同回應（Berlin and Williams, 1994）。他們承認，價值多元論的核心主張乃價值衝突之不可避免，而且價值之間難以有普遍適用的排序，因為衡量所有價值的共同基礎並不存在，所以有時不得不放棄特定的價值，並且接受如此令人惋惜的後果。不過，對於喬治・克勞德所謂的「理性不足以決定」概念，柏林與威廉斯重申這概念並非出自於他們的著作，而本身也語焉不詳，所以無從接受。不過，他們進一步分析喬治・克勞德的批評，認為後者事實上搖擺於兩個不同的看法之間：（一）任何具體情境之下，理性皆無能為力，無法提供任何依據，讓我們在兩者以上的價值之間做出判斷與選擇；（二）任何具體情境之下，並非只存在一個理性所能接受的理由，讓我們選定單一價值，排除所有其他價值的相關考慮。柏林與威廉斯認為，上述兩種看法差距甚大，而且他們只能接受第二種。畢竟，多元論者當然也運用理性，在任何價值衝突之間也都會提出選擇的依據，作為理由；只不過，他同時也知道，別人在相同情境底下可能會做出不同的決定，因為他們在價值的排序上可能有所不同。一言以蔽之，柏林與威廉斯主張（一）並非任何特定情境都只有一個價值應該作為理性考量的依據；（二）相似的情境底下並非只有一個特定的決定符合理性；反過來說（三）任何具體情境之下所做的決定，都存在理性討論的空間。

　　上述的主張猶如重申：在任何具體的價值衝突之中，理性從不缺席。事實上，柏林與威廉斯的共同反駁，凸顯了價值多元論者與喬治・克勞德對於「理性」以及何謂「價值」又如何「多元」的理解差異甚大。進一步解釋，喬治・克勞德所理解的「理性」，基本上是一種邁向單一結論的思考，也可以說是一種思想

趨向「封閉」的運作過程，過程上既不容許旁枝錯節，結論上也必然暗示可以「回溯論證」，因為之間的關係是個滴水不漏的雙向邏輯關係。據此理解，集體理性也就意味著一群人終將對於特定議題達成共識，也就是意見上的「趨同」，甚至於走向一致。秉持此一理解的喬治・克勞德，於是認定價值之間的選擇，必然以排序的方式呈現，也就是挑選其一的同時，已經否定所有其他價值的相關性或者重要性；換言之，抉擇猶如決定那個價值是——用德沃金（Ronald Dworkin, 1984）的術語來說——「王牌」，並且一旦祭出，所有其他的價值必須臣服其下。然而，正如他所指出，價值多元論反對如此的排序可能，所以他斷定價值多元論否認價值衝突之中理性抉擇的可能。也正因如此，他在批評「個人自主」論點時主張：價值衝突並不一定會增進一個人的自主性培養，反而有可能讓人採取逃避甚至擲銅板決定的非理性做法（Crowder, 1994: 303）。甚至，支持他的人也可進一步質疑：既然多元論者認定抉擇乃在於兩個價值或理想之間，那麼擲銅板決定也並非不行，畢竟能夠落實其一已屬難得，更沒什麼好惋惜或悲傷的理由！然而，正如上述柏林與威廉斯的解釋所暗示，理性的運作在於提供一個理由，作為選定特定價值的依據——而且該理由或依據，並非源自於所選的價值本身。以喬治・克勞德所舉的例子為例，面臨「正義」與「忠誠」兩者之間衝突的道德行為者，在最後抉擇時可能依據這兩個價值之外的考量。

　　事實上，上述差異的根源在於喬治・克勞德所理解的「價值」與「多元」，與柏林所主張的價值多元論者有根本上的不同。喬治・克勞德基本上將價值多元論理解為一個關乎價值「概念」的本體論宣稱，並且定睛在價值的抽象理解之上，基本上把不同的「價值」視為「概念」，甚至當作一種具獨立本體論位格的「物件」來看（Newey, 2001: 36-56），亦即兩個價值之間的

選擇猶如撞球桌上選取兩個相同顏色與分數的紅球之一；然而，當柏林與威廉斯談及價值多元論時，其焦點總是在於價值的「載體」之上，也就是具體道德行為者的身上。於是，他們所理解的價值衝突之焦點在於：處於衝突之中的不同價值，各自提供的道德依據無法勝過其他競爭者，所以擇取的理由必然不是深陷其中的價值本身，而是基於其他的理由或考量，但這不代表最終的決定否認未被選取的價值之重要性。若借用存在主義者沙特（Jean-Paul Sartre）曾用以說明抉擇焦慮的例子來解釋：處於挺身捍衛國家與照顧年邁母親兩難之間的學生，無論做出任何選擇，都必然感到遺憾，而做決定的道德行為者才依然有遺珠之憾，也就是對於無法實踐的價值仍舊感受得到其道德重要性 —— 此一無法躲避的感受正是價值「多元」的證據。[14] 據此，「價值」乃指涉道德行為者實際能感受到其規範性，且無法輕易忽視或任意選擇的原則或理想，而所謂的感受指的是了解並認同其理性基礎，亦即作為決斷時不可忽視的理據；「多元」所指的也並非源自於概念上的無法化約，而是人類理性上所能服膺的規範性原則或理想並不只一個。

無論如何，將焦點從「價值（概念）」的本身轉移至「道德行為者」之後，理性的運作必然是在於具體情境底下所做的考量。對於任何身處類似沙特學生之處境的道德行為者而言，價值多元論者理解，無論他理解其衝突在於「愛國」與「孝順」或者「忠」與「孝」之間，最後的抉擇之依據可能來自對於具體條件的考量，例如戰爭的現實條件只允許其一的實踐，母親的期待，過去曾受惠於國家的栽培，此刻需要做出償還 —— 理由不一，但

14　沙特所用的例子，常見於價值多元論的相關討論，詳情參見 Sartre（1948）。柏林與存在主義之間的關係，則尚未有學者討論。

各自有各自的道理或依據，而且視當時的諸多情況與條件而定，同時也和自己的個性和自我要求有關。柏林的價值多元論認為，擇取其一乃出自於現實的必要，所根據的則是這些價值之外的「實踐理性」（practical reason），而非對於競爭中的價值之間所做的「價值衡量」，因為選擇的結果並不代表獲選的價值在「道德價值上」勝出，或未獲選的價值被打敗（亦即被認定為「相對不重要」）。換言之，理性的運作在於提供一個理由，作為選定特定價值的依據，而且該理由或依據，並非只能源自於所選的價值本身，也不是一個滴水不漏的邏輯推演過程。同理，價值多元論者支持自由主義的理由，誠如柏林與威廉斯所指出，也可以是來自關於「社會與歷史現實」的考量，並非只能藉由價值多元論內含邏輯的推論（Berlin and Williams, 1994: 309）。由於喬治・克勞德並非如此理解價值多元論，而且始終在非常抽象的層次論證，柏林與威廉斯在澄清自己的想法之後，不再做進一步反駁，也未對於其「社會與歷史現實」考量做出說明，不過，柏林底下關於自由與權威之間如何取捨的一段話，提供了重要的線索：

　　此一兩難處境無法以邏輯解決：我們無法犧牲自由，或者維護自由以及最低標準的福祉所需要的組織與安排。解決之道，於是必然在於**邏輯**不甚工整又具有彈性，甚至於曖昧的**妥協**。誠如康德所言，人性這塊扭曲的木材，不曾造就過筆直的事物，每個情境都有自己獨特的解決方法。這個時代所需要的並非（如同我們所經常聽到的）更多的信仰、強勢的領導，或是更科學的組織管理，反倒是相反：少一點救世主心態的熱情，多一點開明的懷疑（enlightened scepticism），更加**容忍**特立獨行的行為，更多時候採取**因時制宜**（*ad* hoc）的方式於可見未來完成目標，也多留一點空間給品味與信念得不到大多數人回應（其正確與否不是重點）的個人或少數族群，讓他們可以達成個人的理想。時代需要少一點機械式或狂熱地套用一般原則，無論該原則有多理性或多正當，而且在套用經科學驗證而認可的解決方案於未經檢驗的**個案**時，需要多一些謹慎，少一些狂妄與自信……我們必須服從權威，理由不在於它絕不可能犯錯（infallible），而是出自於純粹且顯而易見的效益考量，也就是必要的**權衡之計**（necessary expedient）。既然沒有解決方案可以保證不會出錯，沒有所謂**最終的**安排。相較於鬼斧神工所刻畫、強加於事物之上的樣板模式，或許那些脈絡不甚嚴密的思想，以及對於在所難免的效率問題之**容忍**，乃至於有些耽溺於閒談、無聊的好奇、不受指揮的漫無目的追求等等，也就是「炫耀性浪費」，更能允許**自然而然的**（spontaneous）個人差異（當事人必須為其負起最後的全責），也總是更有價值。最重要的是，我們必須了解，任何教育手段或科學的、宗教的、社會的系統安排保證可以解決的問題，實際上並非人類生活的主要問題。[15]

這一段話乃是《自由四論》首講〈20世紀政治觀念〉的結論，其主旨無疑與柏林和威廉斯的共同回應喬治‧克勞德的方法論立場一致，亦即在於反對抽象邏輯的方式解決政治與道德的問題，強調因時制宜的必要性，也就是「個殊主義」（particularism）的立場。[16] 然而，柏林不僅在此首次闡述他自己的方法論，包括

15　Berlin（1969: 39-40），粗體為筆者自己的強調。

16　本文匿名審查人建議可將「個殊主義」改為「特殊主義」，筆者斟酌過後仍認為前者較能包含「個別」與「特殊」之意思，故維持此一譯法。

「政治實踐」與「政治理論」應該如何進行，以及所需之態度，同時也藉以說明該立場的時代必要性，也就是真正合乎「社會與歷史現實」的考量。[17]

　　無論如何，正視上述的「個殊主義」方法論立場，意味著不該採取藉由抽象概念進行邏輯推理的方式來理解柏林的政治思想。然而，這正是喬治・克勞德（2002; 2004）所做的，即便在柏林與威廉斯回應之後轉為支持價值多元論，仍舊脫離不了原有的思維模式。誠然，喬治・克勞德在某程度上容許了「邏輯」之外的理性考量，並且將柏林與威廉斯所謂的「實踐理性」理解為一種亞里斯多德式「情境倫理」（Aristotelian situation ethics），其核心主張為：任何實際的情境底下，理性在做出判斷或最終決定時必須考量其情境的具體條件與狀況，所以沒有一個特定的價值或道德原則可適用於所有的情境，但這不意味著理性沒有運作的空間。不過，喬治・克勞德所理解的理性運作，卻依然將實踐理性理解為單一答案的尋求，亦即預設了任何具體情境都只允許一個最好的決定，無論其理由源自於個人整體的人生計畫，或是社會的傳統價值體系等等，幾乎沒有斷裂與破碎的空間，因此也等於沒有價值多元論所強調的「悲劇」可能——換言之，悲劇性的感受是種非理性，或至少是理性不夠成熟的展現，並且可藉由理性的培養而削減。此外，喬治・克勞德強調價值衝突情境能培養「個人自主性」，因為它逼迫人們在抉擇時提高自主意識，更加清楚自己的理由，也就是更加理性。

　　據此，對於約翰・葛雷將價值多元論理解為可應用於「概念理解」、「價值體系之內」以及「價值體系之間」等三個層

17　在此之前，柏林曾經系統性地批評過馬克思主義，並且著重於後者的政治理論方法論上，亦即其一元論歷史哲學——柏林稱之為「historiosophy」。參見 Berlin（1978）。

次的主張，喬治・克勞德（2004: 148-70; 2007: 222）此刻也進行反駁，認為第三個層次之應用乃是錯誤，因為柏林事實上主張世界上存在某一些跨文化的普世價值，也就是啟蒙式自由主義所支持的價值，例如「自由」、「理性」與「進步」等等。如此的詮釋，不但讓喬治・克勞德將價值多元論連結古希臘的道德傳統，同時也讓他斷定，柏林所支持的自由主義，必須是一種強調個人自主與理性的自由主義，正好與蓋爾斯敦的主張相反，因為那意味著「啟蒙式自由主義」而不是「宗教改革式自由主義」。此外，喬治・克勞德先前用以反駁「自由選擇」論點的理由，亦即該論點在獨惠只能作為選項之一的「自由選擇」時已經牴觸了價值多元論的內部邏輯，此刻則被認為是桑德爾的錯誤觀點，其錯誤主要在於把價值多元論理解為「相對主義」，因而忽略了具體情境之下的理性選擇之可能。[18]

關於喬治・克勞德與約翰・葛雷的分歧，本文留待結論再做討論，此刻重要的是：如此強調「個人自主性」的理論，其實在精神上已遠離價值多元論，畢竟前者是「積極自由」的一種，而柏林所捍衛的卻是「消極自由」。再一次證明，執意採取嚴謹的邏輯論證方式，企圖建立或切斷價值多元論與自由主義之間關聯性的諸多學者，在思想風格上柏林所提倡的相當格格不入，因此推論結果當然也是對於價值多元論的誤解。事實上，柏林的學術活動，幾乎以對抗這種思維模式為主軸，因為他知道其誘惑力源自於 —— 如〈20世紀政治觀念〉結論所暗示 —— 對於現實的繁雜與低效率的欠缺「容忍」，甚至是人類對於絕對確定性的心理需求，並且擔憂這種思維模式所引起的政治與道德後果。進一步解釋，讓我們更深入地檢視喬治・克勞德所賴以切斷兩者之間

18　Crowder（2004: 143）；參見 "Introduction" in Michael Sandel（1984）。

邏輯道路的概念：價值多元論的內部邏輯──開放性。事實上，就論證的功能而言，喬治·克勞德所謂的「開放性」具有相當「封閉」的特性，因為它暗示：價值多元論意味著衝突之間的價值同等重要，所以任何的選擇都猶如優惠特定的價值，也就是牴觸原先「同等重要」的預設；換言之，其「開放性」乃源自於彼此之間沒有任何一個價值具有特權，值得特殊考慮。弔詭的是，喬治·克勞德旨在藉由如此理解的「開放性」阻絕衝突之中，理性援引其他理由或考量的可能性，也就是「封閉」了具體情境所「開放」給道德行為者的選擇空間，包含各種可能會考慮在內的原因與理由，以及基於這些考量所擬定的可能行動與策略。仰賴同樣推論策略，喬治·克勞德斷定，多元論者不得援引柏林與威廉斯所謂的社會與歷史因素來支持自由主義，也就是說通往自由主義的論證道路必須採取「封閉式」的推論模式，亦即完全仰賴價值多元論內部邏輯的演繹過程。

　　綜上所述，雖然喬治·克勞德的策略似乎在於凸顯價值多元論蘊含的「開放性」，進而指出其邏輯上牴觸擁有特定或說是「封閉」價值取向的自由主義，但進一步分析可見，該批評似乎有更深一層的預設：「邏輯」層次相較於「經驗」層次的優先性，也就是後者應該受制於前者，甚至必須以前者來規範後者──換言之，這猶如試圖強壓人類經驗於邏輯的框架之內，也就是柏林（Berlin, 1999: 75）所謂的「削足適履」（Procrusteanism），也就是將「邏輯」或「抽象概念」視為比人類真實經驗更為真實的存在物，無視於歷史的偶然性以及人類面對道德困境時的內心掙扎。柏林後期的著作，經常藉由缺乏「歷史感」與「現實感」來指責「削足適履」做法，並且將諸多這類的政治理論理解為「一元論」（monism），因為此一方法論的上述基本預設，意圖將經驗世界及其因果關係，在本體論上（ontologically）化約為抽象

概念與邏輯關聯性——或至少在知識論上（epistemologically）
企圖以抽象與邏輯方式來理解多元繁複的一切人類經驗。就方法
論而言，無視於「邏輯」層次與「經驗」層次的差別，無疑犯
了吉爾伯特・賴爾（Gilbert Ryle, 1949: 16）所謂的「範疇錯誤」
（category mistake），也就是把某一範疇的「邏輯」套用於另一
個不適用範疇的認知錯誤。然而，當這種方法論應用於人類實際
問題時，上述的範疇錯誤將有巨大的政治與道德後果，因為藉此
建構的政治論述或國家意識形態，其否認的並不再只是關於人類
經驗的知識，而是活生生的人的**思想自由**與**選擇空間**，甚至是政
治自由。

　　事實上，柏林在寫作〈20 世紀政治觀念〉之前，學術關懷
大抵與當時英國主流的知識社群一致，亦即對抗馬克思主義以
及從事日常語言分析，並且出版過《馬克思》（*Karl Marx*）專
書與〈邏輯轉譯〉（Logical Translation）、〈經驗命題與假設陳
述〉（Empirical Propositions and Hypothetical Statements）等關
於邏輯實證主義的論文。[19] 然而，柏林與當時學術主流不同之處
在於，正當主流學者如卡爾・波普（Karl Popper, 1959: 95；參照
1945）以「否證論」（falsification）反駁馬克思主義為一門「偽
科學」，或諸多其他主流哲學家以「邏輯實證主義」立場解構
「道德陳述」的真實性的時候，前者將焦點置於「經驗命題」
與「邏輯陳述」之間的差異，並且直指之間的**不可轉譯性**。進
一步說明，柏林此時所關注的是政治與道德思想的「方法論」
問題。他一方面反對馬克思主義的「歷史必然性」（historical
inevitability）概念，另一方面也無法認同邏輯實證主義底下的主

19　收錄於 *Concepts and Categories*。柏林的 "European Unity and its Vicissitudes"
　　一文（收錄於 *The Crooked Timber of Humanity*, 175-206）則著重在類比的使
　　用之上，反對將人生比喻為藝術品。

張：道德陳述不具客觀驗證的可能，因為其「指涉物」並無客觀存在，甚至，若有「意義」的話，充其量也不過是陳述者主觀的情緒表達。[20] 其反對的理由始終如一：上述兩者皆牴觸了柏林的「歷史感」與「現實感」，基本上都是「削足適履」的實例。柏林所謂的「社會與歷史現實」考量，以及價值多元論的政治意涵，當然也必須置於上述的擔憂框架，才能完整理解。本文的下個部分將繼續以抽絲剝繭的方式，藉由對於〈自由的兩個概念〉的討論，進一步推敲〈20 世紀政治觀念〉結論的內涵，並且藉此指出價值多元論與自由主義的內在關係。

〈自由的兩種概念〉與赫爾辰經驗主義

柏林以〈自由的兩種概念〉為題的就職演說，其實是上一節所述對於方法論關懷的延伸，其目的在於進一步對抗「削足適履」的思維模式。德國詩人海涅（Heine）曾警告世人說，「教授書房裡安靜培養出來的哲學概念，足以摧毀一個文明」，柏林的演說則藉此揭示他就任牛津大學政治理論講座教授的任務：於抽象思想層次上對抗所有形式的政治一元論（Berlin, 1969: 119）。不過，必須強調的是，柏林如此看重思想層次，並非本位主義使然，反倒是「現實感」的驅使，讓他理解處於冷戰時期的當時，世界正分裂為共產主義與自由主義兩大敵對陣營，也就是兩個意識形態的對立。不同於其他對抗馬克思主義的主要西方學者，將戰場設定在「真科學－偽科學」（前文提及的波普）或者「自由市場－計畫經濟」的辯論（海耶克為此一戰線的代表人

---

20 所謂的「意義」，對邏輯實證論者而言必須是客觀存在的指涉，亦即其本體論位格乃獨立於道德行為者以外。

物），[21] 出身於分析哲學的柏林直指該意識形態對立的最抽象層次，也就是「自由」概念的理解差異。[22]

根據柏林的界定，自由的概念基本上有「消極」（negative）與「積極」（positive）兩種。[23]「消極自由」指涉一個人有多少「空間」從事自己想做的事情，其保護的方式乃賦予一個「不受外界干擾」的私人領域，如此的空間愈大愈是自由。「積極自由」關乎「誰才是主人」的問題，其主要意義在於「自主」（autonomy），有時也可理解為「自我主宰」（self-mastery）或「自我實現」（self-realization）的達成：無論「自己」指的是個人或集體，愈能當自己的主人愈是自由。柏林（Berlin, 1969: 152）也經常用「門」的比喻來說明「消極自由」，也就是在一個人的面前有愈多的門開放，就是愈自由。若套用於「積極自由」之上，我們也可以說，自由指的是通往特定的一道門才能獲得的成就，愈是靠近或者深入那一道門，則愈是擁有自由。

把握柏林「門」的比喻，他與威廉斯對於喬治‧克勞德的反駁將可理解為，關於「理性」運作過程是否只有一道門的爭議：

21　海耶克（1994）的 *The Road to Serfdom* 是開闢此一戰線最重要的著作。

22　Michael Ignatieff（1998: 203）指出，這是受到了觀念論歷史哲學家 R. G. Collingwood 的影響。關於柏林與 Collingwood 的關係與比較，本文不能詳述，參見 Skagestad（2005）。

23　事實上，19 世紀的英國觀念論（British Idealism）代表人物之一的 T. H. Green 早於 1881 年便曾於一場題為「Liberal Legislation and Freedom of Contract」公開演講當中使用「negative liberty」與「positive liberty」這一組術語，並藉此區分來說明自己的自由主義哲學，開啟思想史上所謂的「新自由主義」（New Liberalism）年代，參見 Green（1895: 2-27）。根據 Ricciardi（2007）的說法，柏林受教育的 20 世紀上半，英國學界其實普遍熟悉此一區分。基於本文所設定的問題意識，筆者無法在此深度地討論柏林的思想臍帶與背景，只能說，西方在二次世界大戰之後對於消極自由與積極自由的討論，的確源自於柏林的界定。

後者的反駁否認了理性推論的「邏輯」之外空間，前者所謂的具體情境底下之「實踐理性」，則預留了人們考量「社會與歷史現實」的空間，並非是單純的邏輯推演 —— 換言之，之間的爭議其實在於理性的「消極自由」與「積極自由」之間。倘若上述的分析成立，兩種自由之區分的本身，蘊含著「一元論」與「多元論」之爭之面向，而這也解釋了柏林為何傾向消極自由。不僅如此，正如〈20世紀政治觀念〉結論所呼籲，放棄強行套用邏輯於經驗世界的人生重大議題之企圖，容許「自然而然」（spontaneous）的個人差異甚至是漫無目的追求的空間，柏林與威廉斯對於喬治·克勞德的反駁其實也在捍衛「消極自由」——只不過是在「實踐理性」層次之過程上。政治思想家常常想藉由抽象層次上的理論建構，來規範經驗層次的人類實際生活。柏林的想法則猶如宣告：邏輯的斷裂之處，乃是人類的實踐理性之運作空間，也就是抽象思考時所擁有的「消極自由」。

更重要的是，「消極自由」與「積極自由」的區分本身，意味著思想家即使欲以「自由」進行邏輯推論建構政治裡論，必須在兩者之間做出選擇。當然，思想家或許事先已經預設了特定的「自由」概念，所以思考過程中不會涉及「選擇」，但柏林的區分卻讓我們了解，如此之「預設」其實也就是選取了自由的兩個概念之一，同時也讓我們在面對任何基於特定理解的「自由」概念所建構的論述之前，有理由質疑其「絕對性」。〈自由的兩種概念〉所揭露的是：關於「自由」的邏輯推論展開之前，必然涉及選擇，也就是實際上擁有理性思考上的「消極自由」，繼而得出的推論結果於是皆只是特定的版本詮釋，並非顛撲不破的真理。柏林乃於最抽象的政治思想層次上捍衛人類的消極自由：「自由」不只有一種理解的方式，也就是 —— 人類並非只有一道門可以通往自由！

　　關切方法論層次的柏林當然清楚，單一概念畢竟無法獨自撐起一個完整的理論，而且以「自由」為基礎的政治理論也總是涉及「人性」的預設以及其他的社會想像。於是他捍衛消極自由的下一步，便是指出積極自由的**相對**危險性。其危險性主要來自於「自由」概念容易與「雙重自我」的概念之結合，進而演變成強制他人的論述（Berlin, 1969: 134）。政治思想史上最為顯著的實例，是由「觀念論」（idealism）與「理性主義」（rationalism）所發展出來的版本。[24] 觀念論的核心在於區隔經驗性的「表象」與超越性的「實相」，並且藉此形上學分別處於經驗世界的「假我」以及穿越表象進入真實世界的「真我」。倘若自由的真諦正如「積極自由」觀點所主張的「自主」，追求自由等同致力於將自己從虛幻的經驗世界之中解放出來，也就是一種成就，而如果自身的能力不足，則可藉由外力來幫忙達成。如此一來，他人或國家於是有理由以強制的手段來協助能力不足者。至此，兩種自由的衝突已現。倘若這觀念論主張作為國家的「大我」才是「小我」的「真我」，還可進一步要求「犧牲小我，完成大我」以成就「真我」的自由。雖然在消極自由支持者的眼裡，這種外力與要求乃是強迫與不自由，但是對於觀念論者來說這卻是獲得「真正」自由，也就是「自我實現」（self-realization）的唯一方式。

　　積極自由在「理性主義」的思考框架之下也容易淪為支持強制他人的論述。根據柏林的理解，理性主義預設：（一）所有人都有一個真正的生存目的，也就是必須接受理性的引導；（二）理性的人所擁有的目標或理想，彼此之間必然沒有衝突，反而可構成一個和諧的體系，而且有些人比別人更能察覺此一體系；

24　關於此部分，石元康（1995）提供了最清楚的中文摘要；參見 Swift（2006, ch.2）。

（三）理性的人之間不會有所衝突，換言之，所有的人與人或社群與社群之間的衝突，以及隨之而來的悲劇，必定是理性的人與非理性（也就是不成熟或尚未發展完成）的人之間的衝突；

（四）人的理性一旦發展完成，將會遵守共通的理性所制定，放諸四海皆準的法律（Berlin, 1969: 154）。熟悉相關文獻的讀者不難發現，這是柏林首次將「一元論」理解為一組預設。更值得注意的是，作為一組預設的「一元論」之核心並非在於是否獨惠單一特定「價值」，[25] 而是對於人類理性運作的特定理解，亦即：預設理性的「普世性」以及理性推論結果的「普適性」，並且絲毫不允許個人的解讀空間；套用柏林的比喻，其運作如同進行「拼圖遊戲」，答案是既定的存在，理性思考只是循線找到遺落的那一塊（Berlin, 1991: 6, 201）。據此，理性主義者將可區分理性的人與非理性的人，也可進一步將「自我」區分為受制於種種非理性欲望或情緒的「低階自我」，以及接受理性引導的「高階自我」。由於兩者皆是自我的一部分，當自己缺乏能力壓抑非理性而外力介入協助時，不算是強制；或者說，就算是強制，其目的也在於「迫使獲得自由」（forced to be free）── 如同盧梭（Rousseau）的著名例子所宣稱。類似的例子歷史上不勝枚舉，積極自由一旦結合雙重人格「自我」概念之後，淪為支持強制手段的論述之路也就不遠了。其距離實際上 ── 柏林（1998: 478）借用 Georges Sorel 的譬喻來說 ── 遠遠「小於幼蟲蛻變為蝴蝶」的過程。

　　漢普夏爾（Stuart Hampshire, 1991: 129）曾斷言，柏林的政治思想深受休謨（David Hume）的經驗主義所影響而不自知（也不承認）。此處所謂的「經驗主義」包含底下三個互相支持的要

25　Jeremy Bentham 的效益主義（Utilitarianism）乃最符合此描述的理論。

點：（一）藉由觀察歷史上不斷重複的實例，推論出道德結論；
（二）強調人類乃是情感的動物，也是歷史的產物，需要國族認
同感或歸屬感，其道德觀念與思想欲念皆脫離不了這種人類天
性；（三）反對普世、超越時空的理性運作用於道德與政治思考
之上，認為那只適合用於數學推理（Hampshire, 1991: 128-130）。
身為柏林摯友的漢普夏爾認為，柏林無論在思想上面對永恆真理
的宣稱時所採取的懷疑態度，或寫作時在風格上的從容大度與睿
智幽默，都是這種「休謨經驗主義」內化後的外顯——甚至，每
每柏林振筆疾書的時候，休謨必然在背後點頭微笑。

　　沿此線索，克勞德‧J‧加里坡（Claude J. Galipeau, 1994:
167）進而主張，柏林的所有著作基本上可以理解為對於底下一
組「人性與社會模型」的捍衛：（一）人類是社會與文化存在，
語言的使用者，具反思和理性能力，也擁有心智生活；（二）作
為道德存在，人類有自由意志；（三）人類有自己的目的，懂得
表達，並且能夠自我改造；（四）人類活在繁複且多元的道德處
境；（五）人類必然生長於特定的社會與歷史情境底下；（六）
人類天生需要一種隸屬特定社群的歸屬感。加里坡在此所強調
的是，柏林終究是個「自由理性主義者」（liberal rationalist）
（1994: 82），上述的模型事實上是一個理性的歷史主義者從人
類歷史實例當中所推論出真正符合人類事實的「模型」，也就是
一份「歷史清單」（historical *tableau*）（1994: 83），而且更重
要的是，價值多元論與自由主義之間的關係就是：當今真正能彰
顯上述模型的政治與社會制度，唯有自由主義。透過如此的詮
釋，加里坡（1994: 128）同時也建立了柏林的自由主義與法國自
由主義的連結——柏林對於自由主義的捍衛與時俱進，顧及了時
代的需要性，正如貢斯當（Benjamin Constant）曾指出，現代人
的自由觀念才正式符合現代的社經政治條件。

　　針對上述根植於經驗主義的詮釋，本文承認，柏林應該會認同休謨的經驗主義，特別是蘊含其中的懷疑論傳統。然而，柏林甚少提及休謨，也未對英國的政治懷疑主義做出整理或捍衛，在缺乏足夠文本證據的狀況之下，最多只能說，倘若我們──如同曾國祥（2010）近來所做──欲將柏林置於英國的政治思想傳統，休謨的懷疑主義肯定是最適當的。此外，正如柏林（Berlin, 1969: 200）曾引述羅素的話說明，哲學家真正想捍衛的，往往不是嚴密的邏輯推論所建立的論點，而是一種「人生觀」（vision of life），也就是對於人類生命的根本看法，關於人的「本體論」預設，馬克思主義的術語則是「人論」，柏林應該不會反對加里坡所謂的「模型」。當然，加里坡也可將他置於法國自由主義傳統，畢竟，柏林與威廉斯也主張，自由主義是保障消極自由最好的制度。無論如何，雖然本文認同漢普夏爾與加里坡所注意到的「歷史判斷」乃徹底理解柏林政治思想的關鍵，但是，基於回應柏林所呼籲的「同情理解」方法論，讓我們回歸文本，而文本證據所導向的是他企圖為現代政治注入的「現實感」與「歷史感」。

　　事實上，〈自由的兩種概念〉基本上可理解為一位價值多元論者兼具「歷史感」與「現實感」的政治思考之示範。作為示範，其歷史感表現於：（一）柏林所舉的皆是政治思想史上的實際例子；（二）這些實例都在人類歷史上直接或間接造成了慘重的傷亡。批評者時常聚焦於柏林的分析是否窮盡了「自由」的概念。然而，如此的批評失焦，因為他的真正意圖乃分析當時冷戰兩大意識形態的「絕對預設」（absolute presupposition）（Ignatieff, 1998: 203），並且指出兩者之間的相對危險性。換言之，柏林的論證方式採取「詮釋性」的做法，亦即以「內部理解」的方式來分析時代的主流政治思想，同時提出批判。至於批判的標準，進一步分析便可發現，不外是柏林所呼籲我們正視人

類歷史經驗的「現實感」。正是基於這種現實感，柏林於〈自由的兩種概念〉接近尾聲時提及：「比起任何其他的信念，有一個更需要為那些『偉大的歷史理想』祭壇上屠殺人命的行為負責，」而這信念正是政治一元論（Berlin, 1969: 167）。

熟悉柏林思想史著作的讀者想必不陌生，此一「祭壇」的比喻其實來自於俄國激進政治思想家赫爾辰（Alexander Herzen）所謂的「抽象理念的祭壇」（the altar of abstractions）：作為一種現代的祭獻方式，活生生的人被犧牲在種種以理想為名義所搭起的祭壇之上──20世紀死於這種祭壇上的人難以計數（Berlin, 1991: 16）。赫爾辰對於柏林的影響，至今尚未引起學界的注意，[26] 但是，前者的底下三個想法無疑是後者對抗文章所「削足適履」思想模式所援引的理由：（一）人生的目的就是生活之本身，不在於未來，而且每個人的生命本身就是目的，不是別人的手段；（二）人類歷史並非一部戲劇，既沒有事先寫好的劇本，其間發生的事件也沒有一定的關聯性，因為一切都是偶然；（三）「價值」是人們當作目的所追求，而非視為手段的事物（Berlin, 1994: 92-95）。毫無疑問，無需援引休謨或貢斯當的觀點，藉赫爾辰闡釋的「現實感」與「歷史感」，足以理解柏林反對各種一元論政治理論的理由──讓我們姑且稱之為「赫爾辰經驗主義」。也許，我們應該說，當柏林呼籲我們必須更加仰賴日常的經驗觀察以及常人的知識，而不是柏拉圖、黑格爾、馬克思等理性主義者的形上學的時候，其背後靈似乎更可能是赫爾辰。

不過，倘若進一步閱讀柏林關於赫爾辰的文章，我們將會發現柏林對於赫爾辰的思想並非全盤接受，畢竟後者是個黑格爾主

---

26 赫爾辰對於柏林的重要性，至今仍被忽略，文獻上至今只有 Aileen Kelly（1998, 2001）長期關注俄羅斯文學與思想對於柏林的影響。

義者，詮釋也不是沒有原創性，因為柏林將這種經驗主義轉化為一種「道德知識論」（moral epistemology），其核心包括一種「價值論」以及一種「人生觀」。換言之，柏林對於赫爾辰的闡釋與讚賞，背後其實還有另一個價值判斷──用羅素的話來說，柏林著書立說正是為了捍衛自己的人生觀。本文的下一個部分，將分析這人生觀在柏林的價值多元論裡所扮演的角色。

價值多元論之內的自由主義胸襟

　　本文第二節提及，柏林與威廉斯反駁喬治・克勞德時主張，理性思考必須容許「社會與歷史現實」的考量，事實上〈自由的兩種概念〉就是柏林回應時代所需的政治思想。這思想不是建立在抽象概念的邏輯推論之上，而是針對時代的政治思想所做的分析、詮釋與批判。畢竟，時代的問題出在恢宏的概念體系已經太多，無需再添一個，真正所需的只是一種正視人類日常生活的經驗世界──在這世界，「我們日常經驗所遭遇的，是一個面臨選擇的世界，無論是在同等重要的目的之間，或者在同樣絕對的主張之間，落實了這些必然得犧牲掉那些。」（Berlin, 1969: 168）當然，這與赫爾辰經驗主義如出一轍。不過，進一步分析可見，正視如此悲劇性的人生觀，其實是對於「人之所以為人」的根本價值之捍衛：人乃是「道德行為者」（moral agents）。正如柏林在〈自由的兩種概念〉結論所言：

　　　　在我看來，比起以階級、民族或人類整體的「積極」自我主宰為目標的那些偉大且嚴格的威權體制，多元論──及其蘊含的某程度「消極」自由──似乎是個較為真實且更加合乎人道的理想。較為**真實**，是因為它至少能正視人類的終

極目標既多元且不斷相互競爭，有些甚至於無法「共量」
（commensurable）的事實。假定所有價值都可以用同一尺
度衡量，而我們只需要審視便可以判定何者具有最高價值，
對我而言猶如否定我們對人類乃**自由行為者**的認知，也讓道
德決定淪為原則上只需一把滑尺便可解決的過程。藉由某種
終極的、一切沒有衝突並且可以實現的綜合論述，來宣稱義
務就是利益，個人自由等於純粹民主或威權體制，說穿了
只是丟出一條形而上學的大毛巾，用以掩蓋**自欺欺人**（self-
deceit or deliberate hypocrisy）的行為。更加**人道**，因為它不
會像那些體系建構者那樣，以某些遙遠或不連貫的理想為名
義，從不可預測且能改造自我的人類身上，剝奪掉對他們的
生命而言所不可或缺的事物。[27]

　　猶記此段話的第一句乃喬治・克勞德討論「人道」論點時的
焦點所在，而他的反駁是：人類並非總是珍惜自由或樂於選擇，
所以消極自由與價值多元論缺乏決定性的歷史證據，換言之，並
不比逃避自由更「符合人性」，也因此並不更「合乎人道」。然
而，本段的關鍵其實在於柏林所謂的「自欺欺人」，也就是對於
價值多元事實的否認 —— 更重要的是對人類作為擁有選擇自由並
且為自己的選擇後果**負責**的「道德行為者」這一件事的否定。柏
林在此所真正捍衛的是一種「人」的概念，否認這個事實將會讓
人淪為環境的產物，不具行為能力，也（因而）無能承擔任何道
德責任與評價（Berlin, 1969: 111）。

　　當然，柏林的現實感也讓他深知，並非人們都願意正視經驗
世界的繁複多元，甚至有可能想藉由理論來逃避思考與選擇的必

27　語出 Berlin（1969: 171），粗體字為筆者自己的強調。

要。誠如他與威廉斯（Berlin and Williams, 1994: 306-7）反駁喬治‧克勞德時所指出，並非所有的人都願意如此正視人類道德困境的經驗，而且感受不到價值衝突者，「根本就不會踏上價值多元論這一條路」──畢竟，逃避上述抉擇之苦的方法並非沒有；例如，堅信只有一個價值是絕對重要，並且藉此貶低其他的價值或者輕易做出排序，是一個方法；或者，乾脆否定所有價值的真實存在，然後選擇依靠表象或運氣來過日子也是個方法。事實上，轉向前的喬治‧克勞德表明了後者的可能性，並且暗示前者的正確性，亦即認為這種經驗是種「認知錯誤」，應該予以糾正，或至少可藉由邏輯推理來消解經驗上的價值衝突。不過，柏林卻不認為這樣的人類經驗可被用來反駁價值多元論，因為此舉乃「自欺欺人」的作為。

　　根據他的理解，無論此舉採取認定單一價值作為所有一切行為的最高原則，抑或乾脆否認所有價值的真實存在，都是尋求思想上的偏安。倘若「偏安」舉措乃自己所為，只是一種「自欺」，若是他人代為或是政府強壓於人民身上，則是種「欺人」。無論如何，「自欺欺人」的做法不僅否認自己的理性運作空間，同時也等於開啟政治野心家的操作空間。若想徹底阻止此一個人或集體的「偏安」傾向，唯一的方法似乎是揭露理性運作的開放空間，也就是開啟所有人們想替自己或他人關上的門，無論是在「自由」的概念之上，或者作為限制他人自由的「政治理論」之上，而這正是〈兩個自由的概念〉的主旨：「自由」不只一種理解方式，其價值也並非可以無限上綱至否定其他價值的存在。

　　「赫爾辰經驗主義」在柏林的筆下已轉化為價值多元論的人生觀，對立於所有提供理由藉以逃避自由與責任的一元論形上學或政治理論：「人生的目的有許多種，而且其中某些根本無法和其他目的相容；據此，無論是就個人或社會的層次而言，衝突的

發生乃至於悲劇的可能性，無法徹底從人類生活中消除。介於眾多絕對性主張之間，並且必須做出選擇，於是乃**人類處境**揮之不去的特徵。」（Berlin, 1969: 169）此話無疑呼應了上一節所討論的〈20 世紀政治觀念〉結語；倘若沒有自欺欺人的理論，人類的處境當呈現多元狀態，也就是該文所謂的「自然的個人差異」，而這正是「多元論 —— 及其蘊含的某程度『消極』自由」這一句話的真正含意。據此理解，悲劇性衝突並不意味著人生的本身是一場悲劇，反而是證實人之所以為「自由的道德主體」之證據。柏林所捍衛的不僅是「自由」，更是人類「道德」的可能性 —— 亦即〈20 世紀政治觀念〉結語所說，「當事人必須負起全責」的真正理由。

倘若自由主義指的是對於個人「自由」的捍衛，柏林的價值多元論據本文的詮釋當然與自由主義有「概念上」的關聯性。不過，此一關聯性並非屬於「邏輯」性質。進一步理解，我們必須分析蘊含於柏林的「道德知識論」之內的「價值論」。本文第三節已經指出，柏林談及「價值」時所關切的乃「道德行為者」的本身，指的是道德行為者的理想與人生追求，而非抽象的概念。這個「價值論」當然是上述的「赫爾辰經驗主義」之核心。其特點有二：（一）具有「唯意志論」（voluntarism）成分，也就是唯有被自由的道德主體視為「目的」而非「手段」所追求者，才能稱得上「價值」；（二）人類價值的「數量」與「種類」，端視歷史經驗而定且不同的時代與族群所能認同的「價值群組」（constellation）也不盡相同，換言之，「普世價值」的存在與否是個後驗（a posteriori）而非先驗（a priori）的問題。[28] 據此解讀，「自由」、「正義」、「平等」、「人權」等當然是經由

28　Berlin, "My Intellectual Path," in *New York Review of Books XLV*, 60, 1998.

人類歷史驗證過「價值」，但並非以上全是跨時代、跨文化的普世價值；至於「妥協」、「容忍」等柏林呼籲採取的權衡之計（expedient），嚴格說則不是本身作為目的之「價值」，因為那只是人類相處的必要手段。

　　柏林的價值多元論經常被批評為一種「相對主義」，然而他卻一再重申兩者有別，不可混為一談，並且強調人類價值的「客觀性」（Berlin, 1991: 71-2）。事實上，雙方對於「相對主義」的認知南轅北轍。柏林所理解的相對主義，是對於價值體系之間不可互相理解的一種宣稱，同時否定對於過去的客觀理解之可能性；換言之，相對主義的核心主張是對於另時代或他文化的「客觀知識」的可能性之否定。然而，批評者所理解的相對主義，卻是對於任何否定「普世價值」——更精確地說是「普適」人類的價值——存在之主張。根據柏林上述的「價值論」，他只承認「普世價值」的可能性，但是否定「普適價值」的存在，畢竟他的「個殊主義」所主張的是，沒有「適用」於所有時代或情境的解決方案或生活方式，而這當然無法滿足批評者對於「客觀價值」所設下的條件。倘若進一步分析，讀者不難發現如此之差異也與雙方對於康德的理解有所不同有關。傳統上康德倫理學被視為「普世主義」（universalism）的代表，以自由主義所主張的「尊重個人」（respect for persons）為其核心，亦即底下的「斷言律令」（categorical imperative）：人必須被視為「目的」而非「手段」。強調康德「扭曲的人性素材」想法的柏林，卻將此一斷言律令**延伸**至關於價值的主張，也就是在尊重個人為「目的」的同時尊重其選擇之事物——亦即如同赫爾辰所主張，將所有道德行為者追求之目的視為「價值」。

　　追根究柢，柏林的價值多元論隱藏著一種自由主義者的胸襟。缺乏這種視他人為平等的預設，人既不會做任何努力來「同

情理解」（empathize）與自己意見不同的「他者」，也不會尊重他者所追求的事物──無論是個人的理念或集體的生活方式──為「價值」，反而會以自己的眼光與角度來批判甚至詆毀。不僅如此，同情理解更是柏林眼中的價值多元論者「自律」的基礎，也就是落實「信念的實踐必須止於相對的正當性之上」，亦即〈自由的兩種概念〉借用熊彼得（Joseph Schumpeter）的名言所做的結語的必要條件（Berlin, 1969: 172）。這句話並非意味著對錯乃相對的概念，而是表明：值得追求的事物不只一種，所以沒有人可以將自己認定的價值無限上綱，也不應該犧牲別人（的機會）而進行到底，反而在追求理想的同時必須允許別人也有實踐自己理想的自由與空間。如此詮釋的價值多元論，猶如是柏林為熊彼得提倡的自由主義精神所做的注腳。正視人類經驗的價值多元所對於「價值」的界定與理解，以及「多元」的認定，不外就是柏林自己「同情理解」他者的理想與生活方式，所得出的世界觀──換言之，價值多元論本身，就是秉持自由主義胸襟看待他者的寫照，既反映也指出一種自由主義精神的實踐方式。柏林的價值多元論與他所支持的自由主義之間，並非是邏輯推論的關係，而是一體兩面的關係，其核心精神為：（一）寬以待人，留給別人應有的自由空間；（二）嚴以律己，隨時自我反省，並且避免無限上綱自己的理念。

　　必須注意的是，指出價值多元論具有自由主義胸襟的「內在邏輯」，並不意味著價值多元論與自由主義政治理論之間存在邏輯必然的關係，畢竟柏林也不只一次強調兩者之間沒有必然的邏輯關聯。關鍵在於價值多元論在柏林的思想同時具有三種功能：（一）作為關於人類處境的經驗性事實陳述，指涉值得追求的個人與集體生活方式多元繁複；（二）作為規範性的主張，認定上述的多元現象乃自然的人類處境，與之相反的情境必然有不當的

政治權力介入；（三）作為方法論的立場，反對一切將人類化約、壓縮至單一傾向或個性的「削足適履」政治理論進路。簡言之，價值多元論依據同時是「事實描述」、「政治理想」與「批判標準」，端視適用的論證——依序為描述性、規範性或批判性——層次而定。掌握此三層次的區別，我們可將柏林的強調理解為：接受「價值多元」為事實的人，並不一定會視其為「理想」，也可能不會以此為「批判」社會的標準。事實上，西方政治思想傳統上將多元事實視為「病症」，而非「藥方」——古代的柏拉圖（Plato）是如此，當代的羅爾斯與哈伯瑪斯也不例外（參見 McNay, 2008）。相反地，柏林以及他視為多元論者的赫爾德（Herder）與維科，卻認為「一」的追求乃問題的癥結，而「多」才是解決之道。

　　倘若本文的詮釋正確，貫穿價值多元論三個理解層次的正是柏林的自由主義精神，亦即視人為自由的道德主體，本身必須受到尊重，其所選擇的生活方式與理想也值得尊重，且寬容對待。價值多元論與自由主義之間，不是一種邏輯推論的關係，而是一種對人的根本看法，亦即柏林捍衛對於人生的根本看法——著書立說不過是捍衛這世界觀的思想武器。不過，這也凸顯了柏林論證上的另一個特點：捍衛自由的方式乃以將所欲捍衛的人生觀「引申」（extrapolation）的方式進行，因此一方面少了從「事實描述」到「規範制定」的推論程序，另一方面也少了從價值多元論到自由主義的嚴密邏輯推論過程。[29] 也正因為如此，事實上柏林與漢普夏爾和加里坡的理解其實有差距。雖然柏林的確重視歷史事實，並且認為道德與政治思考不可缺少「歷史感」，尤其

29　Lois McNay（2008）也在哈伯瑪斯的政治思想裡發現同樣特性，因為後者的「民主理想」乃得自於對「語言實踐」的理想化描述，而且其「言說倫理」也同時具有事實描述與規範制定的功能。

表現在提醒「積極自由」的危險性時，但是，他在捍衛「消極自由」的時候卻側重於「現實感」，也就是他認定為真──但卻不是經由歷史經驗所推論出來──的「人生觀」。以當代的政治理論概念與標準而言，柏林捍衛自由的方式似乎是──借用錢永祥（2001: 131）的話說──「簡陋」了些。不過，如果本文的詮釋至此正確，柏林有理由刻意讓政治理論保持簡陋以維護自由，畢竟，根據他的診斷，時代所需要的是同情理解與對待異己的寬容態度與同情理解的意願，不是恢宏的系統性理論。本文將以討論此議題作為結論。

多元並同情理解

　　文藝復興藝術家拉斐爾（Raphael）的畫作《雅典學院》（Scuola di Atene），繪有手指著天的柏拉圖與手掌朝地的亞里斯多德，旨在凸顯兩個不同的世界觀，亦即定睛於概念世界的理性主義與正視具體世界的經驗主義。姑且不論如此理解是否正確，價值多元論者與一元論者的思維模式之差異，事實上猶如畫作企圖呈現的天壤之別，而造成如此南轅北轍看法的關鍵，在於雙方對於「多元事實」的根本看法不同。一元論者預設單一理想生活方式與社會模式，於是將「多元事實」視為一個亟待解決的「問題」，並且想像「解決」的方式為藉由政治權力，將抽象邏輯所建立的「模型」強壓於人類的生活之上，無視此舉所造成的痛苦，抑或將這些痛苦視為「必要的犧牲」，甚至是源自於「非理性」的錯誤想法。價值多元論者「假定」個人為自由且理性的道德行為者，並且對其選擇予以尊重，視之為「價值」，於是接受「多元事實」為「自然而然」的人類處境，也就是自由的展現──反之，則必然是來自於「消極自由」在某種程度上被剝奪。

前者的出發點為抽象理論，所以否認不符合概念或有違邏輯的人
類經驗，後者則是秉持自由主義的道德立場，於是以「同情理
解」的方式對待人類的實際經驗。

　　據此詮釋，價值多元論與政治一元論的主要差別，並非簡單
的「一」與「多」的不同，而是整體思維模式與預設的差異。未
能領略此差異的喬治・克勞德，轉向後仍然繼續進行一元式邏輯
推論，故而主張價值多元論通往以培養理性與「個人自主」為核
心的啟蒙式自由主義。之所以能做如此推論，是因為他否定約
翰・葛雷所謂的價值多元論第三應用層次，亦即價值體系之間的
不可共量。事實上，喬治・克勞德的論證策略本身違背柏林的想
法，因為〈自由的兩種概念〉作為冷戰時期兩方意識形態的分
析，在在顯示柏林意識到價值體系之間的衝突與不可共量。無論
如何，柏林所支持的是消極自由，而非作為積極自由的一種「個
人自主」，且據其對於一元論「意識形態」的反對，不應該認定
柏林支持任何教條式（doctrinaire）的自由主義，因為那對他而
言也是一種意識形態。當然，自由主義不一定只能以教條式來理
解為意識形態，對於「消極自由」與「寬容精神」的捍衛，乃是
約翰・彌爾之所以被認定為自由主義者的核心思想，而這無疑也
是柏林作為一個政治思想家的終生關懷。

　　柏林與威廉斯反駁喬治・克勞德時指出，價值多元論與寬容
的關係並非如路克斯所想像的簡單。就歷史發展而言，「寬容」
概念源自於結束歐洲宗教戰爭的「暫定協議」（modus vivendi），
基本上是國與國之間的協議，洛克則進一步將其轉化為一種憲政
精神，亦即面對根植於形而上學的價值體系衝突時政府必須保持
「政治中立」（political neutrality），不介入爭議，基本上是因
應英國境內天主教與新教之間衝突的權宜之計。及至 19 世紀的
英國，民主已是行之有年的政治制度，時代所需的是對於異己與

特立獨行的思想與行為之容忍，於是約翰・彌爾提倡「寬容」精神，視其為民主時代的核心公民素養。冷戰時期的柏林，看到的是諸多意識形態對於特定概念——特別是「自由」——的詮釋權之壟斷，於是一方面藉由指出「自由」概念的理解不只一種，一方面指出導致人們接受如此壟斷的心態，亦即對於一元論的心理依賴，其目的不外在於瓦解上述之壟斷。正如〈自由的兩種概念〉的最後一句話所指出，一元論思想的誘惑源自於人們對於「形而上的需求」（metaphysical need），而讓這種心理需求來主導我們的外在行為則是一種危險，也是「道德與政治的不成熟」（Berlin, 1969: 172）。換言之，成熟展現於「寬容」精神的發揮，不僅彰顯於「待人」，也在「處世」的態度之上，亦即在「嚴以律己、寬以待人」之外，還要「容忍」自由的人類處境之下所產生的價值衝突、效率不彰以及未能如理論模型般乾淨俐落的現實情境——柏林的價值多元論，在此猶如為自由主義的核心價值增添了一個符合「社會與歷史現實」的層面。

不過，即使約翰・葛雷較喬治・克勞德更能正確掌握價值多元論的應用層次，致力於邏輯推論的他卻也忽略了價值多元論的真正內在邏輯：同情理解。事實上，柏林的同情理解貫穿約翰・葛雷所謂的三個應用層次，無論在抽象概念層次，特定的價值體系之內，或者不同的價值體系之間，缺乏同情理解將無視於多元的事實。柏林在〈自由的兩種概念〉之後，致力於政治思想史的寫作，並且提倡「同情理解」異己的思想與價值觀。雖然柏林喜於戲稱自己捨棄哲學是因為缺乏天分，其真正理由似乎在於，身為價值多元論者再清楚不過：對抗一元論思維模式的方法只有一種，也就是讓人看見多元事實的存在。就抽象的概念層次而言，多元事實可藉由指出特定概念的理解不只一種而證明，正如「自由」可有「消極」與「積極」兩種理解方式。指出此一事實的同

時，也證實「選擇」存在於邏輯推論與理論建構的進行之前，所以沒有人可強制別人接受特定的概念為唯一的理解方式，因為那只是個人的選擇結果。然而，柏林深知在抽象概念層次之外，唯有「同情理解」才能讓人看見或感受到另一種人生價值或生活方式的重要性，畢竟一元論者可永遠以自己的價值觀與視角來看待所有的異己，並且據此進行「理性」思考或邏輯推論，最後做出否定「他者」個人與思想的結論。關鍵在於，價值多元論與一元論之根本差異，乃是兩個世界觀的不同，也是個「選擇」的問題，無法單靠理性的培養或邏輯推論而徹底擊倒對方──唯有「同情理解」才能讓人了解異己的思想與價值觀也有「合理」之處，甚至值得作為自己的選項。此處所謂的同情理解，遠超過約翰・葛雷所奉行戴維森的「慈善原則」，亦即不僅在於假定對方所言有理，然後進行邏輯推演以重建對方的論點，而是在於溫奇所言，將別人的觀點納入自己的世界觀，嚴格說是一種允許自己原先想法有所改變的做法。

據此理解，作為價值多元式「政治理論」的〈自由的兩種概念〉，或許只是柏林迫使人揚棄一元論思維模式的「消極」策略，而之後占據其後半生的政治思想史寫作，才是他的「積極」策略──其用意在於讓人真正擴展自己的視界，培養自由主義的胸襟，並且增添理想的選項，也就是增進自己的自由空間。若用柏林的「刺蝟－狐狸」比喻來說，唯有「同情理解」才能讓「刺蝟」看到「狐狸」所看到的世界，而柏林的思想史寫作正是狐狸的邀請。價值多元論所通往的自由主義，不是喬治・克勞德所認為的教條式啟蒙自由主義，而是一種以「同情理解」為核心公民精神的自由主義（葉浩，2008）。雖然這種自由主義表面上接近約翰・葛雷所謂的「暫定協議」式自由主義，抑或蓋爾斯敦所謂的「後宗教改革式大業」，但在精神上其實獨樹一格，因為那是

對於多元事實的接受，甚至是擁抱。尼采曾將歷史研究區分為「否定生命」與「擁抱生命」兩種，擁有強烈歷史感與現實感的柏林，所書寫的思想史無非屬於後者 [30]——然而，歷史弔詭之處則在於，否認價值衝突的一元論已經帶給人類無數的苦難，正視悲劇性衝突的價值多元論，卻提供了一個理解這苦難的方式，同時讓人有理由樂觀地面對多元繁複的人生。

處於意識形態對壘的冷戰時期，柏林藉由反思當時各種體系恢宏的政治理論之預設，從分析「自由」的概念展開，以抽絲剝繭的方式層層揭露擁護不同自由概念者對於「人」的本體論看法與「理性」的知識論預設，逐步逼近內心最深「形而上確定性」之渴望，最後開出了「同情理解」的處方，轉向思想史的寫作，企圖介入公民的寬容精神之養成。對於訓練於當代政治哲學典範底下的學者而言，柏林的論證與處方當然不夠系統性，也缺乏嚴謹的邏輯推論過程，甚至對於許多思想家的解讀也有可議之處，難以和當今的羅爾斯或哈伯瑪斯相提並論。不過，倘若我們以他藉海涅的話所做的自我定位這角度來看，柏林的確成功地以筆對抗了足以摧毀文明的政治理論。此外，我們不得不承認其思想乃針對西方政治理論主流傳統的方法論預設所做的深刻反思。此外，柏林也讓我們不得迴避自由主義的「後設理論」（meta-theoretical）層次對於「人」與「理性」的看法——例如，嚴密的邏輯推論過程之中是否把人視為工具或限制了人的思想自由？抑或以特定的「理性」標準作為決定是否賦予他人「權利」的門檻？

總而言之，認真面對柏林的思想意味著我們在嘗試建構理論

30　Nietzsche（1995: 85-167），參照 Raymond Geuss（1999: 167-197）的解讀。尼采本人也是個價值多元論者，並且主張其時代所需乃一種具歷史感的哲學思考方式（Nietzsche, 1986: 2），與柏林的思想有相通之處。不過，柏林認為自己不受其思想影響，參照 Steven Lukes（1988）。

時必須：（一）考慮現實與理想之間的距離，也就是理論的可行性；（二）正確理解改革對象（社會或國家）自身的價值觀與理想，亦即必須具備充分的內部理解；（三）正視被理論當作「問題」一部分的人也是有血有肉、會疼會痛的人。柏林自己所提出與實踐的「現實感」與「歷史感」，的確不夠精緻與細膩，但是，我們可以選擇以邏輯理性的角度批判，也可嘗試將這些考量發展成一套尊重他者且兼顧可行性的規範性政治理論方法論 —— 當然，自由主義者必須捍衛我們的選擇自由，但認同柏林價值多元論的自由主義者卻似乎只能選擇後者。

第二章

鄂蘭的政治本體論：一個從時間維度來詮釋共和主義的嘗試

> 歷史並不僅是另一個故事，有起頭、中間和結尾；相反，那是一個沒有終點的故事。
>
> —— 沃諾克夫人

> 人的卓越，沒有任何其他地方能比創建一個新的或維持一個已然存在的共同體那樣，更能接近神祇。
>
> —— 西塞羅

▍前言

　　一般咸認，以思想史家史金納（Quentin Skinner）和政治哲學家佩迪特（Philip Pettit）為代表的共和主義，是目前與自由主義分庭抗禮的思想傳統。柏林曾於 1958 年提出「消極自由」（negative liberty）和「積極自由」（positive liberty）的區分，分別指涉「不受他人干涉」（the absence of interference）和「當自己的主人」（being one's own master）的追求，確立了消極自由之於自由主義的核心地位，也奠定了至今未休的自由概念爭辯。[1] 史金納和佩迪特的著作不但提出「共和自由」（republican

---

1　Isaiah Berlin, *Liberty*（Oxford: Oxford University Press, 2002）。關於兩種自由之爭辯，參閱 Bruce Baum and Robert Nichols（eds.）, *Isaiah Berlin and the* liberty）作為第三種自由來挑戰柏林的二分法，同時也主張這種自由不但在歷史上更加淵遠流長，現實上也比當代自由主義更能回應人類此時所面臨的社會、政治和經濟困境。

　　雖然佩迪特和史金納兩人分別以政治哲學和思想史為主戰場，但他們的共同點是回到啟蒙運動以前的歐洲人文主義乃至更早的羅馬共和時期，企圖從中提煉出一種強調以法律為基礎來防止任何人受到不正當地干涉或宰制之自由。史金納致力於這種自由在歷史上的實踐方式與制度，佩迪特則專注於把它提升至更抽象之「非支配狀態」（non-domination）自由概念，並據此發展出一整套從抽象概念到具體制度設計兼具的規範性政治理論。[2]

　　關於共和主義思想的復興，在史金納與佩迪特相繼提出論述之前，人們也習慣將它歸功於漢娜‧鄂蘭（Hannah Arendt），特別是她關於革命與憲政主義的書寫，包括《論革命》（*On Revolution*）和《共和國危機》（*Crises of the Republic*）等著作。然而，佩迪特在他旨在賦予這古老政治思想傳統一個新哲學基礎的著作《共和主義：一個關於自由與政府的理論》（*Republicanism: A Theory of Freedom and Government*）當中，開宗明義地說他和史金納等人的企圖也在於反駁鄂蘭所捍衛的那一種極具參與式民主（participatory democracy）乃至民粹主義（populist）色彩的共

（續）

　　Politics of Freedom（London: Routledge, 2013）以及 David Miller（eds.）*The Liberty Reader*（2n ed.）（London: Routledge, 2005）。另一個值得提及的「第三種自由」概念可見於 Samuel Fleischaker, *The Third Concept of Liberty*（Princeton, NJ: Princeton University Press）一書，指的是「判斷的能力」，與鄂蘭的判斷概念有相通之處，雖然作者提及了兩者的關聯，但並未進一步發展。

2　關於「自由」從抽象概念分析至具體實踐之不同層次之區分與爭辯，參閱葉浩，《以撒‧柏林》，臺北：聯經出版公司，2018，第一至四章。

和主義（Pettit, 1997: 9-10）。

佩迪特承認鄂蘭是 20 世紀最有影響力的共和主義政治思想家，但卻認為她的理論基本上犯了嚴重的張冠李戴之誤，把共和主義理解為一種古雅典城邦民主的政治參與理想。據其理解，這不但忽略了共和主義的真正歷史起源，亦即羅馬共和，同時也徹底誤解了共和之真諦並不在於某一種「共善」（common good）之追求或任何高度同質性（homogeneous）社群之建立，而是不容許政府的公權力對人民的生活做出任何不正當的干涉（Pettit, 1997: 8）。如果佩迪特對於羅馬共和史實的掌握正確，這種採取法律手段來防範「任意干涉」（arbitrary intervention）或濫權的「法治」（the rule of law），實則與鄂蘭念茲在茲的雅典式民主相距甚遠，畢竟，後者根據多數人的理解意味著當所有人共同參與政治決策之際，其集體意志或可凌駕於法的權威，因為此時此刻的人民意志才是整個政治社群的權威之所在，不僅可以制定新法，必要時 —— 正如鄂蘭所強調 —— 亦可重新制定憲法，讓國家重新啟動甚至建立新的國家。

誠然，承認集體意志可凌駕於法律權威，也等同接受當兩者衝突時前者應當總是勝出。如此一來即使作為根本大法的憲法也難擋特定時刻的民意，包括針對特定少數族群進行壓迫的企圖。這衝突的可能性凸顯了憲政與民主的內在緊張關係。兩者雖然在進入現代至今似乎總是相伴相隨，但思想史家明白「憲政民主」其實是一種偶然成就。是故，曾提醒人們習以為常的事物唯有在特殊時刻才能讓人見識其本色的鄂蘭（Arendt, 2016: 96），若非未能意識到憲政與民主的衝突，即是過於強調古希臘城邦廣場上的公民參與，因此佩迪特才意圖將共和主義從鄂蘭的「新雅典」（neo-Athenian）民主想像當中拯救出來，並重新賦予它符合羅馬共和政治實踐的政治理想，故而稱自己所捍衛的版本為「新羅

馬」（neo-Roman）共和主義。

　　佩迪特的批評似乎也偶然地促成了鄂蘭思想在政治哲學領域的復甦，許多新詮釋紛紛出籠且逐漸脫離卡諾凡（Margaret Canovan, 1992）早年在《漢娜・鄂蘭：重新解讀鄂蘭的政治思想》（*Hannah Arendt: A Reinterpretation of Her Political Thought*）書中提出的「新共和主義」詮釋。此一經典解讀的影響力之深，可見於許多的解讀之中。其中不少是論者擷取了該書留下的幾條線索，進一步發展而成的。大抵上，當前的論者主要從四個不同的角度來解讀鄂蘭。首要是著眼於她關於「公共領域」的描繪。同樣深受卡諾凡影響的國內學者蔡英文（2002）曾指出，鄂蘭從古希臘城邦政治和美國革命與自治經驗兩段歷史當中，分別萃取出了「爭勝模式的公共領域」（an agonistic model of public realm）和「保有溝通與互為主體的公共空間」（a public space of communication and intersubjectivity）兩種關於政治的想像。卡諾凡本人採取的這個解讀策略，仍是當前鄂蘭政治思想詮釋的主戰場。採取此一爭勝路線並推論出「基進民主」（radical democracy）的主要論者有洪玲（Bonnie Honig）（1993）以及早期的丹・維拉（Dann Villa, 1999）。[3] 另一種模式的發展則來自於哈伯瑪斯對鄂蘭的公共領域概念之挪用（Habermas, 1989; Calhoun, 2017）。雖然卡諾凡認為哈伯瑪斯嚴重誤解了鄂蘭的公領域概念，但這不妨礙他本人（Habermas, 1996）及其追隨者班哈比（Seyla Benhabib, 1994）催生出一套審議民主（deliberative

---

3　丹・維拉後期的政治思想逐漸轉向較為接近彌爾的自由主義。基進民主另一位主要倡議者慕芙採取的是施密特（Carl Schmitt）的路線，而非受鄂蘭影響。葛雷亦曾藉由柏林的價值多元論推論出類似的「爭勝式自由主義」（agonistic liberalism）。關於慕芙與葛雷的爭勝式政治理論，參閱蔡英文，《當代政治思潮》，臺北：三民，2009，第三章和第八章。

democracy）理論。

此外，卡諾凡也意識到了鄂蘭思想中的海德格（Martin Heidegger）影響，例如對「世界」的看重，並指出前者關於人際之間存在某一種空間的看法則很可能來自後者的「林中空地」（Lichtung）概念（Canovan, 1992: 112）。鄂蘭文本的現象學（Phenomenology）元素於是也成了一條重新解讀其政治思想的線索。丹・維拉（1995, 2001）是循此路線的代表學者。他不但詳細梳理了鄂蘭與海德格的關係，也從詮釋學角度來重新將鄂蘭解讀為看重「意見」（doxa）而非「真知」（epistemé）的政治思想家，一如鄂蘭筆下的蘇格拉底，並據此將公共空間視為一種舞臺，促成了新一波美學化鄂蘭政治思想的研究。馬丁・普拉特（Martin Plot, 2014）近來重建的鄂蘭「美感政治」（aesthetic-political）理論，其核心為個人在公眾當中能被他人所感受的能力，以及巴特勒（Judith Butler, 2018）受鄂蘭啟發而提出的強調個人身體能見性與多數人協力行動之「政治展演」（political performativity）理論，算是這途徑上的兩大里程碑。

筆者同意芬恩・寶林（Finn Bowring, 2011: 151）的看法，丹・維拉的詮釋稱得上慕芙（Chantal Mouffe）和哈伯瑪斯分別代表的那兩種公領域想像之外的中間路線，且更具說服力。然而，致力於此的學者似乎過於看重鄂蘭的空間隱喻，從而忽略了時間維度，例如她曾指出城牆的打造本身是為了降低未來的不確定性，因此某程度上城邦及其法律實際上是一種因應開放性未來時間而生的集體策略，時間對鄂蘭的政治思考相當重要。另一方面，試圖重建鄂蘭共和主義的學者，不少人著眼於她對憲法的理解，尤其是文本中美國共和與羅馬共和的類比，例如國內學者蕭高彥（2013）即是如此。然而關於一個政治體如何形成、如何對待歷史和如何認定過往制定的法律具有權威性等議題之論述，也

必然涉及了族群的史觀、集體時間感以及活著的人與逝者乃至尚未出生的來者之間的關係。這些議題無一不是坐落於時間和政治的關聯性當中。

是故，相較於多數論者試圖從鄂蘭的公共空間概念和共和國歷史及其政治思想史的相關書寫當中，來指認某些共和主義元素並推敲其可能的制度設計意涵，本文意圖援引這些學者重要洞見，但把焦點置於鄂蘭文本中的時間維度，一方面嘗試重建鄂蘭對時間和政治兩者之關聯的看法，一方面藉此並參考她個人的公共參與來勾勒出一幅獨特的政治想像。鑲嵌於這圖像中的固然存在某些可斷定為古典或當代的共和主義元素，但本文主張，與其說那是一種共和主義，不如稱之為一個關乎政治生活如何形成並轉化為政體，以及之後該如何才能守護的「政治本體論」。

多元性作為人類根本處境與政治根本條件

如前所述，論者談及鄂蘭的共和主義時總聚焦於她的公共概念。這也讓公認為她最有系統的著作《人的條件》得到了格外關注，特別是該書第二章關於私人和公共的生活圈（sphere of life）之劃分。原因不外是「共和主義」（republicanism）一詞乃源自拉丁文的「*res publica*」兩字，而「共和國」（republic）和「公共」（public）的字源也來自於此。

佩迪特在其《共和主義》書中把上面兩個拉丁文字等同於「共善」（common good），指涉某一種值得所有人共同參與的生活方式，以及衍生於此舉凡能促進或滿足某一社群之共同利益的事物。雖然共善概念主要來自亞里斯多德，但他的用法其實主要來自羅馬共和時期主要政治思想家西塞羅（Cicero）的詮釋。而據此推論出的「新羅馬」共和主義，於是主張：倘若政府介入

人民的私生活並非為了促進社會的共善，那便是不具正當性的宰制（Pettit, 1997: 284）。

事實上，鄂蘭本人對特定概念之討論也總是從字源的考察開始。追本溯源能讓人理解概念的原意，以及它和該字詞在現今所指為何的差異，從而探索此一轉變是否喪失了某些重要內涵，並據此追問應否、能否在當前的現實脈絡之中恢復其原本意涵。然而，當她使用「*res publica*」一詞時，主要取其拉丁文原意，而非西塞羅版本的「共善」詮釋，指的是意義更廣泛的「共同事物」——其根本屬性為：（一）對所有人「公開」（public）以及（二）能讓所有人「共同」（common）分享；而實際的範圍大可廣及全世界所有人，或說「地球」（the earth）本身，小則指涉別人也能理解的某人之心智活動，例如某一思想家的著作（Arendt，2016: 111-117）。

敏銳的讀者也能看出，所謂的公共事物同時包括物質和非物質的事物。值得注意的是鄂蘭認為，屬於前者的器物才是後者得以發展出來的基礎。進而言之，正如她所解釋：

> 只要人以言說和行動的方式聚在一起，就會產生展露的空間（space of appearance），因而在時間和順序上都先於公共領域（public realm）的所有形成構造以及各式各樣的政府形式。（Arendt, 2016: 290）[4]

對她來說，公共空間首要指的是如此一個能讓人人去展演、揭露自我並藉此認識彼此的「展露空間」。展露自己當然就是讓

4　筆者將原中文翻譯「顯露的空間」改為「展露的空間」，藉此包括鄂蘭強調的展演和揭露兩個意思。

人看到、聽到、察覺到。私人生活或內在生命無論如何豐富或刻苦銘心，若不能公開並與人分享，那就不在眾人共同擁有的「現實世界」。是故，鄂蘭也認為那一個能開放讓所有人接觸、參與且理解的公共領域，即「世界」（the world）的本身。

鄂蘭所謂的世界，其實也就是我們所處的這一個生不帶來、死不帶去的「人世間」。那是一個仰賴器物作為基礎的空間。桌子是她最常用來解釋的例子：因為有桌子，才能有圍繞桌子而坐的人們，能談天說地、分享經驗和故事（Arendt, 1998a: 52）；換言之，器物的存在提供了一種人際互動的條件，它們「就像所有的『居間之物』（in-between），既讓人們彼此相關，同時也區隔了他們」（Arendt, 1998a: 115）。關鍵在於器物的問世才能讓人開始有意義的互動，亦即產生某種連結、關係或社交空間。因此，鄂蘭也稱公共空間為「人為世界」（man-made world），它始於一個由人類製造出來的東西所打造出來，讓各種人際關係與網絡得以建立的「器物世界」（world of things），然後才發展成屬於特定一群人的生活世界——而活著，意味著人進入這樣的世界；死去，亦即從這樣的世界離開。

至此，我們當可開始理解為何鄂蘭原本想以拉丁文「*amor mundi*」（字面意思是「愛世界」）作為《人的條件》之書名，[5] 也能看出她與支持共善主張的佩迪特共和主義之差異，因為她藉由「*res publica*」一詞所指的，是她想捍衛的那一個屬於你我的共同世界。就算這兩個拉丁文字可解讀為指涉「common good」，在鄂蘭的思想脈絡當中，那也不是根植於對人生意義或終極目的有定論的「共善」，或佩迪特所主張在實踐上對一

5　根據鄂蘭的學生，也是她的傳記作家 Young-Bruehl（2004: 324）所說，鄂蘭本人一度想以「愛世界」（amor mundi）作為《人的條件》書名。

個國家所有人皆有益處的德性、必要措施或制度，如限制公權力的法治，而是指一群人能共同分享的事物；更精確的說法是「common goods」。這些具公開性且能被眾人共享的公共事物以人們製作出來的器物為基礎，再來才是此一物質基礎所發展出來的各種非物質事物，例如可分享的生命經驗、歷史、集體記憶乃至語言文化和生活習慣等等。

　　吉姆・約瑟森（Jim Josefson, 2019: 187）近來指出共和主義要旨可從「公共事物」（public things）所指為何來理解。他挪用了鄂蘭藉以說明人與人之關聯的拉丁文「inter est」（英文「interest」的字源）一詞，將它轉化或可譯為「介於物間（between is）」的概念來指涉：公領域當中存在諸多公共的事物彼此競逐人們的關注，包括作為欲望對象或關乎旨趣和利益之物。奠基於此的共和主義乃是以守護並珍惜這公共空間當中的各種事物為目的。

　　本文認同以確認「res publica」之內涵作為詮釋鄂蘭共和主義的方向，不過，約瑟森似乎過於在意「物」的本身，而非讓物得以成為一個真實存在——或說「成其所是」作為一個「est/is」——的其他條件，包括造物者以及非物質條件。上面的引文明確指出，公共領域無論在時間上或因果關係上都先於——原文是「predates and precedes」（Arendt, 1998a: 199）——各種政治體制，如果「共和主義」被理解為其中一種，那該解讀會讓鄂蘭陷於邏輯矛盾。更重要的是文本證據告訴我們，對鄂蘭來說：愛世界者應當守護的對象並不僅止於構成世界的器物，而是包括了作為人世間最根本物質基礎的人，以及作為構成政治生活的根本基礎——多元性。

　　進一步解釋，能成為「共同」的東西首先要能符合鄂蘭所謂的公開性，也就是能進入「展露空間」當中，讓人看見、聽見的

東西，成為可以轉述、流傳的事蹟是之後的事。也唯有具備讓人聽聞的公開，才能有某程度的公共性，然後才能在故事當中轉化成屬於一群人的共同事物。更重要的是，鄂蘭也認定唯有具這種公共性的事物，才能成為共同的真實世界（the reality）。一個人的實際經驗，若不能與他人分享，不過是私人的。所有人彼此能分享的那一個世界，則等同是所有私人經驗公開分享的空間。此外，因為每一個人都只能占據世界的一角，個人的經驗必然受限特定的時空當中，而所謂的「現實世界」也不過是所有人在展露空間之內所呈現出來，能讓他人聽到、看到的一切總和。

在這頗有現象學味道的說法底下，有一個相當關鍵的概念呼之欲出，那就是「多元性」（plurality）。對鄂蘭來說，多元性首先是人類最根本處境的寫照，然後才是政治的先決條件。本文主張這兩點通往一個獨特的政治本體論（political ontology），且唯有確切掌握這兩點，才能真正理解公共領域概念以及行動與自由的關係。

讓我們先從第二點開始。首先，正如她在〈導入「政治」〉一文開宗明義地說：「政治的基礎在人的多元性，上帝造人（man），但人們（men）是一種屬於人間、塵世間的產物，人類天性的產物。」（2010: 127）上半句明確主張，沒有多元性就沒有政治，一如此前文提及展露空間乃「先於」共同的公共領域和任何種類的政治形式那般。換言之，多元性在時間上與因果關係上都先於「政治領域」本身，亦即政治領域對鄂蘭而言是一種相當獨特的公共領域，也就是唯有當多元性這一個條件滿足了才會出現。

誠然，猶如發芽成長是一顆種子的潛能，必須有特定生存條件的滿足才能成真，政治也唯有人與人之間處於一種特定狀態之下，才能產生出來的互動模式各種可能，必須有特定的生存條件

才能讓潛能發展成現實，也就是當人與他人有了互動，成了一個「誰」（who）之後才能展現出來的模式，而這條件就是體現於人類多元性當中的「關係」（2016: 269; 2010: 129）。

　　於是，政治生活其實是一種並非必然存在的情境，其具體條件是出自《人的條件》的底下這一段所說：

> 　　行動，人們彼此之間唯**一不假事物之中介**而進行的活動，
> 則是對應於人的**多元性**（plurality）條件，也就是說，住在
> 地球上且棲身於**世間**的是**人們**，而不是單一的人。雖說人的
> 條件在各方面多少都和政治有關，這種**多元性**其實就是所
> 有**政治生活**的條件──不只是**必要**條件，更是**充分**條件。
> （Arendt, 2016: 58。粗體為筆者所加，譯文也略有修改。）

這一段話呼應了本文的根本主張，亦即鄂蘭的思想蘊含一套政治本體論。有別於包括佩迪特在內的現代政治哲學家那一種把公共領域等同政治領域的傾向，鄂蘭的認知是：雖然政治領域一定是屬於公共的領域，但關乎公共事物（the public）的領域卻不必然等同政治（the political）的領域。原因是，作為人類根本處境之寫照的多元性，並不一定總能存在現實世界當中。嚴格說它總是具有存在的潛力，但倘若其他條件不足時，那也只是潛態（potential）的存在。

　　據此我們才能理解她在《政治的承諾》（*The Promise of Politics*）何以多次稱人的「多元性」為政治或政治行動的「principle」──該詞不論翻譯成「原則」或「原理」都不能準確反映其意涵，因為那並不單純指涉人與人必須遵守的互動原則，也不全然是關於事物原理的認識層次（gnoseological）宣稱，而是還包括了事物本身的生成原理和「泉源」（well-spring）

（Arendt, 2010: 228），猶如有機體的 DNA 那樣。

質言之，多元性概念指涉一個關乎「政治體」（body politic）的存在以及政治行動的物質基礎、形式條件以及動力的本體論層次（ontological）主張，或可姑且稱之為事物的「動力邏輯」。作為一種潛態之存在，多元性不同於許多哲學家口中那一種存於事物之內的「本質」（essence），而是一組人之所以為人的條件，或說「人類活動和能力的總和」（Arendt, 2016: 61）。這正是鄂蘭對「人的條件」之界定，也是她選取其作為其最具系統性著作的書名的理由。

尤須注意的是，多元性對鄂蘭來說亦有其根本條件，那就是「平等」（equality）與「殊異」（distinction）兩個價值的實現。如果她的判斷正確，孟德斯鳩（Montesquieu）是史上首位真正認識到多元性乃政治體的動力邏輯者，因為他曾主張美德、榮譽、恐懼乃依序為共和、君主、專制這三種實際存在的政體的內在動力或行動原理（Arendt, 2010: 96-97）。不過鄂蘭亦察覺到，雖然美德和榮譽的確是分別以平等和殊異性為基本運作原理，但其實前者也脫離不了殊異性作為不同行為的區分辨別，而後者也某種程度預設了平等，否則殊異性無法被衡量，倒是以恐懼作為動力邏輯的專制政體最終會讓人產生一種徹底的「無力感」（2010: 100），因此那嚴格說是在欠缺動力底下運作的制度，甚至稱不上有政治可言。

那麼，在什麼意義上多元性是人類最根本處境的寫照呢？鄂蘭的首要理由是，因為那是人類與生俱來的特性使然，亦即「我們生而平等，平等的地方在於都有自己絕對的殊異性，每個人也都絕對和他人不同」（2010: 98）。多元性不等同於同一種人的加乘，而是人在「相對平等」（relative equality）的情況底下，彼此互動所呈現出的「絕對差異」（absolute difference）。那不

是兩個一模一樣東西也能有的「相對差異」，例如占著不同的空間，因此「多元」並不單純是「複數」（2010: 130）。相反，多元性是人類順其天性將會自然發展出來的一種狀態；換言之，若非人為因素扼殺了人與生俱來的特性，猶如種子被剝奪了水、空氣和養分，那多元性將會存在。

　　如此一來，伴隨多元性而來的政治生活也將會存在。至此我們能斷定，鄂蘭不意圖替史上存在過的共和體制或任何預設了「同質性」社群的共和主義背書，一如她的確明言公共領域可以發展出各種政治制度，多元性指向多種政治制度可能性。另外也能確認的是，政治生活對鄂蘭來說並不以器物的存在作為必要前提，而這正是對應於行動的多元性可以「不假事物之中介」而存在的理由。也因此，她所念茲在茲的共同世界或政治生活並不仰賴器物或器物構成的文明世界。多元性作為一種潛態轉入現實狀態的過程，並不必然以器物作為「居間之物」為前提，而是仰賴其他的「居間性」（in-betweenness）存在，尤其是能體現平等與殊異的關係和互動。任何過於強調器物或物質性的居間之物，例如約瑟森，或其他以物為基礎的美感政治的詮釋方向，恐有遠離鄂蘭基本精神之虞。

　　不可否認，鄂蘭當然也在意器物世界，畢竟她在《人的條件》當中明確主張器物才讓人有了一個彼此互動的世界，才有政治與行動的可能。該書將人類「活動生命」（vita activa）區別為勞動（labour）、工作（work）、行動（action）的三分法中。勞動是因應人的生存「必要需求」（necessity）而進行的活動，工作則是對應了一種「非自然性」（unnaturalness），也就是針對自然和環境所做的各種「人為」（artificial）抵抗。而討論中的行動，正如前述，對應了作為一種潛態存在的多元性之活動。也就是說，需求性、人為性、多元性分別是勞動、製作和行動的

動力邏輯。

　　強調器物構成的共同世界之詮釋者，看重鄂蘭在行文上賦予三者的先後順序：人類進入了器物製作的階段之後，將脫離如同動物般的生命層次並逐步開展一個專屬人類且能彼此分享的「共同世界」（common world），然後才能走入更高的活動階段。換言之，鄂蘭筆下從「勞動者」（*homo laborans*）演化為「工匠人」（*homo faber*）再發展成一種能進行政治活動的人（或許應該可稱為 *homo politicus*），相當類似盛行於蘇格蘭啟蒙運動的推測史觀（conjectural history），例如亞當・斯密（Adam Smith）所提出從狩獵到畜牧到農業到商業的四階段文明發展論（參閱 Pitts, 2005）。事實上，這種理解忽略了內建於行動的時間維度。

行動的政治性與政治社群的共時性

　　本文主張，與其說那是一種三段式文明發展論，毋寧將它理解為關於人類生命的三種境界。《人的條件》明顯高舉行動並擔憂製作活動對它的威脅，因此最後一章分析了不同時代底下行動及其條件是如何被壓抑，多元性又如何被剝奪了存在的具體條件。有鑑於此，加上該章是以關於「勞動的動物」何以取得勝利的討論與批判作結，與尼采的《道德系譜學》論及奴隸道德如何戰勝貴族道德並取得壓倒性勝利有高度的相似性，活動生命三分法或可被理解為一種系譜學。[6]

6　關於此一意義的系譜學，參閱 Yvonne Sherratt 的 *Continental Philosophy of Social Science: Hermeneutics, Genealogy, and Critical Theory from Greece to the Twenty-First Century*（Cambridge: Cambridge University Press, 2006）第六章。

　　鄂蘭的人類活動系譜學梳理了三種活動各自的存在條件，以及因應歷史變遷而產生的各種轉化，並針對威脅行動的各種因素予以批判。她守護的是讓人活得有尊嚴的條件，批判的則是那些在歷史上不斷轉化形式存在下來，不斷剝奪人的條件之「製作」思維方式。

　　事實上，如何才能抵抗製作思維的威脅，可說是鄂蘭的書寫自始即關切的不變主題，且關鍵在於對應於製作的各種時間想像，尤其是內建於這種活動的「歷史概念」（concept of history）或「歷史意識」（historical consciousness），也就是中文語境底下的「史觀」（Arendt, 2006: 41, 54）。欲理解鄂蘭的擔憂並更進一步掌握她的政治本體論，我們必須先正視內建於三種生命活動的時間性（temporality），也唯有如此才能避開試圖從她的文本來重建一套共和主義理論的常見誤區。

　　讓我們從勞動和製作開始。如前所述，勞動是對應於生存必要而做的事，一如所有生物為了生命延續而做的事，例如呼吸、睡覺、吃飯以及喝水。鄂蘭強調，這種日復一日不能不做的事，並不會產生活命以外的其他結果，但製作卻會，且大部分人為製造的東西反而比工匠本人更能持久地存在世上，例如桌子、椅子。然而，製作活動也會讓人感受到一種有起點和終點的經驗，並且產生一種兩點一線的時間想像。這基本上是一種把時間進行了空間化之後的內在心智活動結果。但人類卻可以進一步把這種單一線性（linear）的時間感投射到外界，並認為那是一種外在於自己的客觀存在，且在彼此互動的結果之下，有了一種共同的物理性時間的想像，亦即時間軸，宛如時間是一把以秒、分、時、日、月、年等不同刻度來劃分的尺。

　　如此一來，共同的時間刻度本身既是一項人為製作，但也是一種讓一群人互動，包括協調工作活動的進行的條件。月曆

和鐘錶等計時器，當然也是人們為了讓互動更加方便的共時化（synchronise）工具。一旦這種「共時性」（synchronicity）建立，那個讓人展露自己並彼此認識的空間，不僅更加方便簡單，甚至允許更多且更細膩的互動可能性，例如關於未來的承諾。

容筆者姑且稱對應於勞動的時間為「循環時間」，而對應於製作的則是「線性時間」。鄂蘭真正擔憂的是這種線性時間觀會限制了對應於行動的另一種時間想像，也就是「奇蹟時刻」的存在，甚至能讓人忘了自己本來就是以一個「新開端」（a new beginning）的身分來到這世界的根本事實。

進一步解釋，事實上「新開端」一詞多次出現在《極權主義的起源》（*The Origins of Totalitarianism*）書中，尤其是在最後一章的最後一段話裡，鄂蘭以此提醒讀者，每一個人的出生都是一個新開端，而且每一個新生兒都是帶著一個關於新事物的「應許」（promise）來到世界（Arendt, 1968: 478），然後援引了奧古斯丁的名言「Initium ut esset homo creates est」（為了開始，人被創造了出來）來替這一個詞做注解（Arendt, 1968: 479）。鑒於該書是鄂蘭首次以書寫來回應納粹極權主義歷史的起點，「新開端」之說在提醒之外，也意味著一種盼望，當然也是她對更好未來的盼望之基礎。

奧古斯丁的同一句話也再次出現於《人的條件》當中，而這一次鄂蘭是藉它來如此說明她所謂的「行動」：

> 在最廣義下的行動，意思是「發起」、「開始」（正如希臘文的「archein」，意思是「開始」、「引導」、「主導」）、「啟動某一件事」（這就是拉丁文的「agere」的原始意義）。透過出生而加入的新來者和新鮮人，會採取主動並投入一種行動當中。一如奧古斯丁在他的政治哲學中所說：

「為了開始，人被創造了出來，此前並無別人。」（Arendt,
2016: 264）

這一段話或許是最能反映鄂蘭如何藉字源考察來進行系譜學批判
的例子。她關於行動與開端的討論，無疑是在形上學層次上進行
的。不過，相較於奧古斯丁原話的主體是上帝，人不過是讓祂藉
以開啟世界的受造物，鄂蘭真正在意的卻是以人作為主體的一種
開端。也因此，她接著指出：

> 這種開端不同於世界的起源。是關乎某個人的開端，而非
> 關乎某一事物 —— 這某人本身就是這開端的起源。（Arendt,
> 2016: 265）

換言之，雖然同樣都是關於開端的形上學層次主張，但後者是一
個關於「世界」本體論主張，前者則是一種根植於「人」的存有
論宣稱。[7] 鄂蘭甚至改用了一個較具有機味道的英文字「natality」
（新生開端）來指涉人類與生俱來能為世界帶來改變的能力。這
個字不但一舉替換了原本的「a new beginning」，同時也和奧古
斯丁的「initium」做出區別。因為，那兩個字分別意味著兩種不
同的「時間」之起源：上帝啟動的世界之起初，以及人為世界的
真正開始。

7　本文稍後將指出鄂蘭明確使用英文字「ontology」來解釋此一論點。鑒於該
　　詞在中文語境有「本體論」與「存有論」兩種主要譯法，且爭議頗多，本文
　　採取了折衷方式，以「存有論」來指涉人的根本存在之狀態，「本體論」則
　　泛稱事物本體存在模式。關於這兩種譯法及其背後的形而上學預設，見沈清
　　松，《形上學：存有、人性與終極真實之探究》，臺北：國立臺灣大學出版
　　中心，2019。

　　更嚴格地說，兩種時間意味著對兩個不同的時間軸以及兩個不同「世界」的關懷。這種關懷上的根本差異，正是鄂蘭早年以《愛與聖奧古斯丁》（*Love and Saint Augustine*）為題的博士論文核心論點。如果她的理解正確，奧古斯丁所理解的「愛」是一種亟欲填補的欲望，亦即內在的匱乏，因此，說上帝愛人所以創造了世界，不但有陷祂於不義之虞，若以這種愛為社群的基礎，不僅不會以分享為特徵或運作邏輯，而是只會互相索取。人與人之間的關係是如此，人對上帝乃至宗教生活的根本理解也是如此（Arendt, 1998b）。尤有甚者，奠基於此的基督教神學致力於將基督徒的目光和心力，從對此世今生的關照硬是轉向了「永生」（eternal life），也就是那一個據說永不匱乏但卻僅能在死後才能進入的彼岸世界，從而視人生為一個過渡階段，甚至把自己當人世間的過客──以奧古斯丁的術語來說則是「暫居世間的朝聖者」（pilgrim on earth）（Arendt, 2006: 66）。置於此一脈絡，人與人互動的最大目的似乎僅止於互相扶持對方走向永生，而這其實與把世間當成一個走入彼岸世界的橋梁，甚至距離把人當成媒介或工具，似乎只剩一步之遙。

　　如此對奧古斯丁神學的批判，其實也是鄂蘭認真開始思考「世界異化」（world alienation）和「愛世界」兩個概念的開始。世界有兩個。全神貫注於上帝、彼岸及其應許的那一個未來世界，等同不把此世人生當作唯一真正應該關照的共同世界。毫無疑問，鄂蘭想把人們的關注力從彼岸轉向此在。更重要的是，指出人作為一種開端不同於（上帝開創的）世界開端，意味的是：（一）她並不否認世界有其自己的起源，但那並非她本人所真正在意的世界，以及（二）人為世界的開端有自己的起源，甚至（三）既然每當一群人開始彼此互動將能產生一個屬於他們的公共空間乃至共同領域和政治生活，那這種「開端」其實可以在

同一物理時間之上有不只一個──換言之，以根植於人的存有論本身的能力，從上帝啟動世界開始即「應許」了未來將有永不停歇的「多元性」起點，以及不斷起落跌宕的各種政治體在人類史上來來去去。

　　本文以為，秉持世界的起源本身與人為世界的開端之根本差異，是我們掌握鄂蘭在行動當中所見的另一個屬性──亦即奇蹟──之關鍵。一般咸認，她是為了強調人的行動能具有「新」意，才在《人的條件》當中以耶穌行神蹟的事件做類比，並據此主張人人身上都被賦予了這種「創造奇蹟的能力」（miracle-working faculty）（1998a: 246），甚至還進一步宣稱那正是「有一嬰兒為我們而生」所帶來的真正「佳音」（glad tidings）（ibid., 247）。

　　兩種開端之說其實也呼應了《新科學》（La Scienza Nuova）作者的 17 世紀義大利思想家維科曾對人們的提醒：有別於能從「無」（ex nihilo）中生有的上帝，人類只能從「有」中生有，而後面那個括號內指的是人類天性和既存社會脈絡（Schaeffer, 1990; 參閱 Berlin, 2013: 21-121）。與其說這暗示了我們必須放棄《聖經》中應許的救贖，或毋須等待基督再臨以及應許於聖經當中其新天新地的開啟，不如將此理解為應當善用我們身上就有的能力，來改變這一個專屬人類自身的世界。對鄂蘭來說，這必然是一群人才能做的事，也因此本質上屬於政治事務。

　　進一步解釋，首先，中文通常將之譯為「世俗」的英文字「secular」源自拉丁文「saecularis」，原指「活在這個世界」且是一種具有「時間性」（temporal）的存在（Milbank, 1990: 1）。奧古斯丁神學在論及上帝所創造的世界時，其實指的也是這一個具時間性的塵世之受造，但此前上帝並非不存在，而是存在於不受時空影響的神聖界域當中。據此，創世本身就是上帝啟動

一個具時間性的塵世之神蹟。受造世界也一直是上帝與人類互動的世界。這是傳統的猶太世界觀。鄂蘭以是否關注並珍惜人類共同世界來區分「有世界性」（worldliness）和「無世界性」（worldlessness）的兩種人生態度與生活方式，雖然本身並不直接否認了神人互動的信仰，但焦點已轉移到人為世界本身之上。

再者，鄂蘭在《人的條件》當中也強調三種活動生命的共同前提，亦即人類的存在。倘若人類本身不存在，那所謂的「世界」根本也不會存續下去，因為那只剩下大自然界本身，不會有「意義」（meaning）的存在（2021: 313-318）；也唯有以一群人的存在作為前提，才有展露空間的存在並有機會逐步發展為公共領域和共同的政治生活。因此，愛世界首要的珍惜對象是人本身。

有一群人，就會有共同的展演空間和政治生活，行動也因此才有可能。此外，她也強調行動絕非是一個人能獨立完成之事：

> 因為行動者總是穿梭在其他行動的存有者之間，並且和他們有關，他從來都不只是個「造作者」，也一直是個接受者。造作者或接受是一體兩面的，而由一個行動起頭的故事，是由後續的造業和受果造成的。（2016: 279）

據此，是人際網絡構成了一個讓一群人以不同「角色」（character）登場演出的舞臺，讓他們造就了一個專屬於他們的故事。且無論人數多少，也不管在同一個故事當中有多少的角色扮演，他們都活在同一敘事當中的同一時間序列。

這一段話呼應了上一節關於多元性的討論。行動必然是一種人為事件，且是涉及了多數人的共同作為。換言之，那是讓一群人開始政治生活或在一群人的政治生活當中才能進行的事。政治性是其特性。那也是一種由人際網絡所建立的一種共同舞臺，讓

人能以各種不同的角色登場。這正是鄂蘭所謂的《政治的承諾》一書的原文書名「The Promise of Politics」的真正意思，也唯有理解至此我們才能掌握她在《極權主義的起源》最後那一段話所說的「應許」之意。那應許不是來自耶和華對選民的承諾，而是根植於人自身的能力。正如鄂蘭她解釋道，「能將世界和人類事務領域從日常的（normal）或說『自然的』（natural）廢墟之中拯救出來的奇蹟，說到底是人乃新生開端這事實——行動的能力乃根植於存有層次（ontologically rooted）的事實之中」（1998a: 247）。這種能力既不受限也不同於大自然界的循環時間，也不同於物理上的線性時間，而是存在於人的能動性之中。

　　尤須注意的是，上面兩點的重點並不在於鄂蘭的人類存有論主張，而是它們加上此前關於塵世的討論，共同印證了本文的政治本體論基本主張並指向了一個理解奇蹟的方向。那就是鄂蘭所指的奇蹟嚴格說無涉呼風喚雨或化水為酒等違反自然法則的耶穌神蹟，而是人類能力可及且專屬政治領域的一種可期待之事。正如她在《政治的承諾》當中藉底下這一段話所清楚闡釋：

> 由於世界所陷入的困局，我們於是盼望**奇蹟**，然而這種盼望絕不會將我們從原始意義的**政治領域**驅逐。如果政治的意義是**自由**，那麼意思是在這領域之中——且唯有在此一領域——我們確實有權期待奇蹟出現。不是因為我們迷信奇蹟，不是因為不管有意或無意，只要人能行動，都有能力達成不可能，不可預測的事。更何況人確實經常做到。（Arendt, 2010: 147）

對鄂蘭來說，人們應當盼望的奇蹟，其實就是人類能力所及之事，甚至是經常發生的事。奇蹟甚至就是行動的根本意義。這

意義就隱藏於「行動」這個如此「尋常、陳腐的字眼」當中
（2010: 146）。

綜上所述，行動乃關乎一群人以言行才能共同成就的事，因
此本質上具政治性。作為一種「奇蹟」，其真正意義在於鄂蘭以
底下這一段話所做的總結：

> 行動獨特之處在於它啟動一個過程，而這過程由與其**自發
> 性**，看來極似自然的過程；而行動也標示某件事情的開端，
> 啟動新的事物，掌握主動權，或者用康德的話說，打造自
> 己的**事件串**（*eine Kette von selbst anzufangen*, create its own
> chain）。**自由之奇蹟**內在於此創造開端的能力，而這能力
> 也內含於人本身就是一個新開始的事實——人誕生於世，誕
> 生於這個先他而存、在他離世之後也繼續存在的世界，就是
> 一個新的開端。（Arendt, 2010: 146）

一群人以言行打造了屬於他們自己的事件串，不論以言說發
起或具體作為來呼應或接續，所有人都扮演了某種角色，甚至當
時未曾參與的人在事後亦可以傳講故事的方式來參與。開啟一個
故事的「奇蹟時刻」並不神祕。活在這事件串的所有人，雖不是
物理意義上的「同在」，但卻因為參與了同一個時間序列而具有
共享一個政治意義上的共時性之特徵。

▎政治共時性的內在張力與製作意象的運用

以上是從鄂蘭文本所重建的政治本體論，解釋了政治生活如
何產生並發展成一個政治社群。一群人的共同事蹟若能成為一個
民族的歷史，那必然是後人也持續參與的結果。這種「政治共時

性」才是讓不同世代的人成為「一」群人的關鍵。也因此各個政治社群有其獨特的紀念日並以作為社群共感的基礎。對歷經革命或獨立運動的國家而言，國慶日格外重要，且理應沒有兩個國家會共享同一國慶日。底下這段話似乎最能印證本文至此的討論：

> 藉由**言詞**和**作為**（word and deed），我們把自己嵌入人類世界，這個嵌入就像**第二次誕生**（a second birth），我們在其中證實且承擔我們最初的身體外行的明顯事實。這個嵌入並不是如勞動一般迫於生計，也不是像工作那樣基於效益考量。它或許是受到**他人在場**（the presence of others）的刺激，想加入他們當中，但從不是受到他們所制約（conditioned by them）。行動發源自一個起點，當我們**出生**時，這起點就來到世界，而我們更以自己的**主動性**（our own initiative）做了**新的起點**以回應它。（Arendt, 2016: 264）

「二次誕生」不同於生物意義上的誕生，後者不是我們能決定的事，但前者卻是。這才是鄂蘭意義上的行動作為一種奇蹟。不過，這一段話也提醒了我們，「initium」與「natality」之別不僅在於更具有機味道的後者較符合人作為一個開端，因此不同於世界本身的啟動。一個人嵌入世界的方式也絕非如同「神說『要有光』就有了光」那樣簡單（《創世紀》1: 3），而是必須經歷一個類似分娩的痛苦過程。上一節末提及鄂蘭強調行動者「從來都不只是個『造作者』（doer），也一直是個接受者」的「接受者」原文其實是「a sufferer」，也許「承擔並受苦者」是更貼切的翻譯，畢竟那是鄂蘭意義上的行動者所不能避免的事。

另一個提醒是，以言行來啟動開端基本上是一種個人層次的主動性作為，但政治生活本身卻是一件群體層次的事，因此兩

者之間存在一種潛在性的衝突可能，亦即：當某一既有政治體當中的一群人形成了新的社群並想開啟另一條專屬於他們自己的事件串，也就是成為另一個新故事的主角時，那該如何？鑒於多元性與新生開端乃根植於人的存有層次之事實，這似乎是存在於任一政治社群當中的一種內在張力。

鄂蘭並未直接談論行動者該受多大程度的苦才算正當，也未細究上述那一種張力的潛在性與成真之後的處理方式。但不可否認的是，當我們將焦點從理論轉移到實踐的層次之上，尤其是置於二戰至今的歷史脈絡，諸多前殖民地紛紛透過民族自決來爭取獨立，甚至不惜以流血革命來建立新國家之際，以上的政治本體論之最終價值取決於它能否提供明確的思考方向和判斷指引。

上述兩問題也是深入理解鄂蘭思想的共和主義意涵之關鍵。雖然她並未直接處理，但在《過去與未來之間》（*Between Past and Future*）當中對於「製作」以及關於「羅馬三位一體的宗教、權威及傳統」的討論，以及多次以書寫作為一種行動所展現的政治意涵，卻足以指出了一條理路讓讀者能往下思考。

讓我們從「製作意象」（image of making）製作的概念如何被運用於政治領域開始（2021: 108）。首先必須指出的是，鄂蘭曾在《極權主義的起源》指出該政權乃一「史無前例」（unprecedented）的權力運作方式（1968: 461），因為此前任何一種暴政（tyranny）仰賴的是來自於外在的暴力，暴君雖然任性也任意，但人若退避三舍、不涉足公共事務倒也能免於禍害，但極權主義則跨越了公私的分野並讓公權力入侵生活的每一個領域，甚至深入人心，生活於下的人民不僅不必然感到恐懼且支持者眾，也因此才是「全面宰制」（total domination）。（Arendt, 1968: 438）。

極權主義的「新」意，當然也凸顯了開端不一定通往好的結

果，甚至行動本身也是如此。不僅如此，納粹分子也以具體行動來證實了人們為惡的能力，並且體現了鄂蘭所謂的「根本惡」（radical evil）。

　　「根本惡」是康德的術語，關乎個人的自由意志之行使，而「自由意志」本身又是奧古斯丁為了解決底下這神學問題才提出的概念：夏娃與亞當犯了罪（sin）的事實是否該歸咎於上帝在創造上的瑕疵？奧古斯丁的解套是：人唯有以自由意志來行事或與人互動，才會有意義，因此人被賦予了這種能力，而這當然也包括了做出錯誤判斷的可能。康德延續了此一神學傳統但進而指出：並非所有的惡都是源自人的無知或誤判；相反，人也有故意違反道德認知的可能。這種明知故犯的傾向既無法以自由意志來解釋，也沒辦法化約為奧古斯丁另一個概念所說的缺陷，也就是人類繼承先祖亞當而來的「原罪」（original sin）。於是有了「根本惡」之說（參閱 Bernstein, 2002）。

　　然而鄂蘭使用「根本惡」一詞時並不包括上述充滿基督教味道的意涵。那主要指涉了底下的一套具體做法：首先是剝奪了人受到法律保護的資格，亦即身為公民的身分（ibid., 447），繼而摧毀一個人的道德地位，使其既不能進行道德反抗，也不能充當見證者，因為如此將不僅讓個人招致危險，家人甚至朋友也會連帶受害（ibid., 452）；最後則一併取消所有人與人之間的特殊性，讓每一個人都成為如同木偶般讓國家操控（ibid., 455）。這是納粹政權如何剝奪「人之所以為人」的具體條件之三部曲。這一種「去人性化」（dehumanization）過程，相信讀者無需援引神學應該也能看得出其「evil」之處。而剝奪方式之「徹底」以及被剝奪的是人的「根本」條件，也同時符合了「radical」一字的兩個意涵。

　　更重要的是，鄂蘭認為納粹政權是因為仰賴一套顛倒了現實

與概念位階的世界觀（Weltanschauungen），才能運作，且究其根源當可回溯到柏拉圖（Plato）的思想。尤其是他對「永恆」（eternal）的追求（1998a: 118-19）。

眾所周知，柏拉圖將哲學理解為關於永恆不變的「理型」（Idea/ Form）世界之沉思。那裡存在著可見於現實世界中如桌、椅等具體事物的基本概念，數學真理、邏輯以及最抽象的概念如「善」（goodness）本身。據此，鄂蘭會認為這種兩個世界之說開啟了一個相當「不屬於這個世界」甚至以遠離塵世為理想的西方哲學傳統，並不意外（Arendt, 2021: 30）。對她來說，這才是世界異化的開始。不僅奧古斯丁的神學受其影響，興起於17世紀的科學主義和19世紀提出歷史終結論的黑格爾（Hegel），乃至以其辯證史觀為基礎的馬克思主義，也無一不受柏拉圖所影響（2021: 22-52）。換言之，從關注另一個世界的理型論到堅稱思想不過反映了具體生活條件（尤其是經濟型態與生產關係）的馬克思主義，存在一個歷史悠久的製作思維。

當然，馬克思本人對「意識形態」（ideology）的理解也指向了那一種能讓人相信某些看不見的事物其實比知覺感官可觸及的現實世界更加真實，最終更是以觀念（idea）或世界觀取代了實際經驗乃至現實世界本身的世界觀（Arendt, 1968: 472-473）。想必不少讀者熟悉此一事實，甚至將馬克思主義本身視為是一種意識形態。鄂蘭會同意這種說法。但她的真正洞見在於：馬克思主義在翻轉了柏拉圖理論中關於理念與現實的本體論位階時，其實也不自覺地延續了後者的「製作」（fabrication）思維，正如她這一段話所說：

> 意識形態中的「觀念」（idea），既不是柏拉圖那種要用
> 心靈之眼來捕捉的永恆本質，也不是康德式理性的規範性原

則，而是成了一種解釋工具。對於意識形態來說，歷史並沒有按照理念來顯現（這種顯現將意味著某種理想永恆體的面貌被人們看到，而永恆體本身超乎歷史運動之外），而是顯現為某種可以根據觀念推測出來的東西。使「觀念」適應於這種新角色的是它自身的「邏輯」，也就是產物為「觀念」本身且不需要外在因素來推動的一種運動。（ibid., 455）

事實上，柏拉圖把變動不居的現象世界視為理型世界之模仿，有的甚至不過是幻影，也因此肉眼所及的不過是一個見證萬物生死起滅、不斷「循環」的世界，至於那永恆的理型世界，則唯有心靈之眼才能把握。鄂蘭清楚這一點，且認為包括馬克思主義在內的意識形態既不預設更不追求這一種靜態的真理。相反，它們著眼於動態的真理，甚至把整個世界視為體現這種真理的一個過程，甚至整個世界就是為了實踐這動態真理而存在。就此而言，意識形態預設了單一的時間序列，一方面將歷史想像為朝著某一既定方向前進的時間軸，且既有起點也有終點，另一方面則把兩點一線當中的一切全理解為走向終點的必經過程，甚至可從已知的起點推向未知的終點。

一切人類事蹟與苦難經歷的總和，也就是鄂蘭所謂充滿偶然性的「歷史」（ibid., 78），於是被轉化為一種受制於某種必然法則，如同邏輯推演般必須循序才能漸進的必然性「歷程」（process）（ibid., 83）於是鄂蘭才接著說：

歷史的運動與這一觀念的邏輯過程，被設想為是彼此對應的，從而無論發生什麼事情，都是根據一個「觀念」的邏輯來發生。

她所謂的意識形態不只顛倒了理念與真實，更以必然性的邏輯來替換偶然性的歷史，且這也是一種把「製作意象」（image of making）挪用到本該屬於行動的政治領域之結果（2021: 108）。

不可否認，時間維度是鄂蘭所理解的意識形態之關鍵，也就是「史觀」。鄂蘭在〈歷史的概念〉一文當中臆測說，史觀應該是人將自身必然有終點的生命經驗投射到更大的脈絡當中之結果（Arendt, 2021: 53-122）。這有兩種想像：一是循環史觀，因為當我們從物種的角度來看，個體生命來來去去，唯有人類持續存在，二則是把個人生命乃必然走向死亡的單行道之時間感投射到整個世界之上，因此有了一種有起點與終點的線性史觀（ibid., 57）。

無論如何，正如前文所提及讓一群人得以建立最初步共時性的日曆，史觀也是一種人為創造。差別在於：日曆是人們將物理時間想像為以年、月、日為單位的刻度尺，而政治共時性則是來自於一群人共享著刻度尺上某些時間點具獨特意義的社群共感，但史觀則是一種把兩點一線時間軸投射到更大的群體之上，例如民族或國家，甚至是整個世界或歷史本身的人為創作。但更重要的是，鄂蘭也認為這種創造也為日後人類介入大自然界的行動鋪了路，甚至是現代政治浩劫的思想根源。

進一步解釋，首先必須指出的是，柏拉圖雖然是將焦點放在理念乃至另一個世界的西方哲學之始作俑者，但奧古斯丁正如鄂蘭所承認才是「歷史哲學」的始祖（ibid., 88）。誠然，他奠定的基督教神學有一個明確的敘事框架：以上帝創造世界作為開始，然後是人類墮落並持續遠離上帝的過程，直到十字架上的耶穌完成了救贖計畫那一刻，歷史大抵結束，因為剩下的不過是等待基督再臨和最後審判前的一段「末世」。

鄂蘭在這「有始有終」的歷史哲學中看見的是一種意義的匱

乏。畢竟，置於此一脈絡當中，所有事件都是為了終點的來到而發生，且不可能有比構成三點一線時間序列上「創世、救贖、審判」三件更重要的事了。換言之，劇本早已寫好，剩下的不過是人們有意識或無意識地上場演出。以鄂蘭的話來說則是：在這種敘事框架底下，任何事都是因為參與了「普遍意義」（universal meaning）才能獲取它的「個別」（particular）意義（2006: 64）── 至於開啟一個新故事的可能性，則被斷然排除。

　　同樣必須指出的是，雖然理型世界與現實世界兩者的因果關係是在奧古斯丁揉和了新柏拉圖主義（Neoplatonism）與保羅神學才獲得完整的闡釋，從而才有了以人類史乃至世界史作為主體的單一線性史觀，但柏拉圖也促成了製作思維進入了政治領域。鄂蘭尤其在意的有三點。首先，是她將只對應於製作活動中的測量概念與「絕對」標準運用到本該以「相對性」（relativity）為動力邏輯的政治領域當中（2021: 150-51, 184）。再者是看重專家；柏拉圖一方面將原屬於私領域當中的主奴關係套用到公領域，使「政治」成為一種「統治」技術，一方面又把政治類比為如同工匠打造桌椅那樣的一門技藝，因此需要真正的專家來統治國家，甚至把人民當作材料來捏塑，使之符合特定的模型。最後則是對暴力的容許；正如工匠必須先破壞木材才能製作桌椅，政治家為了一項偉大工程的完成當然也免不了會使用暴力。

　　鄂蘭筆下的整部西方政治哲學史，幾乎就是柏拉圖製作意象與奧古斯丁線性史觀在理論和實踐上的一連串運用與互動。不過，她也指出了兩個真正具備現代性的發展。那就是史觀從「觀看」歷史發展的運作轉化為一種「製作」歷史的藍圖。這也是政治哲學轉化為政治意識形態的結果（ibid., 76-85）。不意外，18世紀的法國大革命、19世紀的民族主義，以及20世紀以馬克思主義為名義的共產革命，不意外都會被視為上述兩個主題的現代

雙重變奏曲。此外，現代科學的進步也讓製作歷史有了另一種可能，那就是人為介入大自然界的運作。對鄂蘭來說，這既是人作為一種開端的潛力發揮，也是把大自然本身當作「創造歷史」的材料之結果。換言之，這也是一種「行動」。且正如所有的行動那樣，自始即充滿了不確定性且難以預測。

鄂蘭筆下的納粹政權正好體現了上述雙重變奏的各種元素，包括：按藍圖來打造國家，分別以虛構歷史和種族主義來包裝的史觀和優生學，以及欲以之直接介入自然運作並重構人類的共同世界，從而建立一個榮耀歸於單一民族的不朽國度企圖。這是一種將製作思維運用於政治的極端例子，人為製作因素不一而足。缺的是個別事件的獨特意義，人之所以為人的具體條件，作為政治根本條件的多元性，以及威脅著既有政治共時性的內在張力——也就是開啟另一個新故事的動力。

介於過去與未來之間的政治社群

鄂蘭在《極權主義的起源》當中一方面指出納粹崛起於反猶主義（anti-Semitism）、種族主義和帝國主義三個具體的歷史發展，一方面則強調該政權基本上讓奠定整個西方哲學關於合法與非法、正當與專斷之分的各種政治概念全都無用武之地。相信讀者能確切掌握為何如此。極權主義其實「既非沒有律法引導，也不任意獨斷」，而是「毫不含糊地恪守自然（Nature）或歷史（History）的法則」（Arendt, 1968: 461）。且上述三種主義都暗藏了某種兩點一線的時間想像。無論主體是哪一個層次的集體，都自始即受制於某種不可抗的動力法則，不論那是「大邏輯」、「歷史理性」、「世界精神」、「看不見的手」或「自然的詭計」（2021: 112），那既沒有商量的餘地，預設的方向與目

標也不可能改變，必須聽從。

　　當然，史觀、製作史觀，以及將製作史觀運用於政治領域當中來建構政治哲學，本身都是人為創造，對鄂蘭來說也都可能轉為介入世界運作的行動之開端。而接續這開端並試圖將它們付諸實踐的，是宣揚理念的社會運動者或政治人物，但最終的執行則是真正掌握權力的人。換言之，極權政府也是整個國家全民上下共同促成的行動結果。只不過，這行動的完成本身並不是一種必然，而是各種偶然的集合。柏拉圖並未設想創造一個未來的納粹德國，馬克思也並非一開始即意圖解放俄羅斯，甚至那些支持希特勒上臺的人也未曾料想之後的結果會是如此。

　　這正是鄂蘭所謂的行動之本質：不可預測，且沒有任何一個人是某一段時間之內的真正「主權者」（sovereign）（1998: 234），徹底掌握了當中所有事物發展的一切，也因此即便是在極權主義國家，沒有人不扮演了某種角色或貢獻了力量。是故，也都有程度不一的承擔與責任。她的政治本體論於是也是一種提醒，要求我們每一個人審視自己在社會上乃至人類共同世界當中參與了誰開啟的故事、什麼故事，又扮演了哪一種角色。

　　置於二戰之後帝國瓦解、許多曾為殖民地的人民追求獨立的脈絡當中，鄂蘭的思想格外具有現實意義。畢竟，國族主義者總是告訴世人他們的民族是如何地單一獨特，且最終必須重新結合，成為新的國家。實際操作上這涉及了民族史觀的製作，亦即對民族的過往歷史進行重述，以及對共同未來的單一想像。如何不採取兩點一線的史觀或製作思維來「建國」？以及建國後又該如何才能在保有未來世代啟動屬於他們的新故事之可能性的同時，維持一個政治共時性的延續？本文以為，這兩大哉問既是強調啟新開創的鄂蘭所必須面對，也是理解其政治本體論之共和主義意涵的最後關鍵。

　　相較於鄂蘭在《極權主義的起源》中稱該納粹為一種新式的權力展現，她在《論暴力》（*On Violence*）則直指它是一種「暴力」而非「權力」（power），因為那種將歷史等同邏輯的意識形態既「反政治」（anti-political）且不具「權威」（authority）（Arendt, 1970: 42-56）。不意外，她也將權力與暴力做了符合本文以上討論的重新界定，並藉此區別權力與權威。底下出自《人的條件》的一段話或許是她對前者最清楚的闡釋：

> 在行動轉瞬間消逝以後還能將人們凝聚在一起的事物（我們現在稱為「組織」的東西），以及人們藉以共同生活而維繫其於不墜的東西，那就是權力。（2016: 292）

如此理解「權力」當然也是鄂蘭獨樹一幟之處。她再度仰賴字源考察，將該英文字追溯回希臘文的「dynamis」和拉丁文的「potentia」，而兩者的共同指向是一種從潛態轉為實體的過程。據此，她也對行動再次做了補充，說那是一種「權力生成」（the generation of power）的過程，並強調在那過程當中「唯一不可或缺的物質因素，是人民的同舟共濟」（2016: 290-292），然後接著解釋：

> 權力保存了公共領域和展露的空間，它更是人類的施設造作的生命力所在，後者如果不是作為行動和言說的現場，人類事務和關係網以及由它們產生的故事現場，就會喪失其存在理由。如果沒有人訴說這個世界，如果沒有人居住在其中，它就不再是人類的施設造作。（ibid., 295）

後面這一段話值得深究，因為它解釋了鄂蘭所謂「權力的生

成」（the generation of power）之過程，亦即如何從潛在狀態轉化為具體實現的方式，以及如何保存的條件。權力作為一種潛在狀態，是以一群人的存在與互動為前提，但它本身也是一種維續公共空間並讓人扮演不同角色的網絡關係，或說開展他們故事的舞臺。這無疑呼應了前文關於行動所預設的多元角色，以及多元性乃政治生活之必要與充分條件之說。換言之，權力既是潛力，也是潛力的發揮過程，更是一種延續或維持其結果的一種人際關係。

　　熟悉亞里斯多德（Aristotle）的讀者，想必能立刻想起他提出的「潛存性」（potentiality）與「實現性」（actuality）兩個對照概念。不可否認，鄂蘭採取了亞里斯多德對活動生命與心智生命的二分，且對於言說、平等對話乃至對友誼的看重，都受到了後者的影響（Euben, 2001; Dew, 2020）。鑒於亞里斯多德也是羅馬共和執政官的西塞羅追隨的思想家，亦即古典共和主義代表人物，將鄂蘭理解成亞里斯多德主義者，已是走向了某種共和主義的詮釋之路。本節接下來的篇幅將以採取了亞里斯多德「四因說」來解讀美國建國理念的保羅・W・卡恩（Paul W. Kahn）作為對照，進一步指出這種解讀的限制以及鄂蘭的原創之處，並藉此來說明她的政治本體論具有什麼共和主義意涵。

　　首先必須指出，亞里斯多德的「四因說」（Four Causes）指的是關於某一事物可從四種不同的角度來理解，因此這裡說的「因」並不如同現代人談及事情的前因後果時所意味，指涉時間軸上兩點一線的前者。也就是說，運用四因說不等同製作思維的運用。

　　不過，卡恩在其名著《擺正自由主義的位置》（*Putting Liberalism in its Place*）的使用卻似乎是。據其理解，美國建國即是現代民族國家（nation-state）之真正開端，而革命就是現代

國家的「動力因」（agent/efficient cause），一如木匠之於他所製作之桌子（Aristotle, 2018）。此外，革命本身即是意圖斷開既有權威對一群人的束縛，或說不願繼續被某一群人管、想當自己的主人之政治行動（political act），也是一種新的政治「認同」（identity）之創造（Kahn, 2005: 265）。如果他的理解正確，在一群人選擇革命行動的那一刻起，新的身分認同即正式浮現，且沒有其他政治權威能否認其存在——甚至可以說，這認同本身會因為他人的反對或不承認而更加強化（ibid., 255）。

不意外，卡恩認為新認同所凝聚的一群人就是新政體的「材料因」（matter/material cause）（ibid., 272-76）。但更重要的是他主張成文憲法就是現代國家的「形式因」（form/formal cause），因為它賦予了人民成為公民的資格並奠定了以法治（the rule of law）作為統治形式。以法律來規範人民與政府的關係，才是後革命時期的「現代」國家之特徵。反之，倘若欠缺一個「立憲時刻」（constitutional moment）的出現，並由這一群來共同制定一部專屬他們的憲法，那該革命即使成功充其量也不過是推翻了舊政權而已，稱不上是「人民主權」（popular sovereign）的「意志」與「創造」之展現，一如上帝從無中生有來創造世界（ibid., 267-69）。順此，既然人們是為了建「國」才揭竿起義，那「目的因」（end/final cause）不外是這個新國家的持續存在。以卡恩的話來說，那就是為了「實踐憲政主義，直到永遠」（constitutionalism）——而為達此一目的，公民也必須具備接受國家徵召上前線去守護國家的意願，即使那意味著再次拋頭顱、灑熱血（ibid., 229-41; 275）。

直接使用四因說讓卡恩得以重講美國的建國歷史並提醒讀者：要求公民為國犧牲乃現代主權國家隱而不宣的權力行使範圍，且這才是作為美國立國精神的自由主義（liberalism）之真

諦。置於當前的政治哲學脈絡，如此強調犧牲奉獻和榮耀國家精神的歸正自由主義（或說是奠基於信仰、愛與認同的政治神學），即使在光譜上不坐落於共和主義的位置，也足以讓作者與佩迪特比鄰而坐而毫不違和。

更值得一提的是，卡恩雖然認同鄂蘭援引古希臘城邦經驗來重申公共領域與共同世界的重要性，以及藉此駁斥那一種奠基於個人利益之上的當代自由主義，但他也援引猶太經文來批判後者對勞動生命的誤解以及對柏拉圖的誤讀。如果他的說法正確，那麼：人類並非自始即為勞動者，過著動物般的生活；反之，那是在城邦建立之後才能進行的活動，愛欲的昇華也是 —— 這才是《理想國》的真正洞見，鄂蘭不但忽略此一事實，甚至也貶低了人的愛欲與上帝的關聯性，從而把能提升人類走向高貴與神聖的情感限縮在私領域當中，令其不得進入公共領域（ibid., 198-201）。一言以蔽之，鄂蘭終究走不出現代性開啟的政治思維模式。

本文將論證四因說掌握不了鄂蘭的政治本體論，但後者卻能完全容納前者，且某程度上能反駁卡恩的應用版本。姑且不論卡恩的批判中涉及的神學問題，相信讀者能從前文關於活動生命三境界如何具有系譜學式批判意義當中，確認鄂蘭並不將「勞動」狹義地理解為現代意義上的勞力生產活動，且勞動、製作、行動三者的關聯性也不是一種線性的歷史發展過程。相反，她念茲在茲的是製作活動在現代世界的擴張不僅壓縮了行動的可能想像，更足以讓現代人失去了人的尊嚴與創造性。那不僅是人之所以為人的潛力發揮不足，其所體驗到的「真實」（the reality）也相當有限 —— 猶如柏拉圖洞穴寓言中那些自幼被束縛於矮牆後面的奴隸，岩壁上的影子是他們的視覺世界之全部，而手銬腳鐐發出的聲音即是最美妙的音樂。

另一方面，相較於直接套用四因說於現代民族國家之形成的

卡恩，鄂蘭的政治本體論多了一個時間維度，關乎一個國家在奠定基礎之後，不同世代之間如何維持一種關聯性，尤其是來不及參與建國過程的後代與開國者或革命先烈們之間，以及活著的世代與尚未來到人世間的後代之間，應該以哪一種方式來連結彼此。那正是讓某一政治社群的共時性得以延續下去的第五因，或可稱之為「維續因」（sustaining cause）。

進一步解釋，首先，讓我們回到鄂蘭在闡述「權力生成」概念時所說「唯一不可或缺的物質因素，是人民的同舟共濟」這一句話。既然權力的生成本身意味著一個公共空間甚至是一個政治舞臺的形成，那將作為「物質因素」（material factor）的人民理解為材料因，應該不為過。當然，正如鄂蘭多次提醒哲學家如何使用類比來重新界定乃至替換不同領域的運作邏輯，我們不該忘記：一張桌子在製作完成之後將不會有其他組成元素不斷加入，但政治社群卻會不斷有新的成員加入 —— 換言之，一個能延續下去的政治體必然會有成員上的新陳代謝，這才符合鄂蘭所強調，一個新生兒來到世界就是一個開端之說法。此外，「同舟共濟」原文「the living together of people」指的是一群共同生活的人（Arendt, 1998a: 201），但問題是：為何在一個必然會有世代交替的社群當中，人們會繼續共同生活，甚至會視自己為那些已離開世間的「前人」之「後人」來延續一個國家的存在，而不是建立另一個新國家？若以鄂蘭喜歡使用的「故事」語言來說，亦即：為何帶著開創故事能力的後人會願意傳講並接續前人開啟的故事？

奠定於宗教、權威及傳統之上的「羅馬三位一體」（Roman trinity），是鄂蘭指出的答題方向（Arendt, 2006: 120-28）。這次她從英文字「religion」（宗教）的拉丁文字根「*re-ligare*」開始說文解字，該詞字面意思是：返回性連結。順此，羅馬人的宗

教虔誠就是想要「連結過往」的意願，也就是「自覺有一種義務，必須讓自己和過往為了千秋萬世而去建立、打基礎或奠定了基石，且宏偉到幾乎凡人所不能及，也因此總帶著傳奇色彩的前人努力連結在一起」的心境（ibid., 121）。此外，鄂蘭也指出拉丁文字「*auctoritas*」（權威）是源自動詞「augere」，其原意為「擴展」（augment）。加上元老院成員或所謂的長老和父老（partes），若非是建城或開國有功者的直系後代，就是以直接或間接方式從這些人的手上承接了封號與地位，她認為這種「傳承」（transmission）才是「傳統」（tradition）的本意，且目的只有一個：持續地守護或擴充先人的豐功偉業（ibid., 121-22）。

　　如果鄂蘭的理解正確，羅馬人的政治權威從共和直到羅馬治世（Pax Romana）都不曾斷裂過，且如此之久的宗教活動等同於政治活動。為了支持此一主張，她援引了本文開端那一句西塞羅的話，強調創建或維護一個政治共同體的存在，是人類能成就的最偉大事業。換言之，國家的材料因的確是人，但那是包括了不同世代、且各自必須扮演不同角色的人。英國政治思想家伯克（Edmund Burke）曾說，社會「是一種生者、死者以及尚未出生的人之間的夥伴關係」，[8] 鄂蘭所詮釋的羅馬三位一體似乎為這種「夥伴關係」做了一種注腳：生者帶著一種義務感去肯定並繼承前人的開創與奠基事業，且前人的豐功偉業不但是生者此時生

8　這是伯克在討論何謂「社會契約」（social contract）語境下講的話，語出 *The Works of the Right Honorable Edmund Burke, vol. 3, Reflections on the Revolution in France*（Boston: Little, Brown, 1899: 359），筆者僅以此句來凸顯鄂蘭對社會的理解，在本體論層次上的涉及了不同世代之間的關係，但不暗示鄂蘭會接受社會契約論或伯克的保守主義（conservatism）思想，正如接下來的詮釋所說明，傳承取決於後人的意願以及前人所留下的制度在多大程度上允許後人開創屬於他們的故事。

活方式的基礎，也是集體記憶的一部分。不過，這種夥伴關係非製作模式所能建立。製作意象運用於政治將讓建國轉化為一種工程學，不但涉及了誰是繪圖者或擘劃者，誰又是必須按照藍圖製作，以及誰必須被當作材料來打造或捏塑的問題，也等同一開始即意圖決定了活人乃至未出生者的角色及其意義。反之，權威根植於離世的前人之言行與事蹟，對於生者的意義和力量則取決於後者與前者的意願與認同程度。

置於上述的「權力生成」脈絡當中，扎根於前人的言說、行動與事蹟所構成之「傳統」，是因為生者的返回性連結而具有意義且力量巨大（2021: 168），但那並不同於面向未來所能開展的「權力」，畢竟過去與未來乃具有一種時間上的不對稱，前者是不能再被改變的已然，而後者則是一個充滿可能性和不可預測性的未然。即使再偉大也只能以「不朽」（immortal）事蹟的締造者繼續存在世界，也就是後人的記憶或史冊當中。如果「後人」認同他們為自己的「先人」，並願意以不同的「角色」來參與故事，也就是延續同一個故事的時間序列並增添屬於他們的新情節，那政治共時性將繼續存在。但事情的發展也可能會有那麼一刻，後人必須做出決斷：是否該啟動另一個屬於他們自己的故事？尤其當生者再也不能感受自身與逝者的關聯性，那種返回性連結失去了意義或對於過去事蹟有了新的意義理解，而某些生者卻企圖阻止故事重新詮釋的可能，甚至以祖先的名義來限制或阻止他們重講故事或改變故事進行方向的能力，那一刻將會發生。當這一刻浮現，人們將意識到自己身處過去與未來之間的「間隙」（gap）當中，必須決定要當兩邊的橋梁，或斷開過去，以開創者的身分走向未來（2006: 3-15）。

支持過猶太復國主義（Zionism）的鄂蘭，不認為政治體必須以永存下去作為目的。對她來說，那不僅是誤將「不朽」理

解為「永存」的想法，更是混淆了「意義」（meaning）與「目的」（end）的結果，或更精確地說：那混淆了「為了……（自身）之故」（for the sake of）和「為了……（達成某個目的）之故」兩者的區別（2021: 107）。以製作桌子的木匠為例，一張桌子的完成不過是他以木匠身分所完成的一件事。這身分是他參與世界的一個「角色」，為此而活是個人決定的生活方式與意義，但那並非他來到世界上的唯一目的。正如鄂蘭所強調，混淆了上述兩者的區別將會「把意義降格為目的」，而屆時也意味「目的本身也不再安然無恙，因為人再也無法理解手段和目的之間的區別，最終所有目的都降格成為手段」──包括活生生的人在內，終將會成為國家完成特定目的之手段，也就是製作材料（ibid., 108）。

是故，關於一個政治體存在的首要問題該是：政治的意義為何？鄂蘭的回答是「政治的意義是自由」，一如她在〈導『入』政治〉一文所說，且她認為這答案再明確不過（2010: 142）。此外，她也指出自由並不僅是亞里斯多德以城邦為想像的那種「不被統治或統治他人」，抑或「每個人都與其他人平起平坐」，相互交談，因為那是以廣場（agora）為基礎的「空間」想像（ibid., 152; 153）。鄂蘭不反對這種自由，但她更在意從「時間」角度來理解，能讓人能重新開始、啟動新故事的自由（ibid., 160）。後者能讓人在延續既有政治共同體時，不致以前人的「不朽」來葬送後人的「開端」，或不致讓手上握有政權的政客假借死人的名義來葬送那些被當作通往民族偉大復興路上的「多餘之人」（superfluous men）（1968: 457）。也唯有如此，才不至於讓那一些真正受壓迫的人，必須採取流血革命來脫離身處的國家。

▌鄂蘭政治本體論的「共和主義」意涵

讀者或許會問：此一政治本體論在何種意義上可稱作「republicanism／共和主義」，抑或在哪一方面能為後者提供新的思想資源乃至新意？筆者對此問題的最簡短回答是重申鄂蘭使用「res publica」一詞時所指的意思：國家必須是「一群人的共有、共享且願意共同守護之共有物」。那樣的國家不是尚未實現的「希望」（spes），而是發展自一個人人得以展演自己的公共空間之「實物」（res）（在拉丁文中這兩字是對立詞）。此外，因為從創建到瓦解之前的過程中人人都扮演過某種角色，那樣的國家既是大家共同創造且能共享的「公共物」而非專屬某人或某族群的「私有財」（res private），也因此有一個屬於全部人共同參與過的故事。當然，這是一個由前人開始、後人延續的故事，但因為這些人都參與了同一發端的故事，所以不分世代都「共享」了一個故事共時性。而為了繼續共享，人人也都必須做出某程度的付出，才能不讓故事中斷，甚至在危機時刻必須有人起身致力於守護國家，故事才不會終止。這樣的守護者將成為後人傳頌的事件主角，集體記憶中的不朽人物。

不可否認，相較於卡諾凡等人從「公共空間」來把握鄂蘭的政治思想，甚至據此將它詮釋為一種「共和主義」，正視後者對時間維度的看法來重建一套以敘事共時性為基礎的政治本體論，既符合文本，更能兼顧她對「自由」的基本看法。此外，將時間帶回鄂蘭設想的公共空間，也能凸顯出人們在那空間當中的互動，並不僅止於蔡英文所理解的彼此「爭勝」或得以展現「互為主體性」的溝通，而是包括了承認前人的成就、過往事件的意義，並從中看見自己所能扮演的角色。誠然，一個政治社群需要各種不同的人在不同時代扮演特定的角色，才能永續長存。正如

基督教在過去兩千年來仰賴了耶穌的門徒、見證者、殉道者，以及傳講神蹟與見證的信徒，乃至提供理論來賦予他們所言一個融貫說法的神學家，才能延續至今。而無論哪一種角色扮演，一個人都必須先將自己置入一個故事中，才能理解時局、進行判斷或採取必要的行動。換言之，鄂蘭的理論不是單憑空間角度可以完全掌握的政治想像。

另一方面，從敘事共時性角度切入的詮釋，也能提醒我們，無論在承平時期當好一位關心公共事務並善盡政治義務的公民，或危機中扮演一位共同體的守護者，都需要公民德性與政治判斷力的培養。因此，本文提出的政治本體論既能容納卡諾凡的共和主義詮釋，亦即佩迪特以「新雅典主義」稱之的政治想像，也能替古典後者提出的「新羅馬共和主義」增添一層關於自由的理解。

關鍵在於多元性。作為政治的必要條件，它意味著沒有政治壓迫的存在。這一點與佩迪特的理念相符。但多元性對鄂蘭來說也是一個充分條件，有了它人們將能以各自的方式來參與共同故事的進行，且毋須致力於某種「共善」的實現，無論那指的是所有人必須追求的同一種生活方式或某一種能凝聚社會的共同事物──因為，敘事共時性本身就是凝聚力，而多元性即是最大的共善所在。不僅如此，鄂蘭的政治本體論也允許某些公民在國家陷入危機之際，掀起一場守護國家的偉大行動。對照之下，憂心民主政治可能傾向集體決斷並凌駕於法治的佩迪特，似乎欠缺這種回應危急時刻的思考。抑或說，他的共和主義欠缺了時間維度的考量，因此僅適用於承平時期。鄂蘭的理論則顧及了這種救亡圖存時刻，一如她援引西塞羅的說法，創建與維護都可以是偉大的政治行動。更何況，「守護」本身即是一種把自己置入某政治秩序的時間維度當中才能決定之事。

或許佩迪特可反駁說，法治的維持即可避免危急時刻或例外

狀態的發生。但事實上能威脅一個政治體存在的危機，並不總是來自於內，或單憑法治來杜絕。不過，時間維度上允許斷裂或重新開始的鄂蘭，也不會認同羅馬共和的「獨裁官」（Dictator）制度。一來，如前文所述，她認為所有的政治行動都必然是一群人的共同行動，不是也不該是一人。二來，她的理論當中有另一種獨特的角色，可扮演共和國的守護者。那就是「說書人」（storyteller）。同時允許說書與革命，正是對應前述的「維護」與「創建」這兩種偉大政治事業。筆者以為，這才是鄂蘭的共和主義最迥異於古典共和主義特殊之處。

進一步解釋，讓我們回到四因說脈絡當中，鄂蘭政治本體論的「材料因」嚴格說不是卡恩以「人民」一詞能道盡，而是橫跨不同世代的社群成員。「目的因」也不僅是國家的永存，而是包括從空間想像和時間角度來理解的政治活動與行動可能性的「自由」之實現，其實現當然也意味著多元性的存在，且那才是真正的「形式因」，若非有政治權力的介入則會從一群人的彼此互動當中逐漸發展出來的行動結果，因此可說是一個關乎人類存有層次，最自然而然（spontaneous）的根本事實（ibid., 456）。當然，如果一個社群決定要更緊密地結合，他們的互動將走向一個政治制度的建立過程，一如鄂蘭在本文第二節的首段引言當中所說的，將形成各式各樣的政府。至於該政治行動終究該建立哪一種體制，則是屬於那一群人自己的事。也因此，她的理論工作僅止於「權力生成」的闡釋，甚至認為進而勾勒細節乃僭越之舉。柏拉圖以降的政治哲學家傾向如此，而她則恪守了自己提出的原則。

從政治生活走向建立國家的力量，即是國家的「動力因」。不過，正因為一個國家的材料因實際上可橫跨許多世代，其延續過程其實也必然涉及了逝者、生者以及尚未出生三種「世代」的連結。尤須注意的是，鄂蘭在闡釋完羅馬宗教、權威、傳統三位

一體之後繼而指出，此後唯一再現過的案例只有羅馬帝國底下的天主教，但那在世俗化後即徹底瓦解，不再有過三者兼具情形（2021: 135-7; 175-77）。是故，她也宣告權威在現代世界已蕩然無存。這其實是「世界異化」的另一種說法。她曾指出的極權主義「三個起源」不過是歷史近因，且兩者並不存在必然的因果關係（若此，將等同她所強力批判那一種意圖以邏輯來取代歷史的歷史哲學）；相反，那是一種不具必然性但卻真實讓極權主義得以興起的事實，雖是實際歷史發展中不可或缺的元素，但必須在特定條件底下才能產生類似化學變化「結晶」作用（Arendt, 2005: 307-27; 2021: 34）。

　　這種探究起源的寫作方式，剛好也符合鄂蘭所謂的「政治」之體現。那就是人人得而將「己見」（doxa）或說「世界對他顯現與開啟的方式」展現給其他人，且唯有藉此才能踏上的那一條「理解」（understanding）之路（2021: 70）。這條路沒有盡頭。不管個人或集體，永遠都在路上。因此，不管是個人的最初想法或與他人交換觀點之後的看法，都不會是柏拉圖設想的那一種符應永恆不變的理型世界之「真知」（epistemé）。這也是鄂蘭堅稱自己是「政治理論家」而非「政治哲學家」的理由。「理論」（theory）一詞的希臘文「θεωρία」原意為「觀看」（ibid.: 51, 158）。倘若她本人也秉持此一理念來書寫，那讀者也應當以此方式來閱讀文本。

　　無論如何，鄂蘭也把極權主義的起源歸結為那一個造成人與人各關係上的「失根」（rootless）及心靈上「無家可歸」（homeless）的現代性溫床（1968: 202）。讓人失根的現代性，反猶主義、種族主義、帝國主義這三個「起源」，以及追隨柏拉圖的政治哲學傳統，是鄂蘭切入理解極權主義的不同角度和層次，也保存了未來能增添理解或重新詮釋的可能性。這方法論也

與鄂蘭關於「歷史」與「故事」的另一種說法吻合。她曾說，若從詩學的角度來看歷史的起源，那必須追溯至希臘神話的英雄尤里西斯（Ulysses）「在腓尼基宮廷聽到他自己的事蹟與苦難那一刻」，換言之，也就是當「他的故事」（his story）變成「歷史」（history）之際（2021: 61）。不意外，這哏也包括了尤里西斯成了故事的「hero」（英雄），該詞的英文意思基本上可以和「故事主角」互換。

撇開文字遊戲的成分之外，鄂蘭這種說法有兩個重點值得注意。一是她所謂的「故事」乃關於一個人的親身經歷，不是杜撰；二則是同一件事可從不同的角度來訴說。例如，尤里西斯曾以當事人身分來講述自己的親身經歷，也曾聽聞別人將他的事蹟講成了一個故事，且兩者有所出入。

猶記鄂蘭在講述權力的生成時，提及「如果沒有人訴說這個世界，如果沒有人居住在其中」，那麼它將不再存在，至少不再是人世間。換言之，說書人跟作為故事開端的行動者都是讓權力得以生成並保存的一股力量。事實上，鄂蘭似乎認為說書人在保存方面遠比行動當事者更能理解該行動的意義，正如她說：

> 說故事的人的敘事必定是行動者自己看不到的，因為他在行動當中，而且深陷在它的種種影響裡，因為對他而言，他的作為之意義不在後來的故事裡。即使故事是行動的不可避免的結局，然而看到故事且「創造」故事的，不是行動者，而是說故事的人。（2016: 181）[9]

9　鑒於鄂蘭反對當代社會科學的「行為主義」（behaviourism），並視該方法論學派為一種把人類等同動物般來看待，才會企圖以科學實驗和定律來理解其一切所作所為的事實，筆者將原本中譯版的「行為」改成「作為」。「製作」也改成了「創造」，以符合鄂蘭對故事的理解。

順此，鄂蘭主張基督教作為一個宗教信仰的興起，靠的不僅是耶穌本人，而是他的門徒所做的「見證」（testimony），以及此後世世代代傳講這些見證的信徒。有鑒於此，即使我們同意卡恩將革命視為現代民族國家的「動力因」，那也必須將說故事當作維持一個國家繼續存在的另一個動力，亦即作為持續力量的第五因，或說「維續因」。

不可否認，當事人在事情發生過後重新講述時，業已成了說書人，且隨著時日以及記憶的流逝，以及聽眾的不同，每一次講述故事的角度可能略有不同，一如尤里西斯本人那樣。見證者也是如此。不同史家亦會隨著新史料的出土，價值觀的轉變乃至時代所需，而對同一場革命的偉大之處有不同的詮釋。鄂蘭和卡恩筆下的「美國革命」即是一例。相較於後者將焦點放在基督教信仰的實踐以及憲法背後的神學基礎，前者看到的是一個權力生成的過程，且如果她的理解正確，那麼，美國是唯一一個成功修復了政治權威的基礎並更新了斷裂的傳統之現代案例，因為，一方面，人們此時仍以「開國之父」（founding fathers）來尊稱革命領袖，意味著那開啟了一個新的傳統延續至今。另一方面則是，他們開國的方式「並未仰賴暴力，而是借助憲法締造了一個全新的政治體」（2021: 195）。

事實上，鄂蘭在《論革命》當中有更細緻地描繪美國革命的非製作過程，以及對於「法國大革命」的嚴厲批評，因為後者既是一個不折不扣的按藍圖來打造國家之案例，最終也以走向獨裁暴力收場。尤須注意的是，該書提出的論述必須同時置於兩本書的脈絡當中才能完整理解。一是當時的歷史脈絡；該書撰寫於冷戰高峰期，出版的前一年才剛發生過古巴飛彈危機（1962），字裡行間透露出鄂蘭深感戰爭的可能性正威脅著人類的自由與平等；二是上述關於說故事的理論脈絡。不曾參與過法國大革命和

美國革命的鄂蘭，此時是一位具有美國公民身分的知識分子，且只能說故事。而振筆疾書的理由無非是為了喚醒同胞對於美國革命理想之憧憬。

當我們將《論革命》置於這兩個脈絡來閱讀，英國史學巨擘霍布斯邦當年對該書內容的嚴厲批評，乃至指責鄂蘭根本不具歷史專業，似乎過於較真了（Hobsbawm, 1965）。誠然，作者無論在取材、證據或詮釋上都充滿選擇性，但與其說把該書理解為一本意圖跟專業史家爭論真相細節或誰的解釋才更貼近因果事實的歷史著作，毋寧說那是一個以書寫方式所進行的政治行動，性質上無異於踏入公共領域來說服大眾的一場政治溝通。正如英國哲學家沃諾克夫人（Baroness Warnock）在開啟本文的引言中所說，歷史是一個「沒有終點的故事」（Warnock, 1994: 188），因為人們可以不斷地發掘新的面向與新的意義，把故事繼續說下去。鄂蘭採取的書寫行動，坐實了這一種敘事哲學的觀點。

▌一位愛世界的共和國守護者

康德在他那一篇呼籲所有國家該是共和國的《永久和平論》（*Perpetual Peace*, 1795）內文第二項附釋「永久和平的祕密條款」當中提到國家應當以底下方式來諮詢哲學家如何才能建立公共和平：

> 對一個國家的立法權威（我們當然得將最大的智慧歸它）而言，就它對其他國家的行為的原則求救於屬下（哲學家），似乎是屈辱；不過，如此做卻是十分明智之舉，因此，國家將要求哲學家默然地（故而它將此事當作一項祕密）為之。這等於說：它讓哲學家自由而公開地談論用以從

事戰爭與促成和平的普遍格律……（康德，2013: 204）

這當然是一種 18 世紀末的政治想像。康德式「共和國」說穿了是一種國家與哲學家的獨特分工。立法者或君王允許哲學家自由倡議並側聽他們的言論，於是擁有權威的國家維持了面子，手上無權的哲學家也有了裡子。在我們的民主時代底下，知識分子的發言不用如此隱晦，但分工仍需維持才能不讓哲人因掌權而墮落，而作為政府乃至身為國家主人的選民也當如此側聽。這似乎也是鄂蘭在民主時代以書寫作為政治行動的最佳寫照。

作為一種政治行動，鄂蘭在《論革命》中化身為一位「說書人」並藉此提出了一個讓美國人得以進行「返回性連結」的論述。然而此時也必須指出的是，這種連結今人與前人的方式，並不適用於所有國家。不可否認的是，美國獨立戰爭的各種偶然性、《獨立宣言》的內容，以及制憲過程猶如一場意外演出等歷史事實，允許鄂蘭據此提出一個符合多元性與非製作性的建國史詮釋。因此，一個國家或一位知識分子能否採取返回性連結方式來凝聚分裂中的社會，或重建政治權威，端視歷史事實能否允許符合鄂蘭所謂的多元性和非製作性的詮釋。鑑於該書對法國大革命的批評，至少我們知道她不認為返回該歷史事件是一條可行之路。忽略這一點而貿然仿照鄂蘭的書寫行動，不但會走往反方向，此舉本身也是一種將她的理論視為一個政治藍圖的誤解。

其次，正如鄂蘭的詮釋本身涉及了判斷，且是一種採取「多元性」作為依據的個人判斷，她高舉美國革命但貶抑法國大革命的理由絕非出自於國族主義。換言之，前者的優越性不是因為「那是我們的」，而是因為它有一個關於人類尊嚴與創造性如何體現於政治行動的故事可說。返回建國之初的理念，也不是一種原則上必須接受前人的權威使然，因此她的書寫行動並不是指向

某種傳統主義或教條式保守主義。正如美國是一個從英國獨立出來的新國家，且對鄂蘭來說理由正當，她的理論既允許返回性連結，也能接受活人與死人——乃至活人之間——在特定歷史條件底下可選擇「拆夥」。她的選擇是基於多元性概念，加上對歷史和政治現實之分析所下的判斷，不是憑藉某一抽象原理以邏輯方式推演出來的結果。更何況，她在〈歷史的概念〉文中多次強調，涉及歷史之事，沒有邏輯必然。再一次，接受她的思想或政治實踐不意味著邏輯上必須採取返回性連結。拆夥有時候是一種選項，且方式很多，歷史上已知的包括有革命、重新制憲、進入下一個共和或分裂成不同民族，甚至最後各自成立新的國家。

如果本文的詮釋正確，鄂蘭藉書寫作為一種政治行動，在不同歷史情境底下扮演了不同角色。書寫《論革命》的鄂蘭不是一位國族主義者，而是一位愛世界的美國公民。書寫《極權主義的起源》的她則是一位愛世界的見證者，不是猶太人。至於《人的條件》，則無疑是以一位愛世界的說書人這身分來書寫，其目的是為了讓所有讀者連結回人與生俱來的開端能力。以上三種「觀看」鄂蘭的角度有一個共同指向：她是一位共和國的守護者，且那是因為她愛世界——因此在以說書來連結現在與過去時，也致力捍衛一個開放的未來給後人。

鄂蘭本人的政治行動，與本文從她思想當中提煉出來的政治本體論，並無二致，甚至可說是一種親身示範。從時間維度來看，這示範最重要的意義或許在於，當我們身處時代危機或國家的權威危機之際，該扮演守護社群的敘事共時性之「維續因」或該倡議拆夥，必須認真對待歷史過往和此時現實條件，且心存未來世代，最後做出自己的判斷並致力於說服他人。此外，敘事共時性的維護本身並不排斥其他凝聚社群的方式，除非那違反了多元性或剝奪人們的政治行動可能。但那的確意味著：不顧歷史現

實與政治條件而呼籲人們必須返回過去某一歷史時刻者，輕則是思想上的模仿犯，重則可能會以過去的名義來斷送未來，甚至讓死人埋葬活人。如此振聾發聵的提醒，發自於一位看重政治共同體時間維度且嚴守政治與哲學分際的共和主義者。

第三章

過去與未來的政治行動：
鄂蘭思想的轉型正義意涵

> 只有當極權主義成為陳跡時，我們這時代的真正困境才會
> 顯現其真實的形式 —— 儘管不一定是最殘酷的形式。
>
> —— 漢娜·鄂蘭，《極權主義的起源》[1]

▌前言

　　2001 年的「九一一事件」讓許多哲學家和政治思想學者開始將焦點從分配正義（distributive justice）議題或說羅爾斯的正義理論，轉向了價值觀念的衝突及其起源和後果，包括恐怖主義、種族滅絕、難民、無國籍人士的人權問題，美國為了反恐而採取的各種嚴厲措施以及與此相關的族群問題、民粹現象乃至與極權主義再起的可能性等，一時成了人們必須立即面對的議題。生前致力於這些問題之理解與書寫的漢娜·鄂蘭，於是重獲關注並成為近年來最受學界討論的 20 世紀政治思想家。在她筆下，這些議題無一不與「惡」（evil）密切相關，可以說都是惡的某一面向或展現方式。此一回歸也伴隨著關於「惡」的哲學研究（Neiman, 2002; Neiman, 2019），以及應用，尤其是當人們在討論「政治之惡」的時候，鄂蘭的書寫成了重要的思想資源（Hayden, 2009; Kiess, 2016）。

1　　Hannah Arendt（1973: 460）。

　　鄂蘭生前最飽受爭議同時也引起大眾媒體注意的，不外是她在 1961 年時向《紐約客》雜誌自告奮勇，前往耶路撒冷記錄艾希曼受審過程的報導寫作。艾希曼是納粹政權的高級官員，負責了屠殺六百萬猶太人的「最終解決方案」（Die Endlösung）之主要規劃與執行。然而艾希曼的法庭表現讓鄂蘭感到詫異，因為他不但看似平凡無奇，對答也不犀利且充滿老套用語，完全不符合人們長久以來對於「惡人」的想像。於是，鄂蘭以「平庸之惡」（banality of evil）一詞來描繪艾希曼的言行。此舉引起軒然大波。她遭人批評若非為試圖替惡人開脫，就是受演技所騙（Young-Bruehl, 2004: 328-78）。《平凡的邪惡：艾希曼耶路撒冷大審紀實》一書也在百般阻撓之後，才得以出版（Caute, 2013: 262-72）。

　　鄂蘭始終以橫眉冷對千夫指，但不改說法。隨著《漢娜・鄂蘭：真理無懼》（*Hannah Arendt*）和《漢娜・鄂蘭：思想的行動》（*Vita Activa: The Spirit of Hannah Arendt*）兩部電影分別在 2013 和 2015 年上映並引起熱議之後，她的名字以及關於「惡」的看法不但常見於大眾媒體，「平庸之惡」也成了公共論壇與思想沙龍上常見的主題，尤其當人們在論及如何進行轉型正義之時。雖然哲學家的故事被搬上了大銀幕並非前所未聞，[2]但造成如此廣大影響者似乎無人能出其右。鄂蘭多次主張一個人能憑藉言說與行動來造就「不朽」（immortality），也就是讓自己成為歷史或人們記憶中的一部分，作為延續生命的另一種方式（Arendt, 1998: 55），以此標準她本人應當可說是成就了不朽。

2　例如 1993 年由德瑞克・賈曼（Derek Jarman）執導的《維根斯坦》（*Wittgenstein*），以及 2001 年由李察・艾爾（Richard Eyre）執導的《愛麗絲》（*Iris*），分別講述了語言哲學家維根斯坦和倫理學家兼作家梅鐸（Iris Murdoch）的傳奇故事。

　　然而，一如大眾媒體習慣稱鄂蘭為「政治哲學家」，但對於她本人因嚴格區分企圖以抽象理論來改造現實世界的「哲學」以及著眼於人類實際政治經驗並從中提煉出能指引我們政治行動的「理論」，所以強烈反對此一稱呼並以「政治理論家」自居的事實（Dolan, 2000；葉浩，2017），則不予以理會，近年來出現的龐大轉型正義文獻雖然也經常會提及鄂蘭，但對她究竟如何理解「惡」，也甚少有深入討論或進一步釐清，因此也未能探究其想法如何運用於反省過往威權時代，更遑論如何藉此理解過去歷史不義的種類乃至威權時代與極權主義之別並據此來評價與面對。此外，鄂蘭關於如何走出過往政治傷痕、集體記憶並重建族群間的平等與自由等其他議題的許多重要概念，例如與轉型正義最直接相關的「原諒」（forgiveness）與「承諾」（promise），以及如何藉它們來讓一個充滿政治創傷的社群重新開始一個新未來的論述，也大抵付之闕如。

　　事實上，前述在政治理論上的未竟工作也意味著轉型正義在實踐上的某些阻礙。一方面，許多人能琅琅上口的「平庸之惡」一詞在使用者不求甚解之下，不但可能藉此來過度簡化威權時代公務人員的處境，從而對特定人士做出不適當的道德或政治評價，甚至藉此來標籤化對手，讓鄂蘭的洞見淪為一種鬥爭工具，而不是防範違反人權的政權再起之思想裝備。另一方面，如此浮濫地使用術語本身，反映出的並非對過去歷史及其不義之處的深刻反省，而是鄂蘭所指出真正讓極權主義得以興起的那種欠缺思考並慣於從眾的心態，亦即某程度展現於艾希曼身上的那種平庸特質。

　　有鑑於此，本章以為釐清鄂蘭對於惡的理解以及她的思想對轉型正義在理論與實踐上的意涵，乃相當迫切的工作。根據「國際轉型正義中心（International Center of Transitional Justice）」指

出，雖然各國實際做法細節上或有差異，但轉型正義之根本目的
有三：（一）肯認個人的尊嚴；（二）承認並平反過往發生的暴
行，以及（三）防止類似事情再次發生。[3]主要做法可能包括重
建具課責性的制度，提供受害者伸冤的管道，確保女性與邊緣化
的社會成員能參與追求公平正義社會的過程，落實法治（the rule
of law），啟動追求穩固的和平之過程，致力於消弭先前造成政
治災難的原因，並盡力達成和解。筆者以為，鄂蘭的思想核心大
抵符合上述轉型正義三個根本目的，且環環相扣，並鑲嵌於一個
完整的政治理論當中，其要旨正好能提供一個正處過去與未來決
斷關口上的政治社群，去思索如何肯認個人尊嚴、如何理解並平
反歷史不義以及如何避免類似事件再次發生的重要洞見。

　　基本上，鄂蘭的思想可以解讀一套關乎政治體如何才能存
在、維持並且在歷經重大創傷之後該如何破繭重生的政治本體
論（political ontology）。[4]它包括了一群人如何建立一個政治社
群，如何才能在面對各種挑戰時維持下去，以及在崩潰之後又該
如何重建的主要三個部分論述。鄂蘭關於惡的想法坐落於第二部
分，涉及她所謂「政治」如何在此一脈絡底下遭受到「根本惡」
與「平庸之惡」聯手的威脅，讓原本該有的嘈雜溝通與妥協受
到壓制，最後被無聲的行政程序取代，國家運作僅僅仰賴由上
而下且事先制定好目的與方法的政策。當一切稱得上是「政治
事物」（the political）徹底被剝奪，國家力量逐一入侵人民的所
有（total）生活領域之後，那就是個「極權」（totalitarian）國
家。恢復的方法是人民起來決定共同命運的共同行動，亦即憑藉

3　見ICTJ網站，查詢日期：2023年2月9日。https://www.ictj.org/about/transitional-
　　justice

4　參閱葉浩（2020），本章乃以此為基礎的延伸論述。

承諾與原諒來達成與歷史的和解，重建一個新政治社群。本章將從上述關於一個政治社群的崩壞與重建的過程，來闡釋鄂蘭思想對轉型正義的意涵。

▊「根本惡」、「平庸之惡」與違反人道罪

在進一步探究鄂蘭的思想對轉型正義之意涵以前，或許我們有必要對後者設定一個討論範圍，而國際轉型正義中心對此的界定似乎是一個方便的起點：

> 轉型正義指涉一個社會如何回應大規模且嚴重的侵犯人權事件之遺緒。它對法律、政治以及社會科學提出了某些最為困難的問題，並致力於尋求克服這些難題之道。最重要的是，轉型正義關乎受難者。[5]

平反、賠償、設立紀念碑或制定紀念日是常見的方式，但有些國家亦採取政治道歉或司法起訴、懲罰加害者等措施。文獻上的相關討論通常將實際做法分為兩種模式，分別以成立「真相與和解委員會」（Truth and Reconciliation Commission）的南非與兩次採取了「除垢」（lustration）做法的德國作為典範。兩者的差異，本章稍後會有討論。此時的重點是國際轉型正義中心的定義意味著：第一、轉型正義已經是一種「遲來的正義」，且愈晚處理或面對，正義的來臨將更晚；第二，隱含於上面扼要定義當

5　原文為：Transitional justice refers to how societies respond to the legacies of massive and serious human rights violations.（見 ICTJ 網站，查詢日期：2023 年 2 月 9 日。https://www.ictj.org）。

中亦有一個關於「不義」（injustice）的認定──那就是違反人權；第三、鑑於受害者必然在等待正義獲得伸張的過程之中逐漸凋零離世，遲來的正義或終有來不及的那一刻，且來得愈晚，意味著人們處於不正義的情境當中更久，也因此有「時間是敵人，不是朋友」之說，[6] 而時任總統蔡英文也以「時間是轉型正義的敵人」來表達她推動「國家人權博物館」和「促進轉型正義委員會」（以下簡稱為「促轉會」）成立的原因。[7] 促轉會代理主委葉虹靈於 2022 年 5 月底該會任期屆滿時的退場記者會上，也再次宣稱「時間是轉型正義的最大敵人」。[8]

上述說法，凸顯了時間與政治之間的一種內在關聯。就某程度而言，本章旨在探究此一關聯對於轉型正義議題的意涵。作為切入點，讓我們將焦點置於鄂蘭對於納粹政權底下的「不義」之理解，畢竟這是最多人引述她的思想來討論過往威權體制之過錯時的觀點，且彰顯於艾希曼身上的惡是關鍵。

眾所周知，鄂蘭筆下的艾希曼不過是一位資質平庸，在意個人升遷的公務人員，凡事只能聽命於上級，回答問題時也不斷重複納粹口號與陳腔濫調，完全缺乏自主思考與判斷的能力（鄂蘭，2008b）。因此，鄂蘭將艾希曼的罪行歸咎於「欠缺思考」

6　此一說法在媒體上廣傳源自曾任南非憲法法院大法官的國際法專家理查・葛斯東（Richard Goldstone）在 2016 年訪臺時所言，見〈國際刑事法院首席檢察官談臺灣轉型正義：「時間是敵人，不是朋友」〉，查詢日期：2023 年 2 月 9 日。https://www.twreporter.org/a/constitutional-court-simulation

7　見 https://www.ettoday.net/news/20201205/1869896.htm

8　見〈促轉會將退場　代理主委透露 4 年來最大敵人〉，查詢日期：2023 年 2 月 9 日。https://tw.news.yahoo.com/%E4%BF%83%E8%BD%89%E6%9C%83%E5%B0%87%E9%80%80%E5%A0%B4-%E4%BB%A3%E7%90%86%E4%B8%BB%E5%A7%94%E9%80%8F%E9%9C%B2%E5%B9%B4%E4%BE%86%E6%9C%80%E5%A4%A7%E6%95%B5%E4%BA%BA-053340881.html （thoughtless），並以「平庸之惡」一詞來描繪此一類型的惡。不少論者認為鄂蘭在提出藉以描繪艾希曼的「平庸之惡」概念之後徹底地放棄了她先前將「根本惡」視為極權主義起源的理解，許多轉型正義倡議者也據此把焦點放在那些威權體制底下奉公守法的公務人員身上。而鄂蘭底下這一段出自《作為賤民的猶太人》（*The Jew as Pariah*）一書當中的話，似乎也支持了此一做法：

> 你說得沒錯！我改變心意且不再談論「根本惡」了……我現在的想法的確是，惡從來沒有「根本」（radical），只有極端，且它既不具備深度，也沒有惡魔般的那個維度。它能蔓延並摧毀全世界是因為就像香菇一樣生長於地球表層。如同我曾說過，它「拒絕思考（thought-defying）」，因為思考總能觸及到事物的某種深度，朝向根源去探究，但一涉及到惡的時候，必然會受挫，因為在那裡面什麼也沒有。有的僅僅是「浮淺性」（banality）。唯有善才能有深度和根本（Arendt, 1978: 215）。

這一段話其實是鄂蘭於 1963 年寫給她當時好友朔勒姆（Gershom Scholem）的一封信的最後一段話（也是造成兩人幾乎不再溝通的裡由），目的在於化解因為「banality of evil」一詞所引起的紛爭。「浮淺性」是筆者借用蔡英文（2008b，頁 8）教授的譯法，比起流行於大眾傳媒的「平庸性」更貼近原文脈絡，因為鄂蘭的解釋重點在於體現欠缺思考的艾希曼僅能活在無能深究任何事物的膚淺之中，因此體現於他身上的那一種惡稱不上深度，更遑論傳統上談及惡時會想起的撒旦（Satan）或梅菲斯特（Mephisto）那種極其聰明狡猾且能言善道的魔鬼形象。相

反，恪守命令、善盡職責的艾希曼不但相貌平凡，且言行平庸。

當然，艾希曼是位居高位，才能執行殺人命令。但對鄂蘭來說，他不過是一類人的典型，具備同樣心態者其實大有人在；也因此，若干論者強調歷史上的艾希曼本人是否真的如此，並非重點。因此她才說道：「艾希曼一案的棘手之處正在於，與他相似的人太多了，這些人卻既談不上邪惡，也非虐待狂，無論過去還是現在，他們都極其正常，甚至正常得讓人害怕（鄂蘭，2013：304）。」

此時也必須指出的是，艾希曼身上的「惡」在鄂蘭筆下其實與時間有密切相關。進一步解釋，首先，底下這一段出自鄂蘭《責任與判斷》（*Responsibility and Judgment*）一書當中的話值得我們關注：

> 20 世紀之初依然被認為「**永恆和重要**」但卻沒有延續下去的許多東西當中，我想將注意力集中在道德議題，那些關係到個人作為和行為的道德議題，人們賴以分辨是非、評斷自己和他人，或為自己和他人辯解的少數規則與標準；對於每個理智清明之人，這些規則與標準都應該是自明之理，不論那是**神律**或**自然法**的一部分。……直到這一切在沒有受到太多注意的情況下，幾乎一夕之間瓦解為止，然後，就像道德蕪地以其原始意義顯露出來，是一套習俗，習慣和風俗，可以幾乎不費吹灰之力就換過另一套，如同一個人或民族可以很容易改變**餐桌禮儀**一樣（鄂蘭，2008a）。[9]

這一段話基本上也吻合鄂蘭在聆聽艾希曼的審判過程之後

9　譯文取自鄂蘭（2008a: 101）。粗體為筆者的強調。

所得出的判斷，並適切地解釋了納粹政權底下人們在被動地接受屠殺政策時的心態。不過，鄂蘭此時想提醒的是，人命關天之事竟然被當作餐桌禮儀般的風格問題。這解釋了她在《平凡的邪惡》當中感嘆道，極權主義讓人昨日還奉行「不可殺人」（Thou shalt not kill）的誡命，今天則說變就變，接受「汝當殺人」（Thou shalt kill）的命令，[10] 將數百萬的猶太人送往集中營（Arendt, 2006b: 150, 295）。

更重要的是，平凡日常之所以能見邪惡，乃因「永恆和重要」的道德信念早已蕩然無存，不論那是基督教信仰或源自該信仰的自然法。換言之，提供了極權主義溫床的，乃是造成永恆道德不再有效的條件，且正是如此政府才能以法律來填補道德空缺，甚至是上帝留下的空位。

事實上，鄂蘭早在《極權主義的起源》當中即稱此一處境為「失根」（rootless）狀態（Arendt, 1973: vii），肇因於讓人們失去彼此連結的「現代性」（modernity）：忙碌的現代生活一來讓人和與生俱來的本性產生「疏離」（alienated），也就是人人皆有的創造新事物之能力被徹底壓抑，僅能出賣勞力來換取生存，二來則因此也失去了與他人的連結，最後甚至讓自己也與原本應該充滿個人特殊性和豐富多元的「人世間」產生了疏離。鄂蘭也稱此一情境為「世界異化」（world alienation），其特徵是個人放棄了生命意義的追求，以及作為生命意義本源的道德思考能力（Arendt, 1998: 248-67）。此後，她也藉此描繪許多人最後因此乾脆選擇了「內在移民」（inner emigration）作為唯一生存

10　英文的《欽定版聖經‧出埃及記》（*King James Bible*）第二十章關於「摩西十誡」當中的第十三節記載「Thou shalt not kill」，中文通譯為「不可殺人」。鄂蘭以「Thou shalt kill」一語來暗指人們把納粹政權的一道違反道德法令當作新的神聖誡命。

之道的心態：對政府唯命是從，並不再關心外在世界發生的任何事（Arendt, 1968a: 22）。

當然，現代性是許多國家的共同特徵，因此起源於 20 世紀初德國的極權主義必然還有其他條件。根據鄂蘭的理解，種族主義、反猶主義以及帝國主義三者，正是其具體的特殊歷史條件（Arendt, 1968b）。一方面，這三者合一才導致當時的「民族國家」（nation-state）體制的失靈，不但讓相當多的人失去國家或流離失所，民族也在戰爭與人口流動當中失去了原初建國時的國族情感以及歷史認同；另一方面，民族國家「過著喪屍般的生活」（leads the life of a walking corpse），其形同虛設的存在不過是靠著帝國主義擴張來維持其假象（Arendt, 1994: 143）。如果鄂蘭正確，納粹是在此歷史脈絡底下才能指向特定族群作為「多餘」（superfluous）且必須殲滅的「敵人」之歷史條件。

不意外，德國境內的內在移民現象也是讓納粹得以崛起的另一個必要條件。鄂蘭筆下的艾希曼跟她寫於 1945 年的文章〈組織性罪責與普遍性責任〉（Organized Guilt and Universal Responsibility）當中所描繪的絕大多數生活於當時納粹政權底下的資產階級，尤其是那些連「打一隻蒼蠅都於心不忍」的居家好男人，根本也無所差別（Arendt, 2005: 130-132）。正因為忙碌於生活的他們只在意自己和家人的幸福，對人生沒有更高的意義之追求，甚至對外在現實毫不在乎，才能能讓希特勒這樣的人得以趁虛而入，一步步從公領域入侵到私領域，到最後「全面地」（totally）接管了人們的生活，造就了人類有史以來首見的「全面宰制」（total domination），故稱之為「極權主義」（totalitarianism）。對鄂蘭來說，這樣的社會大眾才是引發災難和浩劫的元兇，且「遠比人類與生俱來的所有罪惡本性加總起來更可怕」（鄂蘭，2013：317）。

　　正如論者柏恩斯坦（Richard Bernstein, 2002: 218）曾明確指出，事實上鄂蘭關於平庸之惡的說法「預設」了人們對於根本惡的理解，而海登（Patrick Hayden, 2009: 4-5）則更進一步據此將平庸之惡詮釋成一種根植於現代性當中的惡，本章認為鄂蘭關於惡的看法並未經歷重大的改變。不僅如此，鄂蘭筆下的根本惡其實相當不同於康德（Immanuel Kant）提出此一概念時的理解。

　　無論如何，根據康德，無論善或惡皆是行使「自由意志」（free will）的結果，而所謂的惡其實可按照程度區分成三種：（一）無法執行意志所接受的行動法則，個人的意志薄弱是其主因；（二）源自不純淨的動機，亦即包括了符合道德以及違反道德的心意，因而偶爾不能按道德準則來行事；以及（三）一種從骨子裡壞到極點，無時無刻不想做壞事的意念，也就是一種從根本壞起的自私，從來不顧任何道德準則，因此，雖然仍有自由意旨，但卻不會有任何善、惡之間的掙扎。[11] 但鄂蘭的根本惡並不涉及邪惡意志。它指的是納粹對現代世界尚存的人性之摧毀。（參考本書頁 169）

　　是故，極權主義的根源必須追溯至失根的現代性，才能完整掌握。鄂蘭最重要的貢獻在於讓人看清了一件事：惡，不僅能出自於康德所設想那種偏離常軌的異常心態，通常明顯可見於一般人也能指認出來的惡人身上，它也可能體現於多數人認定為奉公守法的好人身上，亦即心態上不帶邪念但行為的後果卻通往系統性地種族滅絕，那是不折不扣的極端之惡。鄂蘭所謂的「banality」其實不僅指涉了針對國家機器的行進方向不曾思索，也涉及無視於那些數以百萬計、正在被國家機器輾過的人及其痛苦與死亡。「平庸之惡」於是同時意味著惡的蔓延以及對惡

11　以上引自 Hayden（2009: 4-5）。

的蔓延之無感。不僅放棄思考是原因，現代世界中的系統化嚴格分工之官僚體制，也提供了必要的條件，因為正是這種體制才讓人們習慣了根本惡，讓人們徹底地喪失了對惡行的敏感度。於是，「banality of evil」亦有「惡的慣常性」之意。[12]艾希曼等唯命是從的公務人員和讓人看不見自己經手的公文將通往怎樣慘絕人寰後果的官僚體制，其實是鄂蘭所理解的極權主義的一體兩面。

一言以蔽之，根本惡與平庸之惡在極權主義底下乃共構關係。納粹政權之所以邪惡之處，也在於它採取了各種手段，不斷強化了人們彼此之間的疏離感，甚至對他人之受苦麻木不仁。許多論者指出，鄂蘭之所以同意紐倫堡大審當中若干法官創造了一個「違反人道罪」（crime against humanity）作為依據來審判納粹官員，是因為她一方面認為納粹的罪行乃史無前例，因此必須創造新的罪名，另一方面則因為此一新罪名意味著該罪行徹底違反了人之所以為人的屬性，或說「根本人性」（humanness）（Luban, 2004），甚至是一種針對人類生活的根本條件之攻擊（Kiess, 2016: 53-54）。更重要的是，鄂蘭最後支持對艾希曼處以死刑的理由是：沒有人能被要求跟犯下那種惡行的人「分享同一個人間」（Arendt, 2006b: 279）。

必須指出的是，「惡」（evil）在西方的語境當中本身極具猶太－基督教色彩。事實上，許多神學家——例如耶魯大學前後兩任的諾亞・波特（Noah Porter）講座教授尼可拉斯・沃特斯托（Nicholas Wolterstorff, 2016）和約翰・E・海爾（John E. Hare, 1999）——都曾指出，康德對根本惡的理解其實根植於基

---

12 筆者感謝《報導者》副執行長兼營運長李雪莉曾在「哲學星期五@臺北」的論壇上如此使用鄂蘭的概念。

督教神學，且一旦離開了此一脈絡將讓其「人性尊嚴」（human dignity）概念以及奠基於此的整套倫理學以失敗告終，因為那基本上是一種世俗化的嘗試，最後不但讓道德原則淪為個人判斷，甚至是喜好。在法庭上援引康德理論來替自己效忠法律的艾希曼，似乎就是證據。

神學家們的判斷是基於人性尊嚴的概念乃源自《聖經‧創世紀》（Genesis）當中關於人的理解，亦即人乃上帝按照其形象所造，一旦離開了此一事實，人的尊嚴將失去根基。誠然，在淵遠流長的西方思想傳統中，神哲學家對「上帝形象」（Imago Dei）的理解雖有差異（Peterson, 2016），例如聖奧古斯丁將此理解為人類如同上帝擁有自由意志，因此必須為自己的行為負責。曾對上一段引言當中提及的「神律」與「自然法」做出最系統性闡釋的聖多瑪斯（St. Thomas）則認定人身上背負的上帝形象其實就是理性，而自然法就是人類行使上帝賦予人的理性當可推論出來的彼此相處之道，雖然位階低於上帝直接啟示於人的律法，但高於白紙黑字的人定法。反之，人類社會的法律本當按照自然法的內容來制定，違反等同不具正當性。直到當代，諸如巴特（Karl Barth）和莫特曼（Jürgen Moltmann）等重要神學家，也仍然是在此一傳統底下從事理論建構工作（Robinson, 2011）。

相較於康德，鄂蘭對惡的理解更加地世俗化。惡的首要意涵如前所述，在個人層次上是對他人受苦之無感，若指涉一個制度則是對人之所以為人的條件之剝奪。這說法既無涉神學，也不以原罪概念為理據。甚至，惡的出現根本不需要故意為惡的動機，更用不著撒旦的誘惑，只要某種無知加上欠缺同情理解他人的能力。此外，將惡的根源理解為人們自身欠缺思考以及人為建造的現代世界，似乎也讓克服惡的方法不再需要仰賴上帝的恩典。這正是鄂蘭的獨特貢獻之處。對她來說，重新學會愛世界並恢復

人之所以為人的條件，是完全操之在人的事情。鄂蘭的摯友瑪莉‧麥卡錫（Mary McCarthy）於是說，《平凡的邪惡》一書所傳達的其實是一個令人雀躍的訊息，因為它指向了一個「救贖」（redemption）的可能，特別是在極權主義肆虐過後仍舊存在一個終將戰勝邪惡的希望。[13] 而且這希望之基礎與宗教信仰和神學概念無涉。

另一方面，鑒於鄂蘭關於惡的理解與時間性密不可分：當人們失去了「永恆」的道德信念，不保的不僅是人權，還有人之所以為人的根本條件。這才是她認為極權主義乃人類史上不曾有過的「全新政治制度」（Arendt, 1968b: 460）之根本原因——其新意在於本質上不同於此前出現過的各種暴政或專制，因為那些政權都讓人感到害怕，也就是來自於外的一種恐懼，但極權主義底下的人民之主要特徵則是無感，或說慣常性，甚至不少人是真心擁護政權所仰賴的意識形態。

當然，意識形態一旦建立之後並不容易消解，至少那不像政治制度可以一夜之間更換，但重建或其實是從頭打造一個能支撐民主、法治基礎的公民精神與政治文化，或許要幾代人投入相當長久的時間才能成功。因此，若真想走出極權主義並防範再起，對鄂蘭來說首要之務包括了正視當初讓那種主義能崛起的條件。一如開啟本章的楔子所言：「唯有當極權主義成為陳跡時，我們這時代的真正困境才會顯現其真實的形式。」快慢不是重點，更何況：納粹垮臺並不意味著當初支持的現代性條件也跟著消失，人們若在未經徹底反省之下就急著讓歷史翻頁，那比起重拾了永恆道德，更像為了撇清責任，甚至與放任納粹崛起那種心態相去不遠，不過是接受了另一套新餐桌禮儀。

13　見 Susan Neiman（2011: 373）。

▌以行動讓社會「二次誕生」

在鄂蘭眼中，未經真切的反省就讓歷史翻頁，不但可能讓當初支撐極權主義的條件以另一種較為溫和的方式持續運作，亦可能使其遁入了思想文化或社會制度更深層、隱晦的肌理當中，伺機而動。尤有甚者，欠缺深刻的反思其實也意味著對歷史不義的原由理解不足，不但將難以追究責任，更不容易防範類似災難再起。事實上，她對於德國大眾在戰前默許納粹政權，而在戰後卻立即強烈譴責的事實，並不感到欣慰。此外，她也反對以集體責任來理解那一段不堪的過往，因為那猶如不願正視個人層次的實際參與，也因此既難以正視「不義」（injustice）的真相細節，更遑論追究個別參與者的責任（Schaap, 2001）。這正是她無法接受指導教授雅斯培（Karl Jaspers）提出的「集體罪愆」（collective guilt）之說，並在艾希曼事件當中冒天下之大不韙的理由。因為那種說法大幅降低了個人在事件當中的責任與角色扮演，正如許多人眼睜睜地看著納粹進行迫害，但卻以國家機器的小齒輪自居來替自己開脫。

置於前文提及的轉型正義三大目的脈絡當中，亦即「肯認個人的尊嚴」、「承認並平反過往發生的暴行」以及「防止類似事情再次發生」，鄂蘭的關懷的確與國際轉型正義中心揭櫫的宗旨若合符節。不過，關於「恢復個人尊嚴」這首要目的，她其實有更為細膩的論述，理解之後也將會讓我們對轉型正義作為一種「政治工程」進行必要的反思。

首先必須指出的是，鄂蘭關於惡的論述確實深化了人們對於「歷史不義」的理解，亦即，那包括了極權主義摧殘了人之所以為人的根本條件，但她也是從「時間」的角度來論述這些條件，因此，若想完整掌握其要義，還得進一步理解她如何在《人的條

件》書中區分勞動（labour）、工作（work）、行動（action）這三種不同的「活動生命」（*vita activa*）（Arendt, 1998）。

根據這三分法，勞動是因應人的「必要需求」（necessity）而進行的活動，工作所對應的則是一種「非自然性」（unnaturalness），而所謂的行動則是一種對應於人的「多元性」（plurality）之集體生活。但從時間性角度來理解，第一種活動指涉的是一種人類與其他動物共享的「循環時間」，亦即為了生命延續本身而從事的勞動，日復一日地重複，例如呼吸、吃飯、睡覺等，生存本身是目的，因此勞動之後並不會留下其他成果。工作則涉及了對自然界和生存環境進行的各種「人為」（artificial）抵抗，例如鑽木取火或製作器具，且那預設了一種專屬人類特有的物理時間，也就是一種關於過去、現在、未來的「線性時間」想像。至於行動，那指的是一種人與生俱來的創新能力之展現，如同鄂蘭底下這一段話解說的：

> 藉由言詞和作為（word and deed），我們把自己嵌入人類世界，這個嵌入就像第二次誕生（a second birth），我們在其中證實且承擔我們最初的身體外行的明顯事實。這個嵌入並不是如勞動一般迫於生計，也不是像工作那樣基於效益考量。它或許是受到他人在場（the presence of others）的刺激，想加入他們當中，但從不是受到他們所制約（conditioned by them）。行動發源自一個起點，當我們出生時，這起點就來到世界，而我們更以自己的主動性（our own initiative）做了新的起點以回應它。[14]

---

14 鄂蘭（2016：264）。

　　事實上，鄂蘭創造了一個英文字「natality」（啟新開創）來統攝這一段話的要旨，並藉此提醒讀者：任何人的誕生對他本人和世界都意味著一個新的起點，且唯有具備此一創新特性的活動，才能稱得上是一種「行動」。於是她接著如是說：

> 在最廣義下的行動，意思是「發起」、「開始」（正如希臘文的「archein」，意思是「開始」、「引導」、「主導」）、「啟動某一件事」（這就是拉丁文的「agere」的原始意義）。透過出生而加入的新來者和新鮮人，會採取主動並投入一種行動當中。一如奧古斯丁在他的政治哲學中所說：「讓世界有開始，於是人被創造了出來，此前並無別人。」這種開端不同於世界的起源。是關乎某個人的開端，而非關乎某一事物——這某人本身就是這開端的起源。[15]

　　以上是鄂蘭對於聖奧古斯丁的「開端」（initium）概念之重新詮釋，其意思包括了開端和主動性，而她的「啟新開創」一詞同時蘊含了兩個本體論層次的宣稱，分別關於：人的本質為何，以及一個事物必須滿足哪樣的條件才能被當作是一種開端。為了進一步闡明這概念，她援引了耶穌行神蹟的例子提出一種類比：每一個來到這世界上的人，其實在誕生時都被賦予了一種「創造奇蹟的能力」（miracle-working faculty）（Arendt, 1998: 246）。如果鄂蘭的理解正確，這才是耶穌誕生的意義，也就是「有一嬰兒為我們而生」所真正帶給世界的「佳音」（glad tidings）（1998: 247）。

　　姑且不論其涉及的神學意涵爭議性，也不管這是否意味著人

15　同上。

類能善用奇蹟能力來自行創造新天新地，鄂蘭欲藉此凸顯的不是記載於聖經中耶穌呼風喚雨或化水為酒的那一種奇蹟，而是人人可及但卻總是被遺忘的破舊立新之可能性。對她來說，這一種隱藏於所有人身上的奇蹟能力，雖然長久被「尋常、陳腐的字眼」（鄂蘭，2010：146）掩蓋，但卻一直存在於（物理時間上的）每一刻當中，因為任何一個時間點其實都存在不只一種的可能性。

如此世俗化的「行奇蹟」能力，正是鄂蘭所理解的人性尊嚴之所在。當然，能意識到與當前事態或時局有別的其他可能性，有賴個人或集體的想像力與判斷，[16] 且正因那涉及了不只一種的選項可能，這能力的行使也關乎選擇「自由」。然而對鄂蘭來說那其實更關乎「行動」（action），因為每一次的選擇都涉及了我們究竟要不要延續既存的因果鏈結，抑或開啟一條新的因果關係。於是她說：

> 行動獨特之處在於它啟動一個過程，而這過程由於其**自發性**，看來極似自然的過程；而行動也表示某件事情的開端，啟動新的事物，掌握主動權，或者用康德的話說，打造自己的**事件串**（eine Kette von selbst anzufangen, create its own chain）。**自由之奇蹟**內在於此創造開端的能力，而這能力也內含於人本身就是一個新開始的事實——人誕生於世，誕生於這個先他而存、在他離世之後也繼續存在的世界，就是一個新的開端。[17]

16　關於鄂蘭對此關聯性最詳細的解釋，見 Arendt, *Lectures on Kant's Political Philosophy*, ed. by E. Beiner（Chicago, IL: University of Chicago Press, 1992）。

17　鄂蘭（2010：146）。

　　據此，真正的行動是奇蹟，奇蹟則是自由之意義，而真正的自由實際上不僅是不同選項之間的選擇，而是重新開始一連串的事件或說屬於自己的一個故事，也就是歷史的新頁。這呼應了前文提及的「二次誕生」說法，指的是人們藉由言詞和作為把我們嵌入人類世界的方式，而不是真的重生或死而復活。

　　鄂蘭奉為現代史學奠基者的猶太神學家維科曾一再強調（鄂蘭，2021，頁77-80），人是按照創造萬物的上帝之形象所造（參閱 Luft, 2003: 70-88），因此言行和意志某程度反映出造物主的形象，亦即身為一個創造者；當然，相較於能從無中生有的上帝，人類只能在有中生有，維科藉此提醒：（一）人雖不是自然世界的創造者，卻能從存在於自然世界當中的萬物創造出一個專屬於人的世界，包括典章制度與文化的一切；（二）唯有創造者才能真正理解受其創造之物的運作原理與根本目的，因此人不可能徹底掌握大自然的運作，但卻能完整理解人文世界之一切，包括另一個社會的文化；而這也意味著（三）唯有關於人文世界的認識才能達到絕對確認的真正知識，採取實驗方式所取得的有關大自然界之知識，反而永遠不可能達到這種「真知」（episteme）的程度（參閱 Berlin, 2013: 140-50）。

　　鄂蘭似乎繼承了維科對人本質上乃創作者的理解以及上述關於「大自然」與「人世間」（the world）的根本區別，但她也指出：維科也促成了人們對於事物的「過程」（process）之看重，並開始了把「製作」概念套用到歷史之上的現代思維。對鄂蘭來說，這種思維源自一種關於人間事務之「因果關聯」的根本誤解。更重要的是，這種思維不僅讓人因此忽略了偉大言行與事蹟乃稍縱即逝的偶然奇蹟，也從此忘了一個人可藉行動來成就「不朽」（immortality）的可能性，最後甚至造成了政治也淪為一種按照藍圖來打造的製作過程（鄂蘭，2021：80-85）。

　　進一步解釋，首先，鄂蘭提醒我們：把某一段時間發生的事情歸咎或歸功於某一個人，其實是混淆了「自由」與「主權」（sovereignty）兩者的區分，誤把啟動一條因果鏈的人當作主宰了那一段時間的主權者（Arendt, 1998: 234）。然而這在鄂蘭眼中並不是一件讓人悲傷的事。相反，這才是人之所以為人以及人世間的根本條件，應當感到慶幸。因為，認清了這點不過是正視了一個事實：行動必然是一群人的共同創作，當中的所有人都發揮了一定作用，包括袖手旁觀者。於是鄂蘭主張：正因為沒有人能主導某一段時間內所有因果關係或事件發展，任何一個開啟行動的嘗試其實都等於必須「承受」（suffer）既存的人際網絡與現實條件之考驗，才有成功可能（Arendt, 1998: 190）。底下是她的原話：

> 因為行動者總是穿梭在其他行動的存有者之間，並且和他們有關，他從來都不只是個「造作者」，也一直是個接受者。造作者或接受是一體兩面的，而由一個行動起頭的故事，是由後續的造業和受果造成的（鄂蘭，2016：279）。

　　順此邏輯，任何人的所作所為都在共同歷史脈絡和彼此的互動當中，沒有一個人可以決定一段時間當中的所有因果關係。此外，論者赫容（Annabel Herzog）根據這一段話來提醒，所有行動對鄂蘭來說都預設了一個行動者所「歸屬」（belonging）的社群（Herzog, 2014），且一個人的實際「責任」（responsibility）範圍與內容，必須根據他所屬的社群以及身分資格才能判斷；換言之，被剝奪社群資格的人，等同被排除在社會整體的共同行動之外。

　　筆者同意赫容關於社群歸屬的看重，也同意鄂蘭所設想的行

動的確是發生在一群人當中的事。不過，猶記鄂蘭指出納粹對人的尊嚴之侵犯採取了三個步驟，先從公民資格再到道德地位直到最後連同人的個體性也一併剝奪，但她卻認為即使如此人們也不能以「國家機器的小齒輪」自居來卸責。同理，她甚至甘冒不韙指出猶太長老在配合納粹政策時應當有更積極的回應（respond），才符合身為一個人之所以為人的責任（responsibility）。原因在於，被法律剝奪了公民資格的人仍然是人類社會的一個成員，因此應當以此一身分來回應時代的考驗。

鄂蘭的想法呼應了四百多年前法國思想家拉波埃西（Étienne de La Boétie）所說，倘若沒有順民的配合，一個人不可能成為獨裁者來進行統治多數人。[18] 據此理解，任何人對自己身處的環境與政治制度都必須負某程度的責任 —— 如果他自己不放棄身為一個人的身分與尊嚴的話。猶太長老是如此，其他德國公民更是如此。也因此，鄂蘭稱許某些德國公民不畏納粹政權的脅迫，做出了英雄般的拯救行動。這事實證明了即使在極權主義底下亦有履行責任的可能，至少在個人的層次之上是如此（Arendt, 2006a: 231-33）。關鍵是自己以什麼角色來自居並據此在公共領域當中發揮作用。

對鄂蘭來說，那些憑一己之力對抗納粹並維護了人性尊嚴的人，是創造不朽的人。然而「不朽」正是人們在現代社會當中所忘卻的事，一如行奇蹟的可能。不朽的本意並不意味著在時間上的永久存在，但追求永生的基督徒卻以後者為基本預設，並認定那只能成就於死後的世界，或至少不在我們共同生活的人世間。她將此遺忘直接歸咎於基督教徒對「永生」（eternal life）的追求。這種追求讓人將目光放在彼岸，輕則忽視了個人的此生以及

18　拉波埃西，《自願為奴》，臺北：想像文化，2016。

所有人共有的此世，重則對他人的受苦以及適時採取行動的機會。於是鄂蘭大聲疾呼：

> 行動，人們彼此之間唯一不假事物之中介而進行的活動，則是對應於人的**多元性**條件，也就是說，住在地球上且棲身於**世間**的是**人們**，而不是單一的人。雖說人的條件在各方面多少都和政治有關，這種**多元性**其實就是所有**政治生活**的條件——不只是必要條件，更是充分條件。[19]

這一段話其實也顯露了鄂蘭思想的現象學（phenomenology）面向。對她來說，政治的存在所仰賴的是多元性，而極權主義是藉由剝奪了人與人之間存在的「多元性」來摧毀這一個值得守護的人世間。

尤須注意的是，鄂蘭強調「多元性」（plurality）與「複數性」（multiplicity）的區別；後者指的是不只一個的同質性事物，但前者則意味著異質性的存在。正如鄂蘭也在《政治的承諾》當中一再主張，人若非有彼此差異，根本沒理由去認識對方，更不可能產生有意義的互動並藉此創造出屬於他們的獨特故事。誠然，單憑一個「角色」（character）不可能創造一個故事，而一個值得傳頌的精彩故事需要很多不同的人去扮演不同的角色。於是她強調面向他人展露自己乃進入公共空間的首要之務，因為那是開始確立自己是某一角色、一個「誰」（who）的第一步（Arendt, 1998: 181-88）。

對基督教嚴屬批判的鄂蘭援引了古希臘的神話故事，尤其是關於英雄的傳說，並藉此傳達：不朽是人類能憑藉言說與行動達

---

19 鄂蘭（2016：58、290）。粗體為筆者所加，譯文也略有修改。

至的最偉大成就——那不意指一個人從頭到尾主宰了一事件，而是關乎他能否發起一個促成所有人共同參與的行動並讓人記得他的角色，以一個誰的身分留在集體記憶當中。更重要的是，那必然是一件始於人間且終於人間，且決不單純是一個人的事。至此，我們不僅見識了鄂蘭對奧古斯丁的概念、耶穌行奇蹟的意義進行了世俗化的重構，也理解了為何如此。對鄂蘭來說，維科所謂的那個人文世界才是人們應當去守護的世界。她本人甚至一度想以「愛世界」（amor mundi）作為《人的條件》書名（Young-Bruehl, 2004: 324），因為那正是極權主義所欲摧毀的。

更精確地說，作為一種根本惡之體現的極權主義，是以摧毀政治的本體及其必要條件才得以崛起。換言之，它不但摧毀鄂蘭所在意的多元性，更包括了缺之即不可能存在的政治。一如她筆下的納粹政權，人們被要求在思想上與行動上的整齊畫一，必須效忠領袖且一切以黨命為依歸，甚至身、心、靈皆不得違背黨意。其次，意識形態治國意味著凡事皆有單一的標準答案，既無需也不准個人去獨立思考。此外，因為所有政策一切按照黨的計畫來進行，由上而下推動，生活於如此國度的人民當然既沒有各種開放的可能性，也不會有個人的主動性或開啟自己事件串的可能。

從時間的角度來看，運作於這種黨國體制的唯有對應於製作的單一線性時間，也就是黨設定的唯一關於過去的理解與關於未來的想像。人民不但被徹底剝奪了面向那個開放未來的啟新開創時間，他們基本上活在一種必須聽命於政府安排的日復一日之循環——若以鄂蘭的術語來說，本該多彩多姿的人類生活被化約為只剩下黯淡的生存。以鄂蘭的術語來說，極權體制是一種空有行政但沒有政治的世界，因為國家運作淪為一種「製作」而非「行動」。

對鄂蘭來說，雖然基督教曾經在歷史上讓人對世界的敗壞無動於衷，甚至對政治輕蔑，但在此一宗教式微的現代世界，原因卻是維科所開啟將「工匠人」思維運用於歷史想像的「製作」史觀。這種思維意圖完全掌控某一件事從起始到結束的細節，亦即過程中的一切因果關係，一旦運用於政治事務之上，那意味著取消了必然伴隨行動而來的各種不確定性，甚至連行動本身也會被徹底取代，一如極權主義或任何有關偉大民族復興的政治計畫。在那種計畫政治底下，唯有開啟計畫者是偉大的不朽締造者，其他所有人都不過是此一巨幅拼圖當中的某一小塊。

恢復人的尊嚴，於是也意味著恢復人與人能彼此平等、自由地互動，也就是那一個眾聲喧譁，每一個人都占據著獨特的位置並據此觀看、感受並爭吵的那一個政治世界。置於如何走出歷史創傷的脈絡中：採取由上而下或按某一預設藍圖來「製作」轉型正義的做法，不但會錯失族群和解、恢復個人尊嚴以及社會信任的時機，深受慘痛經驗的受害者及其家屬亦可能繼續活在對公共事務的冷漠之中，甚至因為正義的承諾未能兌現而心生怨恨，從而讓應該攜手走出歷史傷痛的契機淪為族群的政治惡鬥之中。換言之，那不但是對社會剝奪了「政治」，也斷送了重新開機的「行動」時刻，更可能讓國家從此深陷一種仇恨的循環之中。反之，能帶領社會走出歷史創傷者，不論方法是打造一個新的國度或讓不同族群和解，就是不朽的締造者。

▌事件的不可逆與和解基礎

誠然，倘若轉型正義是為了讓社會走出歷史、脫離沉重的集體記憶，那它正是鄂蘭所設想的那一種讓社會「二次誕生」的時

刻。正如《過去與未來之間》的書名所揭露之事實：任何真正的行動都必然同時意識到過往已成歷史以及未來仍是對所有人開放的時刻，而人在此一間隙當中必須決定究竟是要延續過去至今的計畫——不管是多久之前開始的事，或重新開始另一個計畫，去做另一件事。行動，嚴格說乃一種介於過去與未來的抉擇，也是一種關於是否要承接某一發展中的故事之判斷。不僅如此，締造不朽的可能性也存在此一判斷當中，無論那是承先啟後的轉捩點，或另起爐灶的開端。

　　轉型正義戲劇化了任何決定都是介於過去與未來之間的事實，也讓此一時刻所能乘載的政治性來到了至高點——因為，此時的決定關乎一個政治社群的共同命運走向。以鄂蘭的語言來表述，涉及的主要選擇是：讓社會持續深陷於過去造成的一條因果鏈當中，甚至淪為一種仇恨的循環，亦或選擇斷開那一條鏈結，讓社會重生？事實上，對她來說，這考驗人們的身分認同或說最終的歸屬感：加害者與受害者是否願意繼續共同生活在同一個社會，或徹底分裂？此外，它也檢驗人們的氣度：加害者是否願意認錯、受害者能否原諒？而認錯，則包括了確認哪些地方做錯，以及如何追究責任？任何一個決定都會影響原本分裂與敵對的不同族群的未來關係，甚至去留。一旦做出決定，可能有不可逆的後果。當然，鄂蘭本人對此的偏好無疑是後者，因此指向了「原諒」的能力，以此作為破解怨恨以及循環性冤冤相報的行動。

　　事實上，鄂蘭也具體地指出了兩個原因來提供經歷政治創傷的人們如何思考。一是事件的不可逆（irreversibility）。猶記前文提及許多倡議者強調時間是轉型正義的敵人，此時必須指出的是，所有的正義在某程度上其實都是一種「遲來」的正義，畢竟那是針對某種不義已成事實之後的回應，因此必然存在一種「時

差」。[20] 姑且不論「正義」應如何理解，正義成為一種訴求之際必然是傷害已造成之後的事，且在許多情況底下，正義的伸張或任何平反的舉措皆難以將事態恢復到原本的樣子。這是一種物理上的不可能。正如莎翁筆下馬克白夫人所說：「已成的事，不可逆轉。（What's done cannot be undone.）」[21] —— 人類沒有能力讓事情回復到原初狀態。不可能在「此時」回到「過去」的任何一個時間點，是原因之一。就算能進行時光旅行，也無法徹底抹去記憶（這正是近年來流行的各種時空穿越劇的基本設定）。

　　或許上帝也沒有意願這麼做，因此祂選擇以「當過去的罪惡不曾發生」作為回應人類犯下罪惡之方式，正如《聖經・希伯來書》第十章第十七節所記載，聖靈說：「我絕不再記著他們的罪惡，和不法的行為。」[22] 這是奠定西方「寬恕／原諒」（forgiveness）概念的原型，源自猶太－基督教神學（Sacks, 2002）。之所以要寬恕，乃因過往之事不可能回復，能做的唯有選擇如何對待已然事實，以及尋求彌補之道並防範同樣的事情再次發生。此說並非意在限縮上帝的能力，而是承認：倘若上帝選擇讓時間倒流，或說將過往事件從時間軸上刨除，這種形而上層次的解決方式不僅是讓人們回到過去，相關的記憶也一併抹除，那人們既不可能記得教訓，也不會有任何的反思或原諒。

　　置於轉型正義的脈絡當中，如果平反過去的不義是其目的，那它更是一種遲來的正義。因為，不管那是廣義上任何改朝換代

20　法國政治思想家霍桑瓦隆（Pierre Rosanvallan）在他的專書 *Conter-Democracy: Politics in an Age of Distrust*（Cambridge: Cambridge University Press, 2010）當中相當精確地指出，近年來民主社會似乎對於此一時差愈來愈不滿，且這也促成了某一種民粹主義，亦即：人民寄望政治人物來跳過冗長的民主程序，直接解決問題。

21　語出莎士比亞《馬克白》第五章第一節。

22　《聖經新譯本》，環球聖經公會，頁 1822。

之後對前朝的清算，或狹義上指涉威權體制國家轉型為民主國家時所採取處理過往不義的各種作為（Elster, 2004），受害者的平反必然來得比其他種類的司法正義更晚。畢竟，那只能發生在改朝換代之後才能針對前朝的不義進行平反。如果是發生在剛轉型成民主的國家，那必然得在某程度上符合民主程序與法治原則，也因此會更加緩慢。

　　不意外，這種更長的時差也往往讓正義的伸張更加困難。一方面，因為許多時候加害者和受害者都可能已經離開了世界，我們不能直接懲處或平反當事人。另一方面，此時訴求正義者可能是當年受害者或事件見證者的後代，因此多了一層必須對得起死者的道德感乃至負疚感。此外，如果時間過久，當事人或許已經尋找到生命的出口，不管那是刻意淡忘或不願再提，往事重提等於迫使他們重新面對相當痛苦的人生階段。處理不當，不僅可能對當事人造成二度傷害，亦有更加撕裂族群之虞（Margalit, 2002: 107-146）。

　　「時間不是朋友，而是敵人」之說，某程度反映了適時地承認時間與事件的不可逆。鄂蘭認為此一事實本身意味著原諒是唯一能採取的途徑。不過，上述關於行動的因果關聯性之說，也提供了另一個與時間密不可分的理據：既然沒有任何人能完全掌控一段時間之內的事件鏈結，也就是所有行動其實都是共同行動，那麼，所有人都參與了事件並或多或少地促成了最後的結果。這是人類事務的特色。對鄂蘭來說，正視此一事實意味著：（一）「承諾」的本質乃誠懇竭力去做某事的意圖而非成功之保證；（二）沒有人可以宣稱自己置身事外，換言之所有人都必須負某程度的責任。如此一來，凡事都有了「原諒」他人的可能性。而原諒過錯並承諾絕不再犯，是真正能終結循環性仇恨、讓社會重啟的具體方法。

　　鄂蘭關於原諒的論述，是公認對轉型正義具有重要意涵的思想元素。論者如卡茲（Marguerite La Caze, 2014: 220）更認為那可作為南非的真相與和解委員會的理論基礎，或至少提供了一條通往和解的理路。而根據鄂蘭對法官判處艾希曼死刑的支持來看，這種主流解讀似乎符合文本。不過，鄂蘭對和解的論述其實頗為複雜，但也值得細緻地推敲，因為對轉型正義的理論與實踐之意義重大。而關鍵在於她提出的相關核心概念皆源自猶太與基督教的神學，且都經過了相當大程度的世俗化，包括她所謂的和解。

　　為了更能掌握鄂蘭的想法，讓我們從轉型正義文獻上可見的底下三種主要切入角度談起：（一）從單純的司法正義來理解，亦即以實際存在的法律來斷定威權時期的特定人士是否違法，若有則依法咎責或起訴；（二）視轉型正義為一種關於許多價值之間的折衷與平衡，一方面兼顧現實社會與政治條件，另一方面則兼顧正義（或說過往不義的平反）、穩定、寬恕乃至和解與原諒；（三）將轉型正義理解為一種獨特的正義，與傳統的司法正義不同，但也不是多種價值間的政治妥協，亦即關於處理歷史不義的獨特正義概念。

　　若從時間的角度來看，它們其實分別側重在不正義的過去、後轉型社會的危脆現狀，以及族群達成和解的美好未來。事實上，三種轉型正義的思考各自有其道德風險。第一種在於：倘若亟欲處理的歷史不義的社會本身並不存在一個跨時代有效的法律，那以「此時」的人權或法治概念來對「過往」的人事追究司法責任，將有「正當性」的問題必須解決。鑑於威權時代的各種迫害亦有實際存在的法律作為基礎，採取此一途徑等同必須援引一種比所有白紙黑字的法律具有更高的權威。前文提及的「違反人道罪」源自於此。倘若不存在這樣的法或永恆道德，那在實踐

上恐有「以今論古」的道德風險，甚至會面臨違反「法律不得溯及既往」原則的指控。

　　第二種的道德風險則是那等同在某程度上將道德、法律、現實條件等因素並列考量，但各自的比重如何拿捏實屬不易，甚至難以讓多數追求特定單一價值（例如司法正義、應報式正義、原諒或政治和解等）的人士感到滿意。不意外，也會有人認為「妥協」（compromise）即是一種不正義或者是道德上的退卻。至於第三種關於轉型正義的理解，則因為必然涉及了對「正義」概念的直接改造或重新詮釋，例如有基督教信仰或神學背景的倡議者傾向主張「和解」或「愛」乃至「聖愛」（agape）才是正義的真諦（參閱 Gregory, 2010）。這種策略勢必仰賴一個特定的文化或思想傳統。然而，在多元文化與族群高度對立的社會之中不僅難以服眾，實際的主張本身可能違反了社會的主流道德認知，執意實行恐有強加單一族群價值觀於其他族群之虞。

　　筆者以為，雖然文獻上不少學者將南非體現的「修復式正義」歸為上述第三種，但其實更接近第二種，也就是政治妥協，因為那與其說提出了一種新的正義概念，毋寧說是不能將人們已知的正義進行到底。至於紐倫堡大審後的德國以及採取司法正義來進行轉型正義的東歐國家，雖然多數人視之為第一種的轉型正義，但那其實也仰賴了司法正義之外的概念與文化傳統。

　　為了進一步解釋，讓我們先聚焦於南非的案例。此時必須指出的是，就歷史而言「和解」（reconciliation）概念與猶太－基督教的淵源頗深。正如英國猶太拉比薩克斯（Jonathan Sacks）指出，猶太聖經（或說基督教《舊約》）內含一齣關於寬恕的五幕劇，依序揭露原諒與和解的不同面貌：

　　　　（1）寬恕可以是「單方面」行為，諾亞方舟之後，上帝

在世人並未主動道歉之下，自行決定以彩虹為約，從此不再降下洪水；（2）寬恕是終結「手足操戈」的方式，約瑟夫最終寬恕了早年把他賣作奴隸的兄弟這故事便是一例；（3）摩西為以色列人全體代禱並獲得上帝的全面寬恕，教導我們一個「團體」如何可以得到寬恕以及如何進行和解；（4）根據摩西的曉諭，唯有放下仇恨與報復的欲望才能使一個人從記憶的囚籠中獲得自由，也就是說，寬恕具有「療效」；（5）隨著贖罪日（Day of Atonement）的訂定，人與上帝之間以及人與人之間的和解變成了固定的「儀式」，寬恕最終則成為一種「義務」（duty）（Sacks, 2002: 180）。[23]

事實上，更完整的故事應該從夏娃違反了上帝的誡命，吃了善惡樹上的果子開始。先是亞當和夏娃，然後是他們與上帝之間，以及失去永生的他們與上帝創造的世界之間——產生了彼此的疏離，然後才有上帝主動原諒作為另一個開始的故事，且故事的演進就是一步步關於化解彼此疏離的和解之旅。透過一連串的角色與故事，從個人之間到群體之間達成彼此原諒，性質上也從上帝的示範轉化為受害者的意願，再轉化為上帝的誡命，最後成了一種儀式以及誡命。但人類卻持續墮落，直到最後耶穌行奇蹟並被釘上十字架代替人類整體贖罪。加上了基督教的《新約聖經》，人類歷史更是一部神與人的和解大戲。

不可否認的是，南非的真相與和解委員會體現了文獻上稱之為「修復式正義」（restorative justice）的制度，而這種正義相當大程度仰賴了基督教的和解概念，畢竟領導該委員會的正是深受

23　全段引自葉浩（2008：17），略有修改。

社會大眾信賴的聖公會屠圖主教。當然，南非當地的原生哲學概念「ubundu」也發揮了重要功能（Oliner, 2008: 186-7）。那是一種從集體角度來看待個人的世界觀，有論者將它譯為「仁愛」，其要旨為：個人乃因集體而存在，而人人都是人類大家庭的一分子且彼此依存、互相成就對方。以加害者承認過錯並承諾絕不再犯為前提，讓受害者在獲知真相之後得以選擇原諒，正是兩個族群的文化思想之共同指向。

　　有鑑於國際上已有過三十八個國家仿效南非設立了類似機構（Nordquist, 2017: 151-160），但並非所有採取此一所謂「南非模式」的國家都具有基督教背景或支持和解的思想傳統，我們不得不問：在不具基督教或和解思想的社會當中，該援引什麼？更何況，「復仇」在有些國家或文化底下幾乎是倫理的一部分——例如反映於華人社會之中的「不共戴天」之說，選擇不報殺父之仇恐有違逆天理人倫之虞。[24] 筆者以為，唯有當此一問題成為實踐上不可迴避的困境時，才能真正體會到鄂蘭政治思想的時代意義與真正重要性。

　　進一步解釋，我們不該忽略：即使以和解為目的且具有基督教背景的南非，在實踐轉型正義的過程中也不要求受害者主動原諒，更何況加害者訴說了自己的罪行之後真正能獲得特赦的也並非多數。換言之，這公認的和解典範其實也採取了個人層次的咎責，因此高舉和解價值者並非旨在呼籲慈悲、放下過去，且受害者的選擇原諒也並非是執行修復式正義的法庭上理所當然之事。此外，南非當年的社會條件其實也不允許採取以德國為典範的除垢模式來進行轉型正義。在司法猶待建立威信且曾經水火不容的

24　語出《禮記・曲禮上》：「父之讎，弗與共戴天；兄弟之讎，不反兵；交遊之讎，不同國。」

兩造欠缺互信的政治條件底下，進行大規模清算將動搖國本。這才是南非必須在紐倫堡以及全民遺忘之間走出第三條路的理由：面對現實──正如屠圖直言「沒有寬恕就沒有未來」所示，某種程度的妥協乃政治社群能持續下去的必要條件（屠圖，2005）。

　　說南非案例是為了國家存續而採取的一種妥協政治，並非意圖否認宗教信仰支撐了轉型過程，而是說兩個社群的相通思想概念以及和平共存的意願，才是不可或缺的成功條件。當然我們得問，那如何建立通往和平共存的意願？

　　上述關於事件之不可逆與行動的因果關聯性，就是一種思想資源。一方面，正如她提醒世人：任何一刻都是介於過去與未來之間的行動時刻，而面對不可逆的歷史傷痛，原諒是唯一之途。置於轉型正義脈絡當中，那當然意味著一位真正的政治家應當能正視過往歷史不義的根源並致力於重啟社會，使之脫離沉重的歷史負擔，且是以一種讓多數人來參與其中的方式，共同迎接一個屬於所有人的嶄新未來。不過，也如前文提及鄂蘭反對雅斯培提出的集體罪愆概念，雖然許多人以此呼籲原諒與和解，但她並不接受。更精確地說，對她來說過去那一段納粹時期的確是德國人的「歷史共業」，但這不代表所有的歷史不義將可一筆帶過甚至一筆勾銷，不再追究。相反，根據她關於人類事務的因果鏈結之理解，「歷史共業」不該被當作一種遁辭來逃避任何人在個人層次的責任，而是意味著：應當細究當事人在當時實際扮演的角色，包括多大程度上、積極或消極地參與政府對人類尊嚴的侵犯，然後據此去追究個別的責任。這正是鄂蘭認同針對艾希曼等個別人士進行審判的理由。也唯有願意如此追究，才能確認誰是真正在極權主義底下不屈服於根本惡並捍衛了人性尊嚴，甚至造就了不朽事蹟的英雄。

　　換言之，追究平庸者的責任與值得傳講的英雄事蹟是基於同

一認知基礎：一個人在人的條件逐步被政權剝奪，人世間正在淪為一種任何人都可被任何人取代的異化世界，誰成了一個不隨波逐流的「誰」，保有了人格，誰又淪為同質性的角色並推卸責任，在脅迫與威權底下低了頭，其實理由是同一個。

另一方面，鑲嵌於此一人類事務因果關係論的，亦有一種關於「歷史真相」的理解。根據鄂蘭在《過去與未來之間》當中的考察，人類的歷史意識始於羅馬神話故事中的尤里西斯（Ulysses）在一個海島的宮廷上聽聞自己的人生遭遇被講成一個故事當下的反應（Arendt, 2006a: 45）。如果正確，那歷史（history）始於尤里西斯觀看他自己的故事（his story）。據此，歷史本質上無異於故事。相較於那些奠定於某一意識形態的官方歷史、單一敘述角度的歷史哲學，乃至那些把歷史當作拼圖的實證主義（positivist）史學工作者，致力於尋找那一塊失落的碎片，鄂蘭強調檔案本身不會說話，會說的是那些指著檔案說故事的人。這正是「說書人」（story-teller）之所以深受她青睞的原因：每個故事都有不同的角色，也容許不同的切入角度以及不同的敘事方式。

值得一提的是，鄂蘭也告訴讀者，當尤里西斯聽到自己的遭遇成了別人所傳講的故事時，這一位悲劇英雄本人在此刻同時身兼當事人與旁觀者，且因此達成了亞里斯多德所謂的「心靈淨化」（catharsis），亦即接受了自身苦難的事實，從而與現實達成了和解（Arendt, 2006a: 45）。她也將此概念歸功於黑格爾（Hegel），並藉丹麥作家狄尼森（Isak Dinesen）這句話來闡釋其意義：「所有悲傷都可以忍受，如果你把它們放在故事裡，或是訴說一個關於它們的故事。」（Arendt, 2006a: 257-258）當鄂蘭提及「和解」時，她指的一直是這種接受事實之後與現實合一的狀態（the reconciliation with reality），而不是與人和好。

書寫作為一種政治行動

本章對鄂蘭政治思想內涵的詮釋，關乎一個政治本體如何創造、延續以及再次創造的可能。置於轉型正義的脈絡，關於根本惡與平庸之惡的論述可提供我們確認個別人士的角色並據此平反、紀念或追究責任；關於奇蹟與人的條件之論述則可作為立法依據與人權教育內涵，從而肯認個人尊嚴並邁向法治國家；關於政治行動的論述則指向了許多可能，包括修憲或立憲，採取原諒與承諾方式來重啟社會，以及建立一個允許所有人共同爭辯政治未來的契機，讓人們再次回到了介於歷史與未來的關口，在眾聲喧譁底下商討是否該採取司法手段修憲或重新立憲，藉此走出歷史並開創一個真正屬於所有人的共同未來，開始一個所有人都能參與、都有角色扮演的新故事。

尤須注意的是，鄂蘭的確呼籲原諒也談及和解，但這並不代表其思想只能指向南非的真相與和解委員會。因為，正如上一段所言，她所謂的和解其實是以真相、現實乃至世界為對象，不是個人或族群之間的重修舊好，而這種「與現實和解」的呼籲其實與德國致力於釐清歷史與超克歷史的努力也完全吻合。

進一步解釋，首先，相信任何熟悉鄂蘭生平的讀者都能察覺她並不以「與人和好」當作待人處事的原則。這並非調侃，而是對她來說人若為了和諧而不說真話或對真相刻意修飾、掩蓋乃至隱匿，等同未盡己任。丹・維拉（2001: 252-75）認為這是鄂蘭從海德格的現象學承襲而來的一種真理觀，其要旨為：任何一個現實都可從不同視角來理解，而所謂的真相則是一種符合人們切身感受的實在經驗，而正視此一事實等同必須接受一種讓不同人、不同角色、不同族群來提供關於過往發生的事情之不同面向的多視角真理觀。

　　當然，格外在意鄂蘭深受雅典城邦民主政治影響的讀者則會指向她對於政治哲學起源的理解，亦即：政治哲學始於柏拉圖假定有一個放諸四海皆準的完美社會之理想或說是「理型」（Form）的存在，且關於它的認知必然是屬於抽象世界的「真理」（episteme），而這種思維一開始即偏離了「理論」（theory）一詞的內涵—其古希臘文「theoria」本意是「看見」—以及蘇格拉底在廣場上所實踐的政治活動：在那樣的公共空間裡人人皆可自由、平等且無所畏懼地分享自己所見所聞，抑或各持「己見」（doxa）與他人辯論（Arendt, 1998: 300-2）。這正是鄂蘭以「政治理論家」自居並排斥「政治哲學家」稱號的理由。

　　但事實上鄂蘭也不只一次援引物理學家海森堡（W. Heisenberg）所說，「原子物理學最重要的新成果是：它認識到我們有可能將差異甚大的自然法則應用在同一個物理事件上，而不會導致矛盾」（鄂蘭，2021：66），並據此推論道：

> 「針對同一個物理事件」所做的不同提問，會揭示出同一現象的不同面向，但這些面向在客觀性上皆為「真」，就像有一張許多人圍繞的桌子，這桌子同時為這些人從不同面向所觀看，但對這些人而言，這張桌子並不會因此就不再是同一個對象（鄂蘭，2021：118）。

　　提及鄂蘭從幾個不同脈絡來講述同一件事，其實用意有三。第一、人人應當努力去描繪並分享自己所占據的那一個角度所看到的不同面向，且唯有如此，人們才可能有機會見識到自己原先所不曾看過或理解的事物面貌，從而達至康德所謂「獲得擴大的心智」（enlarged mentality），從而做出對當事人最適當的判斷或說是真正的主見（鄂蘭，2021：333）。第二、既然人人看

事情的角度都如同坐在餐桌上受不同位置的影響，因此看到不一樣的畫面，真相其實不但可以從不同角度理解、訴說，且能不斷地堆疊、添加，甚至更改側重之處或根本意義的敘事。對鄂蘭來說，自然現象都已如此，更何況人為事件或關於歷史真相的理解。第三則是這印證了上述所說，針對同一洞見，其實可以有不同的表述方式，殊途同歸。

至此，我們方能真正理解鄂蘭所說，一個人的「政治思想」（political thought）意味著那必須具有「代表不在場的他人」之特性，因為那必然是經歷過不同視角的切換才做出的最後判斷。此一說法有兩個重點。一是那意味著（一）參與政治意味著進入公領域去分享自己觀看事物的角度和個人所見的一切；以及（二）視野當中容納愈多人者，其主見愈可能接近明智的判斷。第二則是那解釋了鄂蘭本人聆聽艾希曼受審經過的心境轉變。她在遠赴耶路撒冷以前其實也跟絕大多數的人一樣，預想在法庭上將會遇見一位如同惡魔般的狠角色，但事實不然，她看到的艾希曼不過是一位平庸到不行的人。這讓她一度陷入困境，直到最後才決定接受「平庸之惡」的事實，並據此做出底下的判斷：「可悲的真相是：多數的惡行，實際上來自那些根本不曾真的想過要行善或行惡的人（Arendt, 1976: 180）。」

鄂蘭多次表示過，「平庸之惡」之說是一個事實描述，並非深奧的哲學概念。換言之，她不過是分享從她占據的視角所見給大眾。這當然也稱得上是一種知識分子身分的展現，但更重要的是：她在此一過程當中，歷經了視角的轉換，謹慎的判斷，以及最後接受了原本不想接受的真相。這是活生生的與現實和解之案例。從事後來看，她的觀點也改變了許多人對極權主義起源以及惡的性質之理解。

倘若允許加害者與受害者共同出席法庭審判的「修復式正

義」是為了讓不同面貌的真相浮現，那這制度可說是符合了鄂蘭意義上的「和解」。不過，這種和解並不意味著所有衝突的化解，也不是破鏡重圓式和好，而是承認了原本忽略的事實之存在並接受了超過原先認知的真實一面。

類似的與現實和解，其實也出現在鄂蘭對源自神學的諸多概念之世俗化上。意識到時間與政治有高度關聯性的她，理解極權主義本身以及紐倫堡大審法官提出的「違反人道罪」，其實都是一種創新；只不過，前者的新意在於剝奪所有人之所以為人的條件，但後者則是為了恢復。誠然，倘若納粹極權真如鄂蘭所說是一種前所未有的惡，那面對它的方式當然不能訴諸舊有或既存的法律概念。

關鍵是人們該如何接受此一事實並做出回應？鄂蘭的做法是接受了自然法和神律已失去權威之事實，然後一方面藉世俗化奇蹟概念來重新詮釋人性尊嚴，並且從飽經戰亂與罪惡的人類史當中找到了另外兩個重要案例來佐證此一論點：古希臘的城邦政治，以及羅馬建城立國的經驗。這是她以「採珠人」（pearl-diver）的身分從真實歷史經驗之中揀選出來的三顆珍珠（葉浩，2017）。此舉既是一個知識分子的盡責展現，也是鄂蘭贈予後人的一份思想遺產，每一顆珍珠都映照出人性尊嚴不同面向。

筆者以為，鄂蘭以創造新概念來回應時代之所需的做法，對本地倡議轉型正義者亦有重要啟示。首先是，如果此地的文化並無相信白紙黑字之外有更高規範的思想傳統，那就應當努力去建構理論來提供一套能讓人藉以判斷歷史、理解過往不義之屬性以及如何走出歷史困境的理論。鄂蘭以世俗化神學概念來填補曾是永恆道德所留下的空缺。這不僅提供了內容，其實踐方式本身更示範了轉型正義倡議者應當邁步往前的方向。事實上，提出「違反人道罪」的紐倫堡大審法官是如此，從人類歷史廢墟找回三顆

珍珠作為新永恆道德內涵的鄂蘭同樣如此，為了避免動搖國本而不採取純粹司法途徑來進行轉型正義的南非也是如此。尤其是在欠缺人權傳統且講求復仇的華人文化底下，若不接受鄂蘭的論述來支持人性尊嚴以及原諒概念，那或許應該致力於擔任本地歷史傳統的採珠人角色，提出符合文化脈絡的論述，才能善盡鄂蘭所示範的知識分子責任。

世俗化神學概念之外，鄂蘭也採取了重新詮釋歷史的策略來提醒美國的建國理念。據她理解，美國獨立運動不但是符合她所謂以自由為目的之集體行動，也就是真正的政治之實踐，且屬性上不同於人民出自想求得溫飽之私人考量而進行的法國大革命（Arendt, 2006c）。在她眼中，前者是在不斷維持未來開放性底下所進行，是體現自由的行動，但後者則是一開始即有了目標的計畫，因此是讓政治淪為製作的墮落。姑且不論這是否符合史實，上述兩種詮釋都旨在賦予人類一種政治希望，是鄂蘭分別以「愛世界的個人」和「美國公民」兩個不同身分所進行的結果。其根本書寫目的不外是透過重新解讀歷史來賦予新的政治希望，而這或許也包括了重新詮釋憲法精神乃至憲法的實踐。

正如鄂蘭一再強調指出，說故事本身即是對現實世界的一種介入，對她來說是以文字來「模仿行動」的一種活動（2006a: 45）。她的世俗化神學概念的工作，是對於失去信仰的世界之介入。身為一個意識到自己總是介於歷史與未來關口上的政治思想家，她從歷史廢墟當中找出了提供人們盼望未來的基礎之做法，本身也印證了歷史不是實證主義式的拼圖工作，而是允許重新詮釋。此舉對任何倡議轉型正義者都是一個重要的示範，亦即：我們可將過往理解成一個人或某一族群的錯，但也能在承認惡與不義存在的同時，指向人的能動性以及政治希望之所在，讓自己的言說與行動成為奠定共同未來的基礎，甚至是不朽。

不過，致力於延伸鄂蘭關於「敘事」的洞見者如哈佛神學家麥柯・傑克森（Michael Jackson, 2014: 144）曾準確指出，說故事的力量在於敘事本身不僅能將聽者帶離自身觀點與情境，更可藉此轉化聽者原先對事物的理解，並重新界定自己與世界的關係，但倘若故事的內容在高舉自己或自己人的英勇同時刻意貶低了其他人，甚至妖魔化另一個族群，那其實既失去了歷史的客觀性，也侵犯了被視為他者那一群人的尊嚴。無論讀者是否接受鄂蘭歌頌美國、貶抑法國的歷史詮釋，她一再強調說書人或歷史的書寫者應當以希羅多德（Herodotus）為榜樣，因為他「決心不讓『希臘與外邦人的豐功偉業喪失其應有的榮光』，至今這仍是我們所知道最高型態的客觀性（鄂蘭，2021：70）」。此一說法，對許多正在進行轉型正義且實踐上涉及了重新書寫歷史課本的國家而言，也是一個重要的提醒。如果鄂蘭本人的歷史詮釋工作未能達至此一理想，那只能說這果真不是一件容易的事。

無論如何，書寫是一種介入世界的方式，本身即是一種政治行動。世俗化奇蹟概念是因應時代所需之舉，也因此才能指向一條如何走出歷史創傷但又不仰賴特定文化傳統的道路。置於轉型正義的脈絡底下，那意味著：首先，我們無需援引源自基督教的自然法或脫胎於此的違反人道罪，即可指出極權主義或威權體制在剝奪了人身自由、言論自由以及政治參與的時候，如何侵犯了人的尊嚴，亦即人之所以為人的條件；且欲理解這種不義之屬性，只需將目光投向威權體制對人格的傷害以及如何對他人受苦無感，並不仰賴特定的「正義」概念或任何深奧的哲學理論。再者，那也意味著每個社會都具有走向和解與自我修復的能力，因為前者指的是接受現實的多重面向，後者則根本只需人們是否原諒與承諾的意願，且前者若包括了承認行動的不可逆、不確定性以及不可預測性，就當心存後者的可能。最後，上面兩點的共同

指向是政治妥協的必要。這種妥協不是對理想或信念的打折，而是基於對人性尊嚴之肯定，並相信若非受到政治壓迫，人人都有當一個獨特的角色之能力，也因此社會必然存在一種多元性，因此，轉型正義本身不該是一種去政治化的工程。

奠基於鄂蘭思想的轉型正義的論述，既不援引特定文化傳統的方式來賦予國際轉型正義中心指出的三大目的，也不至陷入主要理論所難以避開的道德風險。當然，說故事概念對轉型正義的具體實踐涵意是：讓所有人藉共同行動來說故事，不論那是在事件之後對過往的重新理解、賦予新的意義。比起知識分子提筆書寫，讓社會所有成員共同介入歷史反省並決定未來，才是鄂蘭意義上的共寫歷史。那應當是一個眾聲喧譁的政治過程。沒預設立場，也不該採取由上而下的行政手段把轉型正義當作一個可按照藍圖施作的工程，目的也不是選擇哪一個南非或德國「模式」，甚至破鏡重圓式的和好也不一定是個選項。事實上對鄂蘭來說，南非與德國的案例都不過是努力走出介於過去與未來之間的困境之個案，且各自採取了符合自己文化與社會條件的方式尋找了出路。他們的經歷若對我們有什麼非學不可的地方，那應該是：急著讓歷史翻頁，絕不是一條出路。

第四章

尋找柏林式的價值多元轉型正義理論

> 同樣地，完全正義（誰能否認正義是人類最高尚的價值之一？）的世界和完全悲憫的世界並不相容。我無須再費力說明：若非由法律做出無情的處分，便是讓人們做出饒恕，偏偏這兩種價值就是無法同時實現。
>
> ——以撒・柏林：《理念的力量》（Berlin, 2001）

尋求理論基礎的政治實踐

　　轉型正義之事關乎歷史遺緒，旨在妥善處理前朝政府系統性踐踏人權等罪行的加害者與受害者。此種挑戰對政治而言已非鮮事，至少「和民主的歷史本身一樣悠久」。（Elster, 2004）然而，自20世紀晚期許多政權相繼轉型後，轉型正義就成了棘手的議題：1974年的希臘轉型、1983年阿根廷軍事政權的垮臺與其他拉丁美洲專制統治的結束、1989年東歐共產政權的瓦解以及南非民主的到臨等等。「轉型正義」（transitional justice）一詞最先由法理學者泰鐸提出，指涉如何藉由法律手段抒解轉型時的緊張情勢（Luban, 2006）。現今，該詞已成為政治論述中普遍使用的範疇，意指新興民主社會解決舊政權的政治過失所採取司法與非司法的各種項措施，包括起訴加害人、特赦加害人乃至刻意迴避此議題等手段皆有。

　　在現今汗牛充棟的轉型正義相關文獻之中，隱約可見一種知

識分工的存在。絕大多數的學者都採取經驗實證路徑來進行研究，並且將此議題理解成「民主鞏固」（democratic consolidation）問題的一環（Huntington, 1991），二十多年來已經累積了為數可觀的個案研究，清楚記載政府面對該議題的手段與方法，特別是在比較政治和區域研究等政治學次領域裡（De Brito et al., 2001; Elster, 2006; Kritz, 1995; McAdams, 1997）。這種主流研究方法並不試圖對轉型正義之概念進行梳理，甚至盡可能避開轉型正義的規範性論述，不觸及其道德基礎（Linz and Stepan, 1996）。當今著名的政治科學家約翰・埃斯特（Jon Elster）所持的方法論立場正是如此，其影響甚巨的近著《結帳》（*Closing the Books: Transitional Justice in Historical*）一開始便揭示其任務乃純粹為「實證（positive）和解釋（explanatory）的工作」（2004）。該書收錄了大量轉型個案，從古雅典政權轉移到現今未竟的實例皆有，並且提供了一個稱之為「轉型正義結構」（the structure of transitional justice）的分析架構，用以區分轉型正義的類別以及解釋個案之間的差異。著作小心翼翼地避開了規範性議題，將「正義」理解為相關決策人士所實際採取的標準與考量，亦即讓原屬規範性的議題變成了純粹的經驗性問題，也就是可供實證調查和準確記錄的事實。埃斯特之所以避開民主轉型的規範性論述，原因是他認為轉型正義這種「現象的脈絡依存特性乃通則化所無法跨越的障礙」。（2004）然而可以確定的是，他並非未察覺到「眾多個案之間存在著許多共通的機制」，只不過這些共同點對他而言處於太低的抽象層次，無法作為普遍性理論的基礎（Elster, 2004）。對此，我們甚至可以補充一點：追求轉型正義的動機——即埃斯特所謂的正義追求者之「理由」——眾多繁複，因人而異，且隨社會而有所不同，而這也意味著，任何替轉型正義找尋普遍的規範性理論之企圖都將受挫。

　　然而，民主轉型盤根錯節的脈絡，阻礙不了埃斯特將這些層次很低的共同點進行分類的強烈企圖。這些共同點被歸納成許多類別：如行為者（加害者、受害者、受益者、幫手、中立者、促進者、失事現場清理者）、動機（理性、利益和情感）、決策（立法、行政和法律）、在追求轉型正義時牽涉的制度（法律或者是政治制度）以及轉型正義可被追求的層次（個人、法人、民族國家、超國家制度）。埃斯特將這些類別統稱為「轉型正義的結構」。不過，法理學家大衛・盧本（David Luban）明確指出，這種歸類方法乃不涉及事件或行為的因果分析（causal consequences）之分類（taxonomic effort）（2006）。因此，我們往下讀便可發現，加害者又進一步被區分成機會主義者、輸家、懷恨於心者、順從者、狂熱分子、有原則者和無思想者，但是欠缺清楚的分類標準以及和其他類別行為者之間的關係。同樣地，被害者的遭遇又可分成物質的、個人的以及無形的三種類別。最終讀者面對的其實只是一份角色目錄，雖然它告訴我們任何一個轉型個案中的相關人士都扮演著某種角色，但終究沒有詳細闡述我們到底該如何認定某一個人扮演的角色，因為那必定得涉及規範性的評判，而這正是埃斯特不願意做的事。

　　然而，採取經驗性路徑的轉型正義研究，無法滿足亟需實踐方針以回應暴虐的政治過去的人。此一實際需要導致了規範性路徑的出現，且相關文獻也愈來愈多，用以為轉型正義的不同方法做辯護，以及評價其相對的優缺點。也許正是由於實際需求和理論辯護間的密切關聯，此種路徑主要聚焦在新興民主政權對待前朝政府官員的兩種方法之上；第一、起訴加害者的司法（judicial）回應，例如阿根廷成立的全國失蹤者委員會（National Commission of the Disappeared）和「真相審判」（truth trial）；第二、尋求加害者與被害者之間和解的政治（political）回應，

以現今廣受國際社會認可為轉型正義之「模範」的南非「真相
及和解委員會」（Truth and Reconciliation Commission）為代表
（Allen, 2007）。

　　需要注意的是，推動轉型正義之司法回應本質上是報復性
的（retributive），因其牽涉到審判過程、清除黨羽以及賠償
（Deák et al., 2000）；反之，政治回應關切的則是新興民主國
家脆弱的社會與政治條件，了解到受害者和加害者個別代表分
裂社會中的衝突兩造，所以將社會和諧視為所有政治價值中的
第一優先——也因而本質上具有回復性（restorative）或和解性
（reconciliatory）色彩（Philpott, 2006）。這兩種回應於是被普
遍稱為「報復性正義」（retributive justice）和「回復性正義」
（restorative justice）。任何人若對現有相關文獻有粗略的認識，
必定會注意到當今的轉型正義具有「兩張面孔」：一張面向過去
發生的不正義，另一張面向未來可能的社會和諧——兩者之間的
差異，就如同政治思想家約翰・葛雷的觀念史考查發現，自由主
義思想傳統具有兩種面貌那樣，分別由兩套完全不同的政治哲學
支撐（Gray, 2000）。了解這點，為何埃斯特那本標榜「科學實
證」研究的著作裡，一開始會對西元前 4 世紀的雅典民主革命與
19 世紀法國波旁王朝的復辟——分別代表報復性正義與回復性
正義的追求——進行詳盡的描繪，似乎可不言而喻。的確，深度
描繪這兩個歷史個案的內部發展邏輯，恰巧可分別推導出一套相
關的辭彙與理據，以利討論 20 世紀的諸多轉型正義個案。換言
之，埃斯特的實證研究其實借用了某些規範性研究的成果。

　　欲確切掌握報復性正義與回復性正義兩者之間的差異，簡
單的方法是將轉型正義視為茱蒂絲・施克萊（Judith Shklar）稱
之為「正義的正常型」（normal model of justice）以及我們可順
勢稱為「正義的特殊型」之間的衝突（Shklar, 1990）。司法回

應的提倡者經常將對加害者的處罰視為「正義」的核心基礎，意即若不處罰加害者——無論加害者在何種歷史脈絡下所進行的加害行為——將會導致另一種不正義，而且認為剛進行民主轉型的社會最需要以這種方式來奠定法治（the rule of law）基礎。東羅馬帝國查士丁尼大帝（Justinian）重修羅馬法典時，將「正義」界定為一種「持續不斷的期許，旨在給予每個人所應得的事物」（the constant and perpetual wish to render to everyone his due）（Allen, 2007）。倘若此一定義正確，我們只好接受「寬恕」（forgiveness）並不符合正義的要求，因為它將讓受害者的所得少於原本應得的。與之相反，回復性正義的支持者認為修補破裂的關係（restoration of broken relationship）才是正義的真諦，也因此寬恕乃對加害者的適當態度。尼采的深層人性心理分析，曾將渴望正義的本源追溯至不甚高尚的意念：以牙還牙的報仇意志（Nietzsche, 1969）。也許這些回復性正義論者會同意尼采這種看法，不過，那可能是他們與這位反基督思想家唯一共同之處——因為，正如以色列哲學家阿維賽·馬格利特（Avishai Margalit）指出，寬恕的觀念深植於宗教，回復性正義論者的思想更可能是從猶太－基督神學中獲得啟發（2004）。

無論如何，根據英國猶太教首席拉比約拿·薩克斯（Jonathan Sacks）爵士的解讀，猶太聖經（即基督教的《舊約聖經》）內含一齣五幕的寬恕戲劇，每一幕揭示此概念的一個新面向，層層深入核心：（一）寬恕可以是單方面（unilateral）行為，諾亞方舟之後，上帝在世人並未主動道歉之下，自行決定以彩虹為約，從此不再降下洪水；（二）寬恕是終結手足操戈（sibling rivalry）的方式，約瑟夫最終寬恕了早年把他賣作奴隸的兄弟這故事便是一例；（三）摩西為以色列人全體代禱，獲得上帝的全面寬恕，教導我們一個「團體」如何可以得到寬恕以及如何進行和

解；（四）根據摩西的曉諭，唯有放下仇恨與報復的欲望才能使一個人從記憶的囚籠中獲得自由，也就是說，寬恕具有療效（therapeutic）；（五）隨著贖罪日的訂定，人與上帝之間以及人與人之間的和解變成了固定的儀式，寬恕最終成為一種義務（duty）（Sacks, 2002）。當然，對基督徒而言，也許上帝道成肉身，以耶穌身分降臨於世，才是上帝單方面寬恕的最高象徵。他們也可能會直指，耶穌所講的那個「不懂饒恕人的惡僕」的寓言（《馬太福音》，18, 28-35）才是我們學習寬恕的範本：該寓言中，有個主人在一個僕人懺悔且答應日後償還之後免卻了他的債，但是該僕人隨後卻拒絕以同樣方式寬恕欠他錢的夥伴，主人得知後馬上取消了原來的決定（Amstutz, 2005）。無論如何，猶太－基督教傳統中的寬恕指的是一種「移情代入」（empathy）的表現，且是有條件的，而最重要的是 —— 放棄個人原本所應得的（forsaking one's due）。

　　上述最後一點，無疑對我們正在探討的議題有重大影響。倘若寬恕必須放棄個人應有的，則必然和查士丁尼大帝所界定的「正義」概念相衝突。提及此一衝突，重點並非重述報復性正義論者和回復性正義論者在轉型正義的目的論上有歧見這一件事，而是此差異可深究至「正義」這概念本身該如何理解。這種最深層的觀念衝突是存在的，因為回復性正義原則上可分為兩種形式：第一種形式將寬恕視為民主轉型中唯一有待實現的價值，因此轉型「正義」即是「回復性正義」；第二種則認定政權轉型是個歷史特殊狀況，在此情形下，為了修補加害者和被害者間的破裂關係，（司法）正義的追求必須做出某種程度的犧牲，換言之，「轉型正義」必定是一種「回復性正義」。更進一步地說，「轉型正義」這觀念可被理解成：（一）正義的一種（a species of justice）；在此「正義」的意義則被重新定義成「和解」，旨

在為了因應新興民主國家脆弱的政治條件；（二）正義的應用
（an application of justice）；在此「正義」的司法意義雖獲得保
留，但也意味著，正義的實踐必然包含相當大的犧牲，才可能讓
早已不和諧的社會不至於更加分裂甚或瓦解。或許我們可將以上
兩者分別理解為「回復型轉型正義」的強式版本與弱式版本，但
不論是哪種版本，轉型正義在此都被認定為「正義」的特殊型
（special model of justice），而這和報復性正義所認為，在任何
情境底下，包括政權轉移時期，都要使每個人得到所應得的（尤
其是處罰），相去甚遠。

　　從文獻中可判斷出，回復性正義論者在論證時傾向以強式版
本為證成目標，但所提供之論據卻只能滿足弱式版本。此種證
成落差（justificatory gap）原因在於：儘管「寬恕」和「移情代
入」在基督教的思想框架中適切又有力，但離開此框架便失去了
觀念的核心意義，也因而減損了規範性的力道。另外，如果「寬
恕」以明確的宗教語言來闡述，那麼此論點在世俗社會中也將無
法得到重視，這也是為何南非聖公會大主教屠圖的觀點在非基督
教社群中的影響力不大的原因（Tutu, 1999）。實際上，在分裂
的社會中，若信仰乃衝突的來源之一，伸揚基督教的寬容觀念將
導致問題的產生，而非問題的解決。有鑒於此，將寬恕的概念進
行世俗化，似乎是回復性正義論者無法推諉的責任，而許多學者
也的確對此做了諸多努力。通常他們會訴諸寬恕的治療功能，
而推導出來的寬恕之必要也就近似「醫療上的必要」（medical
ought）：寬恕符合寬恕者自身的「利益」（Margalit, 2004）。
通常此種寬恕的觀念的闡述進行於隱喻的語言之中，例如，寬恕
就是將一個人的自我從記憶的黑暗囚籠中釋放。不過也有例外，
像 P・E・迪瑟（P. E. Digeser）則藉由政治寬恕和取消債務進行
類比，然後推導出以「互惠」（reciprocity）為核心的政治寬恕

理論：如同取消債務可以是資本主義社會中，促進債權人與債務人雙方的共同經濟利益之做法，寬恕可同時為加害者與受害者雙方帶來利益（Digeser, 2001; Sacks, 2002）。只不過，世俗化後的寬恕概念，無論披上何種語言當外衣，都不再是一種義務，不再是以康德所謂的「定然律令」（categorical imperative），而只是一個通往某個目的之手段。

此種論述寬恕概念的方式是有問題的，因為，將寬恕的概念視為工具性的方式會扭曲我們平常將正義視為「本有價值」（intrinsic value）的理解，也使得立基於寬恕概念的回復性正義成為通往某種目標的工具，而順著工具化正義觀邏輯下去，必然會導致轉型正義不再是個等待落實的道德義務。或許這根本不會困擾現有的報復性正義和回復性正義論者，因為實際的狀況是，轉型正義普遍被視為一種達到民主成熟的手段，也因此相關的主流文獻經常是出現於「民主鞏固」這議題的問題討論之下。一般而言，提倡轉型正義者假定所有新興民主政體有一個共同宿命，即必然得走向現代自由主義式民主，而規範性相關研究所提供的只是從宗教或道德傳統中擷取元素來為此宿命做辯護。正如同強納森・埃倫（Jonathan Allen）所觀察到的，實際上用來推動轉型正義的各種措施，都不過是種政治的權宜之計，並非是立基於某種「哲學律令」（philosophical fiat），也不是任何源自於某個政治價值推演出來具有邏輯連貫性的政策（2007）。據此，我們最好還是把轉型正義理解成一個仍在尋求一般性規範理論基礎的政治實踐，而此一邏輯連貫的轉型正義理論不但要可以「解釋」過去的不正義如何以及為何發生，並且要能夠提出「政策方針」，指導現今該做什麼以及未來如何避免同樣過錯再犯。

從上一段可推導出，儘管現今的規範性研究闡明了我們的研究主題，並為特定路徑的部分面向提供辯護，用以處理歷史遺留

下來的難題，但是，這些文獻提供的嚴格說來只是洞見，尚未成為可供我們理解過去和指導該對舊政權的代理人採取何種行動及態度之連貫和邏輯一致的規範性理論。當然，基督徒回復論者肯定有機會建構上述理論，但正如前面所述，此種做法較可能導向問題而非解決之道的產生。另一方面，報復性正義仍繼續主張單憑司法措施就可解決問題。但是，具有強烈歷史感或對於人類現實的複雜性有所體悟之人，肯定無法接受此一觀點——畢竟，之所以有另類觀點的產生，正是源自於對純粹司法的途徑不滿。正如轉型正義的政治實踐所示，以轉型正義之名而進行的政治，其實所追求的並非只是正義，而是在脆弱民主政治環境之下適當處理歷史遺緒的方法，包括如何對待舊政權時參與踐踏人權的官員和黨羽。誠然，它含有促進民主成長的期待，也有對正義的真實追求，但其他的政治價值與現實環境；例如社會和諧、政治穩定、歷史真相等等——也都在考量的範圍內。然而，真正重視此一政治實踐，就是將轉型正義理解為價值衝突的個案。此一理解意味著，轉型正義真正的任務不在於尋找新穎的方式來重新包裝「正義」的概念，也不是如何才能壟斷「轉型正義」這政治語彙的意思，而是一種尋求平衡點的藝術，即在政權轉移的特殊情境底下，尋求不同價值——包含預設價值（default values）如對個人的尊重與法治的追求（即民主制度之核心價值）——之間，甚至是政治現實與理想之間的妥協。

　　關於價值的衝突與妥協，20世紀西方政治思想巨擘以撒·柏林的價值多元論著墨良多，而本篇論文接下來正是要討論價值多元論對轉型正義的議題之啟示。不過，由於柏林的價值多元論現今有不同版本的解讀，除了最有影響力的約翰·葛雷版本，還有喬治·克勞德的重新詮釋，而且兩者分別側重的思想要素之意涵，也與筆者自己理解的柏林不同，所以筆者將於下一節藉由文

本證據，一方面指出現有的解讀之偏差，一方面提出筆者所解讀
的柏林政治思想之輪廓，特別是對於轉型正義最有直接關聯的部
分。

柏林的價值多元論對真相及和解委員會的可能意涵

在柏林著名的〈自由的兩種概念〉（Two Concepts of Liberty）
一文結尾，他提到：「人的目的有許多種，原則上它們無法和其
他目的相容，就此，衝突和悲劇的可能性並無法從人類生活中完
全抹滅，無論個人或社會，」因此，「在眾多絕對主張中做選擇
是人類情境無可避免的特徵。」（Berlin 1969）這段陳述，旨在
對人類現實做出「更加真實」（truer）的描述，以及提出「更為
人道」（more humane）的道德規範。就此，柏林闡釋如下：

> 多元論，及其必然伴隨的**消極自由**，在我看來是比那些恪
> 守紀律的龐大威權體制底下，尋求讓某個階級、民族或全人
> 類**積極**自我做主的理想，更加真實且更為人道的目標。更加
> 真實，因為它至少認知到人的目標多樣繁複，無法完全彼此
> 相容（commensurable），而且永遠處於彼此敵對的狀態之
> 中。假定所有價值都可以用同一尺度衡量，而我們只需審視
> 便可以判定何者具有最高價值，對我而言猶如否定我們對人
> 類乃自由行為者的認知，也讓道德決定淪為原則上只需一把
> 滑尺便可解決的過程。藉由某種終極的、一切沒有衝突並且
> 可以實現的綜合論述，來宣稱義務就是利益，個人自由等於
> 純粹民主或威權體制，說穿了只是丟出一條形上學的大毛
> 巾，掩蓋在自欺欺人的行為之上。更為人道，因它不會（像

那些體系建構者那樣）以某些遙遠或不連貫的理想為名義，從不可預測且能改造自我的人類身上，剝奪掉對他們的生命而言所不可或缺的事物（Berlin, 1969）。[1]

在政治哲學的領域中，上述這一段話普遍被理解成「價值多元論」的基本論述，且此論述的中心思想為：價值或生活的目的之間可能會彼此衝突，因為它們彼此並不相容（incompatible），甚至是不可共量的（incommensurable）。

根據約翰・葛雷的解讀，價值多元論的應用層次有三個：第一、在任何道德或行為準則中，道德的最終價值之間會有衝突，無論是理論或實際推論都無法解決這樣的衝突；第二、每一種善或價值，都具有內在複雜與本質多元的屬性，包含互相衝突的成分，甚至是不可共量的成分；第三、不同的文化形式會產生不同的道德與價值，之中當然會有重疊的特徵，但之間對於何為「卓越」或「德行」，甚至是「良善」這基本概念，必然會存在相異或不可共量的認定（1995）。民主社會之中「正義」與「憐憫」之間所產生的衝突，是第一層價值衝突的例證。

「自由」在基督教和佛教之中有不同的定義，乃屬於第二層的價值衝突。至於這兩種宗教之間所存在的系統性差異，則是第三層衝突的證據。整體而言，約翰・葛雷的論點仰賴他對「不可共量性」之觀念的理解，亦即我們在不同價值之間，邏輯上根本無法做出比較或排序。如果他的想法正確，價值多元論其實可以支持一種競爭式（agonistic）的自由主義，允許不同的價值同時存在，並且在各個層次上相互競爭──但絕不支持以「理性」概念為核心，或者預設了「正義」與「自由」之間的相容性

1　粗體字為筆者自己的強調。

（compatibility）甚至是同一性（identity）的自由主義理論，例如羅爾斯或德沃金所提倡的版本（Gray, 1995）。

在此我們必須注意，對柏林而言，「多元論——即客觀價值的不可共量性或不可相容性——並不是相對主義」，因為這想法本身意味著客觀價值的存在，也就是說：「這些價值是客觀的——它們的性質，人們對它們的渴望，與人類存在的本質無法切割，因為這就是一種客觀的『給定』（given）」（Berlin, 1991; 2001）。另外，柏林也認為，這些價值在數量上是「有限的，不管這數目終究為何」，且正是這種客觀性的想法，使得他能保留在不可共量的價值之間「做出合理抉擇」（reasoned choice）的可能性——即便抽象思維上無法如此，至少具體個案裡可以（Berlin and Williams, 1994）。喬治・克勞德相當看重上述有關價值的客觀性與數量有限的想法，於是他主張，柏林實際上視某些價值為「核心」（central core）的普世價值，並且以此作為區分「文明」社會——或「最低限度的良好社會」（minimally decent society）——與「野蠻」社會之間的判準（2004）。若克勞德所言為真，柏林心中的核心價值與西方自由民主社會所堅持的價值剛好相符。無論如何，「人類共同視域」（common human horizon）的想法啟發了克勞德以亞里斯多德的「實踐理性」（phronesis）概念來理解柏林的論點，並且主張所謂的「做出合理抉擇」其實是一種「情境化的理性抉擇」（contextualised rational choice），或更具體地說，是由實踐理性所指導，在具體情況下所做出的選擇（Crowder, 2004）。在此理性架構下，克勞德更進一步將悲劇性選擇的機會視為行為者培養個人自主性（personal autonomy）的機會。由此他歸結出，柏林有兩個從價值多元論到自由主義的主要論點：一為在觀念和價值中優先選擇消極自由，二為棄絕政治完美主義，並且以「容納與管理人類生

活之各種不完美的政治形式」取而代之。這兩點的共同指向則是：柏林的價值多元論支持以「理性」與「個人自主性」為基礎的啟蒙式自由主義（Enlightenment liberalism），而非約翰・葛雷所提議的競爭式自由主義（Crowder, 2004）。

就本文所處理的議題而言，作者無意捲入克勞德和約翰・葛雷之間的論戰，只想在此指出，對柏林而言，價值多元論「必然指涉不同文明之間或同一文明之內不同階段之間的互不相容性」（Berlin, 1991）。關鍵在於價值客觀性與「同情理解」（empathy）觀念之間的連結。用他自己的語言來講，相對主義是錯誤的，因為我們都能藉由充分想像和移情「進入他人的價值體系」（Berlin, 2001）。無論是個人或集體所追求的價值，其客觀性（objectivity）之證據，在於這些價值可被人理解（intelligibility）的特性。換句話說，若某個價值本身是可以讓人同情理解的，那他就是個客觀的價值。這種以行為者為中心的（agent-centered）價值概念，不僅讓柏林能夠避開先驗性（a priori）的演繹或歸納性的通則化方式來證明價值客觀性，並且讓他重新奪回人在歷史上的自主性，真正成為歷史的製造者——人們於是再次成為生活形式的創造者，新（亦即歷史上未曾出現過）的人生意義之追求者，也就是「人類共同視域」的拓展者。

毫無疑問地，在此一價值概念中具有唯意志論（voluntarism）的成分，因為它隱含著：X 之所以可以被認定為一個「價值」，在於它被行為者當作終極目標來追求——換句話說，由第三者強壓在某人身上的，嚴格說並不是該受壓者的「價值」。此一自願主義對於如何理解柏林所謂的悲劇性價值衝突，具有關鍵重要性。假設 X 是某個行為者所追求以實現的價值，他必然已經感受到該價值的規範性力量；也就是說，除非他經歷過了價值觀上的全面性改變，即法政哲學家約瑟夫・拉茲所言之價值體系

上的「類格式塔轉換」（Gestalt-like shift），否則，就算他在某個價值衝突的情況底下選擇了犧牲該價值，他還是會受制於該價值的束縛（2003）。[2] 簡而言之，即令實際情況不容許兩個價值同時被落實而必得犧牲其中一個，被犧牲者的規範性力量仍依舊具有約束力，即其「價值」不會因此而不再。這正是人在犧牲某個價值以成就另一個與之衝突的價值時，會感受到悲劇性的原因。根據這種說法，價值衝突的悲劇性是不可能藉由一套理性的說法，講講便消失殆盡。或者說，悲劇性只能在某個「化解一切衝突的綜合論述」（all-reconciling synthesis）之中被排除開來，但對柏林而言，這種論述不過是在現實之上披一塊「形而上」的魔術方巾，而這種做法正是上世紀前半段一元論者所引進的策略，無數的生命已經死於這種新式的活人祭（new form of human sacrifice）裡，亦即將活生生的人犧牲於冷冰冰的「抽象祭壇」（altars of abstractions）之上（Berlin, 1991）。

　　此一對於價值衝突之悲劇性的理解方式，與那一段啟發了約翰・葛雷與克勞德進行探索價值多元論與自由主義之「邏輯」關係那一句話（即上面所引用的長段之第一句話），有深切的關聯。柏林一直警惕我們，理念的力量是可怕的，而人類這歷史製造者所具有落實他們所信仰之理念的能力，更是可怕。此一警惕的背後，意味著政治一元論有被實現的可能，而且只需要取消一切的消極自由便可以實現。在之前所引用的那長段裡面，柏林開宗明義說，價值多元論隱含某種程度上的消極自由（a measure of

---

2　「類格式塔轉換」的概念得自於「格式塔心理學」（Gestalt psychology，也有人譯為「完形心理學」），其重點在於：人類望見一個圖案或文字時，無法同時間感覺其整體與注意其構成元素。例如，我們撞見「Gestalt」的當下，只能想起它的意思或看成七個英文字母，而這兩者是完全不同的經驗；對於原本不識該字但後來懂了的人而言，了解的過程便是經歷了格式塔轉換，拉茲以這種全面性改變的經驗來說明人類價值觀的轉換。

'negative' liberty）之存在。這也是為何柏林會繼維科之後力促我們「正視生命所能容納多元價值的包容性」的主要原因（Berlin, 1991）。也只有在這個時候，我們才能完全體會柏林為何力促讀者以移情方式來理解過去，因為唯有讀者如此做時，才可將人類史視為不同文化的板塊，進而接受價值多元論的真實性。柏林對維科的方法論之解釋的確偏向移情概念的道德層面，而這也顯明，對柏林而言，不以同情理解的方式對待過去的人、事、物便是一種錯誤的對待方式，甚或是種「虐待」；更具體地說，若以自己的世界觀來評判別人，不但在知識上犯了方法錯誤，也在道德上做出不當的舉措。這兩種方式的共同點是強加自身價值在他人身上，錯在並未真正將他人當成「人」而予以適當的尊重。

　　以過去的價值觀來理解過去，並加上想像與移情，不但能擴展我們對世界的認識，也能培養我們更寬廣的心胸來寬容異己。對柏林而言，這正是自由主義式公民教育之真諦。他離開哲學去鑽研思想史，並且不斷地重述同情理解的重要性，並非真的如同廣為人知的──也是柏林自己喜歡散播的──小道消息所指，無法在哲學領域上做出重大貢獻，其真正的原因是因為他想提醒我們，在追求自己所信仰的價值時，必須同時意識到其他生活方式的存在。事實上，他在《自由的兩種概念》結尾提到：

　　　有位當代令人尊崇的作者說：「**文明人和野蠻人的區分，在於信念的實踐必須止於相對正當性之上，並且不畏縮地為其辯護。**」超過此範圍，便是屬於無可救藥的更深層的形而上需求了，而允許其發生則是同等病態，但更加危險之道德與政治上不成熟的症狀（Berlin, 1969）。[3]

3　引號為筆者自己的強調。

由此可見，價值多元論與自由主義之間的連結，並非如約翰・葛雷和克勞德所預設的純粹「邏輯」關係，而是柏林對人類歷史之解讀，將歷史視為一連串同樣正當的生活形式之更替過程。從此種解釋衍生出來的是：柏林眼裡，一個人之所以可以稱之為「自由主義者」，並非在於其主張之內容為何，而是他能否真正體會到自己所選擇的生活方式，只是眾多形式中的一種 —— 也就是價值多元論的真相。事實上，同樣的想法早已出現在他寫於 1949年的文章，也是他首次系統性闡述價值多元論的時候；他說道，我們的時代所欠缺的不是「更多的信仰、更強的領導或更科學的組織」，而是：

> 少點救世主的熱忱，多點啟蒙式的懷疑主義，加上面對各種特立獨行之想法時的寬容，把目標設在近一點的未來，並且採取個案處理的方式（ad hoc measures）來落實，對於那些無法獲得大眾支持的品味與信念，仍然給予支持它們的小眾或個人多一點空間，讓他們也可以追尋自己的人生目標 —— 至於對錯則不是那麼重要（Berlin, 1969）。

這種個案處理方式的想法，其實預設了價值多元論的真實性，而根據這種政治觀：

> 作為一般性規則，我們所能做到最好的就是維持一種「不穩固平衡」（precarious quilibrium），避免極端的狀況發生，也避免令人無法接受的選擇出現 —— 這正是所謂「良善社會」的首要條件（Berlin, 1991）。

　　由此可見，克勞德之前所使用的「良善社會」一詞，放回柏林的思想脈絡來解讀時，指的並不是「自由主義社會」，而是一種願意以個別方式來處理政治事務的態度，即隨時願意在互相衝突的價值之間尋求某種平衡的心態。

　　強納森‧埃倫認真看待柏林所謂的「不穩固平衡」的概念。在一篇論文〈從自由多元主義立場為真相委員會辯護：得自以撒‧柏林的教導〉（A Liberal-Pluralist Case for Truth Commissions: Lessons from Isaiah Berlin）之中，他主張，價值多元論對尋求「真相及和解委員會」這種新制度的基礎論據，有相當實質的幫助（2007）。大多數的真相及和解委員會，旨在尋找過去有關蹂躪人權之事實，雖然有些也會提供賠償、修補和判刑等等有關如何落實轉型正義的建議。如果埃倫所言為真，價值多元論與真相調查委員會的關聯「主要是消極的：亦即讓我們避免將真相及和解委員會視作一種旨在促進社會和諧，所以必須犧牲正義的手段，或是單純為了落實回復性正義的工具」（Allen, 2007）。埃倫清楚指出，真相及和解委員會的存在依據可分為兩種類型。第一種為「簡單犧牲」型，它承認政治特赦必然包含著對於「正義」所要求之正當事物的否定，並且將「真相」、「妥協」、「社會宣洩」（social catharsis）、「國家團結」等等，視為比「正義」還重要的價值，至少在民主深化的脈絡底下是如此——換句話說，特殊的政治環境要求「正義」被完全犧牲，以利其他更重要的價值之實現。[4] 與之相反，「回復性正義」型的論點拒絕「非有即無」（all or nothing）這種極端做法，而將注意力放在正義的「回復性」面向之上。其支持者宣稱，正義的落實不必

4　「宣洩」一詞為心理學用語，指將壓抑的情緒或深藏的痛苦回憶強烈地發洩
　　出來的做法。有些學者認定轉型正義的落實可為社會帶來類似功用。

然包含懲罰，而是旨在修復破裂的關係，亦即修補加害者與被害者間關係，才是正義的真正目的。

如果埃倫的判斷正確，那麼簡單犧牲的說法有以下兩個缺陷：（一）此說法並未提供實際的論點，證明和解比正義還重要；（二）它無視妥協的重要性。若考慮其中隱含的價值衝突，有人可能會誤以為它是價值多元論的一種。不過，正如埃倫所指出，柏林並未排除在特定的具體情況底下，我們仍可在兩相衝突的價值之間做出合理選擇，或是找到暫時的平衡點之可能性。就此而言，「簡單犧牲」這種做法只是價值多元論的假朋友，不可能真正獲得柏林的支持。無論如何，它並未提供我們為何必須犧牲「正義」而非其他價值的論據，而單憑價值乃多元繁複且可能互相衝突這事實，並不足以解釋這必要性。況且，倘若這種說法假定某一特定價值為其核心依據，那它實際上是某種一元論（亦即價值多元論的敵對理論），而這正是回復性正義的支持者的看法。一方面，它賦予「和解」或「社會安定」等價值特權；另一方面，它重新定義了「正義」的概念，使其符合真相及和解委員會的創立目的。然而，這種做法枉顧事物的本質（例如，正義就是正義，和解就是和解），反將「正義」與「和解」當作同一種東西的兩種名稱，而這意味著，它們並非在概念上邏輯相連，而是這兩概念指涉本體上的同一性（ontological identity）。對埃倫而言，「正義」觀念的重構伴隨著消除了許多長期與正義相關的特徵，讓我們再也無法確認「正義」兩字所指為何（2007）。當然，回復性正義的支持者也許會說，此一概念本身就是規範性的用法，而非事實的陳述。然而，我們也可以代替埃倫反駁，概念的重新定義，不該與歷史上與之關聯的意義相差太遠，否則將令人難以接受（Allen, 2007; Williams, 2005）。

根據埃倫的想法，真相及和解委員會的真正任務，「並非

旨在為了社會和諧而完全犧牲掉正義的價值，也不在於倡導重新定義過的回復性正義，而是在正義與社會和諧之間求得一個「複合性妥協」（complex compromise）（Allen, 2007; Williams, 2005）。毫無疑問，「複合性妥協」是從柏林的「不穩固平衡」之主張衍生出來的想法，而且剛好為本文開始的題詞做了適當的註解——在此，它所指涉的是一套兼顧社會和諧與正義的安排，盡可能同時落實該兩種價值。但需要注意的是，這裡的社會和諧並非等同於回復論者所言之「公共治療」（communal healing），而是有關法治原則與拒絕接受不公、不義等政治手段的共識。按照此一說法，「正義」要求政權轉移時絕不能對任何行為者有所虧欠，無論是在物質層次上的賠償或補償，或者是在象徵層次上對犯罪或邪惡的譴責。此種脈絡化的查士丁尼式正義觀，允許我們在追求社會和諧的過程時毋須犧牲正義的所有面向。因此，儘管真相及和解委員會不得不犧牲掉某些正義的報復性層面（如以赦免的方式來增加加害者的參與），它可被理解成一種特殊的制度，藉由查明事實真相來落實轉型正義的物質面向，且讓審判過程發揮倫理層次上的功用，公開回復受害者的自尊，同時譴責犯罪。此外，揭露出的蹂躪人權事實，也可提供我們學習法治——即分裂的民主社會中最迫切需要的最小共識——之重要性的實體教學教材。總而言之，埃倫的論點似乎為真相及和解委員會提供了極有價值的辯護。

邁向轉型正義理論

　　如同上節所見，埃倫經由探索價值多元論的意涵，為真相及和解委員會做出一個有力的自由多元主義式（liberal-pluralist）辯護，使該政治實踐成為一個由自由民主原則所引導，在「正義」

與「社會和諧」兩政治價值之間達成一種複合性妥協（complex compromise）。然而，筆者此時必須指出，此一政治哲學辯護完全仰賴克勞德對於價值多元論的闡述（也就是先前所提，專注於理性選擇的可能性，因而脫離柏林的悲劇性政治觀點之闡述），因此並未道盡價值多元論在真相及和解委員會與轉型正義等議題的所有意涵。若想矯正此一現象，我們必須認真看待柏林的悲劇性政治觀點，即對於「無法達成平衡的衝突價值之間，仍須做出一項選擇」的認知──當此事件發生在個人心中時，個人將必得犧牲其中一種價值，並為之感到懊悔。如同下面將論述的，此種政治觀點對於轉型正義中最迫切的幾個議題都有重要關聯，例如既往的「歷史不正義」該如何被理解、歷史該如何書寫（或改寫）以及該如何呈現在中小學課本裡教育下一代，甚至是加害者與受害者雙方該如何對待彼此等議題。

探究柏林的悲劇性政治觀點在轉型正義之意涵，一個好的出發點是，根據真相及和解委員會的報告，某些加害者的確親身經歷過上述的悲劇性價值衝突，即以埃斯特的用詞來說，「脅迫」下的行為（action under 'duress'）──他們的告白顯示，其所犯之惡行，乃因遵守高階官員的命令，不過是為了保住工作甚至是生命的不得已選擇（2004）。我們或許可以正當地批評這些加害者的懦弱，不過，這其實意味著，他們在惡法與道德良善之間選擇了前者。換句話說，若他們果真為其選擇感到悲痛與懊悔，他們就並非毫無道德良知（amoral），甚至我們不應該直接將他們的行為冠上「不道德」（immoral）這類的形容詞，因為他們的行為畢竟沒有違法（其實是守法），而且更重要的是，他們這樣的行為可能是出自於身為丈夫或父親的責任感（Williams, 1972）。這也暗示著，此類的悲劇性衝突實際上該歸咎於逼迫他們做出選擇的國家或政府，所以這些加害者其實也是政治體制下

的「受害者」。當然，批評者馬上會指出，對於所作所為完全不感到道德內疚或懊悔的加害者也大有人在，甚至他們之中有人深信那些今日被稱為「錯誤」的行為，實際上是對國家民族有利的必要手段（Elster, 2004）。然而，這頂多是再一次確認他們絕非是一般法律意義上的「罪犯」，甚至證明了他們只是政治宣傳下、缺乏反思的粗糙產物。無論如何，這類的反駁將只會強化這類加害者本身亦是一種「受害者」說法，即國家意識形態的受害者，而他們該承受責難的程度也將因此降低。

相當有可能，被稱作「加害者」的那些人會傾向認為，在遵守上級命令與接受軍法審判之間，其實是個沒得選擇的情況。不過，同樣肯定的是，受害者將視加害者的決定為與撒旦站在同一陣線的行為，且只會當加害者的告解是一種為了脫罪的藉口。至於真相及和解委員會，他們的興趣似乎集中在對於找出加害者究竟是否、如何，且在哪種程度上違反了人權之上。必須承認，受害者對於加害者的告白有所懷疑，並非毫無根據，而且轉型正義事件中的不同「角色」有不同看待歷史的觀點這事實，我們也不可視而不見。對於認真看待行為者親身經驗的價值多元主義者來說，對於不同觀點的故事版本都予以適當的尊重，才是最妥當的做法，換句話說，進行了解既往事實時，沒有任何角色的聲音可以被忽視，沒有任何一方的故事該被消音或排除在外。如同之前指出，對柏林而言，若未以同情理解的方式來了解過去的人們，在知識上與道德上都是一種不當的對待方式，同理類推，在尋求評價過去的正確方式時，我們必須認真地看待這些被控訴為加害者的悲劇性個人經驗，否則我們就同時犯了知識上與道德上錯誤。的確，如果真相及和解委員會所真正尋求的是過去發生的事實，這些委員就該扛起責任以同情的角度，公平看待加害者與受害者的親身經歷，亦即我們不該僅僅專注在加害者的行為之上，

鉅細靡遺地檢視，也必須正視他們做出行為的動機與理由。

然而，正視加害者的悲劇性價值衝突，必然會修正傳統上對於「歷史不正義」──即轉型正義所欲糾正或平反之人、事、物──相關想法的理解。根據轉型正義的文獻來判斷，加害者所犯的「過錯」一般被定義為「違反人權」，而且通常被當作是一種「集體罪行」。我們對於加害者的同情卻提醒了我們一件事實，那就是政權並非個人的放大版本，而是由許多獨立的個人所組成，之中的成員分別扮演著不同的角色，有時甚至與他們自身的意願相違背。單單因為這個理由，我們就不應把所有此類政權中的官方代表人員全都視為單一共犯結構，而接受柏林的方法論個人主義（methodological individualism）觀點的人，則會多一個理由來採取上述說法。除此之外，追隨柏林的價值多元主義者，必然不會忘記〈兩種自由的概念〉對於 20 世紀政治暴行所分析：一元論的政治思維成就了多少威權政治體制，卻讓無數人的寶貴性命成為抽象思想祭壇上的犧牲品。當價值多元論者在考量轉型正義的議題時，將會惦記著，於今面臨著轉型正義的困境的新民主國家，正是那些威權政治體制的後繼者。這也意味著，造成某社會多數人民處於悲劇性衝突之痛苦與意識形態之控制的元兇，其實是極少數的政治精英分子。順此邏輯往下推，我們甚至可以說，這些新民主政體的「歷史不正義」之根本因素，最終可追至政治一元論這種思維模式。若照上述柏林的自由主義之核心原則來講，這些新興民主國家的政治悲劇，乃源自於他們的前朝政府逾越了他們政治信仰的「相對正當性」（relative validity），亦即上述柏林用以區分文明與野蠻的判準，換句話說，他們的所作所為遠遠超過了其政治理想所持有的正當性，而此類的政治錯誤唯有放棄一元論思維，改而採取容許悲劇性價值衝突與犧牲的觀點，並且回歸政治「現實感」，正視「他者」的存在時，方可避

免（Berlin, 1996）。[5]

　　在此必須強調的是，對柏林學派的價值多元主義者而言，將過去的不義歸咎於「政治一元論」，用意並非替那些將自己世界觀強加在他人身上的政治精英解套，讓他們可以脫罪於歷史過錯之外，而稱前朝政府官員為「受害者」，亦非旨在一筆勾銷他們的道德責任。正如柏林所一再強調，「理解並非等同接受」，而「原諒」也絕非是種必要──也就是說，正確的理解只是正當批判的第一步（Berlin, 1969; 1991）。對任何掙扎於轉型正義困境之中的社會來說，歷史應該如何書寫與歷史教育應該如何進行，是相當迫切且爭議性的問題，上述的修正後「歷史不正義」觀點，對此二議題有重大意涵。透過正義感的引導（當然不排除某些情況下只是報復感作祟），一個剛從不民主體制走出的國家，很可能會重新撰寫或至少重新評價前朝政府所訂定的「標準」歷史。[6] 這當然是個棘手且需要小心處理的問題。無可避免地，這會傷害某些過去體制下的政府官員或行政官僚，因為他們接受的先前意識形態教育照理說應該最成功，且對民主的態度與看法，很可能尚未經歷過類似「格式塔轉換」的改變。

　　上述最後一點，正好也可說明為何轉型正義議題總會令人情緒激昂：任何一個剛走向民主的社會中，必然有許多人仍秉持舊時不民主的心態來過日子，以及做價值判斷。此議題關乎每個前朝政府的行為者在道德上如何被評價，然後跟著這評價走入史書。截至目前為止，我們的討論指向事實的「真相」不應呈現一面倒的形式，亦即對價值多元主義者而言，歷史不該忽略失敗者

5　有關「現實意識」的闡述，見 Berlin（1996）。

6　報復並非是一無可取的情緒，甚至有可能是忠誠的展現方式，為的是要完成先人的遺志。有關此論述，參見 Ignatieff（1997: 188）。

的親身經歷，包含悲劇性的內心衝突，否則將淪為勝利者的單邊故事──諷刺的是，轉型正義這議題之中，那舊時的「加害者」於今是新興民主社會裡的「失敗者」，但這角色意味不代表我們可以順應「敗者為寇」的想法。原則上，這些悲劇性經驗可以延伸到其他的價值考量，像是「國家安全」，甚至是他們自認為「犧牲小我，完成大我」的真實感受。若柏林所言屬實，任何對過往事件的理解免不了要做道德判斷，轉型正義所涉及的歷史真相也是如此，也就是說，對於前朝政府的行為者所做之道德判斷，我們不可蓄意低估他們的貢獻，更不該竭盡所能來妖魔化他們。如同本文第二部分所論述過的，柏林的價值多元論乃基於對於人類歷史的同情解讀，且這種歷史進路途徑是從康德學派對於個人的尊重所延伸出來的。此一道德原則，可用以檢測自稱為多元主義者的真偽，並可作為追求轉型正義的「消極原則」：倘若柏林學派的價值多元論者的邏輯連貫，他將不能僅僅以今日自由民主國家的標準來評斷不民主的前朝政府，也不該以此來衡量其行政官員的道德責任，因為這些行為者可能毫無民主的概念與知識，而這麼做也只是以今論古──此舉與政治一元論者在上個世紀所犯下的罪行，本質上其實無異，都是將自己的價值強加在他人之上，而這正是價值多元論反對的！

　　除了隱藏於柏林方法論中的消極原則之外，他的價值多元論的構想中亦可推出一個「積極原則」，可以作為追究前朝政府可責性的判準：「信念的實踐必須止於相對正當性之上。」（to realize the relative validity of one's convictions）先前已經論述過，此一規範性原則不只為價值多元論者在追求其價值理想時設限，也定義了柏林眼中真正的自由主義者之心態。此時必須指出的是，對柏林而言，當代一元論者所犯的「道德」錯誤，在於他們違反了此一原則。當然，一元論者也錯誤地相信唯有他們的世界

觀是正確的，而這種錯誤正是不去了解自身信仰之相對正當性的典型案例，但嚴格來說，這並非是種道德錯誤，而是種知識上的錯誤（epistemic mistake）。當應用於轉型正義這議題時，此原則意味著：第一、倘若前朝政府的行為者在追求價值理想時，超越了其相對正當性所容許之範圍，那麼他們就是犯了道德上的錯誤；第二、任一行為者的錯誤都必須當作個案來檢視，因為唯有掌握個案的細節，才能界定其「相對正當性」之容許範圍。

毫無疑問，這種個案處理方式（ad hoc approach）與柏林的方法論原則一致，旨在避免不當地對待過去的人們，並且也可落實先前所闡述過，價值多元論對於政治這回事的一般看法。這種測量前朝行為者道德可責性的方式，不但改進了埃斯特的分類，也為如何界定行為者的「角色」扮演提供了明確的依據。舉例來說，若一個行為者完全地了解人權標準，且在沒有外部脅迫之下仍然違反人權，那麼該行為者的罪行確鑿。相反地，如果他違反人道只因選擇遵守惡法，而不敢挑戰惡法，那麼我們可以苛責他是道德上的懦弱，卻不能因以違反人權法為由來責難他。但如果他違反人權而完全不了解其行為的錯誤為何，他則該因其無知而受批評——而若此無知是由於國家教育所致，那麼該國政府就應該擔負此種道德責任。或許，我們也該對於在「誤信」（false belief）與「惡信」（bad faith）之下的行為者做出區分。對價值多元論者來說，那些相信自己的世界觀是唯一正確，並認為強加於他人之上純粹是為了他人好，可被稱之為是在錯誤信念下的行為，這是犯了知識上的錯誤，當然也可能帶來可怕的政治後果。而對於提倡連他們本身都不相信的特定意識形態之人，我們則可批判他們的假裝相信其實是惡意欺騙，並且把他人視為一種手段而不是一種目的，因此在道德上與政治上都是錯誤的。然而，這種「相對正當性」的判準在使用上仍須加上一條但書：有些行為

者可能在思想或價值觀上曾經歷過格式塔轉換（例如從深信共產主義轉向自由主義），我們必須把這種轉變也納入考量中，再來對他過去的過錯做出判斷。無論如何，從威權轉向民主的社會，必然有許多內部成員經歷過價值翻轉，不管是對於法治的想法，或者對人權或人類尊嚴的看法，而今日我們認定為「加害者」的人，可能親身經歷這種轉變，甚至因而在歷史中扮演過不同的角色，換句話說，他們的道德可責性有了相當程度的變化，個案處理方式必須得正視這一點。

可確定的是，任何有關行為者可責性的正確判定，需要對於其行為者當時所持的價值觀有足夠的掌握，包括其決策過程的動機與理由，而這必須仰賴對行為者同情的理解。原則上，同情理解既往事件，通常得對行為者的所處情境做出分析，甚至加上想像力來解讀。然而在轉型正義之中，許多加害者仍然在世，公開審訊倒是一種方便的管道，直接讓「歷史」清楚地發聲。當然，這是柏林所提倡的「同情」概念在公領域的實際運用，但更重要的是，這種應用還體現了漢普夏爾所倡導的「傾聽反方聲音」（audi alteram partem）原則（1999）。基本上，這是任何程序正義概念中都得承認的原則，也是現代「法治」概念裡不可或缺的要素（Harlow, 2002）。換句話說，落實柏林所提的同情理解之建議，也就等同為自由民主的核心概念背書，而這似乎也同時驗證了埃倫認為價值多元論支持真相及和解委員會這種看法。然而，如同前面所述，柏林的「同情理解」旨在擴展以同理心對待他人者的心胸，同時確定自己價值信仰的「相對正當性」，進而藉此避免犯下一元論者的錯誤，把自己的觀念強加於他人之上。嚴格來說，與其將柏林理解成民主制度的支持者，倒不如說他所提的同情原則之中，儼然含有一種「公民教育」的理念，旨在培養一種自由主義精神來面對異己的存在。這種公民教育的核心，

就是要透過了解他者的存在，從彼此差異中互相學習，一方面更了解自己，另一方面在待人處事上更加包容。無論是法院上的公聽會或是真相及和解委員會裡的告白，都是傾聽加害者親身經歷的可行方式，但其他的做法並未被排除，因為重點在於尊重加害者的人格與觀點，願意給他們平等的發聲機會，但這並不意味著價值多元論邏輯上必然支持「自由主義模式」的民主或是真相及和解委員會。[7]

事實上，價值多元論邏輯上支持自由主義式民主這種說法，是一種誤解，而且會模糊掉柏林政治思想在轉型正義這議題上的真正意涵。正如前文提及，轉型正義通常被當作是鞏固民主的手段，或走向成熟民主的必經之路。這種工具式觀點預先假定，民主的發展有個最後終點，而轉型正義的落實是促進新興民主社會走向這終點的方法。然而，這種「目的論進路」（teleological approach）正是價值多元論反對的，因為如果價值多元論正確，那麼我們不該預設社會發展的最終階段，然後再藉此界定現今階段的意義以及需要，也不該認定新興民主社會必然得走往特定的方向。整體而言，這種方向感與民主隱含的「未來不確定性」恰好矛盾。的確，儘管民主社會有特定的「預設價值」且會在某種程度上形塑該社會的發展，但這些價值並不能「決定」（determine）其民主的發展路線。一方面，這些價值容許不同的組合方式；另一方面，任何民主社會必然會認同其他價值或政治理想。換句話說，這些社會所預設的民主價值必須得和其他價值競爭，而這也意味著這些預設價值本身並不足以構成特定的民主發展「模式」。事實上，柏林對於當代的多數決民主政治，心存的戒慎恐懼與古典自由主義者約翰·彌爾相較，有

7　有關不同的民主模式之差異與優缺，參見 Held（2006）。

過之而無不及，深怕民主將會危及少數者的生活方式。約翰・葛雷主張，價值多元論邏輯上與現行的英美自由主義式民主牴觸，而真正能落實價值多元論精神的唯有他所謂的「競爭式自由主義」（agonistic liberalism）（1995）。鑑於新興民主社會中免不了仍有著價值觀上未經格式塔轉換的公民，依然生活在不民主的心態之中，採取競爭式民主模式似乎是較可行的做法。但這並不代表，同質性較高或分歧較小的社會，不能採行共和式（republican）或審議式（deliberative）民主作為發展路線。認知到政治價值有多種可能的組合，抑或柏林所謂的「不穩定的平衡」，價值多元論者容許不同的社會在民主的框架底下——當然也受制於文化或宗教的影響——追求不同的價值組合，而且將最後的組合與排序留待給新興民主國家內的公民來決定。

上述最後一點也意味著，真相及和解委員會並非是價值多元論者必然會開給面臨轉型正義問題之社會的唯一處方。的確，如同柏林的悲劇性政治觀所示，奠基於自願主義之上的價值多元論強調行為者的意願，並且高度重視「選擇」，不論是個人或集體的，而這正代表著「和解」這個政治價值並不享有特權，若非出自於當事人的意願不該優先選擇。然而，價值多元論倒是賦予「政治原諒」概念一個特別的論據。既然加害者亦被視為國家意識形態的受害者，甚至極權主義統治者也能被理解為政治假象的受害者，我們有理由去原諒他們的過錯。再者，既然加害者仍可能是個好丈夫或負責任的父親，他們就非十惡不赦的壞人，更確切的說，他們只是曾在過去（而誰沒有？）犯下某個錯誤的人。如同基督教信仰總區別「邪惡」（evil）與「行惡之人」（evildoer）來原諒後者，我們其實也可以譴責過去的政治暴行但原諒加害者，而價值多元論正提供了一個特別的論據讓我們可做如此選擇，也就是譴責一元論思維模式但原諒誤信

一元論者——倘若後者承認他們的錯誤並且道歉的話。相對於基督教的和解概念立基於上帝完美的愛與人類不完美的本性，柏林的詮釋性（interpretative）政治理論提供了一個世俗的理據來與加害者和解，亦即在價值多元論的真理之中和解。然而，在此觀點之中，受害者並沒有原諒的「義務」，換句話說，要求他們在沒有得到加害者的道歉之前主動原諒，嚴格說是種超義務（supererogatory）的道德要求。照著價值多元論的自願主義邏輯，若受害者並未選擇原諒，而加害者也未承認錯誤，那他們是自願選擇成為「拒絕和解」的人。就像沒有一個醫生可以宣稱其病人有保持身心健康的義務，頂多只能告訴他們怎麼做才得以健康，價值多元者不會強加和解的價值於受害者或加害者之上，只能將那些決定不原諒／不道歉的人如實看待，視他們為「不肯原諒／不肯道歉」的人——當事人可以自由選擇當哪一種人，然後接受之後的道德評價。

▎轉型正義的核心：一個價值衝突的問題

　　本文主張轉型正義的核心應該被理解為一個價值衝突的問題，而非如何提出一個新穎的「正義」概念來建構特定的「轉型正義」論述。處理這問題必得嘗試在預設的民主價值（例如「法治」與「尊重個人」）與其他價值（例如「真相」、「正義」與「政治穩定」）之間做出妥協，也就是取得暫時的平衡。柏林的價值多元論基本上是一個詮釋性政治理論，其根基在於對諸多思想家以及人類文化史的同情理解。這理論不但可提供我們重新理解歷史不義的理據，亦即將過往的政治悲劇視作一元論思維的後果，還可以提供積極與消極的原則來處理歷史遺緒，讓我們可以邏輯一致且概念連貫地對待前朝政府的官員與黨羽、

重新書寫歷史、制定公民教育政策——更重要的是，讓我們在追求轉型正義的過程中，得以避免犯下與先前那些加害者同樣的錯誤。必須承認，對於一個決定要賠償受害者或者懲罰加害者的社會而言，一個完備的轉型正義理論必須涵蓋世代間正義原則（intergenerational justice）與重新分配原則（redistributive justice）。不過，追隨柏林的價值多元論者在這些問題上必須保持開放態度，且無論是真相委員會、和解或賠償，都應該視為可能的選項，將最後的決定留待給當事人。換句話說，對價值多元論而言唯一被排除在選項之外的是，賦予特定的價值特權，將它當成可壓倒其他一切價值的王牌，並且稱之為轉型「正義」的唯一訴求——然後犯下與前朝政權底下之加害者同樣的錯誤。

　　筆者必須再次指出，柏林對於現代民主發展，除了上述之心存戒慎恐懼之外，並無著墨，更未直接處理轉型正義，本文所提出的價值多元式轉型正義理論雛型，乃根據筆者個人對柏林的解讀。嘗試從過往思想家的思想元素之中，建構一套邏輯連貫的政治哲學，甚至用以回應當前時代的問題，是政治思想領域的「牛津學派」傳統，與著重於透過分析語言和龐雜史料，來重建思想家書寫時的真正原意之「劍橋學派」政治思想史治學傳統有所不同。[8] 筆者勾勒柏林的政治思想，試圖從價值多元論中推導出對於轉型正義的意涵，然這只是牛津學派政治理論治學傳統的一個嘗試，有其方法論上的局限性。據此筆者也必須強調，政治哲學畢竟不是個案研究，前者關乎抽象原則，後者著重具體實踐，欲將一個邏輯連貫的規範性論述轉化為一套適用於臺灣的政策，必得對於臺灣的歷史脈絡與政治的特殊情境有足夠的掌握才行，然此非筆者能力所及，也非政治哲學層次的探討主旨。正如本文所

8　關於政治思想領域的幾種不同的英國治學傳統，見 Kelly 1999（37-62）。

指出，轉型正義涉及道德、政治、歷史、法律甚至是經濟等等層面，即令社會將某一規範性論述視為共識，仍得依賴諸多領域的學者共同對話與努力才得以形成一套具體政策。本文以轉型正義為題討論，是一個以政治哲學進路（approach）來探討公共議題的政治方法論之嘗試，而文中所提供的價值多元式規範性架構，也只是筆者在為轉型正義找尋合理論述的嘗試，皆旨在拋磚引玉。

第五章

想像一個像鴨又像兔的輪廓：
「全球共約」理論與價值多元主義

> 狐狸懂很多事情，刺蝟只懂一件大事。
>
> ——以撒・柏林（Berlin 1978: 22）

▌前言

「價值多元主義」（value pluralism）源自當代自由主義政治思想家以撒・柏林始於上世紀 40 年代末的一系列文章，[1] 隨後經由倫理學家柏納・威廉斯（Bernard Williams, 1979; 2001）（Berlin and Williams, 1994）與法理學家約瑟夫・拉茲（1986; 2003）賦予深厚的哲學基礎，成為一套細緻的後設倫理學（meta-ethics），再由當今英國相當活躍的公共知識分子約翰・葛雷（1989; 1993; 1995; 2000）發揚光大，形成當前英國政治思想的「顯學」（江宜樺，2003，頁 183），在英語系國家有相當的影響力（參閱 Crowder, 2002; 2004; Galston, 2002; Crowder and Hardy eds., 2007）。上述幾位價值多元主義者不僅所受教育與思想養成皆完成於牛津大學，其學術生涯也大多在此發展，並且有

1　柏林首次清楚呈現其價值多元主義思想的文章是〈20 世紀政治觀念〉（"Political Ideas in the Twentieth Century"），刊載於美國的《外交事務》（*Foreign Affairs*），隨後收錄於《自由四論》，由牛津大學出版社於 1968 年出版。參見 Berlin（1968）。

師生與同事關係，即使曾長期任教於柏克萊與劍橋的威廉斯及目前仍是倫敦政經學院榮譽教授的約翰‧葛雷，亦是如此，皆為典型的牛津政治哲學家，擅長概念分析及經典文本的系統性重構（Kelly, 1999）。

崛起於上世紀末的國際關係理論「英倫學派」（English School），發源於上世紀 30 年代的倫敦政經學院（Dunne, 1998; Linklater and Suganami 2006），致力於「國際社會」（society of states）的形成與變遷之研究，成員之間並且具有高度的學派意識（Dunne, 1998: 5-11），抑或「家族性」（張小明，2010，頁 137），多半是師生或同事關係，例如，同為學派第一代最重要的兩位成員馬丁‧魏特（Martin Wight）與海德利‧布爾（Hedley Bull），他們原是倫敦政經學院的一對師生，後者之後任教於牛津大學時的弟子，又包含身為學派第二代要角的安德魯‧賀里爾（Andrew Hurrell）在內，也就是現任的牛津大學國際關係講座教授。[2]

然而，令人玩味的是，上述同為發展於倫敦政經學院與牛津大學的兩股政治思想力量，在過去半個世紀絲毫沒有交集，除了柏林曾經與身為英倫學派早期推手的卡爾（E. H. Carr）曾經就「歷史決定論」議題打過一場筆仗之外（Haslam, 1999），[3] 英倫學派與價值多元主義幾乎是兩條各自發展的平行線，直到羅伯‧傑克森（Robert Jackson）的鉅著《全球共約》（*Global Covenant: Human Conduct in a World of States*）於 2000 年問世，

2　本文將奠定學派研究途徑的魏特與布爾等成員視為第一代，師從他們的成員如約翰‧文森（John Vincent）與賀里爾，為第二代，冷戰之後才加入（大多沒有師生關係）的成員，如傑克森與布贊，為第三代。

3　卡爾是否可歸類為英倫學派成員至今仍有爭議，詳情請參閱 Andrew Linklater and Hidemi Suganami（2006: 33-38）。

這兩股分處於國際關係與政治哲學的思想潮流才終於匯集。隨著該書的出版，目前任教於美國波士頓大學的傑克森成了當今公認的英倫學派大將，也是北美國際關係學界的英倫學派代表人物（Jørensen, 2010: 116）。他所提議的「全球共約」主張，是一個體系恢宏的國際政治理論，並且深受柏林價值多元主義影響（Jackson, 2000: 23, 61）。

英倫學派發展初期，正值「行為主義」（behaviourism）在美國掀起革命之時的 60 年代（參閱 Brown and Ainley, 2009: 30-32），甚至可說，學派的形成肇始於反對美國的主流政治科學方法論——誠然，扮演英倫學派制度化重要推手的「英國國際政治理論委員會」（British Committee on the Theory of International Politics），自 1959 年成立時便專注於確立一套有別於美國學界的方法論（參閱 Jones, 1981），而長期在該委員會擔任要角的布爾，本人則曾經參與過 60 年代的傳統主義與科學主義大論戰，捍衛他所謂的「古典途徑」（classical approach）。傑克森不僅聲稱自己採取該學派的古典研究途徑，同時也強烈批判實證主義（positivism）色彩濃厚的美國國際關係主流方法論，其援引傳統的規範性政治理論與價值多元主義的後設倫理學，也是為了深化英倫學派的規範性哲學基礎。

傑克森援引柏林思想的另一個企圖在於介入英倫學派的路線辯論。自從布爾於1977年出版《無政府社會》（*Anarchical Society*）一書以來，學派內的「多元主義」（pluralism）與「團合主義」（solidarism）兩條路線之爭正式浮上檯面——前者將國際社會理解為建立在「主權」與「不干預原則」之上的國與國之間的連結，亦即當代的「西伐利亞主權國家體系」（Westphalia System of sovereign states）；後者則傾向認定國際社會乃建立國際法與普世道德的聯合。傑克森援引柏林的價值多元主義，不僅旨在深

化英倫學派的哲學基礎，同時也意圖重申近年來處於劣勢的多元主義路線。此外，由於一般咸認以布爾乃英倫學派的方法論集其大成者，且代表多元主義路線（Jørgensen, 2010: 108），傑克森無論在方法論上的堅持，或詮釋上對於多元主義路線的重申，似乎皆以布爾的繼承人自居。

然而，本文將指出，傑克森實際上並未準確掌握價值多元主義與英倫學派多元主義路線的理論親近性（affinities），因此，所提出的全球共約理論不僅違背柏林的思想精神，同時也偏離了英倫學派的方法論。藉由分析布爾關於方法論的著作，第二節將首先勾勒出英倫學派的「詮釋性規範理論」方法論，以及「國際社會」基本概念，並且指出該學派在理論傳承上所具有的「創造性轉化」特色。以此理解為基礎，本文第三節旨在闡釋傑克森如何運用歐克秀（Michael Oakeshott）與柏林的思想，一方面實踐英倫學派的方法論，另一方面對於「國際社會」和「多元主義」兩個概念進行改造。隨後，本文將聚焦於《全球共約》一書如何介入英倫學派的路線之爭，捍衛多元主義路線，並且指出當前兩條路線正在朝向處方性政治哲學理論發展的趨勢。第五節則進一步指出全球共約理論如何同時背離英倫學派的古典途徑方法論及柏林的價值多元主義之精神，也會提出傑克森尚未注意到所存在於布爾與柏林之間的親近性，並且藉此簡短回應布贊（Barry Buzan）對於英倫學派古典途徑的批評。

█ 傑克森捍衛的英倫學派路徑

傑克森捍衛的國際政治研究「古典途徑」，指涉體現於當代英倫學派的國際關係研究途徑。本節旨在為隨後評析傑克森如何運用柏林的思想介入英倫學派路線之爭鋪路，因此將焦點置於奠

定學派方法論的古典時期之上，試圖以抽絲剝繭的方式解說傑克森所理解且欲以捍衛的研究途徑。首先將扼要簡述魏特與布爾所倡議的「國際社會」研究途徑，一方面呈現魏特與布爾之間的傳承，一方面說明英倫學派兼具「規範性」與「詮釋性」的方法論特色。其後則轉向布爾開啟的「團合主義」與「多元主義」路線之爭，試圖勾勒出英倫學派的內部理論張力，並且指出該張力與古典途徑的內在關係。

　　如前所述，英倫學派的形成始於尋求一個有別於美國國際關係學界主流的方法論。如此「反動」的知識社群於是致力於國際政治研究途徑的分類，試圖確立自我定位並提出具鑑別性的主張。為此奠定下基礎的是長期任教於倫敦政經學院的查爾斯・曼寧（Charles Manning），於 1949 年起講授「國際社會的結構」（Structure of International Society）課程，其講稿於 1962 年出版成《國際社會的性質》（*The Nature of International Society*）一書，公認為學派的第一本著作（Knudsen, 2000: 196）。該書主張國際關係乃一門獨立學問，亦即以「主權國家所組成的社會」為研究對象的「社會宇宙學」（social cosmology）（Manning, 1975: 124-125）。曼寧雖未進入上述的委員會，[4] 但影響甚鉅（Jones, 1981），因此有「英倫學派之父」的尊稱，其所提出的「國際社會」概念無疑是學派認同感之所在（Buzan, 2004: 1），也是註冊商標（Epp, 1998: 48），甚至讓英倫學派一度以「國際社會學派」著稱於學界。[5]

4　詳情參閱 Roy E. Jones（1981）。

5　張小明（2010：7）；認同此一主張者傾向稱該學派為「倫敦政經學院學派」，論者如 Martha Finnemore（1996: 17）等人極力主張如此稱呼才適切；關於學派名稱與歷史請見姜家雄（2003）、張小明（2010）、Roy Jones（1981）及 Tim Dunne（1998）。

　　當然，「國際社會」一詞並非英倫學派所創，現實主義者如華茲（Kenneth Waltz）也曾使用（Bellamy ed., 2004: 66）；不過，藉此發展成一套研究綱領的卻是布爾，其名著《無政府社會》的書名一語道破英倫學派的獨特性：國際政治場域並非現實主義者所宣稱為弱肉強食的野生叢林，各個國家在此互相競逐私利，一切仰賴「自力救濟」的「無政府狀態」，而是一個獨立主權國家行動上受制於共同價值、規則與制度的「無政府社會」。

　　事實上，布爾的論述乃延續了其師魏特的長期努力。身為曼寧同事的魏特於 50 年代中將葛老秀斯的國際思想理解為一種「中道」（via media）立場，[6] 也就是介於他所界定的「革命主義／康德主義（revolutionism/Kantianism）」與「現實主義／馬基維利主義（realism/Machiavellism）」兩個傳統之間的「理性主義」（rationalism），既不認為國際政治處境正在邁向大同世界，終將成為「世界國家」，也反對視之為霍布斯筆下的「自然狀態」（state of nature），各個國家唯利是圖，不講道義，因此交相爭戰不曾間斷（Wight, 1991: 1-48）。[7] 自從曼寧關注「國際社會」以來，倫敦政經學院國際關係學者對於國際秩序的理解乃一個由主權國家所組成、以國際法為基礎的「會社」（societas），而英倫學派的後續發展可謂此一概念的細緻化進程。於是，魏特進一步藉由葛老秀斯的「半無政府狀態的國際社會」說法釐清曼寧的界定（Wight, 2005: 35），從而將英倫學派置入了葛老秀斯的「自然法」傳統之中，且賦予了前者認同國際法──包含國際條約與尚未進入白紙黑字的道德規範──具有跨

6　魏特首次呈現如此三分法是在 1956 至 1957 年間客座芝加哥大學時開設的「國際理論」（International Theory）課程上。

7　將康德歸為革命主義者，事實上不見得適當；請參閱 Howard Williams（2003）。

國強制力的印象。[8] 或許此非魏特本意，畢竟，中道立場之所以是「理性」主義，原因在於能夠正視國際政治乃充滿衝突的無政府狀態，**同時看到**共同利益與共同義務對於個別國家具有實質約束力，而非在於自然法思想傳統所主張的理性，亦即上帝賜給人類的「本性」（nature），順其引導必然能推論出神的存在，以及神所設想的人類社會秩序。[9]

　　無論如何，布爾看出複雜化理性主義內涵的必要。首先，他於 1961 年援引洛克的「自然狀態」想像來駁斥霍布斯的版本，將國際政治場域理解為「無政府國際社會」，並主張所有稱得上「社會」的場域皆包含底下三個元素：（一）國家之間願意遵守約定的「誠信原則」；（二）不得任意奪取他人生命的「生命法則」；（三）保護私有財產的「財產規則」。[10] 布爾認定上述三個元素並非自然法，從而主張並非只有自然法的思維才能擁有「秩序」或成就一個「社會」。同年稍後，他又指出葛老秀斯的國際思想也並非鐵板一塊，而是內在蘊藏兩種思維的複雜體系，同時包含「團合主義」與「多元主義」兩種思維：其自然法思想面向代表前者，傾向視國際法為具有強制性的國際規範，並且認定個人與非國家行為者也是國際社會的成員，而國際社會正逐步邁向一個「人類大社會」的理想；後者則展現於他堅持國家主權與互不干涉原則的主張（Bull, 1961）。

　　相較於援引洛克來複雜化無政府想像，並暗示葛老秀斯之

8　根據《國際法院規約》第三十八條，國際法之傳統法源包括：條約、習慣國際法、一般法律原則、司法判決、各國權威公法學者著作；聯合國安理會決議與聯合國大會決議是可能法源，至今仍有爭議；參閱姜皇池（2008）。

9　見張小明（2010：148）；關於自然法，參閱 John Finnis（2011）。

10　參閱 Hedley Bull（1961）"International Society and Anarchy (Introductory Talk)" 一文；引自張小明（2010：65）。

外的另一種「國際社會」可能，布爾後續的理論工作直接複雜化西方國際政治思想傳統，其成果是對於瓦特爾（Emmerich de Vattel）的多元主義之重新發現（Bull, 1966b）。瓦特爾主張國際社會的基本成員乃是國家，之間最多僅能就某些目標取得共識，缺乏自願性接受其管轄的國際法或國際組織則不具規範作用。據此，布爾區別國際社會思想傳統的兩種意涵：（一）廣義上，泛指認定國際政治場域是個國際社會的看法；（二）狹義上，專指具有團合主義傾向的自然法思想，高舉國際法的跨國強制力，視個人為國際社會的主體且是國際法的保護對象（Bull, 1966b; 1977: 322, n. 3）。布爾個人支持前者，也就是傾向瓦特爾的多元主義主張，並且認為國際社會不存在如此連帶關係，而原因是：葛老秀斯設想的國際社會，如今證實「言之過早」（premature）（Bull, 1966b: 73）！

　　「言之過早」一語當然是種判斷。然而，其確切的意涵與屬性還須置於布爾的方法論底下才能完整呈現。前文提及他參與過 60 年代的傳統主義科學主義辯論；事實上，此乃國際關係文獻上的「第二次大論戰」，[11] 而布爾藉以捍衛「古典途徑」的文章可謂該場論戰所開出的「第一槍」（倪世雄，2001：116）。進一步解釋，重新界定葛老秀斯傳統的布爾隨後親赴美國普林斯頓大學考察當時的國際關係研究最新發展，並於 1965 年提出論文〈美國對國際關係理論的最新貢獻〉（"Recent American Contributions to the Theory of International Politics"），[12] 嚴厲批

11　第一次乃理想主義與現實主義之間，前者強調國際法與國際組織，後者看重權力鬥爭；第三次則關乎各種實證主義與後實證主義之間的典範間辯論，內容直接涉及本體論與知識論預設；參閱 Martin Hollis and Steve Smith（1990）。

12　1963 至 1964 年訪問普林斯頓大學，該論文是提交給英國國際政治理論委員會。筆者關於本篇文章的整理，仰賴張小明（2010：201-210）。

判當時的科學主義（scientism）傾向（Alderson and Hurrell eds., 2000: 255），也深入討論了陶意志（Karl W. Deutsch）提出的「聯合」（amalgamated）與「多元」（pluralistic）兩種安全共同體的概念，一方面指出陶意志的研究並非如其所宣稱的科學與嚴謹，一方面主張「多元的安全共同體」的概念並不適用於理解國與國之間的關係。

　　該論文不僅讓布爾確立人文主義的取向，也是引發他思索國內外秩序能否類比的開端。陶意志試圖以「社會溝通」模式來理解國際層次的互動，也就是藉由人員的流動、商品的互通與思想的交流等存在國內層次的人際互動模式來區分國際社群的構成與性質。據此，當個人或團體擁有共同的價值理念與生活方式，之間的交流日益密切且形式日趨多樣化，而政治精英也擴大到一定程度時，便能整併成一個「聯合的安全共同體」，例如美國的形成；反之，美國與英國之間的「多元的安全共同體」，只需要擁有共同的價值理念，彼此有所回應，並能預期對方的行動，便足以形成（張小明，2010：203-204）。而布爾的批評在於：陶意志的區分實際上建立在論者的「判斷」之上，而非純然的科學證據，畢竟，上述的社會溝通，無論所涉指標或變項為何，其「量」上的變化都源自關於「質」的判斷——言下之意，如此區分不僅是一種（涉及特定標準的）人為界定，實際操作尤須仰賴判斷。

　　雖然布爾此時尚未使用「本土類比」（domestic analogy）一詞，但該文章業已表明：任何根植於社會溝通理論的國際關係理論，皆企圖從「個人」作為單位的行為直接推論至「國家」作為單位的行為（Suganami, 1989）。布爾斷定此舉並不妥當——畢竟，個人行為或許可以解釋國家的起源，但不適用於主權國家之間所構成的「國際社會」，因為國與國的互動與國家形成以前的

個人或團體之間的交往有本質上的差異，亦即，前者的互動乃處於特定的規範框架之中，也就是西伐利亞體制，不像後者所具有高度的開放性，懸乎相關人士的一念之間。無論如何，倘若國家能夠如此組成國際安全共同體，陶意志等人所信奉的現實主義本身即不可信，因為，那猶如暗示國家並非處於霍布斯所想像的自然狀態，至少是國家能夠攜手走出自然狀態——亦即國際社會政治思想傳統的信念，更是大同主義者的主張。

如此評估美國主流國際關係理論「貢獻」的布爾，隔年（1966）於倫敦政經學院發表會議論文〈國際理論：為古典途徑辯護〉（"International Theory: The Case for a Classical Approach"），延續對作為美國國關理論「正統」的科學途徑之批評，認為：一味模仿自然科學乃至企圖取代傳統途徑的經驗研究，乃一種盲目的科學崇拜，其過於拘泥於邏輯與數理形式與程序的方法論，不但無法從實質的問題出發，過程中也不能掌握真相的複雜與無常，結果只能生產過度簡化事實的理論模型，甚至往往涉及藉由扭曲事實的方式來呼應理論——不僅缺乏自我批判的精神，對於國際政治的實際理解並無多少助益。反之，結合哲學、歷史與法律等學科知識，借助判斷與直覺的古典途徑事實上就可以達到科學主義者所期許的「嚴謹與精確」（Bull, 1966a: 365-375）。布爾甚至認為：每當科學主義者真正掌握到國際問題的核心，就是他們偏離自己的方法論主張，無意識地採取了「來自一種科學上不完美的認知與直覺」的傳統政治理論做法的時候（1966a: 363）。

此文同年年底發表於《世界政治》（World Politics）期刊，引發維持十年的傳統主義與科學主義論戰。主流國關學者批評，布爾強烈反對科學主義的同時卻不曾說明所謂的「古典途徑」究竟如何操作，如何客觀檢驗（參閱 Bellamy ed., 2004），換言

之，反對時並未提出另一個可行的研究綱領。布爾於是以 1972 年文章〈作為學術追求的國際關係〉（"International Relations as an Academic Pursuit"），做出回應，再次強調判斷之於國際政治研究的不可避免（Dunne, 2007），並且堅守底下四點所構成的「傳統」途徑：（一）採取詮釋性的（interpretative）研究方法；（二）認定國際關係學科在本質上是屬於規範（normative）性質的研究，也就是關乎外交使節與國際政治人士透過政治「實踐」所彰顯的觀念與理想；（三）承認價值觀念在國際政治的作用，所以與國關理論主流學派（例如新現實主義）實證導向的方法論立場大相逕庭；（四）重視歷史研究，畢竟，倫理道德是鑲嵌在文化傳統之內，而文化傳統必定是特定社群經年累月建立起的價值體系（Alderson and Hurrell eds., 2000: 246-264）。

　　自從孔恩（Thomas Kuhn, 1962）提出「典範」（paradigm）的概念以來，社會科學學界熟知上述論戰乃是根植於「本體論」（ontology）預設差異的兩個典範之爭，除非兩造對於國際政治的本質與屬性能有共識，否則將難以解決——而這正是爭議之處。從今日的角度來看，該場論戰難說確定勝負，因為美國學界持續精進其科學研究方法，追求「因果關係的解釋」（causal explanation）乃至於「預測」（prediction），英國學界則專注於「詮釋性地理解」（interpretatively understand）國際政治的結構變遷與問題根源（Smith, 1985）。無論如何，英國國際政治委員會至此已確認自我定位，一個學派儼然成形。讓我們此刻暫且擱置英倫學派的對外爭辯，專注於布爾上述的方法論闡釋如何引導我們理解英倫學派的「國際社會」概念，以及他事隔十五年再次於《無政府社會》一書所做的「言之過早」之判斷。

　　首先，倘若英倫學派言行一致，「國際社會」不僅是對於國際政治實踐的一種「詮釋」（interpretation）結果，同時也是一

種「理解範疇」（hermeneutic category），[13] 亦即用以理解國際政治實踐的詮釋工具。作為一種詮釋結果，英倫學派認為當前的國際社會乃是特定的歷史產物，其構成要素為國際規範（包括國際法與國際倫理），其構成原則為蘊含於西伐利亞體制內的「主權獨立」與「互不干預原則」。作為詮釋工具，國際社會概念要求我們正視**實存於**國際政治之中的「應然」，也就是組成規範與構成原則，而操作上不僅涉及判斷，尤須與時俱進，隨著「實然」的演變——亦即國際社會在性質與範圍上的變遷——而做出新的判斷。據此，國際政治理論的建構乃是針對特定時空的國際社會之**抽象理解**，「抽象」在於聚焦於價值與原則之上，「理解」指的是從實際存在的國際社會之中提煉出一套「實然的應然」，而不是硬套自己所欲的應然於實然之上。

　　事實上，布爾所謂的古典途徑也是一套從實踐之中所提煉出來的方法論。〈國際理論：為古典途徑辯護〉一文捍衛的研究方法其實是英國學者的長期實踐（practice），而〈作為學術追求的國際關係〉則是布爾對於此實踐的抽象理解與陳述，也是實踐者的「詮釋性自我理解」，而非一己獨創或憑空想像的方法論宣言。其中捍衛的正是實際存在於英倫學派傳統之中的「應然」，也就是國際政治研究旨在理解而非預測，反對「本土類比」，也就是將國內秩序的邏輯可不假思索地應用於國際層次，因為主權國家體系已然存在，忽視其存在的理論皆是與現實脫節的抽象模型，亦即——借用柏林的用語——缺乏「現實意識」（本文第四節將詳細說明此概念）的武斷行為。

13　柏林的摯友倫理學家威廉斯之用語，意指當我們試圖理解一個政治實體的時候，必須持有的一組假設，例如關於「權力正當性」的基本結構；參閱 Bernard Williams（2007: 11）。

　　猶記魏特曾三分國際政治思想的傳統，並捍衛其一，布爾也於《無政府社會》重新將「三個傳統」界定為以霍布斯的「現實主義」、康德的「普世主義」（universalism）與葛老秀斯的「國際主義」的三種國際政治想像，並且援引瓦特爾的思想來區別國際社會想像內的兩條路線。表面上，布爾只是延續其師的思想史研究，實際上卻開啟了運用古典政治思想家來詮釋國際政治實踐的傳統。換言之，布爾不僅從英倫學派的學術實踐提煉出一套方法論，同時也將「三個傳統」轉化為一套用以理解與分類國際政治局勢的語彙，並且讓國際社會概念成為內含一組可操作的二元分析概念：「團合主義」和「多元主義」各自代表一種國際政治的——借用韋伯（Max Weber）的術語——「理念型」（ideal type）[14]（參閱 Hurrell, 1998: 24-26; Dunne, 2010: 281），前者追求「正義」而後者看重「秩序」的維持（Bull, 1977: 77-98；參閱梁文韜，2010a）。

　　據此理解，布爾的「言之過早」判斷同時蘊含實然面與應然面。「實然面」指涉對於國際政治現實的詮釋，其判斷的關鍵在於鑲嵌於實踐之中的規範（norms）——亦即「實然的應然」——究竟體現團合主義或多元主義。「應然面」則是根據實然面理解之後所做的進一步判斷，關乎當前的發展趨勢是否會衝擊國際規範體系而造成危險。「言之過早」透露布爾認為世界局勢既非「世界社會」的初期，也不是國際社會的「團合」階段，而且國家現階段也不該致力於實現團合主義理想，甚至，在條件不足之下貿然推動團合政策，不過是揠苗助長的「強迫式團合主義」（Hurrell, 2007: 63-5；參閱 Dunne, 2010: 275），傷害將遠過於益處。

14　參閱 Max Weber（2001）。

　　英倫學派的後續發展基本乃由「團合」與「多元」兩條國際主義路線互競展開，而且爭議的焦點圍繞在二次世界大戰後的世界政治格局是否正在邁向團合主義──亦即，國際正義是否已逐步成為政治實踐。隨著國際人道干預的案例增多，團合主義論者在過去 20 年來逐漸占上風。[15] 其代表人物為尼可拉斯‧惠勒（Nicholas Wheeler）與提摩西‧鄧尼（Timothy Dunne），而且根據他們的判斷，迫害人權於今乃為國際社會所不容，並且成為當前國際干預（international intervention）的正當理由（Wheeler and Dunne, 1996；參閱 Wheeler, 2000）。傑克森的「全球共約」理論在此背景底下提出，而他援引柏林的政治思想正是企圖賦予多元主義路線一個哲學基礎。

　　不過，如同魏特與布爾的做法，傑克森的論述也以方法論的反思開始，一方面將英倫學派的古典途徑追溯至古希臘史家休昔底德（Thucydides）（Jackson, 2000: 56），認定其本質乃正視人為歷史產物的人文主義，因此國際關係的研究不該模仿自然科學，而必須採取傳統人文學科的研究途徑。傑克森（2000: ch. 2）的辯護可歸結為底下關於國際政治的理論與實踐之間的思考，據其理解：（一）「規範性」（normative）思維乃國際政治的運作模式（modus operandi）本質，所有國際從業人員（包括外交人員與國家領導）都必須從規範語彙和概念開始學起，才能彼此對話與爭論，而這一套通行於國際的思維模式和語言也就是「國際倫理」（international ethics）（ibid.: ch. 2, 78）；（二）不過，國際倫理的實際運作乃「情境倫理」（situational

---

15　原先最重要的學派成員是約翰‧文森，當今包括尼可拉斯‧惠勒、克努森（Tonny Brems Knudsen）、提摩西‧鄧尼、托馬斯‧魏斯（Thomas Weiss），見 Jørgensen（2010: 111）。

ethics）（ibid.: 143-148）的一種，必須在道德價值與原則之間
選擇，且兼顧情境現實才能做出的行動決定；（三）理解、詮
釋與澄清此一實際運作模式，於是乃國際關係學者的基本責任
（responsibility）；（四）國際關係學門因此必然是關乎「規
範」（norms）研究的學門，只不過，其目的不在於藉抽象道
德概念提出政治處方（ibid.: 61），所以不同於「應用倫理學」
（ibid.: 87），因此其「規範性」（normative）嚴格說不是「處
方性」（prescriptive）（ibid.: 79）；（五）據此，「理論」與
「實踐」乃兩個獨立的人類活動領域，彼此不可化約或取代——
換言之，國際關係理論既不能作為實踐的引導，更不能用以「預
測」未來（ibid.: 88-91）。

　　一言以蔽之，傑克森主張國際政治的實踐與研究乃獨立且互
不干涉的兩門「技藝」（craft）：國際從業人員必須兼顧現實與
理想，是一門妥協的藝術，如同藝術家必須懂得且按照陶土特性
捏塑才能完成一件作品；國際關係學門也是如此，正如布爾闡
釋，操作上仰賴對於國際歷史與規範的熟稔，以及敏銳的觀察力
與判斷力，因此養成上亟需一位師傅（a master）帶領，從實踐
中學習（Jackson, 2000: 92）。

▎重新界定「國際社會」與「多元主義」

　　傑克森的技藝說不僅捍衛了英倫學派的理論實踐，同時也為
其「家族性」做了學理上的注腳。[16] 傑克森曾於 1989 與 1993 年

16　當然，如此讓人不得其門而入的英國色彩，或許也因為學派早期的重要著
　　作皆為課堂講義或會議論文與講稿，而非正式出版品。傑克森曾於 1989 與
　　1993 年分別訪問倫敦政經學院與牛津，因此也有英倫學派的「家族」淵源。

分別訪問倫敦政經學院與牛津，可謂有其「家族」淵源，並且深受任教於後者的布爾與柏林，以及任教於前者的歐克秀之影響。[17] 不過，究其家族性之於理論發展的實際展現，與其說師徒相傳倒不如稱之為「創造性轉化」，[18] 正如魏特與布爾分別借用葛老秀斯、瓦特爾的思想來進一步細緻化其師的理論。無論如何，傑克森的全球共約理論實質內容，涉及兩方面的轉化工作：（一）應用歐克秀的「公民結社」（civil association）與「事業結社」（enterprise）區分於國際關係之上，並且藉此重新詮釋國際社會的兩種想像；[19]（二）援引柏林的政治思想，為重新界定後的多元主義國際社會模式提供一個哲學基礎，深化其「規範性」意涵。本節將聚焦於傑克森上述兩方面的工作，特別是如何詮釋與運用柏林的思想，推論出一套全球共約理論。

　　事實上，歐克秀對於傑克森的影響已經反映於上述後者對於國際政治「理論」與「實踐」上的區隔。歐克秀咸認是西方20世紀最重要的保守主義思想家（參閱 Boucher, 2003; Franco, 1990），[20] 其思想之核心在於對待抽象理論的懷疑態度：反對藉由理論建構來掌握政治實踐的企圖——理由是，任何的理論化理解必然涉及從現實的複雜之中抽取特定部分為「要素」的「抽象」做法；換言之，將抽象萃取得來的理論等同於實踐，本身即

17　歐克秀的思想核心在於對待抽象理論的懷疑態度（參閱曾國祥，2009）：反對藉由理論建構來掌握政治實踐的企圖——因為，任何的理論化理解必然涉及從現實的複雜之中抽取特定部分為「要素」的「抽象」做法；換言之，將抽象得來的理論等同於實踐，本身即是一種範疇上的錯誤（categorical mistake）。如此嚴格區分「實踐」與「理論」與傑克森的方法論理念一致。

18　此語借自林毓生（2011）。

19　關於歐克秀的「公民結社」概念，請參閱 David Boucher（2000）。

20　注意，此處指的是作為知識論懷疑主義的保守主義，而非自由主義的保守主義立場；參閱葉浩（2010）。

是一種範疇上的錯誤（categorical mistake）。[21] 雖然傑克森論述其反對國際關係學者提出政治改革方案的立場時，並未直接提及歐克秀，但是讀者可見上述對於「實踐」與「理論」的嚴格區分亦運作其中；甚至，當傑克森倡議國際關係學門本身應該持有「政治保守」的立場，並且認定此乃國際政治研究古典途徑的核心精神（Jackson, 2000: 82），似乎也有歐克秀的身影矗立其後。

　　無論如何，歐克秀（1991）對於「公民結社」與「事業結社」的區分直接影響了傑克森理解國際社會的方式。所謂的「公民結社」指涉一種為了**共存**的理由而存在的「會社」（societas），由一群原先相互獨立的個體自願遵守一套共同的行為準則所組成；「事業結社」則是由一群互相依賴的夥伴所構成的「社團」（universitas），彼此為某個**共同目標**而合作（Boucher, 2003; Jackson, 2000: 61）。值得注意的是，歐克秀本身據此否認「公民結社」可存在於國際關係。其理由根據傑克森（2000: 119）的解讀是：主權國家之間的互動本質上屬於工具性質，即使所謂的「國際法」大抵也是如此——缺乏國際層級的政治權威，自我利益與其他的審慎（prudence）考量才是國家對外行為的動機與原則，不是程序性義務（procedure obligations）。

　　雖然傑克森看重歐克秀關於人類結社屬性的區分與洞見，但不接受後者對於國際事務的看法，反而贊同泰瑞・納丁（Terry Nardin）對於歐克秀思想的運用。進一步解釋，歐克秀的二分法於納丁（1983）的筆下轉化為「實踐性結社」（practical association）與「目的性結社」（purposive association）兩個國際結社概念；前者指涉體現於國際政治實踐之中的非工具性（non-instrumental）權威與規範，亦即所謂的「國際法治」

21　關於此一概念，參閱 Gilbert Ryle（1949）。

（international rule-of-law），包括國際倫理與武力使用規範；後者則泛指其他基於特定目的所制定的條約、規範與制度。根據納丁（1983: 23）的觀察，近年來的國際法發展趨勢正在朝向目的性結社前進；換言之，逐漸失去原有的主權國家之間所組成的「會社」（societas），轉變為向一種類似集體事業的「社團」（*universitas*）。

傑克森接受納丁的應用（或說創造性轉化），以及後者對於當代國際法逐漸由「實踐性」轉為「目的性」的判斷（Jackson, 2000: 123）。據此，他進一步將布爾筆下的多元主義重新界定為：旨在促成主權國家彼此「共存」的國際社會想像，其基礎在於國與國之間的相互肯認（recognition）、彼此尊重（regard）與互惠（reciprocity），性質上屬於「實踐性社會」——反之，團合主義則是一種懷抱普世的道德理想主義，企圖建立單一的人類道德社群，促進一套全球倫理的落實，亦即以特定「目的」為前提的集體事業，也因此具有歐克秀所謂的「社團」之意味（Jackson, 2000: 124）。此一朝向團合主義發展的趨勢，體現於聯合國成立之後的各種目的性主張，例如，1948 年由四十八個聯合國會員國共同簽署的《世界人權宣言》（Universal Declaration of Human Rights）與 1966 年制定的《國際人權公約》（UN Convention on Human Rights），包括《公民與政治權利國際公約》（International Covenant on Civil and Political Rights）和《經濟、社會及文化權利國際公約》（International Covenant on Economic, Social and Cultural Rights）。

對於如此的發展，傑克森並不樂見，因為對他而言這些國際法基本上屬於「宣示」（declaratory）性質，近乎哲學家的道德理想，但不是具有實際規範作用的「實證法」（positive law）（Jackson, 2000: 123）。有鑒於此，他呼籲我們正視實然運作於

主權國家之間的國際倫理，也就是他所謂的「全球共約」，其兩大支柱為「規範性多元主義」與「管轄的多元主義」，而撐起兩者的正是柏林的政治思想，也就是政治哲學領域所熟悉的價值多元主義。本節剩下的篇幅將聚焦於傑克森如何解讀與運用柏林的價值多元主義之上，不過，在進行分析之前，有必要先釐清三個核心用語。

首先，「價值多元主義」（value pluralism）一詞於政治理論領域泛指柏林所提出底下關乎人類價值本體論的「後設倫理學」（meta-ethics）主張：

> 世上存在多元繁複的客觀目的與終極理想，其中有些與其他互不相容，並且為不同的社會在不同的時代——或同個社會的不同族群，例如特定的階級、教會或種族整體，乃至於身處這些族群之中的個人——所追求，而任何的追求者都可能發現自己處於兩相衝突的目的之間，彼此無法結合，各自卻又同等重要，同樣客觀。（Berlin, 1991: 79-80）

進而言之，價值多元主義意味著：（一）人類的生活型態多元繁複，各種生命型態的價值彼此無法化約；（二）生命價值與生命價值之間經常無法和諧並存，存在著緊張對立的關係；（三）在諸多價值之間，我們無法找到共同最高的善或某種排序的方法，使價值衝突得以合理解決。

此外，誠如約翰・葛雷（1995: 43-46）所指出，柏林的價值多元主義深入人類生活的三個不同層次：（一）概念層次之上，單一價值可容許不同的理解或詮釋之可能，例如「自由」則可有「消極」與「積極」之分（關於兩者各自的意涵與區別，稍後會有說明），其差異既無法相容，甚至可能衝突；（二）單一價值

體系之內，不同的價值也有衝突的可能，例如「忠」、「孝」不能兩全，或者面對仇敵時的「正義」與「寬恕」之間，只能擇一落實，之間既不能比較也沒有客觀的排序；（三）不同的價值體系之間，例如有神論文化與無神論文化之間，抑或基督教與佛教之間，對於政治目的乃至於人生意義的見解差異甚大，彼此之間缺乏「共量」（commensurable）的基礎。

柏林的早期政治思想始於對於上述第二層次的思考，著重於「自由」與「權威」等不同價值之間的衝突，中期的成名著《自由的兩種概念》（*Two Concepts of Liberty*）則聚焦於第一層次的價值衝突，之後則以文化之間的道德理想之衝突為主要關懷。無論如何，柏林認為的「多元」的確包括具體的個人生活方式與集體的生活型態。相較於政治哲學家對於上述第一、二應用層次的關注，傑克森聚焦於第三層次，因此援引底下的話語來開啟他的「全球共約」論證：

> 人類會群聚成團體，是因為他們能意識到連結彼此之間的事物——共同的血緣、語言、領土、集體經歷。這些連結都獨一無二，難以察覺，且有絕對性。文化疆界來自於人類天性，是人類本質的發揮，以及與環境和歷史經驗的互動而產生。希臘文化就是獨特且絕對希臘的文化。印度、波斯、法國就是印度、波斯、法國它們自己，不是別的。我們的文化是我們自己的——文化之間不可共量（incommensurable）。（Berlin, 1991: 38）

就論證功能而言，傑克森援引出自於《扭曲的人性素材》（*The Crooked Timber of Humanity*）一書的此段話語目的有三。第一是藉以說明國家的產生與存在之理由，並且從而解釋國家

作為一個團體與「國家會社」（the societas of states）在性質上並不相同，因為後者並沒有上述所謂「獨一無二」的特殊連結（2000: 178）。

第二是讓傑克森所理解的國際政治秩序之「實然」，提升為值得捍衛的「應然」。進一步解釋，傑克森稱引文的主張為「規範性多元主義」（normative pluralism），然後將文獻上習慣指涉上述主張的「價值多元主義」一詞專指世上存在多元價值（value-diversity）的現實狀態，作為一種事實表述，亦即：各個主權國家有各自的生活理想與追求，國際上因而呈現一種多元繁複的「國內價值（體系）」（domestic values）之處境（Jackson, 2000: 179）。相應於如此 —— 借用梁文韜（2010b：207）更符合中文語境的用語 ——「在地多元」事實的則是傑克森稱為「（領土）管轄上的多元主義」（territorial-jurisdictional pluralism）的制度性安排，允許主權國家自行處理疆域之內的一切事務，包括價值理想的追尋與政治制度建立（ibid.）。最後，讓我們得以將當前國際現實處境理解為一個「管轄上的多元主義」制度性安排，以領土國家為基本單位，亦即等同於分文化疆界，則是上面引文的第三個功能。

傑克森的舊詞新解有其優點。「多元主義」（pluralism）一詞在政治學文獻上指涉許多不同次領域學派與概念，而且可運作於思想的不同層次之上。例如，H・拉斯基（H. Laski，參閱 Hirst ed., 1993）提出的多元主義國家理論，一度盛行於 20 世紀初期，羅伯・A・達爾（Robert A. Dahl, 1982）的多元主義民主理論也方興未艾（參閱 Held, 2006）。對國際關係學者而言，較容易讓人聯想到的也許是基歐漢（R. Keohane）與奈伊（J. Nye），根據他們於 70 年代的經驗研究，國際政治上已出現「國家」之外的行為者，像是國際組織及跨國企業（Keohane and Nye, 1977）。[22] 傑克森的術語讓我們能夠從「事實」、「制度」及「理想」等三個不同的視角或思想層次來理解與分析國際政治實踐上的多元，也就是依序為國際社會的「價值多元（主義）」、[23]「管轄上的多元主義」與「規範性多元主義」，另一方面也讓我們可以進而思考不同層次之間的關聯。

論者如伊恩‧霍爾（Ian Hall, 2001）批評，傑克森如同其他英倫學派成員，行文上習慣遊走於事實描述與理想辯護之間，是一種論證上的含糊。筆者以為，其文字雖然給人如此印象，但並不妨礙讀者從上下文斷定文句意義。就傑克森而言，毫無疑問他認為「價值多元」是個存在於國際上的根本事實，也是應該予以維護的狀態。更精確地說，如此的狀態乃是他所理解的「國際會社」（societas of states）結構特色，其構成要素為主權平等、領土完整與不干預等規範──「管轄多元主義」是國際社會的基本制度，「規範性多元主義」則是支撐此一制度的思想，亦即賦予其正當性的理據。[24]

不過，正如布爾的方法論所示，專注於「實然的應然」之英倫學派意味著，此一詮釋本身兼具「實然」與「應然」兩面。

22　當然，熟悉英倫學派文獻的學者，則會直接想起「團合主義」與「多元主義」的爭辯，乃至於學派的多元主義方法論（參閱張小明，2010：224-228）。在政治哲學或所謂規範性政治理論領域，「多元主義」通常指涉柏林、約翰‧葛雷（1993; 2000）或約瑟夫‧拉茲（1986）等人所捍衛的「價值多元主義」，雖然也有人會用該詞指涉羅爾斯的政治自由主義，或者威爾‧金利卡（Will Kymlikca）等人提的文化多元主義（Multiculturalism）。

23　原文為「value pluralism」，此處指涉事實，因此譯為「價值多元」比較合乎中文習慣。

24　當然，如果我們有理由相信如此狀態是個良好的國際秩序，那麼，任何可能破壞如此「實然」（is）的作為就必須避免；如此一來，維護如此秩序的存在也就成了一種「應然」（ought），而捍衛如此秩序的論述也就是一種「處方性」的規範論述。

或許如此雙重性是招致批評的原因，但是傑克森所謂的「規範性多元主義」必須如此理解。例如，《全球共約》書末最後一次界定該詞意涵時解釋：規範性多元主義不僅是對於人類多樣性（human diversity）的容納，同時也是對於共通人性（common humanity）的肯定，其內涵源自於國家「相互獨立之後，藉由長期落實平等主權、領土完整與互不干預等基本規範，所形成的一套自決原則制度」（Jackson, 2000: 409）。「規範性多元主義」不僅作為國際事實的描述，也指涉一套應該予以維護的制度性安排，而之所以必須維護的理由則是，因為那反映人類處境（human condition）的本質。

　　無論如何，柏林的價值多元主義不僅關乎「價值」的本體論，也就是人類終極目標的多元繁複之「存在」與相互無法化約，同時也是對於「人類處境」的根本「事實」（reality）之宣稱。正如他所強調：

> 人類所追尋的終極目標眾多紛雜，其中有許多在原則上互不相容，因此個人或社會的衝突──以及悲劇的可能──在所難免。於是，不同的絕對價值或義務之間必須做出選擇，乃是無法逃脫的人類處境。（Berlin, 1969: 169）

　　據此，任何違背價值多元的「社會狀態」必定是出自於人為的介入，若非受制於特定的政治暴力，就是意識形態灌輸的結果，讓人們誤以為只有一種價值才是正確或值得追求。在柏林的眼裡，此類舉措侵犯了個人想當自己、想按照自己理想生活的權利，乃是人世間的恐怖罪行。

　　同理，柏林捍衛「消極自由」的理據也是上述的「人類處境」。正如底下出自於〈自由的兩種概念〉的一段話所示：

在我看來，比起那些企圖藉由宏偉、有紀律的威權體制來落實階級或民族甚至是人類整體「積極」自我作主的理想，多元主義及它所蘊含的某程度「消極」自由，似乎是個較為真實（truer）且更加合乎人道（more humane）的理想。較為真實，是因為它至少能正視人類的終極目標既多元且不斷相互競爭，有些甚至於無法「共量」（commensurable）的事實。假定所有價值都可以用同一尺度衡量，而我們只需審視便可以判定何者具有最高價值，對我而言猶如否定我們對人類乃自由行為者的認知，也讓道德決定淪為原則上只需一把滑尺便可解決的過程。藉由某種終極的、一切沒有衝突並且可以實現的綜合論述，來宣稱義務就是利益，個人自由等於純粹民主或威權體制，說穿了只是丟出一條形上學的大毛巾，企圖掩蓋自欺欺人的行為。（Berlin, 1969: 171）

「消極」與「積極」自由區分，無疑是柏林留給後世的重要思想遺產。據此，消極自由乃是「不被干涉」的自由，基本上是一種空間比喻的概念，亦即，擁有愈大不受干涉的空間意味著自由愈多；與之相對的積極自由是關乎「誰才是主人」的狀態，自己作主就是自由，而任何形式的由他人作主便是不自由——如此一來，空間比喻並不適用於積極自由，因為後者乃是非黑即白的概念。若以「門」作為比喻，愈多扇門為自己而開就是擁有愈多的消極自由，即便不打開任何一扇也不減其量，積極自由的概念則單指特定一扇門為真正自由的通往之道，其他都不會通往自由，因此，這種自由的獲得基本上是一種必須付出才能達到的「成就」（葉浩，2011）。

姑且不論兩種自由區分之於全球共約理論的重要性，此處尤須注意的是：柏林認為多元之存在乃是個較為真實且更加人道的

事實，而這正是傑克森欲捍衛的「多元」——亦即「國際社會所展現的領土／管轄多元主義，以及該社會所實際容納的價值多樣性」（Jackson, 2000: 179）[25]——之屬性。更重要的是，雖然表面上傑克森僅將柏林的思想運用到國際層次，實則微妙地改變了價值多元主義的第三層次，使其應用範圍由「文化體系」轉為「領土國家」。據此，讀者不難理解他為何以將上述開啟「全球共約」論證的引言，作為柏林的名言「人類歷史這座大宅院內，多的是房間」之注解——傑克森假定主權國家就是個文化族群，國家疆界等於文化疆界，並藉此反駁任何試圖改變文化多元狀態的舉動，因為那將是一種**更改**國際現實本質的政治企圖，同時也必然違背了文化族群的獨立性，犯了以自己價值理想作為衡量他人文化的標準之謬誤（Jackson, 2000: 179-180）。

傑克森（2000: 180）強調，此處並非意在替「文化相對主義」（cultural relativism）背書，並且引述《扭曲的人性素材》底下這段話作為說明：

> 某個文化的價值觀念可能與另一個文化無法相容（incompatible）之事實……並非代表價值上的相對主義，而是意味世上存在著無法做出階層排序的多元價值。這當然也意味著，價值之間發生不可避免的衝突，以及不同文明乃至於同個文明的不同時代之間世界觀的互不相容，將永遠可能。（Berlin, 1991: 80）

價值多元主義經常被批評為等同於文化相對主義（Lukes,

25　原文為「the territorial-jurisdictional pluralism of the society of states and the value-diversity that such a *societas accommodates*」。

1989; 2003: 100-116），因為它似乎暗示：世上並不存在絕對真理；是非對錯與道德觀念不過是文化產物。運用柏林思想的傑克森，當然知曉此舉也會招致同樣批評，所以援引了上述柏林不斷重申的論點，並且認為其已足夠作為反駁。然而，他卻不盡然同意柏林所提，因應文化不可共量的策略。

　　進一步解釋，傑克森認為柏林曾經提出底下兩種因應策略：（一）採取俗世化自然法的策略，強調分屬不同文化的人類仍然具有足夠的共通人性，可作為互相肯認的道德基礎，進而促進尊重對方的自由與人性尊嚴的展現；（二）採取效益主義（utilitarianism）的策略，避免價值衝突的升溫或走向極端，盡一切可能達成雙方可接受的「暫時平衡」（precarious equilibrium），也就是價值之間的折衷與妥協。根據傑克森的評析，策略（一）實際上屬於「理性主義」（rationalism）傳統的道德立場，讓人聯想到葛老秀斯的「全人類大社會」理想；策略（二）之基礎則在於「開明的自利」（enlightened self-interest），反映「現實主義」的道德立場（Jackson, 2000: 180-181）。

　　倘若傑克森的論證成立，「全球共約」才是真正的因應之道，因為它既可兼顧上述兩種策略之優點，又能避免落入過度的理想主義與現實主義（2000: 181）。「全球共約」理論基本上是傑克森針對一連串朝向落實「價值多元主義」的歷史事件之整體解讀，始於西伐利亞主權國家體系之建立，直到 1945 年的《聯合國憲章》之簽署（特別是第二條的第四款與第七款）[26] —— 各

26　第四款為「各會員國在其國際關係上不得使用威脅或武力，或以與聯合國宗旨不符之任何其他方法，侵害任何會員國或國家之領土完整或政治獨立」；第七款是「本憲章並不授權聯合國干涉在本質上屬於任何國家國內管轄之事件，且並不要求會員國將該項事件依本憲章提請解決；但此項原則不妨礙第七章內執行辦法之適用」；請參閱聯合國官方網站：http://www.un.org。

國代表於舊金山所展現的集體意志，精神上乃是國際社會對於「規範性多元主義」理念的正式表達，功能上則是對於「管轄多元主義」的正式認可，亦即多元主義精神在國際層次的具體制度性安排。據此，全球共約並非一個哲學家憑空想像的理想或政治處方，而是國際社會實際簽定過的共約。

▌全球共約：反國際干預理論

　　全球共約理論於是乃一套從具體歷史事件之中提煉出的「詮釋性規範理論」，且就此而言是個不折不扣的英倫學派理論。作為一整套既存的國際道德規範，它賦予了個別國家自行追求生活理想的自由，並且自行承擔責任，不允許外人干涉，也就是國家作為國際社會成員所享有的「消極自由」，於是任何企圖引導或改變他國選擇的做法都是侵犯此一自由。銅板的另一面則是，任何強加自己理想於他國之上的行為都是一種「積極」作為，於國際法與國際倫理道德所不容。換言之，主權國家皆享有消極自由的事實就意味著「積極倫理」（positive ethics）不存在於國際層次之上。傑克森不僅援引柏林的思想來理解「全球共約」的規範性基礎，也運用了柏林的消極與積極自由之區分，提出自己的消極國際倫理理論，並藉此否定「積極倫理」實際存於國際社會（2000: 251）。就其實質政治意涵而言，全球共約理論原則上反對任何形式的國際干預。

　　猶記前文提及，自從布爾提出「多元主義」與「團合主義」區分之後，英倫學派的發展則隨著此二路線的互競展開。古典時期的爭議大抵圍繞於國際社會的屬性之上，關乎「國際社會」作為一個詮釋概念究竟是「薄」（thin）或「厚」（thick）——團合主義傾向後者，而多元主義則主張前者。隨著冷戰結束之

後，以「人道」名義進行的國際干預成為主要的國際衝突型態
（Stockholm International Peace Research Institute, 2006），英倫
學派的團合主義也逐漸占上風。此時的爭議焦點轉為：是否以
人權為依據的國際干預已普遍被國際社會接受為新的「實踐」
（practice）抑或「慣例」（custom）？[27] 傑克森對此的答案斬釘
截鐵：否！

　　事實上，傑克森的回應與布爾的「言之過早」有本質上的差
異，而理解其差異將會更加凸顯柏林的多元主義之於全球共約理
論的重要性。進一步解釋，此刻必須將焦點轉至傑克森所提出的
「安全」（security）觀及據此所建構的世界秩序圖像。其安全
論主張國際政治涉及底下三種安全：「國家安全」追求源自於國
際無政府狀態，因此強化國防乃是個別國家的主要做法；「國際
安全」指涉國際社會的集體安全，旨在嚴懲威脅國際和平的非法
國家，以及正面迎擊恐怖主義乃是維護安全的必要手段；「人類
安全」則以人權為依歸，實踐上涉及憲政制度的設立，旨在杜絕
任何形式的人權侵害（Jackson, 2000: 196-200）。此三種概念依
序對應現實主義、理性主義及革命主義國際政治傳統的核心關
懷，基本上是對於英倫學派「三個傳統」區分之更新。不過，傑
克森也藉此區分提出一個基於「安全」的理由同時否定現實主義
與革命主義。上述定義暗示：人類安全唯有世界大同才能達到，
此刻若是枉顧國際現實一味追求此一理想，將必然導致戰亂使得
生靈塗炭，後果將無異於任由個別主權國家進行武力擴張所帶來
的現實主義威脅──換言之，唯有促進國際（社會集體）安全才
是確保世界和平之道。

27　事實上，此議題也是我們得以區辨與分類當前國際關係理論主要流派的關鍵
　　議題（梁文韜，2010b）。

　　安全論銅板的另一面是傑克森（2000: 215）底下的「同心圓」國際社會想像：內層為西方民主國家及其夥伴，其安全觀不僅有國際與國家層次，也包括人類安全考量；中間主要為非西方國家，僅求自身的國家安全，雖然不排除建立區域性國際秩序作為手段；外圍則是處於國際社會邊緣的「準國家」（quasi-states），只在意國家安全，但懂得藉由遵守國際社會的基本規範來取得。當然，此一同心圓圖像不僅是傑克森所謂的「規範性多元主義」之應然投射，更是一幅「管轄多元主義」的實然寫照。於是，他宣稱唯有多元主義者能夠正視並且允許「失能國家」（failed states）的存在──它們多半為後殖民或後冷戰的產物，作為新興國家的它們，雖然享有外部肯認（recognition）的「法理主權」，但是缺乏「實際主權」所必備的有效政府或統治，特徵上類似霍布斯筆下的「自然狀態」，社會分裂且政治動盪，談不上良質治理（Jackson, 2000: 295）。反之，旨在維護人類安全的革命主義者則無法容忍，因為他們擔憂容忍這些缺乏人權保障的國家將有礙世界各地的「法治」發展。對於否定國際法之效力或效用的現實主義者而言，這根本不是個議題，畢竟，他們對國際秩序的關心僅止於自己國家對外的自主性與安全。

　　既然傑克森認定國際倫理乃一種「情境倫理」，上述的世界秩序圖像可謂國際政治決策的實際情境，而安全則是必要的考量。無論如何，作為消極國際倫理的全球共約理論必須加上上述論點才算完整。據此，國際社會或其成員不具任何進行國際干預的「權利」，更遑論「義務」。當然，傑克森明白聯合國憲章賦予聯合國安理會授權動武的權限；不過，據其理解，安理會的授權動武理由至今幾乎都是以維護國際秩序或和平的理由進行，也就是對於干預行為的反制。「波灣戰爭」乃是反干預的案例，甚至──根據傑克森的判斷──是聯合國成立之後國際社會再次集

體展現多元主義精神的經驗證據（Jackson, 2000: 199）。同理，他也認為「科索沃事件」違背全球共約，甚至是對於「國際安全」乃至於國際社會本身的破壞。

相較於傑克森對國際干預的原則上否定，當代英倫學派的團合主義者對於日益頻繁的人道干預事件抱持樂觀的態度，並逐漸於 90 年代成為學派內的主流聲音（Wheeler, 1992; 2000; Knudsen, 1999）。據他們觀察：國與國之間確實存在一種「團合」，亦即一種關乎個人的安全與福祉之在某程度上也是（參閱 Bull, 1966b），畢竟，國際社會終究是人類所組成的大社會。順此而下，個人無論於國內法或國際法底下都享有權利（right）與義務（duty），只不過在（缺乏世界政府的）國際層次上必須經由國家作為代理執行者（Wheeler, 2000: 11）；換言之，個人才是國際法所欲保護的真正對象（Knudsen, 1999: 56）。團合主義者認為，國際人權建制的崛起落實了此一葛老秀斯國際社會想像，至少是理解當前國際現實不可或缺的詮釋框架。據此，他們也主張國際社會及其成員於**特定條件**之下享有干預無法落實人權保障的國家之「權利」，甚至是一種（履行國際人權法的）「義務」（Jørgensen, 2010: 111）。至於傑克森駁斥的「科索沃事件」，則是彰顯國際團合精神**已然**存在的證據。

至此，英倫學派的內部爭議似乎陷入僵局：團合主義者如惠勒主張國際社會存在分別賦予國際社會及個別國家從事人道干預的「權利」和「義務」，身為多元主義者的傑克森則全然反對，最多只承認國際社會唯有在極端人道危機的時刻可以藉由集體意志進行干預，其性質屬於「權衡之計」，既非權利也非義務。鑒於英倫學派必須涉及判斷與詮釋的方法論性質，此一爭議似乎難有決斷的時刻，雖然團合主義者與多元主義者可以援引「經驗事實」作為判斷依據，但雙方手上並不握有立即否證對方論點的

「證據」[28]——畢竟，其反科學實證主義立場意味著「赤裸事實」（naked fact）的不存在，因此各自的詮釋皆容或有可爭議之處，即使寫以白紙黑字的國際法也不例外，包括傑克森視為彰顯管轄多元主義證據的《聯合國憲章》第二條的第四款及第七款。

　　值得注意的是，細究其爭議與各自的回應當可發現，此刻的路線之爭主要並非關係國際社會所接受的共同規範之程度差異，而是在於另一個規範性層次的爭辯——爭辯的雙方都致力於提出更具決定性的理據，試圖讓自身的理解達至斷言的論證功能，從而封閉詮釋性規範理論內含的「開放性」。事實上，這才是造成僵局的真正原因，也是讓傑克森可以將布爾的「言之過早」改為「否」的依據。進而言之，表面上傑克森的判斷源自於他對於《聯合國憲章》第二條的第四款及第七款的看法，亦即認定此乃國際社會集體展現多元主義精神的證據。對此，批評者當然可以質疑，即令聯合國憲章可被解讀為「全球共約」的意志展現，該**歷史**成就也不必然意味著對於**當前**具有規範性，畢竟，該意志或許已經成為歷史，因此不具效力，甚至——正如現實主義者的反駁——當年的簽署只是各國代表的虛應故事，不能當真。

　　雖然傑克森（2000）的回應是：全球共約不全然等同於聯合國成立當時的構成原則與規範，而是包括了主權國家之間藉由外交實踐所展現的對話與讓步，國際法，以及作為國際倫理之實踐的良好政治習慣（political virtue）。換言之，其存在與效力的維持歷歷可見於《聯合國憲章》簽署後的政治實踐。不過，這僅是表層的理由；深層的理由是：柏林的價值多元主義所提供的哲學基礎足以撐起全球共約理論的兩大支柱，亦即「規範性多元

28　根據卡爾‧波普的界定，可否證性（falsifiability）乃可以否證的命題；參閱 Popper（1959）。

主義」與「管轄的多元主義」，使其獨立於現實之外成為值得捍衛的理想。事實上，1945 年的事件此刻已經在傑克森筆下昇華至規範隨後的國際秩序之「給定」（given），性質上無異於現實主義者所假定的無政府狀態，不僅無需與時俱進，其原則上反對的立場也等同於將根植於西伐利亞體系的國際價值規範提升至不具歷史脈絡的抽象真理之高度，使特定歷史事件成為「姑且不論」國際現實的政治處方——功能上如同無需再議的真理，其「真值」（truth value）不僅理論上由價值多元主義所保障，經驗上也以 1945 年的聯合國「立國」憲政精神為依歸。據此發展出來的全球共約理論，嚴格說並非實事求是的詮釋性規範理論，反而是一種基於特定價值與原則所推論而成的「處方性斷言」。

無獨有偶，同樣傾向也可見於國際社會光譜的另一端。前文提及，團合主義者主張國際社會及其成員於特定條件之下享有干預無法落實人權保障的國家之「權利」。作為當今團合路線代表的惠勒近年來致力於讓上述的「特定條件」明確條文化。其名著《營救外人》（*Saving Strangers*）與傑克森的《全球共約》同年出版，於英倫學派之內分庭抗禮。惠勒（2000）所採取的論政策略則是援引「義戰論」（Just War Theory）思想傳統。[29] 根植於基督教自然法的義戰論基本上視戰爭為特殊狀況的「必要之惡」。同理，惠勒雖然肯認互不干預原則乃國際根本規範，但主張緊急的「人道危機」之下可有例外——不過，武力的使用必須：（一）作為不得已的最後手段；（二）符合比例原則，以及（三）要有可預見的正面效果（Wheeler, 2000: 33-52）。換言之，國際社會及其成員此刻擁有干預人道危機國家的「權利」，並且有阻止「違反人道罪」（crimes against humanity）發生的

29　關於義戰論傳統，請參閱 Walzer（1977）。

「義務」。當然，作為國際社會成員的權利與義務，意味著其履行之正當性無需所有成員的同意；因此，即使國際社會不能集體行動，甚至缺乏聯合國安理會的授權，少數甚至於單獨國家也可逕行履行此一權利與義務。個別干預行動的正當性，當然必須視具體情境才能判斷，而根據惠勒所做的判斷是：「波灣戰爭」與「科索沃事件」乃是正當的人道干預。[30]

英倫學派的路線之爭，於是愈來愈如同傳統的政治哲學爭議，抑或近來所興起的國際政治理論，基本上乃抽象政治哲學的應用。[31]當然，如此趨勢已經背離古典學派所主張的方法論；倘若如此，傑克森也等同於言行不一。不過，本文將此議題留待下一節再做討論，此刻重要的是，姑且不論全球共約理論是否符合英倫學派方法論，其本身即充滿內部張力與邏輯矛盾（參閱Hall, 2001; Lynch, 2002; Buzan, 2002）。梁文韜是致力於指出如此的批評者。據其解讀，傑克森提出同心圓的構想「試圖舒緩理論張力，解決準國家及區域聯盟的持續存在所帶來的不融貫性，但卻迫使他自己以至其他多元主義者遺忘對多元主義式全球國際社會的理想」（梁文韜，2010b：235）。首先，對於傑克森區別「法理」與「實際」主權並且以前者為由反對國際干預的論點，他直指：不具「經驗存在」之國家竟可獲得法理上的主權地位令人匪夷所思，畢竟，那意味著作為主權載體的「準國家」——亦即國際社會所欲「肯認」的對象——本身不存在（同上，頁230）。換言之，國家的實際存在必須本體論上（ontologically）「先於」（prior to）國際社會的肯認，因此，倘若我們因為堅持

---

30 團合主義者對此一判斷具有共識，並且大抵反對 2003 年「伊拉克戰爭」具有正當性（Dunne, 2003）。

31 參閱 Chris Brown（2002）與 Terry Nardin（2007）。

「法理主權」而拒絕干預陷入無政府狀態的國家，並且認為恢復秩序乃該國政府乃至於公民自身的責任，等同於無視該國早已失去作為「國家」的能力之事實。

　　讀者可見，雖然上述引言意在批評傑克森的「連貫性」，但實際上指的不僅是邏輯，而是法理主權與實際主權之間的落差；換言之，也就是理論「應然」與經驗「實然」之間的落差，甚至本末倒置。後者正是梁文韜看似龐雜的批評之基調。首先，倘若處於同心圓核心的西方國家（正如傑克森意識到的）擁有的安全觀不僅在於「國際」與「國」家兩個層次，也包含「人類」安全，那麼人道干預行動對於這些國家而言不但沒有違背其區域性國際規範，反而是一種體現。至少，在西方的地理疆界之內，人道干預已經是此區域之內既存的國際規範；因此，當西方國家在國際社會的核心地理疆域之內進行人道干預，並不違背國際規範──是故，唯有進入（反對或尚未接受人道干預理念的）非西方國家進行干預，才是違背國際規範（梁文韜，2010b：233）。傑克森意識到同心圓的內圈存在某種區域性的團合主義，然而卻又全盤否定人道干預的正當性，似乎有違其對於區域性國際社會存在的認識，也就是忽略了同心圓內圈西方國家對於人類安全的共同擁護對於人道干預議題的規範意涵。一言以蔽之，西方區域性團合主義的經驗事實，同時否定了管轄多元主義：（一）作為國際現實的描述，以及（二）作為多元主義者所欲維護的理想。

　　另一方面，失能國家的存在也以同樣方式威脅著全球共約理論。梁文韜的理解基本上將傑克森所謂的「失能國家」等同上述的同心圓外圍「準國家」。延續上述關於準國家的討論，梁文韜指出：失能國家的存在實際上會危及國際社會的集體安全，畢竟，內戰可能波及他國，難民潮的湧出也會影響他國居民安危，因此，傑克森假定國家層次安全問題不會影響國際層次的安全乃

是個錯誤（梁文韜，2010b：231）。[32] 正視此一事實，意味著對於國際社會的集體安全並非與個別國家的內部安全完全無關。甚至，倘若傑克森如此看重國際安全與和平，就不得忽視失能國家的安危，並且必須認識到協助其重建秩序乃是維護國際社會的一環——畢竟，國際社會乃一群主權完整的國家所共同組成（同上：232-233）。此處，梁文韜意圖指出：傑克森不該忽視國內秩序與國際秩序之間存在互動與互賴關係（同上：頁236）。

倘若梁文韜的批評得當，作為一體兩面的同心圓圖像與三種安全概念，目的在於解決失能國家與區域聯盟所帶給全球共約理論的內部張力。同心圓圖像承認區域聯盟與失能國家並存，賦予其理論上的一席之地；三種安全概念則一方面解釋同心圓內三種國家的分類基礎，一方面指出它們享有厚薄不一的「實質」存在，亦即，西方聯盟兼具法理與實質主權的同時還共享人權共識，非西方國家相較之下少了人權共識，準國家則徒有法理主權但缺乏實質——因此，三種國家之間不存在人道干預共識，換言之，適用於全球的國際人道干預的規範。然而，梁文韜據此指出：之所以存在不同種類的國家，正是因為西方聯盟存在對於人權的共識，但其他國家卻沒有，那麼，傑克森至少在邏輯上必須承認西方民主國家之間存在足夠的團合，允許彼此之間以「人類安全」的人道干預，並且在經驗上必須正視失能國家之在國際安全上的「外溢作用」（spillover effect），因為國與國之間的互動並非如同法理上的互相絕緣。

32　當然，支持人道干預者將無法接受此說，畢竟，人類安全的考量是（或許比任何人更在意失能國家的）大同主義者認為應該進行人道干預的主要理由，論者如 Frost（1996: 179）則認為「國家」資格的取得必須以滿足人類安全為基本條件；當然，現實主義者也可同意為了自身國家安全的理由而干預他國，特別是因為內戰而可能引發難民潮的鄰國。

　　無疑，梁文韜著眼於**經驗**層次，並藉此戳破傑克森賴以自圓其說的**法理**層次。至此，讀者不難理解為何前者對於後者所謂的「國際上的法治」，做出如下的回應：「單單有法條存在只意味『依法治理』而不必然是『由法治理』，這兩個意義上的法治得以確立才會有國際法治，國際安全才得到保障。」（梁文韜，2010b：229）。雖然梁文韜此處意在批評傑克森缺乏具體的法治論，但是，鑒於英倫學派理論工作旨在揭露實存的國際規範，此一批評同時也意味著傑克森背離了英倫學派的理論精神。當然，熟悉柏林政治思想文獻的讀者也明白，此處的關鍵乃是他終身致力於提倡的「現實意識」（sense of reality）。此處所謂的現實意識同時包括：「歷史意識」，亦即對歷史偶然性、價值觀念的時代性、人類文明的多元性有清楚的認識；以及「道德意識」，抑或對於個人生命價值的清楚體認，不把任何人當作是特定抽象概念或政治理想的「祭品」（Berlin, 1991: 16）。

　　無論如何，梁文韜的批評基本上是其現實意識作為基調的變奏。於是，他也指出：（一）國際政治不是一個恆常的狀態，而且國家所依循的規範也不斷演變，然而傑克森卻忽視了如此根本的現實；此外，（二）上述的同心圓想像也沒有正視國際非政府組織與跨國或區域性建制（regime）的存在，並且給予適當的理論位置；更重要的是，（三）即便全球共約理論允許國際干預在非常嚴苛的條件之下可以進行，傑克森對於其屬性究竟是「審慎」（prudence）或「法律」或「道德」也未曾交代清楚（梁文韜，2010b：234）──根據梁文韜的理解，其實也無從清楚界定，因為，不同區域有其特殊處境與規範傳統的事實，意味著不可能存在一個「普適於世」的一般性理論。上述三點也解釋了梁文韜何以認為，並非唯有康德式革命主義才能提供理據協助失能國家，因為跨國建制也可以基於捍衛「國際安全」或者「國家安

全」的理由來進行干預，端視實際情況是否會影響個別國家的自身或集體安全——倘若「安全」是國際社會共同信奉的價值，協助失能國家就此而言並不等同於強加西方價值於它們之上（梁文韜，2010b：233）。

由於梁文韜認為傑克森反對人道干預的理由源自於安全論，而非法治論（梁文韜，2010b：271），所以他的批判圍繞在作為一體兩面的同心圓圖像與安全論之上。柏林曾以經濟學家熊彼得（Joseph Schumpeter）所言「信念的實踐必須止於相對的正當性（relative validity）之上」作為〈自由的兩種概念〉之結語，梁文韜此處的批評實際上亦可以理解為相同邏輯的運用：亦即，就人道干預議題而言，西方聯盟相對於其他國家具有內部的正當性。順此，只要西方國家不對聯盟外部的國家進行干預，仍是符合區域性國際社會的規範；傑克森忽略的正是同心圓圖像必須允許的「相對正當性」。值得注意的是，文本證據顯示傑克森真正在意的是《聯合國憲章》體現的國際規範，而非安全論本身。此外，安全論也絕非全球共約的理論證成關鍵，因為真正重要的是同時支撐全球共約規範性基礎的多元主義後設倫理，缺此理論，傑克森無法令其反人道干預論述提升至「姑且不論」國際現實的政治處方，也無法關閉內在於詮釋方法論的開放性。

▌想像一個像鴨又像兔的輪廓

倘若上一節的推論正確，傑克森在援引柏林的政治思想時，目光已經從「實然的規範」移向「應然的規範」，因此性質上比較偏向描繪理想願景的處方性政治理論，也就是偏離了布爾捍衛的詮釋性規範研究進路——同理，惠勒也是如此。或許，導致這個結果的原因，是在多元主義與團合主義互競之下，雙方試圖提

出更有力論證來反駁對方。另一方面，也可能是來自於國際關係理論愈趨向專業，不同「典範」互競之下的結果，英倫學派因此必須提出概念更加精確且方便操作的政治理論方法，才足以回應外部的挑戰。甚至，自從布贊加入，如此的要求也成為英倫學派內部的聲音。無論如何，身為學派長期的批評者的布贊，轉向支持英倫學派之後，繼續針對古典時期的方法論提出批評，認為其「國際社會」概念本身的界定過於模糊，因此無法讓人確立國際政治何時從「國際體系」轉為「國際社會」，甚至如何才算是進入「世界社會」，難以作為從事實證研究的操作工具（Buzan, 2004）。同理，他也如同實證主義傾向濃厚的現實主義者直指傑克森的方法論辯護對於國際關係研究無所助益（Buzan, 2002: 363）。

毫無疑問，並非所有英倫學派成員皆歡迎布贊的「加入」（參閱 Linklater and Suganami, 2006），並且掀起一波爭辯「誰」才是真正英倫學派成員的文獻。本文無意介入其中，不過，倒是必須指出：按照實證主義的標準，英倫學派古典研究途徑的確稱不上「研究方法」，反倒接近一種實事求是、與時俱進的精神。當他於 1949 年首次提出價值多元主義時，曾以「個人自由」與「政治權威」兩者之間的衝突為例，如此解說他個人所主張的政治思維：

> 此類的兩難處境無法以**邏輯**解決：我們只能選擇邏輯不甚工整又具有彈性，甚至於曖昧的**妥協**方案。誠如康德所言，人性這塊扭曲的素材，不曾造就筆直的事物，每個情境都有自己獨特的解決方法。這個時代，並非如同我們所經常聽到的需要更多信仰、強勢的領導，或是更科學的組織管理；相反，需要少一點救世主心態的熱情，多一點開明的懷疑

（enlightened scepticism），更加容忍特立獨行的行為，更多時候採取**因地制宜**（*ad hoc*）的方式於可見未來完成目標……。（Berlin, 1969: 39-40，粗體字處為筆者自己的強調）

　　事實上，柏林反對以抽象邏輯解決具體問題的立場，與其倡議的現實意識乃一體兩面，因為前者乃是化約主義（reductionism）的一種，也就是多元主義的真正敵人（葉浩，2011）。作為一種政治思維模式，其運作方式不外乎企圖使原本多元繁複的事物，化約成更容易應對或控制的成單一面向，因此結果往往是一元主義形式的理論；例如，將政治議題化約為經濟議題或法律問題，抑或將政治判斷問題轉化為邏輯或計算問題。筆者以為，柏林如上的陳述精神上與布爾倡議的古典途徑一致；兩者皆試圖避免化約主義，不隨意換用不同領域的邏輯，不企圖以抽象概念與理論代替實際存在的真相，也不企圖強壓人類經驗於邏輯的框架之內，亦即柏林所謂的「削足適履」（Procrusteanism）做法（Berlin, 1999: 75）。

　　當然，此段文字不過是前文提及的「現實意識」之另一種陳述。值得注意的是，柏林呼籲的現實意識必須同時展現於從事**理論建構**及處理政治實務的時候──其理由簡單，兩者都涉及活生生的人，有自己的故事與生命經歷，也具有意志與思想，而不是冷冰冰的事物，可供我們切割或踐踏。當然，如此的呼籲正如同布爾的古典主義，難以轉化為一套程序標準化的可操作「方法」，或許最多只稱得上一個研究途徑。不過，其理論上的簡陋卻有深刻的道德意涵。現實意識避免政治思考為了成就理論的乾淨漂亮與邏輯連貫，而犧牲活人於抽象的祭壇之上，化約為理論的祭品。換言之，簡陋所遺留的空白，乃是因應具體實務的複雜及對於個人自由的尊重。與其說是一種方法，毋寧說柏林所呼籲

的是一種正視人性尊嚴與世界複雜性的態度 —— 正可作為布爾所謂的人文主義之注解。

令人不解的是，傑克森並未忽略現實意識。他之所以反對福山的新黑格爾式歷史終結論，亦即認為西方民主憲政體制乃所有人類文明發展所欲企及的終點（人類終極理想）之主張，也是現實意識的展現；同理，歷史意識也驅使他駁斥國際社會以任何宣稱「普適於世」的價值（包括人權）或「進步」（progress）為理據來干預個別國家的內政（Jackson, 2000: 390-393）。此外，傑克森（2000: 83）認定多元主義才是「忠於事實」，而且體現於《聯合國憲章》；同時也明確主張唯有其理論才能「正視」國際政治現實：亦即，根據當前實存的國際規範，國際社會既無「責任」也沒「權利」干涉其內部事務，因為，只有主權國家的公民本身有如此的權利與責任（2000: 314）。

然而，呼籲正視現實的傑克森卻忽略了「國家領土」並非等同「文化疆界」的事實。如同梁文韜（2010b：250）指出：全球共約理論「假設國家的完整性等同於文化的完整性，保護各國獨立與自主就是保護各自完整的文化，從而肯認價值多元。」傑克森的理論基本上是對於柏林思想的運用，亦即將其多元主義「邏輯」應用於國際關係之上，並且把國家類比為文化來進行推論，進而主張所有的國家內部事務都不該讓外力干涉 —— 其依據為約翰‧葛雷所謂的多元主義第三應用層次，文化層次的不可共量。事實上，柏林經常如此提醒**類比推論**的危險：歷史不該被類比為戲劇，而國族主義的危險也在於「國家」被類比為「大我」之後容易提供壓迫「小我」的正當理由。此外，如前所提布爾更是因為反對「本土類比」才在現實主義與大同主義之間找到英倫學派的施力點。

無論如何，具有柏林現實意識的論者，應用價值多元主義

時，必須兼顧「國內」及「國際」兩個層次，也就是沃爾澤所謂的「關鍵檢測」（critical test）（參閱葉浩，2008），避免國家利用類比而針對特定族群進而施暴，甚至以此為由企圖進行種族滅絕。傑克森不但沒有避免柏林與布爾都提醒危險的推論，甚至從而推論至道德上令人無法接受的立場——即便如同科索沃事件般慘絕人寰的種族屠殺悲劇，也以國家主權為由而反對人道干預，因堅持理論的邏輯而不顧暴政底下的人民。作為一套伸張國際倫理的全球共約理論，道德上卻等同於冷眼旁觀，似乎不智。

或許問題出在現實意識本身如同詮釋，因此本質上具開放性。無論如何，梁文韜（2010b：234）對於傑克森的批判乃根據他個人所見：「次國際社會」的存在。讀者可見，兩者的歧見性質上如同英倫學派的內部爭議，同時涉及實然與應然的雙重判斷。當然，詮釋與判斷並非沒有進一步商榷的可能。進一步解釋，針對梁文韜關於失能國家的批評，傑克森的理論不必然涉及前者所批評的邏輯不連貫問題。首先，嚴格置於全球共約理論的語境底下，同心圓圖像不見得只能理解為「地理性」概念，而可以是指定性概念，也就是所謂的內層、中層、外層國家分別指涉**實際**上追求人類、國際、國家三種層次安全的國家，因此，當地理位置處於歐洲的國家「失能」之後，嚴格說已經不算是內層國家，不能施以人類安全的標準，甚至難以說是國際社會的成員。據此，「準國家」並非像梁文韜所理解的等同於「失能國家」。更精確地說，「準國家」指涉某些（後殖民或後冷戰的新興）國家，雖然尚未取得實質主權，但卻具有法理主權地位，因此必然是國際社會的成員；反之，「失能國家」的標籤卻可以套用在任何一個因為政治分裂而陷入動盪，不僅失去實質主權，其分裂程度導致原先的法理主權地位有重啟討論的必要，因此嚴格說並非

國際社會的成員。

　　如此區別，意味著雖然歐盟有理由施以人類安全規範於地處歐盟的失能國家，但其理據並非是國際法，而且國際社會也不得對其施以（原先的）人類安全標準；然而，國際社會卻可以對所有的準國家待以國際法，因為它們（法理上）已經是國際社會的成員。是故，梁文韜的推論所暗示，歐洲失能國家的外溢效用意味著國際社會可以「人類安全」為由對其干預，也有待商榷。

　　當然，此處的回應乃以世界上僅存在單一國際社會為前提，也就是理論上嚴格區分區域性國際組織與國際社會。倘若英倫學派接受梁文韜的區域性國際社會概念，傑克森的反人道干預立場則必須做出修正，才能符合其致力於揭露實然的應然之方法論精神。不過，就全球共約理論的本體論立場而言，任何的區域聯盟之組成條約，必須仰賴成員國家的簽署與批准才能使其生效，也就是以國際條約法效用為前提的存在，因此，與其將區域聯盟視為挑戰當前國際法的存在，毋寧說是認同實存的「國際」規範之展現。嚴格說，此乃「定義」問題，並非現實意識的不同所致。

　　同理，梁文韜對於同心圓圖像的批評，也並非沒有商榷的餘地。首先，傑克森強調的同心圓內所存在的三種厚薄不一的安全觀，相較於體現於聯合國創立精神而言，只是不同國家對於安全的需求甚至是追求的差異，而且如此的差異不該損及實存國際法的效力；換言之，就「國際」或全球層次而言，唯一稱得上所有國家都簽署並且批准從而具有約束效力的國際規範，就是「國家主權獨立」與「互不侵犯原則」──即便超過於此的理念存在於西方聯盟之內，也不適用於全球範圍，畢竟，適用於國際社會**整體**的規範只能取其「薄」，不可取其「厚」。順此而下，即便西方聯盟國家之內對於人類安全具有共識，也不代表該區域內的

「團合」在規範效力上可以高過國際層次；是故，梁文韜所主張，傑克森的邏輯必須承認西方聯盟所具有「相對正當性」，得以在自己的地理範圍之內進行人道干預，及其衍生的理論張力，嚴格置於全球共約的語境之下並不成立。

雖然如此，但梁文韜的批評倒也提醒了「和平」的可欲性（desirability）——或說戰爭的不可欲性——之於全球共約理論的重要。猶記柏林的政治思想假定「多元」為自然的人類處境，任何缺乏歧異、整齊畫一的社會情境乃是政治權力不正當介入或干涉所導致；就邏輯而言，此論點仰賴一個不證自明（self-evident）的道理——威權獨裁手段之不可欲性。援引價值多元主義的傑克森無可避免地移植了同樣邏輯進入管轄多元主義，只是原先的人類處境此處轉為「自然的國際秩序」，據此任何破壞其秩序的舉措皆不具正當性，包括國際人道干預。是故，倘若全球共約有其道德基礎，和平就是構成其基礎的最高價值；至少，**不證自明**的和平價值乃是傑克森反干預立場相較於團合主義的道德優勢。

事實上，不證自明的論點功能上近乎「斷言」，也是阻斷詮釋開放性的策略。讀者可見，雖然傑克森形式上承襲柏林的價值多元主義，但實質內容上卻將人類處境必然蘊含的多元，轉化為**無限上綱**單一價值的論述，因此違背了價值多元主義的基本精神。我們也有理由相信，強調「秩序」與「正義」同時存在國際政治現實的布爾，或是強調價值多元繁複只能致力於求取「暫時平衡」的柏林，皆無法認同此一立場。事實上，傑克森的化約主義傾向也反映在對於《聯合國憲章》的看重。作為全球共約理論經驗基礎的事件，雖然可解讀為國際社會集體意志讓價值多元主義「證明為真」的事實根據，但是，倘若藉此駁斥後續的任何「團合主義」事件，因抑或原則上反對將後續的國際事件——例

如 1948 年於聯合國大會所表決通過的《世界人權宣言》及 1998年的科索沃事件——做任何的「團合主義」解讀，傑克森不僅迥異於同時正視「團合主義」與「多元主義」國際政治元素的布爾，其對於人類史上單一年度精神的看重也違背了柏林所謂的歷史意識。

綜上所述，傑克森的全球共約理論不僅在移向處方性規範理論的時候遠離了自己捍衛的古典途徑，其高舉 1945 年國際社會精神及無限上綱和平價值的時候也背離柏林所反對的一元論思維模式，等同於將國際社會乃至人類集體限縮於特定的發展方向。換言之，呼籲歷史重要性的傑克森，在一手為國際政治研究注入歷史意識的同時，另一手卻抹去了偶然成就的歷史性，而據此發展出來的全球共約理論，也不再是貼近現實的詮釋性規範理論，反而是一種基於特定價值與原則所推論而成的政治處方。

呼籲兼顧現實條件之價值折衷與妥協的柏林，當然無法接受傑克森此處的立場。值得注意的是，所謂的「妥協」乃是因應兩個以上各自有其重要性的價值之間所做的權衡，即使因為現實條件因素而有所取捨，也不代表被「捨」的一方不具價值，只能視為遺珠之憾，有時候甚至是一場不得已的悲劇（葉浩，2011）。當然，悲劇意涵並不代表「理性」的缺席。[33] 隱藏於悲劇性選擇背後的其實是政治判斷的必要（曾國祥，2009）與道德責任的可能；畢竟，選擇意味著兩者以上的選項，面對價值衝突的個體仍然需要理由做出決定——前提是自由，選擇涉及判斷，也因此必

---

33 柏林曾與柏納・威廉斯共同解釋，正視價值衝突，不意味著我們無從判斷，無從選擇，而是：（一）並非任何特定情都只有一個價值應該作為理性考量的依據，（二）相似的情境底下並非只有一個特定的決定符合理性；反過來說（三）任何具體情境之下所做的決定，都存在理性討論的空間（Berlin and Williams, 1994）。

須為選擇負責。[34]

論者如安德魯・林克萊特（Andrew Linklater, 2009: 100）強調布爾對於妥協及同情理解的重視。無論如何，布爾在複雜化理性主義來提出自己的中道立場的同時，也藉以指出國際政治中「正義」與「秩序」兩個價值之間的緊張關係（De Almeida, 2003）。據其理解，緊張的來源是第三世界國家對於正義訴求，意圖改變當前國際秩序，也因此威脅著西方主權國家所建立的西伐利亞體系。對於一個必須正視實存價值與規範的英倫學派成員而言，布爾（1977: 89）當然理解正義與秩序同是重要的人類價值，也各自有其擁護者，且相關的政治追求同時鑲嵌於國際社會的實踐之內，因此不能佯裝任何一方不存在，據此所提出的「團合主義」與「多元主義」一組概念，是讓我們一方面掌握國際政治實踐之中兩個趨勢的同時存在，一方面得以做出現實判斷的**分析工具**（Linklater and Suganami, 2006: 103）。

如同柏林所提的「積極自由」與「消極自由」兩種概念，旨在作為理解特定歷史脈絡底下的自由理想與真實處境的分析概念，而非企圖消滅任何一方的思想武器，「團合」與「多元」兩種觀點不曾離開布爾的觀察，而他所做的「言之過早」之判斷依據乃是冷靜的經驗觀察，旨在忠實反映國際社會局勢，而非如同傑克森根據理想世界觀的邏輯所開出的政治處方，談的是可欲性的問題。事實上，英倫學派的本身亦可理解為如此的多重觀點的理論視野。魏特的三個傳統區分及布爾的版本，甚至是後者所區分的兩個路線，皆意味著國際政治實踐本質上容許不同的「看法」，因此不可被化約為單一面向的觀看──否則將淪為現實主

34　喬治・克勞德（2004: 125-47）甚至認為柏林與威廉斯對此的看重，可通往立基於「自主性」（autonomy）的自由主義。

義者或大同主義者的一元論觀點。

　　本文當然無法窮究柏林與布爾的思想親近性，也並非旨在全面探索價值多元主義的國際政治意涵。不過，倘若至此的推論正確，審時度勢的多元主義者，無論是柏林的追隨者或英倫學派成員，皆不該忽略繁複事實的任何一個面向。據此理解，人道干預議題本身並非單純只是人權價值的追求（Hansen, 2000: 51），而是同時涉及不同人類價值與現實條件考量的政治判斷。而且，相關的價值或理想往往源自於西方文化，並且和歷史上的特定西方強權國家較有關聯，因此關於此議題的討論，也總能掌握到區域差異或西方與非西方國家之間的對立等思考。魏特與布爾等人從不曾因為對於價值與規範的關注而忽視權力面向及社會文化等非物質因素的作用，詮釋時也不會讓目光過度聚焦於特定的面向或時期，反倒是致力於長期的觀察，並且分析文化、理念、社會、經濟的相互作用，魏特甚至主張不該限縮在諸如聯合國組織等正式「制度」上的觀察，因此與傑克森專注於西方國家主導的聯合國甚至是少數強權國家掌控的安理會決定的理論也出入頗大。

　　作為總結，或許與柏林同事多年並且也是價值多元主義者的法哲學家約瑟夫・拉茲（2003: 54）底下這一段用以解釋「格式塔心理學」（Gestalt psychology）的案例解說，值得深思：[35]

　　　　想像一個像鴨又像兔的輪廓。乍看它是隻兔子。通常只要稍加費力再看一次，就可讓它變成了一隻鴨子。

---

[35] 格式塔心理學亦稱此類個案為「面向觀看」；熟悉 20 世紀心理或語言哲學文獻的讀者，當然知道這是維根斯坦（Ludwig Wittgenstein）名著《哲學研究》（*Philosophical Investigations*）用以探討語言具有「整全」性質之著名例子；參閱 Ludwig Wittgenstein（2001: ii, xi）。心理醫生常用來測驗憂鬱病患的類似的圖案，包括像是蝴蝶又像蝙蝠的圖案，以及可以看成少女或老婦的畫作，端視一個人的心理狀態而定。參閱 Wolfgang Kohler（1992）。

　　柏林終身呼籲讀者與聽眾努力藉由「同情理解」（empathy）能力的發揮來跳脫自身的處境，理解他人的世界觀，進而擴充自己的視野，甚至因此擁有寬容異己的胸襟（葉浩，2011）。事實上，曾經同情理解異己的人正如歷經「此看是鴨，彼看成兔」的格式塔轉換，不會獨尊單一面向，反而在面對多元繁複的價值世界乃至於衝突時，仍舊堅持理解事物的真相容許不只一個「面向」的觀看。反之，企圖以特定觀點來看待事物的心態就是化約主義，也就是一元論者。當然，一個人可以如此做；況且，正如格式塔心理學亦稱「整全心理學」，每個人即使堅持特定觀點還是可以看到事物的整體面貌，雖然這「整體」只是其中的面向之一。

　　事實上，格式塔案例也可說明布爾的方法論。亦即：如此不可化約的多元觀點，意味著其所察覺的觀點差異性並非同一光譜上的程度差異；因此，類似布贊所批評，英倫學派從未清楚界定國際社會究竟何時（何等條件底下）該被視為已經進入「世界社會」，抑或會退化為「國際體系」，本身是個不適合其方法論立場的問題，畢竟，它們可能同時存在國際政治的某些特定領域或實踐之上。同理，也是如此反對化約的精神讓英倫學派不讓冷靜觀察等同於冷眼旁觀飽受政府踐踏的人民。倘若布贊批評傑克森的方法論無所助益時所指如上，也未切中要害。不過，傑克森畢竟未完全掌握布爾的方法論，甚至因此將道德限縮於國與國的互動之間，且把正義置於和平之下。然而，布爾與其他英倫學派成員如約翰·文森（John Vincent），無疑是二戰後至冷戰期間最關切國際倫理議題的國關學者，試圖在現實主義的霸權底下保留一個從事倫理道德思考的空間。

　　相較於布爾的多元主義，傑克森提供的捍衛事實上等同於將國際政治實踐化約為單一的聯合國制度面向，並且企圖將具體情

境之詮釋理解轉為抽象的政治處方。此舉不但迥異於布爾的多元主義，也偏離了英倫學派的傳統，更直接違背柏林的價值多元主義精神。雖然傑克森援引柏林思想介入英倫學派路線之爭的策略，試圖讓兩個分別盛行於英國的國際關係與政治理論領域的學術傳統結合，但是，其揭露的親近性乃是選擇性的，並且做法上違背了他們欲捍衛的多元主義精神。

第二部

國際民主危機
作為一種時差政治

第六章

同床異夢的民主與民粹：
川普時代的左派價值何去何從？

　　「一個幽靈，共產主義的幽靈，在歐洲遊蕩」——這是馬克思與恩格斯的《共產黨宣言》第一句話，1848 年於倫敦出版的該書，試圖描繪一個正在崛起的共產主義以及整個歐洲的守舊勢力如何聯合起來，做無謂的對抗；之所以無謂，乃因這個幽靈已經來到門口，且必將席捲整個世界。今日，如果我們把「共產主義」換成「民粹主義」似乎也挺貼切。從英國公投脫歐到川普當選美國總統，以及歐洲多國右派政黨的勢不可擋，不少學者專家與主流媒體都將此一現象歸咎於民粹主義（populism），並歸咎於過去四十年高舉自由市場的自由主義所導致的經濟不平等或貧富不均。

　　相較於簡單歸因為民粹主義，揶揄美國人的愚蠢、反智或民主敗壞乃至於見獵心喜、不假思考地全盤否定民主制度本身的各種網路言論，本文試圖對於如何理解川普的崛起，以及 2016 年標榜進步價值的希拉蕊何以敗選，提出一個從民粹與民主雖然異夢但卻是同床的角度之理解，或許也有助於我們思索臺灣的左派價值與進步理念，可以如何因應國內的民粹主義與保守勢力。

▌民粹主義的兩個解釋

　　根據美國主流媒體與政治學界的觀察，民粹是席捲歐美的現象，而且常被視為對民主體制的一種失序或威脅。2016 年 8

月，一份由密西根大學英格爾哈特（Ronald F. Inglehart）與哈佛大學教授皮帕・諾里斯（Pippa Norris）以此為主題的研究報告（"Trump, Brexit, and the Rise of Populism: Economic Have-Nots and Cultural Backlash", 2016）將「民粹」界定為民眾「對既有權威的憎恨，不管是大企業、大銀行、跨國公司、媒體上的專家、選舉出身的政治人物、政府官員、知識精英、科學專家，以及驕矜自大的權貴」[1]——民粹，就是對所謂建制派的反叛。

該研究報告試圖指出，近來人們將民粹現象的興起歸咎於「經濟不平等」並不正確，針對進步價值的「文化反撲」才是真正理由——換言之，必須理解為一種民眾對於挾帶「世界（公民）主義」（cosmopolitanism）的全球化之不適應與反動。或許是礙於研究目的與方法，身為政治科學家的英格爾哈特與諾里斯忙著計算他們的指標數據與模型，對此一「文化反撲」的原因與內涵並未更加深入研究。然而，不少學者似乎都知道答案。例如，《泰晤士高等教育專刊》（*Times Higher Education*）[2] 一篇分析川普民粹主義的專文（"The problems of populism: tactics for Western universities", 2016），即引喬治城大學的文學教授鄧肯・伍（Duncan Wu）的說法指出，這種反撲正好與世界頂尖大學之所以能成為頂尖的學術文化對立，亦即強調自由開放與國際交流的世界主義。此外，鄧肯・伍也指出，川普的競選語言就是一種極具反智傾向，瞧不起大學價值，並充分展現了「無知的驕傲」的「反專家修辭」（anti-expert rhetoric）。

這樣的理解與主流媒體和學者專家，在 2016 年這一年來的

1　https://research.hks.harvard.edu/publications/getFile.aspx?Id=1401

2　https://www.timeshighereducation.com/features/the-problems-of-populism-tactics-for-western-universities

言論一致，相信讀者並不陌生。川普及其支持者往往被描繪為一種排外、反智、低學歷且容易受煽動的無知民眾。彭博政治（Bloomberg Politics）曾於 8 月公布調查，大學畢業生支持希拉蕊與川普的比率分別為 59％與 34％，大學教育以下的支持者則分別為 52％與 42％，差異顯著。[3] 類似的調查隨手可得，且不少的分析報導將低學歷的支持者連結反智，甚至將此與地域差異連結，明言川普操弄民粹，或暗諷其支持者的愚昧與狹隘。

　　特別是，當川普於 2 月內華達州共和黨初選時講了一句「我愛教育程度低的人」，[4] 就被見獵心喜的媒體當作證據而大肆宣傳，完全忽略了這一句的前文是：「我們贏得年輕人。我們贏得老年人。我們贏得受高等教育的人。我們贏得教育程度低的人。」而根據鄧肯‧伍的解讀，川普當然愛死教育程度低的人，因為只有這類人會支持他，且愈多愈好！

　　面對一個出言不遜、動輒違反「政治正確」而依舊擁有高度民意的候選人，類似這樣來自於學界的反應與憂心是可以理解的。特別是，正如鄧肯‧伍援引的調查指出，美國大學教職員有一半自認為是「自由派」（liberal），而會如此稱呼自己的美國成年人僅僅占了兩成 —— 事實上，這兩成絕大部分都是受過高等教育的人。

美國特色的激進主義和左、右派價值根源

　　值得注意的是，美國所謂的「自由派」實則政治理論所謂的

3　http://www.bloomberg.com/politics/articles/2016-08-12/education-level-sharply-divides-clinton-trump-race

4　https://www.youtube.com/watch?v=Vpdt7omPoa0

強調「平等」多於「自由」的偏左（leftish）意識形態立場，也就是「自由主義左派」，雖然其代言人是民主黨，但卻源自於一種政治「激進主義」（radicalism）。

源自於歐洲的自由主義思想，有兩種主要化身：右派的「新自由主義」（Neo-liberalism），強調市場自由、效率，以及個人必須為自己的生命負責，不該期待政府的救助，也因此主張小政府並認為窮乃個人不努力的結果；左派的社會福利主義，雖然支持市場自由，但也承認人生存在各種所謂的天生因素（例如家庭背景，天分等所謂的「道德運氣」），在市場上或許不同等的起跑點，因此政府必須盡量促成機會均等，保障弱勢者也有相同的受教育機會，並提供一個社會安全網讓市場競爭之中失利者不至於跌落人生谷底。

這兩種思想皆可追溯回 17 世紀的英國哲學家洛克，其核心政治思想包括：（一）國家乃由人民憑藉自主意願並彼此簽約所組成，其目的在於提供關於「自然法」（上帝賜給人類理性所能想到應該如何彼此對待與相處的律法）的詮釋，以及（二）保障國家尚未出現之前即擁有的權利與財產。身為基督徒的洛克認定世界乃上帝創造並讓人類共享的，因此當殖民者比印地安人更有能力善用土地時，即有權如此，勞動後所產生的結果也當屬於自己的私有財產。

此外，洛克也提出兩個但書：（一）作為上帝管家的人類不能浪費資源，或占著不用，且（二）必須留下足夠的資源給後人或其他人使用。此後，單純捍衛私有財產概念與市場的是為右派，不僅主張政府不該侵犯人民的不動產，也不干涉他們的「動產」（也就是奴隸），而強調兩個但書的左派人士則試圖替窮人與弱勢發聲，並成為日後黑奴解放的主要力量。

事實上，洛克的思想是美國獨立運動的哲學依據。他的 18

世紀代言人潘恩（Thomas Paine）曾出版了一本名為《常識》（*Common Sense*）的書，嚴厲批評了君主世襲，捍衛上帝賦予人的個人權利，據說當時殖民地人手一冊，不僅提供了獨立戰爭的理據，也是日後黑奴解放運動的主要思想。與此同時，亞當·斯密的代言人伯克則反對激烈的革命運動，力主漸進改革，並且強烈反對政府干預市場。不過，他並不反對殖民地英國人對英國國會的抗爭，因為，他認定「個人自由」與（限制政府統治權力的）「法治」乃英國人的傳統，無論身處何地都不該有打折，因此必須據理力爭。

美國獨立運動就是一種激進主義的展現，亦即人民對於自己權利的強烈要求並對抗英國國會的政治行動。不過，伯克與潘恩分別形塑了美國政治的左、右思潮，並提供了日後的進步主義與保守主義的思想資源，也是 20 世紀中葉的兩大政黨的爭辯框架（Levin, 2014），但促成美國獨立的激進主義卻轉為一股政治潛流，唯有在社會或經濟動盪的時候會浮現。

▌民粹、進步運動，以及民主黨的左派價值

19 世紀末的美國即見證了新一波的激進主義。當時，市場經濟成果的不平均分配已成為嚴重問題，一股激進的「民粹運動」興起於 80 年代，試圖替中西部與南方那些深受自由貿易與金融市場所害，但又得不到政治人物關照的廣大農民伸張正義。這股力量隨後組成了「人民黨」（Populist Party），並提出參議員直選、累進稅率、政黨初選、全民公投與罷免投票等要求。

隨著人民黨因 1896 年總統大選失利而併入民主黨，其民粹力量由另一股「進步運動」所接收，曾為共和黨總統的老羅斯福（Theodore Roosevelt）視為領袖。1912 年，因為他未獲提名

而退黨成立了「進步黨」（Progressive Party）正式成為第三勢力，不僅獲得了中產階級知識分子的支持，也贏得兩大政黨的左派進步人士奧援。雖然該黨四年後便解散，多數人回歸共和黨，實在無法接受右派理念者則加入民主黨，進步運動實際上維持了二十年之久，不僅成功落實了先前人民黨的核心主張，並促成了女性投票權，最後為小羅斯福（Franklin Roosevelt）的「新政」（New Deal）所收編，不僅重組了民主黨，也重新界定了美國的「自由主義」，使之成為一種支持社會福利的自由主義左派政黨。

民主黨的左派自由主義路線主導美國政治數十年，直到共和黨的雷根主義（Reaganism）出現。雷根採取了調降所得稅、降低銀行利率，減少商業管制等激烈的自由主義右派措施，替當時疲弱的經濟注入了強心劑，雖然短期之內促進了經濟快速成長，但也擴大了貧富差距。日後的共和黨延續雷根主義，對內盡量限縮政府支出，相信減稅可以帶來經濟成長，對外則力主自由貿易協定，反對《京都議定書》，因為既不相信科學能證明人類導致全球暖化，也不相信中國等地方會確實遵守協議。此外，文化上更加堅持傳統家庭與宗教價值，反對學校（只）教演化論，反對墮胎和同性戀（婚姻），支持死刑，深具「保守」的基督教基本教義色彩。

相反的，脫胎自羅斯福「新政」的民主黨，自始同意政府發放失業救濟的左派自由主義，而希拉蕊的夫婿前總統柯林頓先生執政時期亦曾擁抱過時任倫敦政經學院院長的紀登斯（Anthony Giddens）所提之「第三條路」，也是一種中央偏左的路線。[5] 其主張政府與私人企業的攜手合作，包括 BOT 方式，學生貸款以

5　https://en.wikipedia.org/wiki/Third_Way

及醫療保險，希冀在不擴大公共支出的狀況底下提供必要的社會福利。設立健保市場（Health Insurance Marketplace）的「歐巴馬健保法」（Obamacare）不脫此一路線。希拉蕊的政見也是如此，並以增加美國就業機會為前提支持自由貿易協定，只不過，她的「世界（公民）主義」（cosmopolitanism）色彩更濃，不但樂見美國繼續參與關於全球氣候的《巴黎協定》，也願意有條件讓非法移民成為公民，並捍衛多元文化以及 LGBT 的權利──而這些都是主流媒體所認證過的「進步」價值！

▌美國民主與自由市場的難分難捨

　　不過，究竟什麼是「進步」？基本上有兩種理解：（一）線性的歷史發展想法，例如，左派的馬克思主義與福山提的右派新自由主義（亦即，自由民主憲政體制乃人類追求自由的歷史終點）都是；（二）消弭現有的不公不義，諸如各種歧視或不平等──當然，何謂「不公」或「不義」的認識背後也預設了一個大的理論，且可能包括一個線性史觀。是故，雖然進步價值多半與捍衛「平等」的左派有關，但也容或力主市場自由的右派之主張，畢竟，對於相信市場是萬能且公平的人而言，政府干涉就是不公，加稅來提供窮人的福利即是一種不義，等同強迫（納稅人）勞動！

　　不僅如此，昨天的進步價值也可能是今日的反動修辭。例如，自由放任的市場可以是 18 世紀的進步象徵，但卻是 19 世紀末進步主義所認定必須改變的體制。同理，社會福利是英國 20 世紀初公認的進步價值，但卻是柴契爾夫人力圖改革的對象。此外，正如政治評論家李文（Yuval Levin）指出，代表保守主義的雷根曾公開援引潘恩的思想來呼籲激進改革，而標榜進步的歐巴

馬則反過來訴諸伯克的漸進主義。真正決定某一論述是「保守」或「激進」的，是其所處的脈絡。

事實上，民主體制底下的兩黨競爭存在一種兩難：一方面必須保有各自的獨特性才有兩黨的差異與鑑別度，一方面則又得爭取到中間選民才能過半數，因此，長久競爭下來若非愈來愈像，就是共享一些包括中間選民能接受的思想共分母。在美國，這個共分母就是市場與自由貿易——共和黨堅決捍衛，並接受其所帶來的貧富差距，而力圖提供某種社會安全網或符合市場機制的保險與貸款的共和黨，也不過替市場戴上一副人性的面具。

《紐約時報》專欄作家佛里曼（Thomas L. Friedman）的2005年國際暢銷書《世界是平的》（The World is Flat）就是上述思想共分母的最佳例子。他聲稱，世界進入21世紀之後就是平的，因為資訊科技取消了時間差異與空間距離，任何有能力的人都可以在世界任何一個地方完成工作，然後瞬間將成果傳通任何地方，而許多工程也可以發包至任何地方，最後再組裝。把世界推平的，有十部推土機，柏林圍牆倒塌與網景（Netscape）網頁瀏覽器是首要兩個，前者讓人們在心理上覺得全球一體，後者讓時空的限制真正消失。據此，他甚至樂觀地預測，推平之後的世界，任何處於同一生產鏈上的兩個國家，不會打仗——例如中國與臺灣。

對佛里曼來說，當然有人自絕於平的世界之外，例如塔利班等恐怖分子，然而，任何封閉的文化終將凋零，走入歷史。反之，唯有更加開放，不依賴壁壘，同時培養個人的競爭力與加緊投資在教育上，才是因應之道。

全球市場一體化論述，基本上是一種線性「進步」發展史觀，既是美國左、右兩派都接受的基本預設，同時也埋下了理論與現實的各種衝突。

▋知識精英的共謀與兩個平行的美國

　　《世界是平的》出版之後，英國政治思想家約翰・葛雷隨即在《紐約書評》上批評：對權貴與精英階層而言，世界是平的，但對窮人來說，世界卻仍舊是圓的，且崎嶇不平。[6]曾為英國自由主義右派代表人物的他，當然理解該書是新自由主義經濟學與國際關係理論的舊瓶新裝，而傅利曼提出的和平論也不過是典型的「經貿和平穩定論」變奏，不但不符合歷史事實，且刻意忽略了全球體系底下不同國家之間乃至於單一國家內，同時存在兩個生活世界的事實。

　　出現於主流媒體的那個美國，是運籌帷幄的全球中心，大都會的生活，然而，之外的世界，特別是每逢天災人禍才能博得版面的中西部與南方，許多人的真實生活是一連串的失業、轉業與再就業，以及不動產淪為移動式房屋的心酸血淚。

　　或許讀者能反駁：窮，本來就是一件完美的隱形斗篷，不管在平的世界或圓的世界都一樣。不過，葛雷真正批評的是一種制度性的視而不見，亦即主流學界與媒體的共謀之結果。首先，支持資本主義的理論對於貧窮本身有一套說法：市場是公平的，溫拿（winner，贏家）是努力加天分的結果，魯蛇（loser）則是好吃懶做或非理性投資的結果；當然，運氣也可能涉及在內，不過，正是因為運氣所以沒有人能夠主導，所以非關正義，也不是政府應該處理！美國自由主義的左、右派差別，不過是前者希望有一套機制能夠解決制度上的差異——機會平等與社會安全網的建立足矣，其他仍是交由市場決定。

　　對葛雷來說，即便是公認為美國最偉大的左派哲學家羅爾斯

6　http://www.nybooks.com/articles/2005/08/11/the-world-is-round/

所提的「社會正義」理論也是如此。該理論的巧妙之處在於，假想一個正義的社會，必須是一群人們在「無知之幕」（veil of ignorance）背後所能彼此同意的社會基本原則，因為此時的人們不知道自己的身分、認同與社會地位等可能影響判斷的事實，所以在設想社會基本結構時必然會採取一種風險的考量，亦即掀開布幕之後自己萬一剛好處於社會弱勢位置的可能性，從而主張社會安全護網的設置。這樣的理論不挑戰資本主義，反而提供了一種不違背市場理性，讓市場邏輯繼續運作下去的說法。

對更左的人士而言，這種理論幾乎是一種偽證，一種替資本主義戴上一副人性面具的策略。甚至，是一種偽善！正如英國社會主義思想家柯恩（G. A. Cohen）的書名所諷刺：「如果你是個平等主義者，怎麼會這麼有錢？」（If You're an Egalitarian, How Come You're So Rich?）無論從制度的實際運作，或主流政治與經濟理論的基本預設，窮人並非理論的關懷主體，市場才是。柯恩批評的是那些自詡為左派的半數大學教授，但，千千萬萬讀了左派理論之後去華爾街工作的高級知識分子又何嘗不是？

▌召喚民粹幽靈的川普大法師？

倘若上述的知識精英（與資本主義）共謀屬實，英格爾哈特與諾里斯提出的「文化反撲」解釋以及鄧肯・伍的注解，似乎有商榷之處。因為，川普及其支持者反對的，並不只是民主黨的「世界主義」價值觀本身或頂尖大學所彰顯的自由、開放與反思精神，而是：（一）全球化的美好承諾與殘酷現實；（二）精英與主流媒體的忽視，以及（三）終於看見他們之後的嘲諷與指責。

首先，正如 19 世紀民粹主義興起之際，主流學界乃至於頂

尖大學的畢業生，以及唯有頂著名校學歷才能進入的主流媒體，看不見廣大的市場魯蛇。多半出身自私立大學的政治精英也是如此。一方面，採取雷根主義的共和黨本來就是貧富差距擴大的始作俑者。看重傳統家庭價值與宗教信仰的他們，即使在金融危機出現時仍可繼續認定窮人應當依靠自己的努力以及上帝的恩典，或教會的協助，抑或家庭成員的彼此扶持，根本不需要政府提供的社會福利制度。另一方面，脫胎於羅斯福「新政」的民主黨雖然以關心市場底下的犧牲者起家，但，政策推動接受了市場邏輯之後，論述上也開始替資本主義擦脂抹粉。

然而川普看見了！他既不用高深的理論將他們的遭遇說成一種不可抵擋的歷史趨勢之結果，只能逆來順受，也不援引上帝作為理由來解釋個人的大起大落。他使用淺顯簡單的語言，直接訴諸對體制失望的人民，全球化市場底下的魯蛇，視他們為犧牲者，並明確指出敵人是誰──非法入境的移民，抑或作為世界工廠的中國，以及不願意正視他們，甚至不容許他們講出自己心聲的主流媒體。

即令他的崛起已成事實，礙於理念或民主信心的主流學者與專欄作家，仍舊不願意正視川普的崛起。川普本人的粗俗，各種違反政治正確的言論，以及拿性騷擾與逃稅來自誇的行徑，想當然耳令出名校且生活於都會的媒體精英生厭。[7] 民調也的確顯示他的支持者的確以鄉鎮為主，都會選民明顯偏好希拉蕊，且如此的城鄉差異，也等同於教育水準的差距。[8] 但，主流媒體不追究市場機制的承諾落空與犧牲者的境遇，卻竭盡所能嘲諷川普本

7　https://www.washingtonpost.com/lifestyle/style/the-media-didnt-want-to-believe-trump-could-win-so-they-looked-the-other-way/2016/11/09/d2ea1436-a623-11e6-8042-f4d111c862d1_story.html

8　https://www.twreporter.org/a/opinion-who-vote-for-trump

人，同時也汙名化他的支持者，塑造出一種川普陣營都是有種族歧視、性別歧視的低教育水準鄉下人。[9]即使來自頂尖大學、標榜科學中立的政治學經驗研究，也不例外，英格爾哈特與諾里斯的研究旨在呈現教育程度低的人民如何懷舊，如何否定民主黨所高舉的世界公民、環境保護等進步價值，鄧肯・伍的注解更是直接讓川普的選民與高等教育本身對立。理解至此，主流媒體的民調何以不準，也可想而知了。

與其說川普是個召喚民粹幽靈出來的大法師，不如說全球化的溫床接生了這個幽靈，主流媒體餵養它，而川普不過是看到了民粹的走向，借力使力罷了。

同床異夢的民主精神與民粹幽靈

民主黨的忽視造就了市場犧牲者的反建制情緒。無能回應的共和黨，卻因為川普的素人色彩，在維繫了傳統支持者的同時，還提供了一絲大刀闊斧的改革希望，同時吸收了對民主黨失望的人民。

正如共產主義幽靈並非馬克思召喚出來的，川普也無能喚起眼前這一波民粹主義。他的崛起，是因為美國社會有一群全球化的犧牲者，但同樣支持自由市場的兩大黨有各自的理由看不見這一群人。除了上述的學者專家與媒體之外，高舉左派進步價值的民主黨，試圖消弭少數族裔與白人之間、兩性之間，乃至於兩種性傾向之間的不平等，但忽視了白人內部的不平等，且低估了白人弱勢族群與享受優惠政策的少數族裔之間的相對剝奪感。保守的共和黨則因為長期捍衛自由貿易，也無能回應全球化所帶來的

9　參照 https://www.twreporter.org/a/opinion-trump-voters。

不滿與反叛。

　　理解至此，川普的當選是否為民主的敗壞呢？

　　首先，牛津大學教授馬克・史提爾（Marc Stears）曾經提醒，美國的激進政治雖然採取民粹手段，例如 60 年代金恩所領導的民權運動，但目的並非在於破壞民主，而是一種民主訴求，一種企圖挽救沉淪的政治之最強烈的手段（Stears, 2010）。換言之，民粹於過去美國史所扮演的是民主體制內最終、最強烈的政治改革力量！支持川普的力量，或許可理解為潛藏於美國的激進民主力量之再次怒吼。

　　再者，民粹可以出現在任何的體制。作為一種政治力量，它反的是「建制派」，也就是在特定制度底下的當權者及其附庸。獨裁時代，試圖奪權者可以直接訴諸人民意願來強化自身的正當性，但統治者可以以如法炮製。威權時代的政府或民主派、革命分子也可以跳過體制既有法規與程序，直接訴諸民意來要求立即改革，換人做，甚至改朝換代。同理，民主體制也行。反對黨可以訴諸民意來逼迫執政黨在下一次改選之前立馬改弦易轍，而第三勢力也可以採取民粹手段來要求兩大黨正視某一問題的存在。

　　當然，不容否認的是，川普現象也的確展現了三個民粹最為負面的特性。第一、簡單歸因；舉凡一切的不滿，都歸咎於建制派，都歸咎於政商統治集團，而且把這種可能的敵人簡化為全球化或中國因素。第二、作為一種簡單歸因的結果，民粹傾向敵我分明的認知，一方面無限上綱自己的訴求，一方面不願意跟「敵人」妥協。第三、這種認知的銅板另一面是，期待一個簡單的解決方式，也因此期待某種強人，無論是宗教意義上的救贖者、英明的政治領袖，抑或來自於體制之外的人來一次徹底解決多年的沉痾。正是因為這三個特性也能在法西斯主義或其變種的納粹主義之中找到，才令如此多的人擔憂。

▌左派進步價值何去何從？

或許，更令人必須擔憂的，是左派進步力量的何去何從！

在美國的政治脈絡底下，共和黨長期以左派與進步價值的代表自居。不過，人們或許不該將「進步」價值與特定政黨連結在一起。一來，人會變，政黨與利益結構也是如此。二來，進步不見得只有單一方向。前文提及，政治的進步可以是一種朝向某個歷史（必然）方向的理解，但亦可是之前明確已知的不義或缺失之改善。自從民主黨擁抱市場邏輯之後，其進步理念轉向了消弭種族差異與性平等之類的主張，才具備和共和黨不同的鑑別度。

但，對於不相信自由貿易與世界公民主義的人而言，對抗全球化抑或試圖解決階級性的貧富差距而非族裔差異，也可以是一種進步的方向。甚至，鑑於民主體制某種程度上必須仰賴國族認同感，正如牛津政治理論家大衛・米勒（David Miller）近來所指出，如何凝聚國家認同也可以是一種推動民主進步的方向。

是故，進步價值不專屬民主黨，左派價值也是如此，畢竟，不平等可以發生在各種人群的區分之間。進步價值不該成為特定政黨的禁臠，也不該因為支持某一個進步價值而被特定政黨所綁架，例如因為支持女性擔任總統而支持希拉蕊的所有政策。她的當選固然對於兩性平等具有象徵意義，但，關於她濫權的指證也必須考慮在內──特別是，之於公權力領域而言，此一缺失或許比私領域裡的性別、種族歧視更加嚴重。

此外，上述提及令人擔憂的負面民粹特質，其實也出現在主流媒體與希拉蕊陣營的論述之中。指責川普支持者的愚蠢或反動，甚至拿出不同州之間的智商差異作為解釋，[10] 都是簡單歸

10　https://adobochronicles.com/2015/12/07/pollsters-shocked-by-profile-of-donald-trumps-supporters/

因。助長此風的媒體，也因此樹立了黑白二分的敵我認同。加上對於進步的單一理解，相信全球化以及市場萬能，甚至據其理解來界定何謂「群眾的智慧」與「盲目的群眾」，其實也難脫民粹的非理性色彩。

至於自詡為精英，相信唯有高學歷、政治經歷豐富的人才能領導國家，甚至主張川普選上民主就會垮掉，國家就會因為一個人而敗壞，何嘗不是一種危言聳聽的民粹操作，不是一種「唯有我們才能治理國家或拯救世界（你們！）」的民族救星心態之傲慢？畢竟，民主本身就是一種試圖透過權力分立來降低個人掌控國家機器的制度設計，宣稱一個人能救國或亡國，若非對於民主的認識不夠，就是刻意扭曲。

或許，道德心理學家海德特（Jonathan Haidt）的《好人總是自以為是》（*The Righteous Mind: Why Good People Are Divided by Politics and Religion*）書名點出了箇中問題。作者對於兩黨支持者的分析，得出了值得正視的研究發現：相對於共和黨支持者同時在意「關懷」、「公平」、「忠誠」、「權威」、「聖潔」五個價值，民主黨的支持者僅強調前面兩個。此一結果，一方面確立了兩黨支持者各自有認定自己是好人的理由，另一方面也指出了向來希冀藉由高舉「關懷」與「公平」的共和黨，必須提供想方設法提升吸引認同的動機。

換言之，關懷與公平等抽象價值，與傳統家庭、信仰等相當具體且本身提供認同動機的忠誠、權威以及聖潔等價值不同。共和黨必須正視此一差異。畢竟，共產國際的失敗正是因為全球「階級團結」的價值終究比不上「國族主義」訴求。抽象價值，唯有認識甚至認同其理論的人才能構成行動的力量，但家庭與宗教本身卻提供了動機與理由。不僅如此，標榜抽象價值的政黨更容易招致偽善的指控，特別是在原先許諾的政策無法確切落實的

時候——例如，採取市場機制強迫醫療保險，即使對共和黨而言是必要的妥協，對某些支持者來說是一種向財團的妥協，甚至是一種背叛。

同理，自詡為左派的進步人士也必須小心自己在連結進步價值與特定政黨的時候，最終可能招致提供偽證的批評。試圖贏得他人支持抽象價值的人，必須更加謙卑，更加說理，更加避免動不動就祭出「政治正確」作為拒絕傾聽另一方聲音的理由！更何況，正如自由主義思想家彌爾提醒的，真理若不容許反方的挑戰，也會淪為「死的教條」——即使對於民主制度的捍衛也是如此。據此，川普掀開政治正確的鍋蓋所釋放出來的各種聲音，或許不是一件壞事。

第七章

美中的「政治時差」與「中國夢」

　　當川普掀起的美中貿易戰日趨白熱化之際，新冷戰來臨的傳言即不脛而走。對此說法，美國學界普遍戒慎恐懼，且寄望主張多邊主義的拜登（Joe Biden）政府能避免兩強對峙格局者眾。

　　及至 2021 年 3 月 24 日，曾任國務院亞太副助卿的政治學者柯慶生（Thomas Christensen）仍以一篇題為〈不會有新冷戰〉（"There Will Not Be a New Cold War"）的文章表達立場，刊載於美國的《外交事務》雜誌。中國政府及其官媒更是不斷闢謠，一再複述兩國的貿易乃有競有合、唇齒相依，且「和平崛起」既是其不變的基調，也無意讓經濟上的齟齬最終破壞了友誼。

▌拜登「聯盟抗中」，新冷戰局勢儼然成形？

　　不過，拜登 2020 年一上任即對中國採取強硬態度，所謂的多邊主義其實是聯盟抗中，且不對中共採取綏靖政策。或許更令柯慶生等人詫異的是，拜登政府在該文章付梓的前幾天，也就是選後首次舉行的 3 月 18 日中美高層會談當中，讓國務卿布林肯（Anthony Blinken）和白宮國家安全顧問蘇利文（Jake Sullivan）釋放出明確不畏冷戰再起的訊息。而與會的時任中國主管外交事務的政治局委員楊潔篪和外交部長王毅，也難得以幾乎不顧外交禮儀的方式回敬對方。

　　導火線，是拜登在這一場中國官媒宣傳為旨在恢復雙邊正常關係的「戰略對話」進行之前，先和日本、印度、澳洲三國的元

首視訊並發表了聯合聲明。此舉不但讓這個日本當時的首相安倍晉三在 2007 年發起的「四方安全對話」（Quadrilateral Security Dialogue, Quad）有了換盟主的意味，且劍指中國。許多學者承認新冷戰格局儼然確立，至少在亞太地區是如此。

雖然這次的學者預測錯誤，不如上一次冷戰突然結束而讓知名學者集體跌破眼鏡那樣嚴重 —— 且過去不乏有人主張中國在崛起之後終將挑戰美國地位，學者艾利森（Graham Allison）甚至認為新興強國挑戰現有霸權乃是一種政治必然，並以「修昔底德陷阱」（Thucydides Trap）稱之 —— 但變化如此之快也的確讓人始料未及。筆者認為，新冷戰格局的形成，肇因於中國和美國對於「政治時間」有截然不同的想像，以下將說明兩國的「政治時間」所指為何。

▎什麼是「政治時間」？

關於「政治時間」的想像，必須由古希臘時期開始談起。古希臘時期即有「*chronos*」和「*kairos*」兩種時間概念。前者指涉一種線性的時序想像，從過去到未來猶如一條軸線，上面可切割成單位大小不同的刻度，例如年、月、日；後者則是涉及某一特定的情境或時機，並賦予它特殊意義，也因此不同的時刻具有不同的意義。換言之，有些時間點的重要性大於其他時間點；極端一點說，除了這個重要時間點之外的時間，都不是時間。

英國國際關係學者金佰利・哈欽斯在其 2008 年名著《時間與世界政治》當中指出，所謂的政治社群其實是一群共享一個特定「政治時間」（political time）的人，且每一個政治時間都是由一組關於「*chronos*」與「*kairos*」的特定理解，或說一套曆制與某些具有重大意義的歷史事件所組成。

　　簡單來說，大多數政治社群都有屬於他們自己的節日或紀念日——這些日子既意味著過去某些事情對他們意義深遠，因此值得共同紀念或慶祝，例如國慶日或獨立紀念日，而這些日子也構成了他們一年當中安排如何過其他日子的考慮依據。即使是非政治性的紀念日（例如祭孔或掃墓），其實也深具「政治」意義，因為那正是構成一群人之所以是一個「政治共同體」的基礎，甚至能據此區分內外並界定「哪些人」才是「我們」，畢竟，某一群人的建國日可能是另一群人的亡國時。

　　據此理解，一群人之所以是一個政治社群，是因為他們具有某種的「共時性」（synchronicity）。例如，猶太人之所以是一個政治社群，乃因他們共享一種關於耶和華與先祖們立約、承諾賜與一個「流奶與蜜之地」的歷史記憶，以及關於彌賽亞將會降臨世上來拯救他們，並建立一個新國度的共同期盼。這是身為上帝選民的身分根據，也是一個政治共同體的共同時間想像。

美國的政治時間想像：納中國入新自由主義普世進程

　　事實上，猶太神學把「kairos」理解為上帝介入世界、參與人類事務的時刻。基督教神學延續了此一看法，但認為耶穌誕生就是那救世主降臨的時刻，並主張人類歷史其實已經寫完，因為此時的人們不過是在等待上帝最後的審判後，揀選部分的人建立新天新地。關於人類最重大的事件是「耶穌在十字架上替人類贖罪」，其實已經完成；此時就是末世，彌賽亞再來，就是人類歷史的終結。

　　這與美國對冷戰的理解關係重大。首先，根據哈欽斯的解讀，作為意識形態之爭的冷戰，爭的既是關於「社會主義或自由

主義各自主張的人類歷史方向，哪一個才是正確？」，也關乎人類政治的終點之樣貌為何。當冷戰終結時，美國接受了法蘭西斯‧福山於 1989 年在《國家利益》雜誌（*National Interest*）上宣稱的，冷戰的結束意味著「歷史之終結」。這不僅指結合了資本主義與憲政民主的美式自由民主（liberal democracy），戰勝了社會主義與計畫經濟模式，更意味著人類自古以來為了自由而追求的政治體制，終於來到了最後的階段，而美國人可以在終點等著所有其他國家的人民慢慢朝他們走去。

不同於實際連結一群人成為政治社群的共同時間想像，這是一種關於人類全體的宣稱，或說「世界史觀」，而且是一種把所有國家都放在同一條時間軸上的線性史觀。這種線性史觀也是「進步史觀」的一種，認定離現在愈近的，愈是進步的時代，人類也愈進步、自由。先抵達歷史終點的美國，當然比其他國家都進步。反之，離時間軸開端愈近的，愈是落後、不自由、蒙昧無知。也因此比任何國家都進步的美國，有責任與義務協助其他國家走往人類「歷史的終點」——擁護自由貿易市場的自由民主憲政體制。

另一方面，福山的說法也替美國後冷戰的外交政策提供了一個明確的方向。正如美國學者邁德爾邦（Michael Mandelbaum）在《美國如何丟掉世界？》（*Mission Failure: America and the World in the Post-Cold War Era*）一書所說，後冷戰初期曾使美國一度失去了方向；過去一切都能以對抗蘇聯作為最高指導方針，當時卻不知該往哪裡走。直到柯林頓接受了那一個相信市場萬能、強調貿易互利、共創雙贏且一切向錢看的「新自由主義」（Neoliberalism），才重新定位。

美國學者沃爾特‧羅素‧米德（Walter Russell Mead）曾以開國元勛漢彌爾頓（Alexander Hamilton）與三位總統威爾遜（Woodrow

Wilson）、傑佛遜（Thomas Jefferson）、傑克森（Andrew Jackson）
來分別代表底下四個外交政策傳統：國家利益至上的現實主義、
信奉自由主義的國際主義、信奉保守主義的國際主義，以及採取
孤立政策甚至排外的國族主義。一般咸認，柯林頓的新自由主義
繼承了威爾遜傳統，也加添了政治上經濟掛帥的信仰，並企圖以
外交來推動全球的自由貿易體制。

鑒於尚未爭取獨立以前的早期北美移民，以新教基督徒為
主，並把新世界當作「流奶與蜜之地」的承諾實現，也因此他們
總以人類文明的燈塔自居，冷戰期間的美國更是如此，福山的說
法其實強化了這種美國獨特性的思維。

忽略了上述政治想像的時間維度，就無法確切理解美國的外
交思維。真正促成柯林頓以交往代替圍堵，讓中國在經濟上與國
際接軌並融入世界貿易體制的，其實是一個具體的線性史觀：全
球化能促進民主化，貿易最終將會促成中國的民主化！而中國的
民主化，也象徵中國將在美國的協助下，走向人類歷史的終點。
一如上帝按自己的形象造人，自視為「上帝選民」的美國，即將
按自己的形象來創造新世界，包括改造中國。

這是後冷戰時期美國的新自由主義中國夢。不僅民主黨的柯
林頓如此，接任的共和黨小布希（George W. Bush）也是如此，
高舉貿易連結與頻繁交往，可不費一兵一卒讓中國走向民主。
無論中國如何理解在 2001 年加入世界貿易組織（World Trade
Organization, WTO）的政治意義，對美國政府來說，這是把中國
置入新自由主義的「歷史終結」史觀，也就是福山認為人類所共
享的唯一政治時間。

▎中國特色的政治時間想像：2049，歷史終結點

然而，北京的時鐘並不因此撥成了紐約時間，且雙方的時差也不僅止於以時區劃分的十二小時。更重要的是，站起來的中國有它自己的政治時間想像！

以「實現中華民族偉大復興」為目標的「中國夢」，是2012年時任中共中央總書記的習近平首次提出；隔年當選國家主席之後，確認以此作為執政方向。其內涵最明確的表述，或許是在他2013年對歐巴馬（Barack Obama）所說，那是一個「努力促進人類和平與發展的崇高事業」，是為了「實現國家富強、民族復興、人民幸福，是和平、發展、合作、共贏的夢，與包括美國夢在內的世界各國人民在內的美好夢想相通」。

此一夢想日前被他在中共百年黨慶時，略微重新包裝並打上了一個明確的實現日期：2049年——屆時，也就是在建國百年之際，中國將是一個「社會主義現代化強國」。那是「第二個一百年」的目標，呼應了江澤民的「兩個一百年」說法，而習在百年黨慶時，宣稱中共已在「中華大地上全面建成了小康社會」的說法，則不僅呼應了胡錦濤過去的承諾，也完成了鄧小平在1979年提出的「小康社會」願景。

姑且不論這如何與標榜「憑個人努力即可成功」的「美國夢」相通，中國夢的確與過去中共提出的夢想相通，且是刻意連接。更重要的是，這意味著一個新的政治時間。中國夢將中共成立、新中國建立、百年黨慶以及建國百年連成一個線性發展的時間軸。

而線性時間觀，以哲學家黑格爾的看法而言，指的是上帝或是理性本身的思辨過程，愈靠近結尾，愈是真正自由的實現。歷史作為上帝的思辨過程，無論看上去多殘忍，都是必要之惡，都

是為了抵達最理性、最進步的那一刻終點。

這樣的時間觀想像，讓建國前的國共內戰、建國後的大躍進與文革所造成的生靈塗炭，乃至天安門廣場前對手無武器的學生開槍射殺，全都成了邁向民族偉大復興的種種不得已。於 2049 年，中國偉大的民族復興，正是中國追求的歷史終結點。宏大的敘事，讓一切中共所為的政治浩劫都成了有意義或必要，也都可以原諒。

中國夢的想像是一個嶄新且具體的政治時間，不僅因為它拉長了時間軸，並指向了一個更遠的未來時刻，也因為圍繞於習近平一人意志的黨國體制，將在解除任期限制之後，無需再採取過去中共以五年為週期的政策制定習慣。另一方面，中國夢也讓未來可能進一步發生的戕害人權、政治迫害、武力犯臺等種種，都成了通往那偉大既定目標的必要措施。

所有人必須做同一個夢：消解人民參與政治期望的中國夢

在筆者看來，相較於福山對冷戰結束作為一種既定事實而提出的詮釋，中國夢雖和「歷史終結論」同樣預設了單一線性史觀，但它卻展現了政治與時間的其他關聯性。

進一步解釋，首先，讓我們回到西方政治思想史上關於此議題最早的討論，亦即柏拉圖的《理想國》。書中提及哲學家應該擔任君王，因為他能洞悉那不受時間所影響的真理，包括邏輯、數學以及最完美的政治模式為何，並能據此來治理國家。但這說法違背了當時的主流認知。希臘文的「民主」一字「*dēmokratia*」是由「*dēmos*」（人民）加上「*kratia*」（統治）組成。作為一個民主體制的雅典，意味著人民全體才是城邦的主

人，而這不僅意味著雅典人不受外人管轄，也包括沒有特定的社會階級可以主宰國家的命運。所謂的「政治」（politics），在此指的是關乎整個「城邦」（polis）的眾人之事，實踐上則由全體公民輪流以平等、自由的方式來參與小至造橋鋪路，大至對外宣戰的各種事務。然而「哲君說」所附帶的，是一人或少數幾位精英，由上而下來管理眾人之事的政治想像。

根據冷戰期間以對抗共產極權聞名的英國政治思想家以撒・柏林的理解，柏拉圖的政治觀其實是極權主義的起源，其理由除了那是一人統治的國度，更因為真正的「政治」必然涉及不同價值之間的取捨乃至折衷或妥協，以及關於各種公共事務之根本目的的爭辯與討論，然而哲君對人生與政治的終極「目的」早已胸有成竹，剩下的不過是關於如何達到目的的「手段」問題。是故，理想國嚴格來說是一種空有「行政」而無「政治」的運作，一如關於國家大事之公開爭論，乃中共黨國體制不允許之事。中國夢，其實是一個意圖消解人民參與政治的想像。

同理，政治思想家漢娜・鄂蘭也曾直接以雅典城邦之運作來指出，政治的必要條件是「人的複數性」，也就是一群自由且平等的人得以在公領域之中彼此互動與爭論。與此相反的，則是一種把治國當作按表操課、按藍圖來施工的政治想像，那不僅容易把人民當作國家機器的微小螺絲釘，甚至可能當作打造國家偉大工程的工具或耗材，但更重要的是，鄂蘭認為那根本剝奪了一群人作為政治社群的啟新開創之動能，包括開啟一個真正屬於他們自己的共同故事之可能性。

未來，本身蘊含飄忽、不可預測性的無限可能，然而在偉大的中國夢裡，中國的「未來」被限縮成只有一種可能──及至2049年的國家發展方向，劇本已經寫好，剩下的都是按劇本演出的細節。相較於鼓勵每個人都應該勇敢去追逐自己的夢想、去

創新、去改變世界的「美國夢」，推動中國夢不僅是威權特徵，而是朝向極權主義（totalitarianism）的方向前進，因為國家的手不但伸入了人民的所有（total）生活領域，也意圖主導一個人最個人的夢想！

中國夢要求所有中國人必須做同一個夢，而銅板的另一面，其實是沒有人可以做自己的夢，尤其當這夢是關於國家未來的其他可能性。美國夢的主體是個人，但中國夢的主體則是民族，且實際能決定其內容的，是一黨乃至一人之意志。兩夢並不如習近平所宣稱的那樣相通。中國夢在去政治參與的同時，也終結了許多個人乃至族群的未來之各種可能性。

┃ 中國與國際社會間的「政治時差」

是以，中國的政治時間和美國的政治時間軸之間，存在嚴重的差距。換言之，中國與目前由美國領導的國際社會，有嚴重的政治時差。

但不僅如此，筆者以為，中共的史觀並不符合國際現實與歷史。以中共成立為起點的「兩個一百年」時間軸，其實是從民國初年算起（即使不說是前朝，那至少也是「新中國」建立之前），而這深具中國特色的政治時間唯有採取「朝代史觀」才能得到更好的理解，且是以民族而非國家當作主體。但這兩個預設卻從根本挑戰了現代主權國家體制的基本原則。

當然，中國堪稱當前最強調主權至上的國家，並據此反對一切境外勢力的干涉。正如習近平於 2017 年在聯合國日內瓦總部發表演說時如此說道：

從三百六十多年前《威斯特伐利亞和約》（Peace of Westphalia，又譯作《西伐利亞和約》）確立的平等和主權原則，到一百五十年前《日內瓦公約》確立的人道主義精神，從七十多年前《聯合國憲章》明確的四大宗旨和七項原則，到六十多年前萬隆會議倡導的和平共處五項原則……這些原則應該建構人類命運共同體的基本遵循。

這看似對歷史的尊重，且符合江胡時期所看重的「與時俱進」務實作風，但略微細究即可發現此說既不顧《西伐利亞和約》的歷史脈絡，也無視六十多年來的國際人權建制之建立與發展，以及隨之而來的國際規範變遷。習近平在國際社會間倡議「互不干涉」以及「主權至上」原則，宣稱此二原則才合乎國際社會一直以來的既有規範，事實上卻並非如此。

▌習只想主張「主權不得干涉」、 ▌卻拒絕履行普世價值

事實上，現代主權體系的確是結束「三十年戰爭」的《西伐利亞和約》所建立起來的，但那確立的是「教隨君定」（Cuius regio, eius religio），且採取了《羅馬民法》為理據，將領土理解為君王財產，並據此禁止互相干涉對方的國內事務。這是「互不干涉」原則的最初來源。主權乃對內最高權威，對外不服從任何權威（從而彼此平等）的原則，是隨後國與國實際互動所慢慢構成的事實，且經由葛老秀斯等自然法學者的詮釋，才浮現的現代主權體制原則，並逐漸演變成一個以國際法為基礎的國際社會。

然而，國際社會間並非只有「互不干涉」原則，並不是一個強調主權至上的場域。國際社會間的互動，乃普世主義

（universalism）與個殊主義（particularism）兩股思潮的互競，前者強調普遍適用所有國家的法則，例如人權價值乃普世價值，任何國家都不得違背人權精神。

　　舉例來說，《日內瓦公約》是普世主義的具體化，確認了即使國與國在交戰時期，也必須遵守某些道德規範。而 1945 年的《聯合國憲章》四大宗旨則包括了「尊重人民平等權利及其自決原則」以及「對於全體人類之人權及基本自由之尊重」，七項原則第一條提及「主權平等」時，指的是聯合國之組成基礎，而非唯一原則，更未將它無限上綱。

　　1948 年聯合國大會通過的《世界人權宣言》就是證據，其第三至五條表明：「人人享有生命、自由與人身安全，且任何人不得加以酷刑，或施以殘忍的、不人道的或侮辱性的待遇或刑罰」。當時起草的人權委員會副主席是中華民國哲學家張彭春，而出席表決的國家當中有四十八票贊成，零票反對，八票棄權。奠基於此的 1966 年《公民權利和政治權利國際公約》（International Covenant on Civil and Political Rights）和《經濟、社會及文化權利國際公約》（International Covenant on Economic, Social and Cultural Rights）基本上細節化並法律化了《人權宣言》，明定締約國有責採取適當措施來履行內容。

　　對民主體制的肯定，也可見於《人權宣言》關於「人人有權直接或以自由選舉之代表參與其本國政府」和「人民意志應為政府權力之基礎；人民意志應以定期並真實之選舉表現之」的第二十一條當中，隨後也寫入《公民權利和政治權利國際公約》第二十五條。這些理念於 90 年代逐漸發展成人道干預的論述，最新的發展則應當是 2005 年聯合國世界首腦會議中對「國家保護責任」（Responsibility to Protect）的確立，不但確立了種族屠殺、戰爭罪、種族清洗、違反人道罪的內涵，也以此作為衡量一個國

家統治正當性的判準。

想當然耳，以上普世主義的思潮，並不受到中國青睞。中國政府偏好的是個殊主義的思潮。因為該思潮強調各自國家領域內的特殊性，高舉維護多元價值的大旗，也主張按照差異給予不同對待方式的規則。這正是中國拒絕他人干涉中國主權、中國內政，看似具有正當性的好理由。中國可以據此要求他國必須尊重中國的特殊性，國際上基於個殊主義蘊含的多元主義的精神，更應該基於尊重多元性，來包容和接納中國特色的政治。

是故，習近平既不該選取西伐利亞體制建立之後才被重新理解的「互不干涉原則」當作國際社會的唯一原則，更不該無視於西伐利亞體系成立至今的歷史發展。聯合國並不承認主權乃可以壓倒所有人權、自由、正義等價值的王牌。相反，以此為基礎的國際社會，認定許多主權之外的規範，並以此衡量一個政府是否具有主權正當性的資格。習的談話，即使不是故意選擇性失憶，也有欠缺歷史感的問題。

▍中國式「民主」＝「不受境外勢力干涉」

誠然，中國夢政治時間本身就是一種跨朝代的設定，且幾乎可任意切換不同時間設定，以符合自己的論述需求。除了上述一方面選擇性地強調 17 世紀的主權國家體制而不顧後續發展，一方面又違反《西伐利亞和約》基本精神，試圖將中國建國之際並不擁有的領土，也納入自己的領土範圍。但無論如何，中國經常宣稱自己是「自由、民主」國家，筆者認為，與其和國際社會其他成員一起訕笑、否認中國是自由民主國家，不如來認真理解一下中國特色的民主和自由內涵，究竟為何和傳統西方理解的自由民主大異其趣。

　　以下是筆者對於中國特色民主內涵的爬梳。筆者認為，中國特色的「民主」，中國夢設想的「民主」，其實根植於19世紀末列強侵略的歷史。而這又挑戰了當前西方國家關於民主的根本理解。

　　這也與中國對於人權的理解與接受有關。該國早已在1997和1998年分別簽署了《經濟、社會、文化權利國際公約》和《公民權利和政治權利國際公約》，而且在2001年批准了前者，但至今雖然多次向國際社會表示願意盡快批准後者，卻遲遲未進行。原因不外是那意味著將必須面對建國至今諸多戕害人權的事件並負起責任，包括過去的文革、六四和對法輪功的迫害，以及香港人權運動鎮壓與新疆再教育營等問題。

　　事實上，當2020年3月18日布林肯提及中國對新疆、香港、臺灣的政策嚴重違反國際秩序，以及蘇利文談及四方安全對話對民主價值的捍衛意願時，挑明地提及了香港、新疆、臺灣和以網路媒體進行認知戰的問題，並直指這些舉措違反了國際人權建制，和當前的國際秩序。倘若中國批准了《公民權利和政治權利國際公約》，那楊潔篪和王毅的反駁將無疑站不住腳──前者質疑所謂的國際秩序不過是少數國家所倡議的規範，因此稱不上普世價值；後者則批評美國在會議召開之前先進行了四方安全對話，並非待客之道，而對香港問題說三道四則根本是干涉內政，徹底違反了主權原則。

　　上述的反駁再一次凸顯了中國對國際秩序的認知與美國大相逕庭，不過，那也意味著後冷戰時期採取的以經貿促進民主化的策略，不可能奏效。筆者認為，關鍵在於中國理解的「民主」其實就等同不受境外勢力干涉，而非始於英國、以「權力分立」手段與「法治」（the rule of law）原則，來限制政府權力行使的現代民主體制。

「不受境外勢力干涉」作為一種民主概念，其實始於中共草創時期經驗，與對所謂的「百年屈辱」歷史之理解。後者承襲自國民黨史觀，尤其是 1920 年代的「不平等條約」概念，重新解讀了大清帝國與其他國家簽訂並符合當時國際規範的條約。而「不受境外勢力干涉」，則源自中共本身乃接受共產國際的協助所創立的政黨，早期方方面面接受共產國際指導（包括黨員必須以個人名義加入國民黨，去進行內部改造），齟齬不斷，直到遵義會議召開並確立了毛澤東領導地位之後，才擺脫了共產國際的控制，並正式邁向毛提出的「新民主主義革命」，以反帝國主義、反封建主義、反官僚資本主義「三大改造」為目標。

一如習近平的中國夢，毛澤東的民主理念也是一個集體層次的政治論述，「反帝國主義」以中國人集體不受外人干涉為目標，「反封建」和「反資本主義」則是以沒有土地、沒有資產的人作為一個整體——亦即階級作為主體。

▎美中嚴重的魔幻「時差」

置於此一脈絡，中國追求的「自由」，並非英美憲政保障的「自由」。英美憲政對於自由的理解，自由的主體是在於個體層次，強調政府對於「個體」的不得干涉。然而，中國特色的自由，主體卻是在於集體層次，要求他國政府不要干涉自家內政。毛澤東強調的民主，乃「不受外人干涉」的中國國家自主性。表面上，這似乎和古希臘時代的民主城邦之精神若合符節。因為古希臘時代的「民主」，正是指不受外人管轄的人民，當自己的主人，並共同決定自己的未來命運。中國似乎可以據此宣稱，他們追求的是希臘時期，具有古典特色的民主，和現今西方理解的民主不同。

相較於奠定英美民主的社會契約論思想傳統，把政府或國家公權力視為人民的主要假想敵，接受馬列思想的毛主義，是把共產黨視為人民的革命先鋒，也就是行進上同一方向的人，因此根本沒有必須限制作為先鋒隊的黨之權力。因此，當毛澤東在1949年全國政協會議上宣布「中國人民站起來了！」那一刻，民主已經初步實現，剩下的是人民內部矛盾問題，與如何防止境外勢力的干涉。

新民主主義政策維持到1956年，此後進入了以計畫經濟來「超英趕美」的社會主義時期。1958年的「大躍進」雖然釀成了大饑荒和數千萬人民的死亡，但這並不妨礙新中國延續始於清末、歷經民國的「富國強兵」大業。毛澤東最後在1962年的「七千人大會」上把夢想實現的時間往後推了百年，習近平此時不過是舊夢重提。真正把民主與拚經濟綁在一起的，不是美國的新自由主義，而是中國特色的社會主義。

美國的後冷戰新自由主義外交政策，始於對突然結束的冷戰一種詮釋，把勝利歸結為美國人崇尚個人自由的生活方式，甚至是可樂與好萊塢，於是幾近天真地相信自由貿易終將能讓中國民主化，且把讓許多臺灣人感受到被盟友背叛作為代價也不足惜。然而中國的經濟追求有其脈絡，加入世貿組織來接軌國際，對中共來說只是手段，並非目的，且手段可以隨時改弦易轍。這是中共從大躍進、文革中乃至蘇聯解體經驗中學到的務實精神，但始終如一的是維持政權穩定和追求國家富強。

不過，認真對待中國夢的時間向度，將可發現那是一種源自雪洗「百年恥辱」的集體願望，亦即根植於19世紀帝國時代的歷史經驗，從而擇取了17世紀的西伐利亞體系建立初期的「互不干涉原則」為至高無上的國際秩序規範，然後一方面無視20世紀聯合國建立以來的國際規範的變遷與道德要求，一方面不斷

在國內政策罔顧基本人權同時，宣稱自己是全世界最大的民主國家。

鑒於「民主」一詞的最古老意思，即展現於上述古雅典城邦那種人民全體共同決定自己的未來命運，中共的說法並非全然不可理解。但是，不受外人管轄僅僅是銅板的一面，另一面是所有公民得以輪流參政，況且，唯有小國寡民的政體才能實踐此一理想。人口眾多的現代國家根本不可能實踐，更別說是歷史上人口最多的國家。另一方面，以清末才建構出來的「中華民族」當作實踐「民族自決」以及「民主」的主體，並無顧及該領土之上其他民族的意願和追求自決的權利。

新中國是從 19 世紀歷史經驗當中站起來的，追求的是民國未竟的國族大業，而策略是採取 17 世紀國際秩序的想像，並以類似不可複製的古希臘城邦之民主作為想像（扣除人人參政），然後在 21 世紀做一個可以隨時切換政治時間和詞語意思的「中國夢」。中國式的民主自由，堪稱一個魔幻國度。

▌讓歷史成為歷史

新自由主義過於簡單的「以貿易促成民主」的政治時間想像，套不進中共可以隨時按需要來切換的時間政治想像。以此為後冷戰對中政策，基本上是一場失敗，甚至養虎為患。

新冷戰的另一方美國，正從川普的單邊主義走向拜登的多邊主義，也開始承認國際社會存在一個主權與人權並重的國際秩序。也許歷史正在等候致力於民族偉大復興的中國夢能擺脫過往歷史的包袱，讓歷史成為歷史。畢竟，正如哲學家尼采曾在《歷史的用途與濫用》一書如是說：

關於一個人，一個民族或一個文化的健康而言，到底需要知道多少歷史才能好好活著，是最重要的問題。因為，太多的歷史會壓垮生活，讓人不健康。此外，歷史本身也會跟著敗壞，變得不健康！

若想避免新冷戰，在論述上，也許該從降低美中的政治時間之落差，且以脫離舊冷戰思維的國際社會規範為依據。美國前副總統彭斯（Mike Pence）在 2019 年 10 月 24 日於華盛頓智庫威爾遜研究中心（Wilson Center）的演講當中說道：「美國及其領導人不再希望僅靠經濟接觸，就能將共產黨中國的威權國家轉變為一個尊重私有財產、法治和國際貿易規則的自由開放社會。」這是正式告別新自由主義政治想像及其史觀的一刻。

而現任（2024）國務卿布林肯在 3 月 18 日那一場中美高層會談當中，也明確宣示美國將強化國際合作以及建立在法規之上的國際秩序（rule-based international order）。就算這不是重返威爾遜主義（國際主義）的一步，至少方向上遠離了以上帝選民心態為基礎的那一種單邊主義，往現實靠攏。接下來的問題，是崛起的中國如何調整自己與國際社會的時差，恢復一點對歷史與國際秩序的現實感了。

至於正處於新冷戰在地理上與時間上連結點的我們，也許可以拋棄中共繼承的那個前朝史觀作為開始。

〔第八章〕
現代性的罪惡：
自由主義的怨恨者、模仿犯

那是最好的時代，那是最壞的時代。……我們的眼前應有盡有，我們的眼前一無所有。我們都在走向天堂，我們都在走向另一端。簡而言之，那時和此時是如此相似，聲量最大的某些權威人士都堅持以形容詞的最高級來形容──認為好的，就說那最美好，認為不好的，就說那是最糟糕的年代！

──狄更斯，《雙城記》

顯而易見，任何事情都不可能讓這些人明白，另外那百分之九十九的人口也存在世上。

──歐威爾，《戰時日記》

▎追求進步帶來的問題

英國作家狄更斯（Charles Dickens）以上面那一段話來開啟《雙城記》（*A Tale of Two Cities*, 1859）的故事，一個背景設定於法國大革命時期，關於發生在倫敦與巴黎的幾位人物之虛構故事。然而，究其內容同時描繪了革命前夕貴族對平民百姓的凌虐，以及革命本身的殘酷與暴力，其書名似乎也留下了另外兩種「雙城」的想像：貴族與平民各自生活的平行宇宙，以及革命者所憧憬的那個烏托邦與革命之後的另一個血淋淋暴政兩種國度。

換言之，倫敦與巴黎之外，狄更斯這本歷史小說也暗示了同一個城市的兩種階級，以及革命事業的理想與現實之差距。

或許，筆者過度詮釋了。但米什拉（Pankaj Mishra）真的意圖在他的著作《憤怒年代》（*Age of Anger: A History of the Present*）卻告訴我們，何以我們身處一個充滿憤怒而且憤怒的年代，因為那是一個贏者全拿，政治與金融精英欺騙並壓制了社會大眾的不平等世界。

這一個極其不平等的時代，曾被美國政治學者福山高舉為「歷史終結」的時代，因為人類自古以來對於那種自由、美好的社會制度之追求，終在冷戰結束，資本主義與憲政民主全面戰勝了計畫經濟與社會主義之後，來到終點，人類也跟著成了歷史的「末人」（the last man）。

這一個極其不平等的世界，也曾被《紐約時報》專欄作家佛里曼宣稱為一個被全球化推土機（包括推倒柏林圍牆的民主觀念與自由市場思想，全球資訊網及其相關技術）給「抹平」的世界，當中的人們不但可以隨時跨越國界，也必須順應這趨勢，放火燒麥當勞之類的抗議資本全球化的活動也根本毫無意義。

對於上述福山與佛里曼所競爭代言的「新自由主義」（Neo-liberalism）立場，一度是英國新自由主義 —— 或說柴契爾主義（Thatcherism）—— 的主要推手，甚至是教主海耶克欽點的傳人政治哲學家約翰・葛雷，不但在《紐約書評》上嚴厲批評洋溢於佛里曼《世界是平的》的過度樂觀與自滿，也早於 90 年代福山出版《歷史之終結與最後一人》（*The End of History and the Last Man*）之後立即撰文批評。據其理解，佛里曼雖然在思想觀念迥異於馬克思主義，但卻犯了與後者相同的化約主義（reductionism）錯誤，認為歷史最終會選擇一種經濟模式，及其伴隨而來的單一生活方式，亦即追求自利、競爭以及贏者全拿

的邏輯，整個地球的人類都必須按此遊戲規則來生活才是正途（一如福山的錯誤）；另一方面，全球化雖然讓有錢人能隨時跨越國界，特別是那些標榜商人無祖國的成功企業人士，但對於勞碌的受雇大眾而言，地球不但是圓的，且崎嶇不平，多數人沒有說走就走的旅行，更不可能脫離就業牢籠，甚至愈是工作，愈是讓富者恆富、窮者恆窮。

來自印度的米什拉選擇了站在約翰・葛雷這一邊。正如他在《憤怒年代》一書提及後者時說道：冷戰不僅沒有讓歷史結束，甚至會讓「本來被冷戰制伏住的『更多原始力量（即將回歸），包括民族主義和宗教，還有基本教義派，和或許很快就會出現的馬爾薩斯主義（Malthusianism）。』──他不僅點出自由主義在知識體系上的無能為力，也同樣點出馬克思主義的問題。」

事實上，米什拉與約翰・葛雷近年來數次共同出現於英國的思想沙龍，進行對談。牛津思想史教授馬爾肯・包爾（Malcolm Bull）和澳洲資深記者史坦吉歐（Sebastian Strangio）也分別在《倫敦書評》與《洛杉磯書評》當中指出，米什拉在思想上與寫作風格上類似約翰・葛雷，而著名作家約翰・班維爾（John Banville）甚至將此一風格之書寫追溯至以撒・柏林。想必任何熟悉約翰・葛雷與柏林思想史著作的讀者，閱讀本書時也能會心一笑。

柏林、約翰・葛雷和米什拉的共同特點在於試圖以思想史的敘述方式來分析當前政治現象的緣由。約翰・葛雷曾以《夢醒啟蒙》（Enlightenment's Wake）嚴厲批評過源自啟蒙運動的自由主義所採取的進步史觀，亦即相信人類的理性長久發展下來，必然會支持個人自由與憲政民主（反對者當然意味著某種落後、野蠻或受制於非理性思維），不但簡化了人類的歷史發展，若以國際政治手段來推動，既不尊重，且恐有抹滅各種不同文化或文明之

虞，因此提出了一個「後自由主義」（Post-liberalism）理論，倡議以「和平共存」為目的的「暫定協議」（modus vivendi）政治方案。其後出版的《虛幻曙光》（*False Dawn*）更直指新自由主義的思想盲點和全球資本主義危機，《蓋達組織以及何謂現代》（*Al Qaeda and What it Means to be Modern*）一書則將國際上的恐怖主義與宗教基本教義運動追溯至現代性本身的矛盾。

就某程度而言，米什拉是接續了約翰・葛雷的思想史工作，並將針對自由主義的批評延伸至國際層次的文化交流與比較思想史。出版於 2012 年的《從帝國廢墟中崛起》（*From the Ruins of Empire*）一書，已充分展現了米什拉的博學和恢宏視野。其主要論點為：從中國的梁啟超到印度的泰戈爾，東亞知識分子在面對西方帝國主義入侵時，紛紛採取了基調不脫「以夷制夷」的方式來應對，其實踐結果不僅失去了自己，更繼承了西方現代社會的各種問題。

據此觀點，追求富國強兵來對抗西方船堅砲利是一種，「全盤西化」也是一種以想變成敵人那樣的心態來進行的反抗方式，「中學為體、西學為用」不外是意圖擇取自己想要的部分來模仿，即使是那種高舉自身文化的「復古」策略，本質也是一種被動、一種反應，而非展現了積極能動性的主動。作為改革方向的各種舉措，充其量也不過是一種手段而非本身被當作目的來追求，即使高舉自己的文化傳統，實則暗藏一種怨恨與羨慕，想藉由軍事、政治或新聞上和人家平起平坐來恢復民族自尊心基調，其背後動機不脫效仿意圖！

無論如何理解，追求現代性本身就是一種想跟西方一樣的心態。即使可以將其目的修飾成「東方」或「另一種」的現代性，仍然是以西方現代性作為參照或對照。甚至，東方與西方的界定本身就是源自西方，就別說我們所身處的「遠東」兩字意味的是

什麼。畢竟，「民族國家」（nation-state）源自 17 世紀西伐利亞體系建立之後的政治體制，以共同文化和語言作為建國基礎的「國族主義」（nationalism）之所以成為一種系統性論述並成為席捲全球的政治運動，也是起源於西方，或更精確地說是德國浪漫主義。

▍模仿、怨憤，現代性的困境

《憤怒年代》基本上是米什拉另一本著作《從帝國廢墟中崛起》（*From the Ruins of Empire: The Revolt Against the West and the Remaking of Asia*）的延續思考。在此，作者一方面把目光轉移到世界各地正在進行中的各種抗爭，從溫和的公民抗命到激烈的革命乃至宗教基要主義以及其他各種恐怖主義，另一方面則把焦點放在關於「模仿」與「怨憤」概念之上，更進一步地細緻化這兩個解釋工具。而這兩條敘述路線，則匯集在關於法國思想家盧梭的理解之上。

進一步解釋，米什拉基本上將盧梭理解為「憤青」（angry young man）的始祖，並將向來與尼采連結在一起的「怨憤」（*resentment*）概念歸功於盧梭，然後接受了齊克果（Søren Kierkegaard）對此概念的界定：一種誘發於「既認為自己與他人平等，卻又想取得壓倒他人的優勢」之嫉妒心理。作為一種負面情緒，那能凝聚散眾成為一個集體的力量。更重要的是，即使人們以「正義」為名來進行控訴，那也只是包裝，因為真正的怨憤對象不是「不平等」本身，而是為何「你」有，但「我」沒有？為的是想要取得嫉妒對象的地位，所擁有的一切，甚至想要存在上取而代之。

嚴格說，取而代之的意圖想同時消滅掉被嫉妒的「他人」以

及原本的「自己」。就此而言，「仿效欲望」（mimetic desire）既是對敵人的最高敬意，也是對自己最極致的貶抑。反帝國主義的米什拉難得和活躍於美國的帝國主義倡議者英國史家弗格森（Niall Ferguson）於是難得有了共識：掌握了資本主義的中國，終究只是下載了西方的應用軟體。這種仿效是注定失敗的策略。更弔詭一點地說，成功就是失敗！

「怨憤」和「仿效欲望」兩個概念的提出，雖然能回頭更好地解釋上一本書關於國家效仿何以注定失敗的論點，但《憤怒年代》一書則旨在說明目前發生於全球各地的非國與國之間的大小規模政治抗爭與鬥爭，並指出類似的弔詭之無所不在。值得注意的是，此時的米什拉將這些衝突歸結為「現代性」（modernity）本身的困境，且根源在於其所承諾的一切，似乎永遠不能落實。

米什拉所謂的現代性，指的是啟蒙運動開啟的一種獨特的認知與感受結構，其組成包括了普世的自由、平等、民主、法治等價值，相信科學、理性，以及脫離中世紀傳統與習俗的可能，且認定世上所有文化都在這一個發展的過程當中的線性進步史觀，也因此有先來後到之別，而先進的有教導或提攜落後的義務。更重要的是，這也包含了一種個人與他人乃至世界，以及公民與政府之間的權利義務關係。

論及現代性內在矛盾的時候，本書將焦點圍繞於伏爾泰（Voltaire）與盧梭的爭辯之上，伏爾泰是法國啟蒙運動的代表人物，且宣揚世界貿易、物質繁榮和炫耀性消費文化，盧梭則極其厭惡財富所帶來的各種社會不平等，以及其所導致的相對剝奪感、妒忌和妒忌當中的自我迷失——換言之，平等與自由不過是有錢人的權利，而作為啟蒙運動政治化身的自由主義本質上是一種偽善，不過是西方帝國的幫兇。

　　自由主義建構的現代政治和經濟秩序，在米什拉的眼中其實是帝國主義的修辭，肆虐當代世界的國族主義及其經常伴隨的威權乃至獨裁政權，其實是西方帝國的模仿犯，伊斯蘭國（ISIS）和其他恐怖主義也是如此。存在於自由主義的內在矛盾，特別是指向平等、均富的社會但實則只能讓一部分的人先富起來，然後藉由各種法律制度來保障此一優勢，讓窮者恆窮，終身為其服務，是人們憤怒的理由，也是各種極端政治鬥爭的溫床。

99% 的憤怒

　　過去生活於印度北方喜馬拉雅村莊的米什拉，曾擔任記者並親眼目睹自己國家的政客如何高舉自由主義的進步大旗，以教化為由對穆斯林教徒和克什米爾進行各種壓迫。《從帝國廢墟中崛起》的出版讓他在祖國成了不受歡迎的人物，想必《憤怒年代》並不會讓事情改觀。畢竟，這本書不僅解釋了人們憤怒的理由，更提供了一個多數人應當憤怒的理由。換言之，《憤怒時代》替 2011 年「占領華爾街」（Occupy Wall Street）的口號做了一個漫長的思想史注腳：這是一個 99% 對 1% 的戰爭！

　　移居到倫敦的米什拉，如今儼然是約翰・葛雷的繼承者，雖然在推論的嚴謹度上不如後者，但在反自由主義的言論上卻有過之而無不及，不僅有憤青的味道，他在《憤怒年代》對於數十位思想家與革命家的描繪，更讓人不禁想起了柏林的綽號──「思想界的帕格尼尼」。也許，《憤怒年代》提供的敘事也有以偏概全之嫌，但卻是一個新自由主義陣營長期意圖掩蓋的另一半真實故事。畢竟，正如歐威爾所言，任何事情都不會讓那 1% 的人明白，另外那 99% 的人口也存在同一個世上。現代世界的主題曲是雙城記。

弔詭的是，對於 99% 當中不會生氣的多數人，米什拉其實也沒有憤怒的理由，因為他們願意相信新自由主義經濟學的「涓滴效應」（trickle-down effect），依舊想張開大口等待那 1% 的人吃著大餅時掉下的屑屑，甚至為了比較好的位子互相推擠，而不是起身反抗體制。

這不就是模仿犯會做的舉動？

〔第九章〕
民主制度的診斷與處方，
以及一份病理報告

　　我們的語言可以被視為一座古老的城市：迷宮般的小街道
與廣場，老房與新屋都有，以及不同時期加蓋的建物，外圍
環繞的是無數的筆直街道和整齊樓房所組成的小區。

—— 維根斯坦，《哲學研究》[1]

　　我看到無數相似而平等的人在原地不停打轉，追逐微小而
庸俗的快樂來填補心靈。每個人都沉默寡言，離群索居，對
他人的命運毫不關心：對他們來說，子女和親友就是全人
類！他們與同胞居住一地，卻對身邊的人們視若無睹。

—— 托克維爾，《民主在美國》[2]

▌前言

　　20世紀的天才哲學家維根斯坦（Ludwig Wittgenstein）認
為，一個語言如同一座古城，本身蘊含著一種套價值觀，一種生
活方式，或說一個文化，而且相當大程度決定了一個人或社會的
眼界、認知以及情感結構，而且其中的元素有新有舊，有的甚至

1　Ludwig Wittgenstein, *Philosophical Investigation*, §18.
2　Alexis de Tocqueville, *Democracy in America*, vol.2, Part IV, Chapter VI.

會在某些時代徹底走入歷史灰燼，然後在另一個時機再次以另一個姿態出現。

當然，某些字詞可能遠從他方，歷經長久的旅行才來到這一座城市，且初來乍到時，或許蔚為流行，但也可能是少數人口耳相傳的稀世珍品，甚至是當權者眼中非法走私的違禁物品。

政治語言亦是如此。某些過去被棄如敝屣的概念，之後卻重獲人們的重視，「民主」即是一例。作為一種政治體制，它包含了諸如「自由」、「平等」、「個人尊嚴」等核心價值，「票票等值」和「三權分立」等政治原則，以及關於「選民總是具有理性」和「絕對的權力使人腐化」等，關於人性光明或幽暗面的假設，民主在過去兩千五百年的人類歷史當中，多半的時間被普遍否定，但進入現代之後則成了一種普遍追求的政治理想。甚至，在二戰過後，成了國際社會公認的「普世價值」，或更嚴格地說，至少是普世人權所鑲嵌於內的一種政治體制。

然而，作為一種普世價值的民主，這十年來似乎也遭受了前所未有的正當性危機。雖然捍衛民主的理論仍不斷有人提出，但批評民主的書卻更加輕易地攻占暢銷書排行榜。事實上，在筆者寫這篇文章不久前走入書店時，先到政治學專櫃走了一圈，立即映入眼簾書的就有《民主在退潮：民主還會讓我們的世界變得更好嗎？》、《民主是最好的制度嗎？》、《獨裁者的進化：收編、分化、假民主》、《精英的反叛》（原書的英文標題還加上「民主的背叛」）。這些都是翻譯自外文的暢銷書，如果加上其他關於歐美民粹主義的著作，宣揚中國崛起、威權優於民主的各種標題，讀者或許會覺得，人們對民主的不滿正在成為一種新的全球共識。不意外，傑森・布倫南（Jason Brennan）的《反民主》（*Against Democracy*）一書，也加添了此一印象。

▌接軌柏拉圖「哲人王」的「知識精英制」主張

傑森・布倫南任教於美國華盛頓特區的喬治城大學（Georgetown University）商學院與哲學系，學術背景來自政治哲學訓練，專長為民主理論與公共政策經濟學，因為《反民主》一書的出版而被視為政治上的精英主義者，否定市井小民參與政治的資格，經濟立場也同樣是右派，支持自由市場。

2016 年《反民主》出版時，布倫南不到四十歲，但已有頗多著作，其書寫風格幽默風趣，且擅長以比喻和故事來解釋複雜的哲學理論，但也好戰，至今的著作多為檄文。例如，2011 年他即出版過《投票的倫理》（*The Ethics of Voting*, 2011）一書，呼籲那些欠缺專業知識的人民在選舉時千萬別去投下神聖的一票，因為他們既配不上那一票的神聖性，且留守在自己的崗位上繼續工作，對國家社會的貢獻反而更大。隔年，他則出版了一本闡釋上述他個人意識形態立場的專書《自由至上主義：所有人應該知道的事》（*Libertarianism: What Everyone Needs to Know*, 2012）。再過兩年，他又追加了一本《何不資本主義？》（*Why Not Capitalism?*），直接與柯恩互別苗頭。長年任教於牛津的柯恩，堪稱當代英美分析政治哲學的祭酒，亦是著名的馬克思主義學者，生前最後一本著作是 2009 年出版的《何不社會主義？》（*Why Not Socialism?*），相當簡潔扼要地捍衛了左派的政治與經濟立場。布倫南則延伸了柯恩的推論邏輯，一一反駁他所有的主張。

《反民主》是布倫南上述幾本書的總結，雖然出版於 2016 年，但稍早於英國脫歐公投，川普也尚未當選美國總統。也正因如此，他隨後聲名大噪並被支持者奉為先知，並成為媒體競相追逐的訪問對象，聲勢直逼受邀去日本職棒開球的哈佛公知教授桑

德爾（Michael J. Sandel）。

作為總結布倫南先前想法的《反民主》，提出了以「知識精英制」（epistocracy）取代民主制度的主張。其核心論旨是：民主制度的良序運作，需要每一位投票者都具備關於選舉爭議的足夠的知識，但這根本是不可能的事！反之，真正影響人民生活（例如稅制，工時與基本工資，醫療保險給付比例）乃至國家前途的重大議題（像是移民、外交和能源政策），必須交付到知識精英的手上才真正符合所有人的利益，也才安全。

畢竟，民主政治不該是讓這些欠缺知識，甚至連意識到自己的無知都不可能的愚民來實習的情境；據此，鑲嵌於民主制度的「平等」價值與「票票等值」原則，不但違背了人的天生智力與後天知識皆存在巨大差異的根本事實，強行落實的結果只會讓原本可以替社會做出最好、最正確決定的少數人，喪失了投票的意願，淪為知識精英與無知庶民的雙輸局面。

欲防範這樣的政治悲劇，唯有提高投票資格的門檻才行，而具體的方式就是讓所有人進行相關的測驗，將那些缺乏社會與科學知識的人過濾掉，既能確保選舉結果的品質，亦可杜絕劣幣逐良幣的蔓延！

如此看似簡單的主張，其實包含了相當多的預設與判斷，值得我們駐足推敲一番。不過，在進一步討論之前，略述另外一個反民主並倡議知識精英制的哲學家，或許有必要。這位哲人當然是古希臘大哲柏拉圖。作為知識精英制的鼻祖，他的《理想國》是批判民主的經典之作，當中的許多概念至今仍深遠地影響西方的政治思考，而最重要的莫過於「治國猶如海上行船」的比喻：唯有專業技術才能勝任，具備任何其他特質（例如取悅大部分的人，受到眾人愛戴）都是不適切的考量，其道理不過像人病了就該找醫生那樣簡單。

　　事實上，柏拉圖還真的把安定的國家類比為健康的個人。就個人而言，根據他的理解，人的心靈或說靈魂乃底下三要素所組成：理智、激情，以及欲望。一個性格穩定的人，必然由三者其一所主導，也因此有真正適合他的工作。一個社會上，欲望主導的人必然最多，而適合他們的工作就是從事生產，並藉此賺錢，畢竟，他們圖的不過是享樂。激情主導的人則應該擔任保家衛國的工作，且由國家供養，但不支薪，因為榮耀才是他的唯一追求，錢財只可能讓他腐化。作為社會的少數族群，孩子共養、女人共享的共產制度適合他們。至於那些追求真理而衣帶漸寬卻始終不悔的少數中之少數，才適合擔任治國的工作。一來，唯有他們懂得真理，何為正義，以及值得打造的理想國度。二來，如此理解的他們，不僅視錢財如糞土，榮耀如浮雲，更理解政治權力落入烏合之眾手上的危險，大則有亡國之虞，而覆巢之下無完卵，小則哲人本身的性命可能不保，正如蘇格拉底被判死刑的例子告訴我們的。

　　是故，唯有讓握有真知灼見的哲學家掌權，成為「哲人王」（philosopher-king），視榮耀如生命的人則擔任衛國士，而其他眾人去拚命工作、生產以換取金錢，才是對所有人都好的分工合作。人人獲取他想得以及應得的事物，當然也是個理想且正義的國度。反之，無知的人民當家作主的民主制度，則是集各種弊病與不義於一身的政治體制。

　　實施民主的雅典城邦，讓人民按照正當法律程序將蘇格拉底判處死刑，是鐵錚錚的事實。這是民主留給柏拉圖的創傷，也是政治哲學的起點。逃離納粹政權來到美國的猶太哲人列奧・施特勞斯（Leo Strauss）甚至據此認為，政治哲學的首要大哉問乃是：懂哲學的人與不懂哲學的人，如何共存於一個社會？更抽象地說，以批判傳統、質疑已知為職志的哲學，如何存在政治社群

當中？

　　民主制度自古已然，於今為烈。不是嗎？

▌重返托克維爾的病理學與約翰・彌爾的政治處方

　　對此，布倫南的答案是肯定的。鑒於古代與現代民主的主要條件差異在於，古希臘民主城邦的公民之所以能關心公共事務，因為家中有奴隸幫忙處理一切，但現代社會根本缺乏此一條件，要求選民去理解每一個議題，根本不可能。此外，當代社會所面臨的政治爭議，往往涉及高度專業的層面，唯有學者專家才能判斷，交付缺乏知識與資訊不足的公民來投票決定，不僅危險，也不道德。

　　事實上，民主原本即存在的問題，在這體制逐漸成為現代世界主流，且愈來愈高比例的人民成為選民之後，愈是劇烈。美國開國元勛約翰・亞當斯（John Adams）和麥迪遜（James Madison）都在建國之初即深刻意識到「多數暴力」（the violence of majority）或「多數專制」（the tyranny of majority）的問題，法國革命則讓此問題更加困擾政治思想家，甚至促成了新一波帶著懷舊心情的保守主義，英國政治思想家伯克便是其代表人物。

　　不過，最深入分析此一難題的，莫於法國政治理論家托克維爾。他曾兩度遠赴新大陸考察民主制度的運作，並寫就了兩卷的《民主在美國》（*Democracy in America*, 1835 and 1840）。據其理解，美國的民主能運作，特別受惠於底下幾個文化因素：（一）資本主義讓人民學會為了長期利益的投資，不短視近利；（二）雨後春筍般的公司行號崛起，讓多數人學會如何為了集體利益而努力，不追求個人私利；（三）蓬勃發展的鄉鎮市議會，讓人可以從地方政治的參與，學會如何為國家盡一己之力；

（四）保守的教會生活，一來凝聚了人與人的彼此關係，二來則因為不允許女性在公領域拋頭露臉（當然也就不會出現聖女貞德之類的傑出女性，讓人神魂顛倒！），所以職場上的男性能心無旁鶩地工作。

托克維爾的卓越貢獻在於，讓人理解到一個政治體制的良序運作，不能缺少特定文化的支撐。然而，觀察力敏銳的他也意識到了民主在美國存在一個隱憂，那就是大眾崛起所帶來的多數專制可能性。這種專制出現的時候可能比起過往的一人獨裁來得可怕。一方面，人數本身取代了理性，成為政治的決定性因素。另一方面，伴隨資本主義而來的中產階級，加劇了人們對物質享受的看重，就算不變得自私自利，也會因為人與人之間的紐帶逐漸在現代生活當中鬆脫，而開始追求小確幸的生活，正如本文開頭的引言所說，不再關心社會國家的命運，因為，「對他們來說，子女和親友就是全人類」！

如此一來，手上握有投票權將是一件危險的事。缺乏公共意識的他們，作為選民只會投給競選時討好他們的政黨。更糟糕的是，倘若競選的承諾真的兌現，他們將在長期的政策餵養的過程中，淪為「永遠長不大的孩子」（perpetual childhood）──以中國的流行語來說，亦即「巨嬰」。換言之，多數專政最後可能弔詭地讓選民自己無異於威權專制國家的順民，乃至愚民。

這是托克維爾的民主病理學。之後的就是美國歷史了。布倫南所診斷的民主國家，幾乎就是托克維爾所擔憂的那一個美國。至於他所開出的處方，靈感其實取自於英國政治哲學家約翰‧彌爾。

彌爾公認為西方最重要的自由主義者，終生捍衛個人自由，並提出了一套「代議政府」（representative government）作為回應多數專制的問題。其主要的相關制度設計包括，首先，政府必

須提供從地方到中央的完整公民參政機會，促成托克維爾所觀察到曾經支撐起美國民主運作的地方政治，也能在英國實現。再者，議會席次必須設置少數族群保障名額；此一創舉當然是對多數暴力的直接回應，為的是讓永遠的少數能有替自己發聲的機會。第三則是逐步擴大選民占人口的比例，以普選權為最終目的；事實上，他的 1865 年國會競選政見包括了女性投票權，且成功當選。最後則是以複數投票制度來作為補救選舉品質的方式；據其構想，除了每位成年人享有一張選票之外，擁有大學學歷或從事學術相關行業的公民，應當有更多的選票。

這提案並未獲得普遍支持，反倒讓彌爾被批評為精英主義者。然而，其實在當時的牛津與劍橋大學本身就是選區，因此在學的學生不但可以返鄉投票之外，也能在大學選區投下另一張票。這種源於大學自治傳統而產生的複數票，直到 1950 年代才被廢除。因此，彌爾的提案並非沒有事實基礎。

然而，布倫南採取了比彌爾更激進的方式，意圖將複數票的邏輯進行到底。首先，他指出民主制度本身即內建了選舉權門檻，無論是古希臘的「公民資格」（奴隸與外來移民不具備此一資格），還是現代的成年資格（例如十六歲或十八歲以上），進一步究其原因，不外是一種關於「適任」的理解；然而，他質疑：「如果你認為『十六至十七歲的人』這個族群的知識不足以投票，那麼你就必須同意低收入者、黑人也不能投票，因為這幾群人的政治知識差不多。」

相較於彌爾願意讓「不適任」的人也享有投票權，從實際參與當中來提升政治意識與判斷能力，布倫南按此邏輯則推出另一個結果：「如果不能善用權力，就請放下權力」（《反民主》，頁 314）——按此原則的制度設計則是，不適任的人根本不該享有權力，連一張選票都不該擁有。這些人能貢獻社會的方法有很

多，但投票絕非其一；同理，與其想方設法讓無能的政府下臺，我們應更積極地讓他們連上臺的機會都沒有，才是保護人民不受多數專制侵犯的一帖良藥。

▌民主的病理報告

布倫南告誡我們，彌爾開出的根本是一帖不具療效的偏方，因為選民必然絕大多數是無可救藥地愚蠢、資訊不足，在政治上過冷或過熱，若持續服用政治參與，整個國家將更加病入膏肓。真正的解藥是雞尾酒療法，除了「複數投票制」之外還要加設「選舉門檻制」，以檢測科學與政治知識的方法篩選出少數的知識精英，再加上「模擬神諭使」的加持，才算對症下藥。

具體一點地說，布倫南認為民主制度底下只存在三種人：（一）追求小確幸，不管公共事務的「哈比人」；（二）淪為對政治狂熱有如運動賽事，把自己個人意識形態的好惡當整個世界的成敗得失，不是天天搞政黨活動就是參加社運的「政治流氓」；（三）客觀、理性，關心公共事務，願意讓證據說話，善於傾聽與溝通的「瓦肯人」。

政治哲學家提出的民主理論，基本上都預設了瓦肯人當作公民。但，根據他的診斷，絕大部分的美國人若非是哈比人，就是政治流氓，要不就介於兩者之間。真正的瓦肯人是鳳毛麟角，而且他們對政治缺乏熱情，也不見得傾向折衷。之所以如此，也是人們過去誤信彌爾的結果，以為政治參與可提升公民意識、增進政治判斷能力，讓哈比人都變成瓦肯人，但事實證明政治經濟學家熊彼得才是對的，民主政治只會讓哈比人全成了更糟糕的政治流氓。瓦肯人也跟著更加提不起熱情來參與政治。

布倫南做了診斷，也開了處方，並要求我們立即切除普選制

度的毒瘤。不過，畢竟茲事體大，是否該貿然以身試藥，也許還得再考慮一下，特別是他的知識精英制存在底下幾個疑慮。

近一步解釋，首先，讓我們重返一下柏拉圖論證知識精英制的現場。其基礎當然在於他的人論，包括由理智、激情、欲望為元素的三合一心理結構，以及按此斷定適當職業別的「哲人／衛國士／生產者」三種人，亦或三等人。論者可批評柏拉圖對於哲人數目的預設似乎過少，因此，一個王位難以容得下所有人，那將會衍生出哲人之間又該如何決定誰來掌權的另一種政治問題。屆時，也許元老院或內閣制才是解決之道。不過，這是個**經驗性問題**，端視一個社會的實際比例與分布。但，其心理類型學與三等人分類之間的關係，卻是個**演繹**的問題，仰賴的是一種**規範性**的界定，亦即兩者必須相符才適當。

雖然布倫南的理論也同樣以三種人的區別作為論證基礎，但他的三分法其實與柏拉圖的版本有兩個本質上的差異。一方面，這是關於一個特定社會實際存在的公民之分類，亦即從經驗事實**歸納**而來的結果；但他的推論方式，卻把這三種人的存在視為一種系統原初設定，亦即民主制度的一種「給定」（given），沒有其他可能。

這意味著兩個論證方法上的問題。第一、即這窮盡了美國的民主公民種類，其分類和以此為基礎的論證，也不一定適用於另一個國家，甚至另一個時代的美國，例如托克維爾考察的那一個美國；換言之，任何經驗證據顯示民主公民不只布倫南設想的三種，他的論述立即陷入危機。第二、就方法論意義而言，若布倫南的三分法並非窮盡了公民種類，其論證方式的屬性就不同於柏拉圖那種邏輯推演，然而，他卻把熊彼得的說法視為一種邏輯必然，進行推論。這不僅是一種方法論上的混淆，亦即把「因果關係」當作「邏輯必然」，更重要的是，人為何會變成哈比人，哈

比人如何變成政治流氓，可能存在另一種並非民主制度所導致的原因。

事實上，托克維爾筆下描繪的那種追求小確幸的公民，的確符合布倫南所謂的「哈比人」，但這也剛好凸顯了第二個問題，因為，根據托克維爾的理解，這是原本讓民主能良序運作的的公民之墮落結果，所以哈比人並非民主制度的系統預設，而是墮落的結果，且這結果並非「政治參與」所造成，而是布倫南本人所支持的「資本主義」。換言之，布倫南把哈比人、政治流氓、瓦肯人的存在當作民主的原初設定，卻未曾告訴我們一個人怎麼會成為這幾種人，以及形成的原因，且主張人只能從哈比人變成政治流氓，不會提升為瓦肯人，但，真正該追究的或許是什麼原因導致了原本的公民如何變種為哈比人！

無論如何，布倫南只有關於民主制度病徵的描述，但欠我們一份病理學報告。然而關於人何以變種的**因果關係**解釋，才是關鍵。哈比人可能是公民的變種，政治流氓的養成也可能因為民主參與之外的因素介入。更重要的是，如果托克維爾的擔憂對了，那我們真正該對症下藥的不是民主制度，而是針對資本主義制度之弊病 —— 如何從著眼於未來更大利益的投資，成了追求短視近利的投機，導致原本支撐民主的「緩慢」條件喪失，讓政府必須疲於奔命，為了績效而放棄長遠的政策。

當然，或許民主的任期制度本身，也助長了政治人物為了連任必須在兩三年內端出政績，因此與從投資墮落成投機的資本主義相輔相成，所以彼此互為因果亦有可能。但，這至少還必須進一步深究才能確認。

事實上，布倫南也捍衛資本主義不遺餘力，甚至我們可以說他的知識精英制方案亦即一種追求「速度」的展現。避開繁瑣緩慢的民主程序，等那些永遠長不大的巨嬰或成天吵吵鬧鬧要糖果

吃的公民，其實為的就是迅速解決問題。這正是他對政治的工具性想像。

知識精英制的政治想像與歷史意義

布倫南似乎認為所有人都接受他對「政治」的根本想像，所以不需要提供一份民主病理報告，甚至連病理學研究都不需要。政治之事，不外乎為了提升經濟發展，讓資本主義更好地運作，盡可能避免市場失靈，並試圖解決那些不完美運作時產生的副作用，或說令人討厭的「負外部性」及其衍生的社會問題。

然而，民主政治卻內建了一個令人悲哀的制度性缺失，亦即將政治權力分散給每一個人，並美其名曰「票票等值」，為了彰顯「平等」的價值，但，鑑於任何人口結構的智力分布都呈金字塔型，具有思辨能力的聰明人必然是少數，這種制度設計除了確保沒有任何一個人的意見必定勝出之外，也等同讓「人數」，而非「理性」或正確意見來決定結果，而且這必然多數的人必然會做出糟糕的決定。

布倫南相當清楚，彌爾對民主的支持不僅僅寄望於該制度的**功能**，也在於這制度本身能彰顯的內在價值，例如，「平等」、「自主」，以及「個人尊嚴」等，是故，即使愚蠢的大眾進步緩慢，我們也當滿足於這些價值的彰顯，把民主當作一種必要的政治實習。對此，布倫南直言，政治的存在僅具有「工具性價值」（instrumental value）。去追求那些過程當中所能彰顯的「平等」、「尊嚴」、「個人自主」等虛無縹緲的所謂「內在價值」（intrinsic value），根本不具實質意義。

「政治並非詩歌」於是成了他的響亮口號。政治決定可能關乎一個國家民族的命運，需要的是硬道理，絕不可與旨在表達特

定價值的藝術相提並論。布倫南從彌爾的知識精英制作為出發起
點，最後卻在終點徹底反對了民主制度的本身。他有意識地選擇
站在柏拉圖那一邊，反對民主，而非把複數票制當作彌補民主或
過渡性的權宜之計。民主政治本身既造就不了適合的公民，執意
實行的結果也不會讓人向上提升，反而更加向下沉淪。那是一種
絕不可能實現的理想。唯一的出路是徹底實行的知識精英制。

　　不僅如此，同樣也必須被掃進歷史垃圾桶的，還有那些美國
政治科學家長年宣稱的各種民主相關理論，例如關於「選民理
性」的假設，高舉集體智慧的「集體奇蹟定理」或「孔多賽陪審
團定理」，乃至關於制度性相對優勢的種種宣稱。這些都不過是
站不住腳的神話，偽科學或根本是一廂情願的幻想。布倫南的回
應簡單：「三個臭皮匠有時候勝過一個諸葛亮，但是所有臭皮匠
湊在一起，未必每次都能勝過一小群諸葛亮。」（《反民主》，
頁263）與其選擇一堆臭皮匠來期待他們發揮奇蹟，何不乾脆讓
少數的諸葛亮來決定？

　　對此，英國當紅的劍橋大學政治理論家朗西曼（David
Runciman）在《民主會怎麼結束》（*How Democracy Ends*）一書
中質疑：那，究竟怎樣才能篩選出那一群諸葛亮呢？抑或，誰出
選民資格考的題目？誰來評分？

　　布倫南的方案不過把真正的爭議，從檯面上挪到檯面下；或
更精確地說，從政治的舞臺移到幕後！朗西曼調侃道，任教於大
學的布倫南想當然耳會對號入座，但他必須知道考試也不一定能
測出學生的真正水準。此外，這位反民主的教授在援引經驗證據
的時候，似乎也犯了偏見，所以故事只說了一半。例如，根據美
國政治科學家賴瑞・巴特斯（Larry Bartels）和克里斯多夫・亞
申（Christopher Achen）在2016年出版的《現實主義者的民主制
度》（*Democracy for Realists*）一書，經驗證據顯示，受過非常

高等教育的人，在道德與政治上所犯的錯誤，絕不比一般人少。

姑且不提加入納粹並對漢娜・鄂蘭始亂終棄的德國哲學家海德格，冷戰時期位高權重的美國國際關係專家，沒人預測到蘇聯會瓦解、柏林圍牆會倒塌。急著宣稱「歷史終結」的法蘭西斯・福山，即使被歷史活過來反咬一口之後，也同樣沒事，戴上新的眼鏡繼續兜售他的預言。至於 2007 年的美國「次貸危機」以及次年引發的「全球金融危機」，又何嘗不是常春藤名校畢業的華爾街專家，設想出來的金融商品所引發的蝴蝶效應。也許比較令人尷尬的是，英國女王伊麗莎白二世隨後曾當面問一群倫敦政經學院的專家：「為何沒有人事先想到金融危機會發生？」

另一方面，朗西曼也指出，布倫南視為靈丹妙藥的「模擬神諭使」其實不過是飲鴆止渴。「神諭使」是知識精英想像的極致，一種高過所有人智慧總和的化身。實際執行上，仰賴的是長期追蹤所有選民的習性與偏好，然後以大數據加上人工智慧方式來得出最明智的那一個族群，真正的偏好是什麼，並據此做出最適當的決策。朗西曼反駁說，這根本是技術在治國而非知識精英，至於長期追蹤也不過是從過去來認識我們，而非現在，成功的話也只會讓我們活在以前的框架。這也等同剝奪了我們改變想法的權利，甚至淪為人工智慧的奴隸。

朗西曼強調，民主擅長的並不在於提出絕佳的方案，而是避免最糟的情況；反之，意圖提出最好方案的知識精英制，卻不可能每次都對，且一旦出錯則代價之大不一定讓人承受得起。正如他以托克維爾的口吻說道，民主雖然容易著火，但也比任何制度更能滅火！更重要的是，當彌爾提出複數票選制的時候，普選權尚未成為事實，因此具有進步的意義，且作為一種過渡性權宜之計，為的是替日後的普選權鋪路；但布倫南走的卻是回頭路，意圖從大多數人的手上拿走選票。其意義大抵等同告訴他們：孺子

不可教也，因此你不准替自己發聲，我們也不打算傾聽！

給新興民主國家的「政治」啟示

　　朗西曼指出的最後一點值得我們深思。近年，我們的社會也出現了懷念威權時代的現象，學者也不乏批評民主的聲音，甚至有民主誤國的言論來自於學術界雲端的高思，指責民主政治誤了經濟發展；另一方面，亦有高舉理性、客觀、中立等價值的政治科學家強調，身處中國與美國兩大強權底下的臺灣，若沒有能力在中間保持平衡，必須做出依附中國的選擇，畢竟血緣、文化相同，地緣上也相近，也是經濟上的唯一出路。朗西曼的論點提醒了我們，在閱讀本書的時候必須兼具歷史感與現實感。

　　建構政治理論的時候，可以抽象；畢竟「價值」概念本身必須在抽象層次上才能分析清楚，而「原則」這種東西性質上即是一種跨案例的通則。但是，當我們在思考如何落實價值，如何運用原則的時候，不得不回到具體脈絡，否則將可能是生搬硬套，造成意想不到的反效果。這種問題最容易發生在「體制」理論的層次上。因為比抽象價值、原則更加具體，跨脈絡的應用時，等同全面性的制度移植，而移植時必然會衝擊到在地本來即存在的各種制度與文化。

　　事實上，托克維爾的洞見也出自於對脈絡的在意。對他而言，民主制度的運作不可能單憑制度已身，而須仰賴包括在地人們的認知、價值觀、政治傳統乃至整套思維習慣的「文化」才能運作良好。然而，強調自己客觀務實的布倫南，卻忽略此一向度的考量，因此才將所有的政治缺失歸咎於「民主」，而不進一步思索是否原先支撐著民主的文化出了問題。

　　捍衛資本主義的他，更是忘了自由放任市場本身對政治所促

成的期待，以及造成的傷害。然而，同樣是主張知識精英制的柏拉圖在這一點上卻比他更加務實。他在《理想國》當中提出衛國士之間可實施共產制度的同時，也提出了另一個防範措施——隔居，讓國家供養的衛國士們避免接觸到追求金錢的生產者，其理由不外是，適合生產者們的文化，若運用於衛國士們後果將不可設想，反之亦然。例如，生產者如果轉向追求榮耀，試圖製造出一雙絕世好鞋時，那他可能荒廢了產業；而衛國士如果開始追求金錢，早晚會賣國。更重要的是，柏拉圖這想法不僅僅是務實，而是深刻理解到，適合一個領域的內在邏輯，不能隨意套用在另一個領域。

然而，這正是包括布倫南在內的資本主義支持者忽視的，對他們來說，市場邏輯當然可以應用於所有的生活領域，包括政治，因此，政治不外是經濟發展，而知識精英也必須熟知經濟學知識。或許，他在呼籲唯有知識精英才能參與政治時，潛臺詞是：像我這樣的人才行！但，也許民主的問題就出在他這種想法之上——正如托克維爾的擔憂。

無論如何，正如在 19 世紀清朝倡議「君主立憲」，可能意在限制皇帝權力，但在 21 世紀初的中國，或許是一種替當權者擴權的政治修辭。脈絡至關重要，因為那決定了意圖引進的新制度之真正意義。同理，當我們在思索其置於臺灣脈絡的政治意涵時，也不應當忘記：知識精英制對於長久實施民主的國家之政治意義，不同於新興民主國家的脈絡；前者意圖從習慣民主，甚至認為此乃天經地義的制度之人民手上，拿回選票，但對剛從威權體制轉型成民主的國家而言，則是一種回歸，是威權體制的復辟。猶記維根斯坦關於語言的「古城」比喻，同一個字詞，在不同脈絡之下亦有不同意義，民主可在西方是老房子，在我們的社會可是剛蓋的新房，甚至根基不太穩固。

　　值得一提的是，對歷經了英國脫歐公投之無奈的朗西曼，仍然對民主保持樂觀，且認為西方國家人民仍普遍對此制度深具信心，畢竟，他們相信民主本來就如同邱吉爾（Winston Churchill）所說，是一種「其他所有試過的制度之外，最糟糕的制度」──雖不理想，達不到最好但卻可行，且能避免最大的政治災難，長久走來必然跌跌撞撞，但總能找到出路。因此，朗西曼斷定，即使布倫南自認知識精英制提案深具進步意義，他終究說服不了理解民主意義的西方人民。

　　然而，對於新興民主國家而言，這提案卻對某些人具有獨特的說服力。首先是那些成長於黨國教育，本來就習慣威權的人，包括那些從中崛起的知識精英。他們在威權時代就相當價值「中立」，特別是對於人權迫害的政府作為保持中立，也具有識時務的「客觀」。自始至終，他們不曾擁抱過民主價值。

　　這並不一定是個道德問題，而是特定的政治想像使然，相信「政治是管理眾人之事」──正如布倫南也相信如此，他們只是對號入座當自己是那個「管理」眾人的精英罷了。威權體制國家的政府，擅長灌輸此一政治想像，讓人民相信政治是他們沒能力參與的事情，唯有知識精英才有資格。這當然也是托克維爾意義下，制度與文化精神的相應。然而，雖然威權體制需要唯唯諾諾的順民才能運作，正如帝制需要奴才來配合，但民主制度不能仰賴順民與奴才。相反，這種不完美的制度仰賴的是人們對其功能的較低期待。

　　正如布倫南高舉的熊彼得在其 1942 年名著《資本主義，社會主義與民主》（*Capitalism, Socialism, and Democracy*）所說：民主充其量不過是一種讓人民可以決定接受或拒絕統治者是誰的方法，其主要功能是一種政治決定的達成──其他更高的期待，都是多餘。看重政治工具價值且高舉熊彼得的布倫南，似乎事先

把民主的功能抬得太高，然後才指著這種期待與現實之間的落差不可能跨越。降低對民主的期待，讓它回歸作為一種歧見的解決方式，而非確立真理，甚至期待民主投票能選出聖人當明君，一如柏拉圖想像的哲學王，根本不符合其本質。對一個政治理論家而言，可能是意圖接軌柏拉圖傳統的想像。對於新興民主國家的人民而言，則或許是一種對威權時代的懷念，甚至對許多未曾經歷過那時代的人而言，其實是一種沒有真實記憶的懷舊。

　　前文提及，政治哲學始於蘇格拉底之死帶給柏拉圖的創傷，因此，柏拉圖懼怕民眾，並試圖不讓他們參與政治。然而，根據鄂蘭的理解則是，在廣場上逢人便問「正義」為何的蘇格拉底，才是真正的哲學家，因為他以行動實踐了真正的「思考」，藉由問答來一方面拓展對於正義的認識，一方面藉真誠的對話來彼此確認對方的真實想法，從而進行真正的自我反思，而非抽象地假想或不痛不癢的語言遊戲。對她來說，哲學本來即始於人們對自然界的驚奇，但柏拉圖開啟的那種追求單一抽象真理的政治哲學傳統，卻根本是被蘇格拉底之死嚇傻的結果，才誤入歧途，徹底背離了蘇格拉底以生命來展示，體現於真正對話，將自己親眼所見、親身所經歷的那一個生命真相攤開來讓他們也能看見，從而擴展自己的心智，並認識到同一議題的另一個面向的實踐哲學。

　　姑且不論鄂蘭或施特勞斯對這一段古希臘思想史的理解何者正確，政治可以是另一種想像：讓所有人自由且平等地彼此爭辯，各自訴說世界對自己所展現的獨特樣貌，用心傾聽且試圖說服對方，畢竟：

> 　實踐自己的信念時，能夠止於相對正當性但又堅定不移
> 地捍衛，是一個文明人與野蠻人的區別所在（Schumpeter,
> 1943: 243）。

　　這也是熊彼得的話，且同樣來自上述 1942 年的著作，並且是布倫南援引熊彼得說法的那一本書。

　　止於相對正當性的意義在於，當他們尚未同意的時候，我們不能假裝他們已經同意，或假設他們如果跟自己一樣聰明、一樣中立、理性、客觀的話，一定會同意我的想法。或許這一句話比威權主義者也樂意接受並對號入座知識精英制，更適合我們！

〔第十章〕
零時差的正義是一種道德義務？

▌江洋大盜與東廠錦衣衛

　　請先試想以下兩個常見武俠場景：（一）江洋大盜正凌虐手無寸鐵且不會武功的普通百姓，正當刀往人的脖子砍時，突然出現一位蒙面俠，瞬間讓盜匪的人頭落地；（二）東廠錦衣衛正追殺忠良並對其妻女施暴，突然出現了一位蒙面俠，「咻」地一聲讓幾位朝廷爪牙全倒下。您是否對這兩個不同的場景都感到痛快，覺得道德良善、公道真理全都回來了？抑或，您認為盜匪的確該就地正法，但身著官服的人則不該如此？

　　若是後者，那恭喜了，前一章提及的傑森·布倫南的另一本書《暴民法》（*When All Else Fails: The Ethics of Resistance to State Injustice*）幾乎是為您而寫！因為作者認為，當一個正在施虐、霸凌或進行不義勾當的人是普通百姓時，多數人會義憤填膺並願意主動上前阻止，但如果現行犯是總統、國會議員、各級官僚或軍警的時候，「人民卻會出於各種原因，認為政府或政府代理人做這些行為時，我們應該**讓他們得逞**」——特別是在民主國家，制度「雖然允許我們事後抗議，甚至要求我們必須抗議，卻又說我們不能自己出手阻止」。（《暴民法》，頁 37）布倫南這本書的用意是為了指出，這種矛盾其實是一種道德思考上的謬誤。

　　請注意前文的「各種原因」這四個字。是的，布倫南盡他所能在《暴民法》一書中，討論支持上述差別對待的各種可能理

由，雖然焦點是放在「社會契約論」（Social Contract Theory）之上。

作為現代憲政民主思想起源的社會契約論，基本上主張「國家」（state）乃一群生活在缺乏政治權威的「自然狀態」（state of nature）的人們，因為受不了沒有政府、法律的諸多不便或危險，才自願組成的。換言之，人們是為了想過更好的生活，才想到必須集體放下手上用來自保的各種武器或資源，進入一個有政府的社會。這是一種工具理性，或說一種交易，亦即以忠誠守法來換取人身安全和各種自然狀態下不可能擁有的保障。

職是之故，活在國家統治下的人們對政府存有一個必須善盡守法的「政治義務」（political obligation），而政府也必須提供相應的保障，也就是通常會寫入憲法當中的「根本權利」。西方當前的所有民主理論，不管是直接或間接民主、代議或參與式民主，還是作為彌補兩者缺失的審議民主乃至公民投票，基本理據皆源於此。

▎《反民主》之後的思想試驗

以《反民主》一書而聲名大噪的布倫南，選擇批評民主制度的思想基礎固然不讓人意外，不過，在《暴民法》他卻策略性地退了一步，採取另一種攻擊角度。此前，布倫南高喊政治又不是詩歌或藝術，所以別跟人們說民主是為了彰顯「道德平等」、「人性尊嚴」之類的內在價值，重點在於政治能不能有效、迅速地解決現實問題，讓人的生活過得更好——結果才是一切。這次，他則乾脆以退為進，高舉「道德平等」作本書所有論點的邏輯支撐，也就是以對手深信的核心價值反駁對手的所有理由。

寫作風格本來就邏輯犀利且幽默，甚至帶點挖苦的布倫南，

採取這樣的論證策略肯定更能發揮特長，絕不會讓喜愛觀看近身肉搏論戰的讀者失望。布倫南仔細地想過所有支持對普通老百姓與政府代理人的差別待遇的立場，並通稱這些說法為「特殊豁免論」，再一一提出反駁。回到這篇文章第一段的兩個武俠場景，如果您有異議，並不認為它們可以相提並論（畢竟行不義之事的人身分不同），布倫南歡迎大家對號入座，讀一讀他怎麼以邏輯拆掉各位持反論時坐的那張椅子。

布倫南於本書的「反駁」，其實是一連串比那兩個武俠場景更加精心設計的案例，若以哲學術語來說，則是「思想試驗」（thought experiments）。他意圖讓讀者理解，所有涉及了不同官、民身分差異的案例，進一步探究其各自的邏輯或比較基礎之後，會發現那些差異根本不足以讓我們以不同的方式對待。本書充滿了各種思想試驗的提出與比較，但萬變不離其宗，一切的核心就是布倫南所謂的「道德平等論」：

> 正當護衛自我或他人免受政府代理人傷害的條件，與正當護衛自我或他人免受平民傷害的條件相同。（《暴民法》，頁 38）

簡言之，任何對我們的不公不義或傷害，不管施予者的身分是官員或百姓，真正的「道德平等」意味著我們可「以其人之道，還治其人之身」。

值得一提的是，在作者眼裡，遲來的正義不算正義，面對不公不義或傷害，必須當場立即還擊。針對性強一點地說，他認為民主制度幾乎確保了許多不公不義的情境，而以法律方式或任何符合憲政體制的事後追究、平反，根本永遠不會來臨！

即使讀者的立場看起來像和作者相同，他也有悄悄話想單獨

對讀者們說，那就是：落實真正的道德平等，意味著您本人有責任去阻止正在違法使壞的政府代理人，而手段包括取出各位隨身攜帶的手槍，立刻擊斃凌虐無辜百姓的警察。

是的，閱讀這本書的讀者不能袖手旁觀，必須馬上採取實際行動阻止違法警員。因為根據布倫南的說法，那是我們的道德義務，或根本就是每個人的「本分」（duty）。

讓我們再次確認怎樣的人是布倫南期待的讀者吧！首先，如果讀者痛快於上一段描述的，見到壞人當場斃命，那立場基本上與本書一致。只不過，布倫南也想告訴這樣想的人：如果您邏輯連貫的話，亦即真切認為濫殺無辜的壞人必須受制裁，且執行的機會稍縱即逝，那您就必須像蒙面俠那樣挺身而出，否則將有愧於自己的道德立場。而如果您想反駁上述論述，恭喜，您還是布倫南設想的讀者類型。

事實上，倘若認為「大俠才有辦法立即替天行道，我又不是」，這也是一種差別待遇，而且採取了一種雙重標準，若非自身邏輯矛盾而不自知，那麼就是道德上軟弱又想替自己卸責，本質上無異於企圖以區別警、民身分來告訴自己「讓（身穿制服或官服）壞人得逞並不可恥」的說法，不過是種種違反「道德平等」的藉口。

▍高官與警察和我們一樣都是人

到底身分差異該不該當作差別對待的道德根據呢？

或許會有讀者不服氣地突然發現：怎麼布倫南這位作者提出的例子是人人手上都剛好有一把槍，能零時差地維護正義？於是提出抗議：「那是在美國，只有在那種國家才能如此，換作其他國家，持槍根本是犯法！」對此，筆者必須說，作者的確不愧是

美國人，其他國家的人的確沒有這種具體條件作為可行的選項。不過，這不妨礙布倫南的基本論點，因為本書主張的是反抗的道德義務，至於如何去履行這種義務，則是另一回事，也不是本書的重點。

再進一步解釋，作者強調**道德義務**不同於其他義務，例如：「必須守法」的**政治義務**或是個別法條製造出來的特定**法律義務**。這些區分正是他藉以論證惡法是法，但卻應該抵抗的根本理由。只要是符合立法程序的法，即使內容有違道德義務，本身仍具備制度賦予的「正當性」（legitimacy），但唯有內容本身也符合道德義務的法，才具有「權威性」（authority）。如此一來，當政府代理人違背了法律時，就已取消了支撐其與庶民之差異的基礎，政府的代理人便等同其他作惡的庶民，因此也必須以對待庶民的方式對待之才正義。更精確地說，是惡法迫使政府與人民彼此回歸單純的道德義務領域；鑲嵌於政治制度與法律的權利義務，此時失去了規範行為的權威性，剩下的僅是平等的人與人之間該如何對待的考量。

▎拔刀而起面江湖

當朝廷失去權威性，天下就是一個江湖，而人在江湖，必須秉持以牙還牙、以暴制暴的江湖規矩。當然，除了在某些情境下暴力是不得不的唯一選項之外，布倫南在《暴民法》也提出了許多較為溫和的反抗策略，例如占領公部門建物或破壞政府財產，而如果剛好我們也有司法審判、釋憲乃至其他公權力在手時，也能以刻意欺瞞、誤導人民或媒體等方式為選項，用來反抗政府代理人或惡法。

根據布倫南的推論結果，即使來到了江湖，也不一定人人都

必須扮演大俠的角色。路見不平時，「拔刀相助」是一種道德義務，但這義務在實踐上究竟意味著提起大刀向壞人砍去（或開槍），還是一種容許較為溫和的反抗方式之比喻，他則留給讀者自行去做決斷。同理，面對極端不義的政權時，究竟該進行一個人或集體的「公民不服從」（civil disobedience），還是採取更加激烈的手段，也留了下空間給當事人自行判斷。唯一能確定的是，相較於此前多數人對於回應政治壓迫與不義的認知，也就是赫緒曼（Albert Hirschman）在其名著《叛離、抗議與忠誠》（*Exit, Voice, and Loyalty: Responses to Decline in Firms, Organizations, and States*）書名中提出的三種主要方式，布倫南在《暴民法》一書，則指出了第四種選項的存在：反抗！

令人玩味的是，相較於布倫南在《反民主》當中高舉工具價值並貶抑內在價值的做法，《暴民法》對後者友善了許多。正如他一再強調的，道德義務與政治實踐之間仍存在一段距離，而任何縮短距離的人都承擔了某些風險與代價，有時意味著犧牲性命。因此，不管當事人最後選擇用那一種具體方式反抗不公、不義，那既是道德義務的履行，也是值得讚賞的勇氣之彰顯。

最後，還是要提醒大家，相較於上述對現實條件的提醒，布倫南在《暴民法》仰賴的思想試驗總是排除了不確定因素，讓敘述指向單一顯而易見的結果（例如：不立即採取某種行動，某人一定會死），誰是加害者、誰是受害者也總是能清楚二分，但事實並不總是如此黑白分明，微調一下語言或加入一點相關人物的細節與脈絡，甚至就能讓人對論證產生不同的理解或判斷。不過，這一切也許就留待閱讀完《暴民法》、參與過布倫南的思想試驗，再來自行下判斷吧！

〔第十一章〕
民主雖容易著火，
但比任何制度更能滅火

▋ 行走緩慢的民主

　　百年前的今天，位於英國威爾斯某小鎮（Aberystwyth）的學校接獲一筆捐款，希望以設立一個獨立學門的方式來紀念那些在一次世界大戰戰死沙場的大學生，致力於研究戰爭的起因並尋求維持和平的方法。隔年，全世界第一個國際關係系成立於此，數年之後的研究成果是：推行民主制度是避免國際戰事的良方，一來生活於這種制度底下的公民其實並不願意打仗，二來此一制度確保參戰與否的決定，必須經過國會的辯論，亦即需要時間，而這意味著當下的衝突可以獲得緩衝，以及尋求妥協等其他化解方案的可能。

　　換言之，民主的本質是慢，而且，慢本身是個優點。此一制度根本上預設了人性的幽暗面，擔憂絕對的權力會使人腐化，因此才有三權分立，為的是不讓權力過度集中於一個人身上或單一機構，避免決策的制定過於獨斷。但制衡也意味著不同政府單位之間以及政府與國會之間，必須溝通、爭辯、協調、折衝，而這一切都需要時間。

　　相較之下，單憑一人的意志就可決定把國民送入戰場的威權或獨裁政權，反倒是國際和平的一種隱憂。此一發現印證了 18

世紀德國大哲康德的世界永久和平構想，也是所謂的「民主和平論」源頭。

當然，這樣的制度若運作於一個願意等待的社會，將相得益彰，而這正是 19 世紀法國政治學者托克維爾的洞見。根據他的觀察，民主之所以在美國能成功，部分得力於資本主義的投資精神。那是一種願意事先付出，然後靜候未來獲利的精神。成為文化的一部分之後，人民凡事得以不急躁，願意信任和等待，政府也因此能進行長遠的施政規劃。

事實上，本文標題「民主雖容易著火，但比任何制度更能滅火」就是托克維爾的話。對他來說，雖然內建了拖延機制的民主無法快速回應突發的問題，但長久而言卻比其他制度更能防止小火把國家燒成一片焦土。另一方面，他也發現，願意等待的投資精神不容易維持，且商業的進一步發展可能導致人人自私自利、不關心公共事務，最後將妨礙了民主的運作。

速度與政治

不意外，自從上世紀 80 年代開始，西方逐步進入了經濟掛帥、凡事講求效率的「新自由主義」（Neo-liberalism）時代，短期投機取代了長遠投資，民主制度幾乎注定會在這種一切求快的商業文化當中招致批評。原本作為一種體現政治妥協的民主制度，終將因為其要求充分討論與爭辯、容許以拖待變的特性，招致批評。慢，不僅是多數人眼中的缺點，在政治上更是被當作一種制度失靈，甚至是一種惡。

置於此一脈絡，近年來掀起的全球性批評民主政治聲浪，並不難以理解。速度與政治其實存在微妙的關聯性，而這是三十多年前高喊「歷史終結」的美國政治學者福山的失算。雖然自由民

主制度獲得了冷戰意識形態鬥爭的最後勝利，但反民主的伊斯蘭原教旨主義也同時崛起，而「憲政民主」與「自由市場」兩者的緊張關係才剛開始要浮現。

第九章談論布倫南與在《反民主》的主張時提到的《民主會怎麼結束》一書，並未直接處理時間與民主的問題，但提出的許多觀察與此相關。作者朗西曼是一位英倫才子，任教於劍橋大學政治系，擔任系主任且主持該系「談政治」（Talking Politics）播客節目，文章散見於英美報章雜誌。2015 年，他出版了一本談論民主的《信心陷阱》（*The Confidence Trap*），躍升為具全球知名度的公共知識分子。

《民主會怎麼結束》基本上算是《信心陷阱》的續集。根據朗西曼的觀察，放眼整個 20 世紀，除非在制憲時刻或外敵侵略必須進入國家緊急狀態，政治人物在民主制度底下難以成就偉大事業，且再偉大也比不上革命先烈或國父。是故，民主政治大部分的時候就是頗為幼稚地小打小罵，政客與選民不斷犯錯，且永遠學不到真正的教訓；但是，定期選舉與權力分散也總確保了國家不至於犯下威權體制或獨裁政權所能鑄成的大錯或政治悲劇。

這是托克維爾的洞見之延伸。民主制度雖不能讓人滿意，倒也不至於讓人徹底失望，且每一次危機的解除將加深人們對這制度的信心，根本如同一個走進去就不想出來的圈套。《民主會怎麼結束》一書雖然標題吸睛，但其實延續了此一論點，不過把焦點從 20 世紀歷史轉向了當時的政治，且特別針對川普的崛起與中國模式對民主的挑戰，進行了精彩的分析。不過，本書內容以診斷為主，朗西曼沒有提出明確的處方，甚至在許多時候對民主的未來頗為悲觀。

他的診斷如下：民主政治正面臨嚴重的中年危機——死不了，

但會出現各種鋌而走險或企圖抓住青春尾巴的中二行為！如同中年大叔突然想買一部適合十七歲小伙子的摩托車，深陷信心圈套當中的選民，厭倦了希望與失望之間永無止境的循環，會突然想把希望寄託於一個無黨籍候選人或政治素人，然後再次陷入另一種永劫回歸。是的，你沒猜錯，朗西曼真的認為川普就是最後可能會燒成一團火球的摩托車，那些吵著要英國脫歐、公投之後旋即請辭或假裝沒事的英國政客也是。

的確，政黨過去的勝選法門是向中間靠攏，但進入中年危機的民主政治，選舉結果卻可能一再戳破「理性選民」神話。若說「換人做做看」是民主常態，此一階段的症狀是不少選民開始認為「所有政黨都一樣（爛）」，所以不按牌理出牌或走偏鋒。選民愈來愈兩極化，那些極端甚至荒謬的主張反而贏得選票。

這說法看似印證了此時隔海與作者互別苗頭的美國政治學者布倫南在《反民主》一書所說：讓那些沒知識且平常不關心政治的人參與政治，只會變成一群以為自己所關心的議題是全世界最重要，自己的主張是宇宙無敵的政治流氓，然後把手上的選票當作迎接「救世主」降臨的階梯，期待他一上任就馬上清除多年沉痾乃至解決所有的社會問題 —— 所以，讓無知的人民投票是自掘墳墓的做法，唯一的出路在於讓真正懂的人來掌權，以「知識精英制」替換人人一票、票票等值的民主。

實則不然，因為朗西曼的真正論點是：罹患中年危機的人並非真正的年輕人，他們之所以會有如此年輕人般的行為，是因為依然相信民主制度，甚至可說是太過於深信才會行為如此幼稚脫序。這是一種民主制度完好無缺的情況之下的政治失靈，其根源是一種錯誤的安全感。

當然這也是《信心陷阱》論點的延續。據此，包括布倫南在內的那種反民主言論，其實也是一種民主中年危機的症狀，是因

為活在民主制度底下太久，對得來不易的個人自由、人權保障、憲政法治等許多社會夢寐以求的價值，失去了敏感度，才能如此輕易脫口說出──換個制度試試看！

不過，朗西曼在《民主會怎麼結束》再更進一步針對類似想法出現的歷史條件做出了相關的現實分析，也就是中國的崛起。此一史上最大的威權體制國家在過去數十年來經濟快速成長，對許多人來說證實了非民主體制的優勢。相較於正處於經濟成長緩慢、貧富差距擴大、選民對政治人物失去信心，甚至對自己投票選出的代議政府也不再信任的民主社會，中國共產黨近來採取的實用主義加上訴諸國家光榮的策略，讓經濟成長飛速，雖然也造成了貧富差距擴大，但窮人的生活亦獲得了實質的改善，且社會穩定，政策的落實快速有效，的確讓不少西方人羨慕。

當然，這足以讓不少人貶抑民主思想、宣揚「賢人政治」（meritocracy）的好處，甚至直接呼籲其他形式的精英統治（例如布倫南）。也足以讓陷入中年危機的美國民主想要擁抱採取類習近平策略的川普，其「讓美國再次偉大」（Make America Great Again）的口號，是「中國夢」的翻版；沒有黨派包袱且反一切現有體制的語言，也給人一種務實改革的強人印象。但是，朗西曼強調，西方民主國家的公民尚未願意拿個人自由、尊嚴、人權、法治等價值，來換取威權主義的經濟成長與政策效率。

據此理解，川普會不會是另一個希特勒的崛起？這是朗西曼亟欲強調的事。鑽研政治思想的學生，想必認得出，上述這是「劍橋學派」的獨有印記。相較於牛津大學傾向針對永恆哲學問題提出系統性抽象理論，以及倫敦政經學院致力於提出時代提的具體改革方案兩種學術傳統，劍橋大學研究政治學的特色在於強調，政治沒有所謂真正的永恆問題，每個時代的偉大思想家都必須認清自己所處時代的問題，提出診斷甚至是處方──忽略此一

事實，容易讓我們把自己必須面對的新問題理解為另一個時代的重演，從而誤解其本質，甚至將另一個時代的解方生搬硬套到這個時代。

▌ 民主的中年危機

朗西曼的《民主會怎麼結束》，充分展現了劍橋人的特色。它提醒我們，近年來批評民主的聲浪其實是 2007 至 2008 年金融危機的後遺症，性質不同於 20 世紀 30 年代初的經濟大恐慌，且此時的美國也和當年的德國不可同日而語。是故，是時的川普充其量只不過是一個民主政治進入中年危機時的炫酷摩托車，雖然恨快會被放入車庫冷落，但就算騎個幾次也可能發生危險。

或許，中年危機這種事情本來也就沒有解藥，回春的希望本來也是症狀之一。甚至，朗西曼悲觀地問：20 世紀初期的女性尚未有投票權，許多少數族群也處於絕對弱勢當中，民主社會還有追求普選與福利國家的理想作為動能，但我們時代的新動能在哪裡？除了繼續堅持民主價值之外，似乎沒有別的處方，而這不就是《民主會怎麼結束》一書的目的？相較於有學者趁勢高舉一些極端的主張來成就自己，朗西曼提供敏銳的觀察與診斷，並且明白這是一個民主時代底下身為政治學學者能做且該做的事。

相信閱讀《民主會怎麼結束》的讀者，也會明白朗西曼的提醒以及他試圖藉這本書來達成的時代意義。更重要的是，也會理解臺灣面對的民主退潮或某些反民主聲浪，並不是中年危機的症狀。

的確，相較於兩三百年的中年危機西方民主政治，民主化才三十年的臺灣社會可能還處在年輕人的狀態，甚至於在碰到任何問題時，都會直接懷念過去那種相對穩定且只要不批評政府、過

著政治歸政治其他歸其他的日子即可安逸的年代。朗西曼正好提醒我們，不該輕易套用另一個歷史脈絡的問題和處方來看待自己的時代。或許更應該這麼說：我們此時該擔憂的不是民主會怎麼結束，而是民主該怎麼真正開始站穩腳步？

第三部

臺灣能走出
時差政治格局嗎？

〔第十二章〕
民主政治的理想與現實：
臺灣黨國體制及其遺緒的反思

　　美國政治學者福山曾昭告天下，人類追求美好政治體制的漫長歷史終將結束，西方國家的「自由民主」（liberal democracy）取得了最後勝利，憲政主義與資本主義共構的政經模式將是人類未來的唯一選項。沒想到，「歷史終結論」言猶在耳，拒收訃聞的歷史卻回頭反咬一口。長久以來，西方民主國家都是國際強權，多數非西方國家只能馬首是瞻，並相信其體制本身也是富強之道。然而，隨著中國崛起，其國家資本主義模式（所謂的「中國模式」）對許多尚未民主化的國家似乎也是一種選項。特別是在自詡為「人類的燈塔」並喜於替其他國家指路的美國，川普上臺後的表現令民主發展蒙上了比霧霾還厚的灰塵，而作為現代民主濫觴的英國在「脫歐」公投之後，也出現疲態甚至是嚴重的「中年危機」（Runciman, 2018: 5-7）。

　　臺灣的民主化通常被歸為杭亭頓（Samuel P. Huntington）所謂的「第三波」浪潮當中。在福山的《歷史終結與最後一人》於 1992 年問世後的隔年，杭亭頓在美國的《外交雜誌》期刊上發表了〈文明的衝突？〉（"The Clash of Civilizations?"）一文，主張歷史不會終結，而是即將以文明與宗教作為新一波的國際衝突之動力，而新的國際秩序將由西方、東正教、拉丁美洲、中華、日本、印度、伊斯蘭以及非洲等八大文明之間的衝突所形成（Huntington, 1993: 22-49）。杭亭頓的「文明衝突論」一開始並未獲得學界青睞，但「九一一」恐怖攻擊卻讓他扳回一城。不

過，或許同樣會讓他意想不到的是，被當作中華文化一環，處於美中兩大強權或文明衝突夾縫中的小島臺灣，其實是今日民主與反民主兩大文明——以古典自由主義者彌爾的術語來說，則是文明與野蠻——之間民主陣營的最前緣，甚至是最危險的前線。

　　將 2020 年臺灣大選置於上述「民主 vs. 反民主」的脈絡當中來看，正是多數蔡英文支持者的理解框架。一方面，他們認定這是 1987 年解嚴以來最關鍵的民主保衛戰，亦即捍衛當前民主制度與默許「一國兩制」兩者的對決。另一方面，他們也意識到如果華人世界唯一的民主陣地失守，東亞地區也可能產生骨牌效應，甚至捲入更大範圍的新一波民主退潮當中。

　　無論如何，從 2018 年底臺灣「九合一」選舉（地方公職人員選舉）中民主進步黨（民進黨）大敗之後開始流傳於年輕世代的「芒果乾」（「亡國感」諧音），也必須置於此一脈絡當中才能理解。他們真正擔憂的是民主制度的破壞殆盡，而非「中華民國」的覆亡。因此，「最後一場有意義的選舉」的說法在該次選戰當中甚囂塵上；「有意義」指的是關於未來命運的決定權仍然掌握在臺灣人自己的手上，而非受制於中共政權的選項安排或主導。

　　當然，這不代表該次大選中不存在中共政權的直接與間接影響。事實上，擔憂中華民國將滅亡的言論也並非沒有。自從陳水扁參選總統以來，「民進黨選上，中華民國會滅亡」的言論在每一次大選當中不曾缺席過。國民黨不曾停止過大聲疾呼這種口號，新黨和親民黨也不例外。

　　持平而論，藍綠陣營都有各自的理由來擔心亡國的可能，因為民主臺灣正是一個國家認同感嚴重分裂的社會。這種認同差異也反映了世代差異、不同族群的歷史記憶乃至特定歷史記憶的斷裂。但歸根究柢，人們對民主價值本身的認同與否，才是一切的

關鍵。

　　制度可一夕改變，但人的心態與思維卻很難，而未曾徹底實行轉型正義的民主社會更是如此。本文意圖指出，2020 年臺灣大選中蔡英文的壓倒性勝利，不過是贏得了一場關鍵戰役，但距離民主的鞏固仍有一段路，並且，這當中還涉及如何處理依舊籠罩於島上的黨國教育遺緒——這一遺緒如影隨形地影響著民主運作。

▍新興民主社會的信仰與改宗

　　首先必須指出的是，新興民主社會必然存在尚未認同民主價值的人。畢竟，民主思潮總是始於一小部分人的思想湧動。倘若此前的社會穩定，那麼多數人若非安逸生活於威權制度底下，就是想爭取民主也欠缺勇氣，而對於政權採取直接支持或間接默認，選擇漠視乃至偏安的心態，並不會在政治制度改弦易轍時讓人們立即變成適合新體制的公民。

　　姑且不論剛開始認同民主價值的人受到來自哪些人、事、物的影響，若原本他們接受威權體制的理念，那麼這種價值認同的轉換等同歷經了一種世界觀的翻轉。哲學家維根斯坦曾期許讀懂他的人，能從此以不一樣的眼光看待世界，而根據哈佛哲人卡維爾（Stanley Cavell）的自述，他的確在閱讀其著作之際經歷了如此的世界觀翻轉，且稱此經驗的劇烈程度不下於宗教上的改宗（conversion）（Cavell, 1999: xx）。轉向民主的過程又何嘗不是？

　　以整全心理學（Gestalt psychology）常使用的一張題為《妻子與岳母》（*My Wife and My Mother-in-Law*）的英國漫畫來說明，有人第一眼看到的是少婦，有人則看到老婦，但多數人應該能切換觀看方式，只不過沒辦法在同一時間看成兩者。維根斯坦

本人則用過更簡單的「兔鴨錯覺圖」（Rabbit-duck illusion）來說明這一種觀看經驗，並藉此強調人們在觀看同一事物時的片面性，即使能看到一個完整圖像也不過是從特定的點、面開始，所看到的不過是兩個可能性之一。

當代法哲學巨擘拉茲也曾以上述這種片面經驗來解釋柏林的價值多元論（value pluralism）（Raz, 2003: 54-56）。根據後者的說法，有些人類視為珍寶的價值（如自由、平等、正義、憐憫）可能彼此之間互相衝突，無法同一時間完全實現兩個或以上的價值，因此必須擇取其一，或做出妥協，接受沒有哪一種價值可以獲得百分之百的實現（Berlin, 2003: 17-18）；倫理傳統也是如此（例如，強調集體效益的效益主義可能在某些時候會和主張個人尊嚴與權利至上的康德主義衝突），各自有其價值排序優先考量，想同時完整落實兩者不但在邏輯上不可能，經驗上也不容許。同理，人類的文化也不例外，每一個文化都包含一整套的價值體系，不同體系可能對同一事物有極為不同的見解，彼此衝突，甚至在某些時候差異巨大到彼此不可共量（incommensurable）的地步。

幸而，政治上的意識形態即使整體上彼此不可共量，但只要意願足夠，我們總能找到切入點來理解另一方的世界觀。例如，冷戰期間，柏林曾以兩種「自由」概念來解釋資本主義與社會主義兩方敵對陣營分別追求「不受（他人）干涉」以及「成為自己主人」的理想，因此不該彼此妖魔化對方。他認為民主社會本是允許多種價值觀同時存在，允許不同人追求自己想要的生活方式，所以必然在某程度上犧牲齊一化的生活方式，以及在極權政府底下才能享有的那種一切靜好（Berlin, 2002: 42）。個人自由的捍衛在體制設計上本來即涉及了自由與其他價值的妥協，甚至更嚴格地說，捍衛個人自由在實踐上不可能做到所有人百分之百

不受干涉，因為那是經驗上不可能的事（試想交通燈不存在會怎樣），更何況如同狼的自由意味著羊的不自由，要想讓不同個性與傾向的人共同活在同一個社會，並且尊重個人選擇，唯有設下特定的限度才能讓所有人都享有自由。

不論是柏林或維根斯坦，都強調即使不能同時看到兩個圖像，我們總有辦法從特定的點或面來把握一個圖像，並學會切換視角。政治世界的觀看或同情理解，當然遠比上述漫畫來得複雜。不過，「自由」的概念就是柏林的切入點。在冷戰時期，雙方劍拔弩張且不願意理解對方，甚至將意識形態之爭轉化為「邪惡 vs. 良善」的道德問題（各自皆認定自己是站在良善的一方）時，柏林藉此提供一個讓雙方彼此理解的起點。

一個原本信仰威權主義而轉為接受民主價值的人，不外是經歷了如此的視角轉換。維根斯坦曾經將語言喻為一座古老的城市，裡面有「迷宮般的街道與廣場，老屋與新房都有，加上各種不同時期的加蓋物，外圍還環繞著無數的筆直街道和整齊樓房所組成的許多小區（Wittgenstein, 1958 §18）。事實上，翻開人類政治思想史也可見政治語言就像一座古老的城市，不同的意識形態各自占據了某些街道與房子，支持者則像是居住在該範圍內的居民，若不願意離開自己的「同溫層」，那將永遠看不到另一個同溫層內的人如何看待世界。

藉此比喻，我們可將作為新興民主社會的臺灣理解為至少存在三種人：（一）把威權時期看成一切靜好甚至黃金時代的人，認為社會穩定、有秩序，有賴於政府強而有力、依法治國（rule by law），政策方向明確，人民願意跟隨締造經濟奇蹟的英明領袖；（二）從小生活在民主制度底下並接受其價值觀念的人，相信自己是國家的主人，政府權力必須受限於法治（rule of law），民意代表與總統不過是人民選出的公僕，不是父母官，

重大政策必須符合人民意願，有時還需要以公投方式來確立人民的意願，倘若政府徹底違背民意，人民有直接行使作為國家主人的權利來進行公民抗命；（三）從上述第一種人轉變成第二種人，也就是歷經了價值翻轉或所謂「政治覺醒」的人。

▎民主的三種想像及其主要敵人

稱上述轉換為「政治覺醒」，當然涉及價值判斷，假定了民主在價值取向上的優越性。不諱言，筆者的確如此作想。不同政治體制的運作，預設不同類型的人。威權國家只要「順民」，民主體制則需要「公民」。順民蛻變成公民，也就是從凡事順從上級轉換成一個會獨立思考、表達己見且能主動積極爭取權利，而非仰賴統治者善意或命令的人。充滿這類人的地方自然遠比威權國家嘈雜且衍生出更多紛爭，但這既是自由的代價，也是人人平等才能有的社會。若以上述圖畫來比喻，威權體制只容許人們看到一個少婦或老婦，且唯有政府說了算，看到不一樣的人是異議分子，若據實發言將受到懲罰；民主社會則允許人們看到不同的圖畫，並鼓勵人人說出己見，且願意在交流不同觀點的過程當中，學會如何切換不同的觀看方式。

德裔思想家鄂蘭認為，這正是雅典作為民主城邦的可貴之處。每個人只能占據世界的一個角落，觀看到的必然是世界的某一面而非全貌。但如果可以彼此分享，那人們可以擴展原先狹隘的視野並培養出更寬廣的心胸，這唯有民主社會才能做得到。極權主義國家則剛好相反，人們不只不敢說出自己的意見，甚至為了自身安全而從公領域中退出，躲入內在的安全堡壘，不再過問公共事務（Arendt, 2005）。

鄂蘭認為這種「內在移民」（inner emigration）普遍存在於

納粹德國。一個人若非對外界屠殺猶太人的事漠不關心，或自欺欺人地假裝沒看見，就是在內心百般糾結，與內在自我無法和解，甚至無法待在一個安靜的房間內獨處，因為永遠會有聲音告訴自己錯了，或努力想逃避那聲音而必須躲入嘈雜的人群中。更根本的逃避方法則是乾脆讓獨裁者成為內心的唯一說話對象，揣摩上意，壓抑原本的自己，最後造成了人格的扭曲，從而失去了一個人的「內在完整性」（integrity）。在臺灣，類似的說法是「人人心中有個小警總」。警總是國民黨政府於 1949 年成立的情治單位，是一個取代司法與警察單位的軍事機關，專司言論審查與人民思想的監控。警總底下整齊畫一的思想與行為，相對於民主社會底下的眾聲喧譁，一切靜好。

　　鄂蘭提供的民主想像，不過是一種想像，甚至是一種懷舊。英國政治理論家韋爾（Albert Weale）指出，人們關於雅典城邦的民主想像基本上是一個支撐起現代「直接民主」想像的「神話」。實際上，當時不到三十萬的人口扣除掉近十萬的奴隸、三萬的外來移工、四萬多不能參政的女性或未成年者，大約才三萬多人有資格進入「人民議會」討論國家大事，而會場最多也只能容納六千人左右。稱之為人人平等、自由參與政治的「直接民主」，算是言過其實了。但這種意象卻根植於現代民主理論當中（Weale, 2018: 18-22）。

　　事實上，開啟現代民主濫觴的是英國代議政治，由部分具有投票資格的公民選出代表他們的人，進入國會參與立法與議事，也就是「間接民主」。有兩點值得注意：（一）人民的利益是由他們主動選出的人來代表，但選上的人是否真的（願意）代表他們爭取權益則是另一回事；（二）定期投票以及任期制是一種民主防衛機制，讓人民的代表定期受到民意的檢驗，同時防止政治人物擔當一個職位過久而累積過大的個人權力。換言之，民主制

度的基本預設建立在人性幽暗面上，而非其高貴與完美——於是
才有鑲嵌於其內的「法治」，目的是為了限制權威的行使，不讓
權力過於集中在同一個人或單位上，這才是「權力分立」的真
諦。

　　上述英國代議民主的理論自洛克在 17 世紀提出之後，至今
仍不脫其基本框架。對此，法國的盧梭卻說：「英國人民相信他
們自己是自由的，這真是個天大的錯誤，他們只有在投票選舉國
會議員時，才是自由的；一旦選出國會議員後，他們就變成了奴
隸！」（盧梭，1999：122）於是他提出了另一種民主觀，其要
旨在於讓人民自行立法，政府官員則負責執法；唯有如此，前者
才是真正的主人，後者乃是公僕。更重要的是，盧梭區別了「公
共意志」（general will）與「全體意志」（the will of all），前者
指真正符合所有人及整個社會的利益之措施，後者則不過是每個
人的自私想法之總和，不一定能符合前者。倘若個人意志不服從
公共意志，必要時可以強迫他接受，這等於讓他重獲自由，因為
他的反對必定是受制於某種錯誤想法或個性軟弱等其他非理性因
素所導致。「人民意志」（the will of the people）的說法於焉誕
生，且成為現代「直接民主」的核心思想。

　　在進一步討論上述三種民主觀與當今民主危機之前，我們有
必要在此澄清一下它們各自的敵人。對古希臘民主城邦而言，民
主是集體作主，政治涉及的是關乎所有人共同命運的各種事務之
決定，因此外來的侵略者是主要敵人，雖然也包括內在破壞團結
或共同信仰的人。洛克式代議民主則以法治為根基，藉由限縮統
治權力來確保人民的權益不受政府侵犯，敵人在內部，也就是國
家以及不肯為民喉舌的政客，當然也加上某些為了私利而投票且
不願意信任政府的選民。盧梭式大眾民主則認定，既然人民才是
主人，那就不能屈從於他人制訂的法律，因此真正的民主涉及個

人層次上的參與立法，以及集體層次上能展現共同的人民意志；
如此一來，敵人不僅在內部，而且包括那些不關心公共事務且追
求私利的人民自己。

介於理論與實踐落差之間的民主危機

必須指出的是，洛克與盧梭的理論都預設了國家是一群人憑
自己意願共同建立的組織。在某程度上，這也維持了古希臘民主
的集體層次意義：不讓外人管理。這預設源自霍布斯開啟的「社
會契約論」傳統，其核心是一套關於人類尚未進入社會以前的
「自然狀態」想像，以及為何想脫離那種狀態的理由。

英國版本的社會契約論將國家的存在目的理解成：人為了追
求比自然狀態更好的生活條件，才願意一起放下武器或紛爭，共
同打造一個具備政治權威的社會。換言之，人們離開自然狀態是
出自理性與自利的考量 —— 對霍布斯來說生命安全最重要，對洛
克來說則是個人自由與私有財產的保障。是故，這是在特定條件
底下滿足了所有人的考量才能實現的集體理性。究其邏輯可謂是
一種交易，亦即以個人服從或忠誠來換取國家提供的保障；國家
的存在目的是其工具性價值（instrumental value）。

盧梭版本的國家觀雖不排除工具性思維，但卻強調平等以及
唯有體現於服從自己制訂的法律之自由本身，或說是內在價值
（intrinsic value）。他認為既存的國家並非來自契約關係，而是
權力鬥爭與坑蒙拐騙加上弱者屈服的結果，因此絕大多數的人活
在有錢人的統治底下，金錢就是政治權力的基礎，私有財產則更
是人類不平等的制度性起源；代議民主的政客不會為民謀利，唯
有公民親自參與議會與立法 —— 尤其是立國的根本大法，才不會
被奴役。全體人民重新立憲，既能展現個人自主，也可確保法律

能保障個人自由；此外，個人必須在此之前交出一切所有，至於私有財產存廢問題，則端視人民意志而定，且日後將定期重新確認是否要延續該制度。

脫胎於社會契約論的民主理論，預設了立憲主義與國家認同感，且不論哪個版本都假定人們的利益與政府必定有潛在的衝突。雖然洛克強調必須信任政府，但仍欲以法治來確保國家的手不會過度伸入人民的生活領域。盧梭也主張人民必須培養公民精神與愛國心，才能克服當上政府官員之後的私心。更重要的是，為了確保公共意志總能勝過個人私心的總和，他甚至主張禁止黨派運作，否則公民社會終將分裂，在關鍵時刻不能共同對抗政府濫權；要不就乾脆成立愈多的政黨愈好，一來防止權力過於集中，二來在眾多意志加加減減之後更能貼近公共意志。

然而，上述理論預設在實踐上卻呈現不少落差，甚至在落實之後產生了更為嚴峻的窘境，與全球可見的民主危機無不相關。首先，這些民主理論忽略了新興資產階級的角色。他們積極利用資本介入政治活動，無論是直接參選或透過政治獻金影響政策，讓「平等」理想淪為空談，人們心生相對剝奪感，更厭惡代表性不足的政客；而資本家在追逐獲利與資本累積的過程中，不僅壓榨勞工，也使得廣大的受薪階級無暇關心公共事務，更遑論參與，「自由」對他們來說一樣是空談。

如此一來，民主理論的主要承諾似乎難以實現。一方面，雖然洛克在論述私有財產時，主張人必須藉由勞動取得其成果來累積財產，但出於尊重個人自由的緣故，願意接受因行使個人自由而累積或留給下一代的遺產所造成的嚴重貧富差距（即使對繼承者來說是一種運氣），以及因此產生的參政程度之落差。另一方面，預見這種困境的盧梭則似乎指向了革命一途作為解套。撇開革命可能失敗並帶來巨大的災難（一如受其影響的法國大革

命），即使成功也還是得面對如下現象：平等不該實現於均貧，但均富也不可能。取消私有財產讓人失去工作動力與效能，若重新引入私有財產制度讓部分人先富起來，不久之後，當初正當化革命的理由也將再次浮現。

革命之外，似乎只剩下較為溫和的「公民抗命」（civil disobedience）與「激進民主」（radical democracy）兩個選項。當今各種相關的理論、書籍、檄文以及社會運動，加上 2011 年「占領華爾街」所掀起的全球性「99% vs. 1%」之抗爭，或可理解為洛克式民主的成功與盧梭式民主分別在不同階層當中取得影響力的結果。不過，實踐起來會取消欲達理想的條件，不啻為理論的嚴重缺失；但更重要的是，那意味著包括近年提出取消普選制度的布倫南在內的許多美國學者，將民主危機歸咎於多數選民對公共事務的認知不足（Brennan, 2016），是本末倒置，因為那是資本主義極端化的結果，而非群眾的無知或缺乏意願使然。倘若民主體制如福山及布倫南等人所理解，是憲政主義與資本主義的共構，那麼民主制度可說是內藏了一顆定時炸彈的政治理想。

其次，正視上述民主危機以及理論與實踐的落差，也意味著現代民主理論中另外兩個預設有待商榷：所謂「人民意志」的存在，以及人民與政府的必然對立。一方面，介入政治與經濟的資本家本身是人民的一部分，當足以否定後一種預設，更何況民主社會的黨派和意識形態眾多。另一方面，企業對人民生活的介入恐怕早已超過了國家，甚至應當被當作是政治權力的一種存在。換言之，預設後者而刻意限縮政府權力，並以權力制衡來防止行政單位過於強勢的制度設計，其實也讓政府更難因應危機（如 2020 年的新冠肺炎疫情）或瞬息萬變的國際政治。尤其當局勢發展成外來的威權國家執意破壞國內秩序時，制衡與限權可能阻撓政府的防衛能力甚至民主的運作 —— 例如有網站被收購來傳播

假新聞和挑撥離間的仇恨言論，藉此干擾選舉、分裂社會，又或地方樁腳與特定人士被收買，成為反民主的喉舌。單一「人民意志」的想像此時更像政治神話。

無論如何，在此公民社會尤須和政府合作之際，預設人民與政府的對立恐怕威脅著民主本身。法國政治理論家霍桑維隆（Pierre Rosanvallon）觀察到，近來公民團體拒絕與官方合作的現象格外嚴重，其中為數不少幾乎是全天候監督政府並視其為敵人（Rosanvallon, 2012: 29-75）。或許這也因為政府的行事愈來愈攤在媒體報導底下，相較於權力愈來愈大但難以監督的企業，人們更願意將目光放在那些看得見的人、事、物之上，特別是那些以上述假設為根本信念的公民團體。

弔詭的是，選民也更加期待政府的立即作為，從而導致對制度失去耐性，引發高度的民怨。這危機肇因民主內建的緩慢機制與現代社會求快心態的一種落差。曾經，托克維爾讚嘆資本主義一方面促成了公司行號如雨後春筍般成立，讓人有機會在工作中學會共善的精神，另一方面讚許其投資精神讓人願意為日後的收穫而預先付出，兩種精神的優點外溢到政治領域上能促成長遠公共政策的提出與落實（Welch, 2001: 98）。曾經，創立國際關係學門的英國學者也認為民主政府因為政策得經由國會或人民議會討論才能產生，而非由君主一人決定，所以有助於維持國際和平（Brown, 2002: 62-63）；那等同必須經過冗長爭辯並訴諸人民的意願，一觸即發的戰爭難以出現於這種制度。然而，投機早已取代了投資，人民也變得急切並據此要求政策必須立竿見影。

此外，加上二十四小時不斷的新聞連播推波助瀾，民主制度內建的緩慢不但成了缺點，甚至相較於經濟快速成長的中國，逐漸被認為是一種缺陷。在某程度來說，這也是冷戰的遺緒所致。在兩大陣營對立的格局之中，美國為首的西方自由民主國家強調

以下的相對優勢：（一）民主社會的選民既具備集體理性，選賢與能，政府也因為必須對人民負責而更加有效率並符合民意；（二）自由市場提供了高度競爭的環境，讓人不斷研發、創新，並造就了穩定且快速的經濟成長。基本上，這兩個分別強調政治與經濟優勢的論點，訴諸的是民主的工具性價值，而非內在價值；即使涉及自由，也只是著眼於其所帶來的社會與經濟效益。

　　值得注意的是，這種論點主要來自比較政治和國際關係學門，極具美國特色，幾乎可說是冷戰後期的美國學者、智庫和政客聯手製造出來的民主理論。與討論民主開放性而受外國勢力干擾等結構性因素的論調的不同之處，在於他們主動將民主置於一個跨制度的比較脈絡，故一時之間能滿足相信自己國家是「人類的燈塔」乃至具神聖地位的「山巔之城」（City upon a Hill）的美國人，但也埋下了民主危機的地雷。當中國經濟成長速度飛奔之後，上述第二個優勢立即受到質疑。在川普當選總統以及英國「脫歐」公投之後，第一個優勢不攻而破，而美國政治學者深信不疑的「理性選民」也隨「歷史終結論」的終結頓時成為神話。值得指出的是，這兩個論點也是臺灣學界目前質疑民主制度的主要依據。

▎「異床同夢」的新自由主義與國民黨威權體制

　　上述具美國特色的民主捍衛論調本身是冷戰產物，與興起於1950年代的芝加哥經濟學派關係深厚。凱因斯（John M. Keynes）曾在經濟大蕭條的1930年代主張政府當可擴大支出，以創造內需和就業機會，並藉財政與貨幣政策來進行經濟上宏觀調控，從而奠定了總體經濟學。芝加哥學派則站在古典經濟學立場，高舉市場機制、自由放任，並反對政府干預和社會福利政策，更別說社

會主義計畫經濟。他們接受行為主義關於人性的基本預設（最大
化個人利益的自私理性），輔以計量研究來反駁凱因斯主義；雖
然常以「看不見的手」來比喻市場運作，但不深究斯密的著作。
然而，凱因斯卻是祕密社團「劍橋使徒」（Cambridge Apostles）
的靈魂人物，定期與其他成員如羅素（Bertrand Russell）、維根
斯坦和倫理學家摩爾（G. E. Moore）聚會，討論西方道德與政治
哲學經典，以追求真理為目標且頗具左派的淑世精神（Schultz,
2017: 129-130）。

　　芝加哥學派的策略是，利用理性抉擇論（rational choice theory）
等量化模型來解釋個體層次與集體層次的人類行為，將所有人類
關係（包括親情、友情與愛情）納入市場邏輯的領地。社會契約
論於是成了理性抉擇論的原型，離開自然狀態其實是一種複雜
「囚徒困境」的算計結果。政府權威乃至各種民主理論重視的內
在價值，最後都是工具理性的案例。

　　該學派的影響力於 1960 年代開始擴散至其他科系，政治學
也從此聚焦於可檢測的經驗假設，一反過往從道德和政治哲學
來建構規範性理論的傳統。英國政治理論家拉斯基（Harold J.
Laski）關於國家必須去中心化並在各個涉及權力的層次上促進
多元的理論，於是在達爾的筆下轉化為允許不同利益團體互競的
美式「多元主義民主」（Dahl, 1972）。[1] 這裡「允許」是對事實
的中立、客觀描述，但說穿了也等同接受包括軍火商與石油公司
強勢游說，或以政治獻金影響政治決策的實踐，因此這種實證主
義頗具保守色彩。

　　受拉斯基啟發的英國左派政治學家魯克斯（Steven Lukes）
曾指出，達爾的理論只看見單一層次的角力，猶如擂臺上誰打倒

1　關於拉斯基對達爾的影響，參見 Stears（2010: 64-65, 130)。

了誰，但權力亦可展現於誰能決定攞臺規則或制訂議程，量化研究在此難以施展，因為那涉及了幕後的操作過程，但我們卻不容易確定誰或哪些因素較具分量，也難以進行深入研究（Lukes, 1974）。例如，許多學者想知道蔣經國為何允許民主化，究竟是屈服於哪些競爭對手的壓力，還是美國在背後設定了議程，抑或涉及到民主與威權兩股思想力量的拉扯，甚至是冷戰脈絡下的意識形態鬥爭。畢竟，不同層次的權力運作似乎難以量化。

　　同理，美國學者假定所有國家都是追求利益最大化的個體，於是設計各種量化模型來描述權力平衡或失衡（和平不是一種價值而是恐怖平衡），並據此預測未來戰爭的可能。既然假定了國家都是同質性個體，那就無需理會它們的交往史或各自的價值追求，於是既不用讀歷史，也不用讀哲學。事實上，杭亭頓的「文明衝突論」正是如此理解不同文明。此外，這些現實主義者的假定也包括國家不會遵守國際法，更談不上倫理道德，所以無需討論規範性議題。當然，新現實主義（Neorealism）挪用了霍布斯的「所有人彼此交戰」的自然狀態想像，加上把國家擬人化成具有單一意志的個體，來說明國際格局是一個結構上個別國家必須自力救濟的無政府狀態。換言之，聯合國若非形同虛設，就是為了追求國家利益時使用的工具。

　　或許這符合冷戰時期的國際現實，不過，鑒於美國剛取代了大英帝國成為霸主，大學開始大量接收戰後湧入的留學生，既可「拚經濟」，又能增加軟實力，這種國際關係學術訓練似乎讓人難以相信那些經常充滿道德色彩的美國外交辭令。當然，也可能如此反而更讓人願意屈服於其霸權底下。畢竟，這些學說也等同對外來學生曉以大義，至少說明了美國的國際政治立場。

　　冷戰時期也大抵是臺灣兩蔣統治的戒嚴時代，欲出國留學的臺灣人若不能取得始於 1960 年旨在「為黨國儲才」的「中山獎

學金」，只能在 1972 年後靠自己取得獎學金或以其他方式出國。
馬英九是前者，蔡英文是後者。當然，黨國培養的精英究竟多大
程度上受美國意識形態的影響，是魯克斯所說根本無法量化的第
三層次；不過，目前掌控國家研究經費、方向乃至人事制度的學
界領導之黨國背景已不是機密，或許學術界的轉型正義問題還是
可以進一步探索。

可以確定的是，這些學術界精英歸國後逐漸更替了隨國民黨
渡海來臺的知識分子與文化精英，也讓黨政高等教育開始專業
化。不過，鑒於「中山獎學金」的考試內容，加上僅開放給三十
五歲以下、五年以上黨籍的國民黨員報考，可猜想他們當中不少
人在就學期間就開始為黨服務。此外，開放一般人民出國留學
後，男性若非有黨政背景或其他特權、外國國籍或殘疾等因素，
必須服完三年兵役才能出國，且沒有黨籍者所受的苦絕不比社會
上其他工作者輕。據此，不難想像為何服過兵役與否至今仍是檢
驗立法委員候選人（如黃國昌、林昶佐）的道德標準之一，[2]以及
何以多數人對「黨證」（國民黨黨證）持有負面態度。

毫不意外，新黨國精英主導的學界文化，並非托克維爾曾觀
察到的支撐美國民主的外溢效用。政治學界於是以能進行量化研
究的選舉與民調預測為重心，而標榜理性、客觀、中立的科學研
究方法，也促成了不做價值判斷、不批評現狀事實的學術文化。
這一來壓抑了那種《自由中國》知識分子的批判精神，而據此訓
練出來的畢業生與學者也更加偏安與保守，間接成了黨國體制的
維穩力量；二來「不默而生」的人也不再被視為風骨的展現，反

2　〈時代力量主咖皆閃兵一族　弱視？黃國昌近視 300 度只當 3 月兵〉（2016 年
　　1 月 13 日），《中時新聞網》，www.chinatimes.com/newspapers/20160113000355-
　　260102?chdtv。

而被貼上了擾亂秩序的另一種道德標籤，師生皆是如此。偏安風氣加上輕人文、重理工的觀念，相當不利於培養民主所需的思辨文化。

持平而論，民主社會底下政黨提供獎學金培植人才乃是好事，但「白色恐怖」時期以黨國忠誠換取學術界門票的做法，讓「學而優則仕」染上了一層時代的顏色。更重要的是，即使是取得學術霸權地位的芝加哥學派方法論，也必須歷經一段不短的時間形塑媒體與智庫的主流意見，才能轉化為一種主導內政與外交政策的意識形態，但黨國體制卻能做到幾乎零時差。

這種零時差也在新自由主義主導臺灣經濟政策之後，造就了獨特的「仕而優則商」現象，以及民主轉型過程中獨特的無縫接軌。國民黨接收臺灣之後本來就仰賴侍從體制培養地方派系，當中不少至今仍是鐵杆樁腳。不少倡議轉型正義者提出，這問題如不解決，不但沒有真正的自由競爭，更難有經濟正義可言。經濟結構其實正如黨政軍警乃至司法、媒體、文化與教育單位，都是黨國體制的一環。雖然新自由主義在美國讓市場邏輯進入了生活所有面向，政治人物首要職責必須「拚經濟」，但是這種意識形態正式登陸臺灣時，卻接軌了柴契爾主義（Thatcherism）而非雷根主義（Reaganism）。是故，過去的國營企業開始進行民營化，但政府依舊保有相當百分比的股份，因此許多黨國精英可從公務體系轉入民營企業董事會，族繁不及備載。黨國體制民主化和國營企業民營化的無縫接軌，或許也是臺灣民主轉型之所以能相對順暢的原因之一。黨國精英就算失去了公領域的權力，仍然是社會精英，基本結構不變。

新自由主義在臺灣不僅促成了民營化，最後也影響了兩岸政策；及至冷戰後期，在國際合作日益頻繁以及跨國組織和國際建制（international regimes）愈來愈多的格局底下，成為與新現實

主義分庭抗禮的國際關係學派。[3] 其理論貢獻主要在於「霸權穩定論」、「經貿和平論」、「民主和平論」。這些理論被完整地移植入臺灣政治與國際關係學界，不僅成為難以撼動的學術霸權，也是馬英九兩岸論述的主要思想資源。過去新現實主義版本的「霸權穩定論」指向國際上必須存在霸權才能穩定（區域亦然），因此臺灣必須在美國與中國之間做出選擇。隨著中國崛起，愈來愈多人選擇了中國；國際關係研究幾乎等同於美、中、臺三角關係的研究。新自由主義版本的「經貿和平論」則指向了兩岸必須有更緊密的經貿合作，讓經濟融為一體才能確保和平，而崛起後的中國中產階級也將會為自己的權利爭取保障，形成一股民主改革的內部力量。因此，必須擴大經貿合作並促成兩岸公民社會的交流，共創雙贏。及至馬英九於 2008 年就任總統，正式提出以「擱置爭議，共創雙贏」來促進兩岸和平時，新自由主義讓 1990 年代初至 2000 年代末的「戒急用忍」政策正式進入歷史。

▎黨國時期的精英主義與民粹說法的根源

托克維爾的《民主在美國》提及保守的基督新教、資本主義的投資精神以及伴隨而來的公司、社團，加上活躍的地方政治參與，共同支撐起一個自由與平等的社會。但他也憂心當這些條件不再，人民會在制度底下淪為天天如陀螺般忙碌，眼中只有自己與親友，只會追求「小確幸」（petits et vulgaires plaisirs）的人（Tocqueville, 1994: 318）。這似乎是今日民主的寫照，對於美國川普上臺和英國「脫歐」事件，學者紛紛將矛頭指向那些想發財又不關心公共事務的無知選民。但是，放在更大的脈絡來看，

---

3 關於上述兩個學派的發展史，參見 Brown（2019: 37-56）。

始於冷戰的西方資本主義國家為了對抗共產主義，促成了區域統合和歐美更緊密的合作，新自由主義最後贏得了這場戰爭，當可知曉美國民粹本身肇因該意識形態，導致企業出走和移民湧入的問題，而英國也因加入歐盟而必須接收大量移民、移工，引起人民對政府的不滿。

　　不過，兩國民粹現象各有其脈絡，不能混為一談。奉行新自由主義的美國民主黨高舉全球化，但地球只有對經濟精英來說才是平坦的，對弱勢的勞工來說則更加崎嶇不平。反之，雖然川普的支持者也認同「小政府」理念，但拒斥這種充滿學術精英味的主張，從而傾向了新保守主義（Neoconservativism），而這種政、經皆右傾的理念也與基督教主流福音派若合符節；他們既反對「大政府」，也反對多元主義，恪守耶穌的「愛鄰人」誡命，認為彼此互助比強硬執行社會保險制度更重要，且深信美國乃上帝的選民、「人類的燈塔」，也因此真心期待川普「讓美國再次偉大」。英國雖然同樣面對外來移民產生的各種問題，但包括許多學者在內的選民也認為歐洲議員的低「代表性」和低「問責性」威脅民主最核心的法治價值；加上歐盟制訂的法律涉及了人民生活的各個層面，但英國人既不能有效參與，也難以監督，而這正涉及到民主的最根本預設——主權，包括人民集體自主以及「議會至上」的憲政原則。

　　換言之，美國民主危機凸顯了新自由主義的工具理性缺失，忽略了人與人的連結並非單純是一種利益計算，而是出於更重要的內在價值，包括社群、耶穌的精神以及國家的神聖使命。而英國則再次彰顯了主權與法治乃社會契約論開出的現代民主理論之絕對預設，亦即不容挑戰的內在價值。更何況，英國學術界基本上左傾，新自由主義自柴契爾夫人推動民營化以來，深惡痛絕者頗多，甚至當「鐵娘子」辭世消息傳出之後，不少民眾上街慶

祝。

　　同理，臺灣民粹現象也有自己的歷史根源。但必須指出的是，「民粹主義」（populism）一詞原先不帶貶義，且通常使用的中文翻譯包括「平民民主」、「大眾民主」、「人民主義」，等等，及至上世紀中葉，其核心要旨不離盧梭的「人民意志」。例如，在 1967 年倫敦政治經濟學院舉辦的一場相關論壇上，柏林與他人討論民粹時，指的不外是這種人民主權民主的政治想像，其實際運作始於某人宣稱自己能代表「人民意志」或根本是其化身，而民眾也願意追隨，即為一種民粹主義，尤其體現於 19 世紀的俄國革命。

　　政治哲學家穆勒（Jan-Werner Müller）近來的說法其實與此相去不遠。他說「民粹」一詞原是關於政治現象的描述，但隨著人們開始區別「精英」與「平民」，這種單純描述即變了調，不但讓不信者指責，自詡為精英者也認定其追隨者是盲目的烏合之眾。身為德國人的穆勒，不意外在民主危機當中望見另一個希特勒（Adolf Hitler）崛起的身影，其將以人民整體的名義來摧毀憲政民主。根據他的判斷，民粹現象只在實行代議制度而政權不在操控民粹者自己手上時，才會以此方式操作。其手段不外乎以尖銳語言挑起民怨，並取得人民的信任與認同，從而收割民怨帶來的個人政治效益。但穆勒也提醒，應對民粹主義最好的方式是限制過於富有的精英，關注那些受到主流社會所忽視或排擠的平民（窮人），藉此來讓他們加入一個更加公平的「新社會契約」（new social contract）當中（Müller, 2017: 99）。

　　筆者以下基於穆勒指出的「精英」與「平民」二分邏輯，來分析臺灣黨國體制理下了什麼信念，成就了今日的民粹主義根源。首先，據學者洪聖斐的研究，國民黨曾奉為圭臬的「三民主義」本身受到了美國早期的「平民民主」觀念影響，但孫中山的

挪用卻預設了精英與平民的差異，從而強調「人民有權、政府有能」（洪聖斐，2006：123-136）。或許，這是他為何將「政治」界定為「管理眾人之事」的原因——這個寫於高一必修課《三民主義》課本中民權主義第一講第一段的政治概念，在整個黨國時期的中學教育當中深植人心。不過，「為黨國儲才」的「中山獎學金」在實施了四十年後，也讓人們對「精英」產生一種刻板印象。這個政治概念與精英印象的結合，在當時其實意味著：政治乃關乎黨國精英管理平民百姓之事，而人口占四分之三的本省人當中僅有極少數不包括在內。

進一步解釋，國民黨政府在 1956 年開始在各級學校實施國語政策，或許是為了方便溝通，但對當時六百萬講臺語或日語的本省人來說，猶如禁止母語且必須重新學習外語；而對那些渡海來臺的兩百萬人當中的多數來說卻意味著只需講母語，且不少人得以進入中小學教書，不管南腔北調都能教本省人國語和史地，師生之間的關係添上了一層省籍差異。此外，當時公務人員的考選制度，在名額分配上是按照大中國的省分來制訂比例，因此本省人能進入公職者是鳳毛麟角。及至 1992 年，人口占 87% 的本省人僅有 2 至 4% 能當公務人員。

精英的黨籍與省籍於是再度重疊，也讓南北經濟分工進一步深化。1965 年美援結束之後，臺灣被逐步納入了美國擘劃的冷戰時期的經濟勢力範圍，全球第一個加工出口區也於隔年開始在高雄運作。這開啟了全球生產鏈上的分工體制，也成為日後經濟奇蹟之基礎。1979 年，「十大建設」竣工，臺北作為政治、文教中心，高雄則是工業區，南北分工也從此確立。這樣的分工意外地造成了士、商階級集中於臺北，且以講國語的外省人居多；農、工則在其他縣市，且以講臺語的本省人為主。這種職業分布，同時也讓地緣差異造成了精英在北、平民在南的印象。根據

目前的流行用語，臺灣只有「天龍國人」（臺北人）以及其他鄉下人。幽默背後隱藏了一種隱晦的階級劃分，畢竟這種分工也讓南北居民的收入存在一種地緣差異。黨籍、省籍、職業與經濟收入的多重差異與族群重疊，不僅構成了族群刻板印象，也讓選民結構大致底定。

更重要的是，人們對「精英」的刻板印象深受黨國體制影響至今：外省國民黨籍精英是留美歸國學者專家；臺籍精英則是醫生或臺灣大學畢業生，特別是臺大醫院的臺大醫生，例如柯文哲——這在某程度解釋了他如何以「政治素人」之姿崛起。當然，那也受益於民主化逐漸打破這種刻板印象，加上陳水扁執政時於2004年更新中學課綱之後，逐步翻轉了人們對政治的理解。

不過，陳水扁在位的一連串所謂「國家正常化」政策，在黨國體制並未經歷轉型正義解構之前，卻遭逢了來自這個體制前所未有的反撲。「操控民粹」一詞的貶義用法始於陳水扁的崛起，且在他首次擔任總統的任內成為主要標籤。他以臺語進行的煽動性演說（政治學術語是「具領袖魅力」風格），總讓支持者慷慨激昂甚至落淚，對於國民黨支持者似乎格外感到刺耳，也讓習慣專業術語且英語比臺語好的黨國精英對手頗為相形見絀。陳水扁在未滿五十歲取得政權，整個團隊經常被黨國精英與媒體批評為「童子軍治國」，無論是2003年的《公民投票法》，隔年的課綱改革，乃至一度力推的轉型正義，每一次關於臺灣主體性的說法，以及政策受挫後直接找支持者取暖的做法，無不被批評為操弄民粹，支持者也從此被冠名為「無知暴民」。

那是「民粹主義」一詞首次大量出現於臺灣媒體的一段時間。當黨國精英碰上臺籍精英，後者從支持公投和臺灣人民自決的政治立場，到出身、學歷、國語口音、不諳英語等各種因素，一時間全都成了「民粹」符號。反之，當馬英九執政時多次自傲

地表示，他的政府擁有全球最高學歷的內閣，接待外賓時能使用英語和主動糾正口譯員的錯誤，則被媒體讚賞為國家的驕傲。

盤旋於島嶼上空的威權教育遺緒

「民粹」在臺灣的用法與內涵，與黨國精英在學界與政界的運作關係密切。讓我們先釐清黨國體制的遺緒對當今民主的影響。2020 年臺灣選舉是國民黨與民進黨候選人首次在精英與平民角色上互換的一次，雖然政治意義重大，但也不乏隱憂。

擁有英美頂尖名校學歷的蔡英文，從政之路乃直接受前總統李登輝提拔，與馬英九雷同，形象也完全符合黨國精英的刻板印象，家世背景比起黨國二代也不遑多讓。然而，這背景也讓傳統獨派與某些臺籍精英感到不安甚至不信任，認定她的「中華民國臺灣」立場其實是反臺獨，因此從黨內初選到之後的競選對她攻擊不斷，特別是關於她的倫敦政經學院博士學位各種荒腔走板的言論，程度不下於當年國民黨對陳水扁的批評；當選後未特赦陳水扁更是引起包括部分民進黨人在內的傳統獨派強烈不滿，甚至抨擊她忘恩負義。此外，蔡英文多次推崇柴契爾夫人，也讓她和許多曾經支持她倡議進步價值的左派社運團體產生嫌隙，認定她的立場過於善待資方與財團，根本是奉行新自由主義和發展主義的黨國精英。

反之，以「庶民」自居的韓國瑜使用的煽動性言詞與手法並不輸陳水扁，嫻熟的眷村語（加上軍歌）能喚醒「深藍」民眾的光輝記憶，令很多懷念過去黨國時期一切靜好的人喜極而泣或感動落淚。更重要的是，他的民粹操作不但直接訴諸歧視性或仇恨言論，更刻意製造族群對立，雖然不像競選高雄市長時（2018年）那般奏效，無法取得「知識藍」或「都會藍」的認同，但仍

舊在是次大選中獲得五百五十二萬人的支持。

誠然，從價值的擇取上來看：蔡英文以溫和但堅毅的口吻談論政策、改革方案、臺灣主體性以及民主防衛機制，選前之夜更要求支持者無論結果如何都該向另一方伸出橄欖枝；相對而言，韓國瑜刻意避談香港「反送中」（反對《逃犯條例》修訂）與中國人權議題，反而跳針式重複工具性經濟思維，根本無心捍衛自由、自主、平權、人權等民主內在價值，更遑論作為民主制度必要條件的主權。

不過，一場選戰的勝利並不代表民主保衛戰的結束。首先，人們依舊對精英與專家治國深信不疑，「韓粉」更是展現了猶如當年「扁粉」眼中那種盼望救世主降臨的急切。對民選總統有如此過高的期盼，是接下來讓他重挫的主因。正如邱吉爾在帶領英國對抗納粹德國期間支持度一直維持在八成，但戰後參選國會議員卻失利，論者普遍認為回歸和平的民主社會不需要「英雄」。[4]民主制度唯有在戰爭期間才能成就偉大英雄，其他時候總統的角色既不能事必躬親，但卻又必須指出明確執政方向，扮演協調不同部門來維持國家運作的角色。今日的「韓粉」和當年期待陳水扁一上任必須立即解決多年沉痾（包括徹底瓦解黨國體制）的「扁粉」，本身就尚未脫離黨國時期偉人崇拜的心態。

其次，蔡、韓雙方基本上都延續了黨國時期新自由主義關於政治乃「拚經濟」的迷思，政見也不脫發展主義，對於更公平正義的經濟模式則缺乏想像。事實上，追逐國內生產總值（GDP）成長的經濟發展模式早已過時，提倡能體現民主的內在價值包括社群、包容、永續，且實現不追逐資本累積、不靠榨取人民的民

4　參見 Paul Addison, "Why Churchill Lost in 1945" (17 February 2011), www.bbc.co.uk/history/worldwars/wwtwo/election_01.shtml。

主經濟既有可能，且離北歐模式不遠。經濟學理論也不是只有新自由主義，更何況該理論主張通往社會保險制度，並不符合臺灣傾向社會福利性質的全民健保制度。拿美國主流經濟學理論來運作一個類似歐洲的福利制度，將會分不清楚根本目的為何。這也是源自黨國時期半民營化的遺緒。

再者，已有論者指出，臺灣的民主追求向來有洛克式或盧梭式的兩條路線，分別由渡海來臺的自由主義者和追求獨立的臺派人士所主張，前者旨在落實既有憲法，基本上與 2008 年〈馬英九、蕭萬長憲政改革政策〉的立場一致：確立憲政主義的基本精神，以及實現權責相符的中央政府體制。該文在承認社會對憲法存疑的情況底下，仍堅持守護憲法，拒絕制憲可能。後者則可見於民進黨 1991 年所制訂的〈臺獨黨綱〉，其目的在於落實國民主權並制訂符合臺灣主權範圍的新憲法，但該黨綱已於 2015 年遭到凍結。介於上述兩者之間，蔡英文採取的是民進黨 1999 年通過、宣稱臺灣已是「獨立」國家且名為「中華民國」，與「中華人民共和國」互不隸屬的〈臺灣前途決議文〉。這和國民黨的主要差異在於保留如下可能：任何有關獨立現狀的更動，都必須經由臺灣全體住民公投決定。這個論述還是帶有一點盧梭式民主的色彩（蔡英文，2009）。

按照社會契約論的邏輯，國家本來就是人民自願才成立，且唯有自願成立的國家才具有統治正當性。這是現代民主理論的絕對預設，無論從這個邏輯衍生出來的版本是否有針對憲法的制訂與運作的特別論述。不可否認，制憲必然某程度會限制了後代的集體政治自由，畢竟那是立國根本大法，所以不管理論或實踐上，「憲法」與「民主」兩者必定存在某種緊張關係，也因此才有修憲這種機制來調和當中的衝突。正如英國政治學家伯克所說，真實的社會其實是死人、活人和尚未出生的人之間的契

約（Burke, 1899: 359）──稱之為契約，但實際上誰都沒有真正簽署過，而是仰賴每一世代的人自行決定是否繼續接受某一代的前人當初的共同決議，以及是否還認同自己與他們同屬一個「政治」（不是原生文化，這不屬任何人的選擇）社群。

然而，臺灣的困境並非僅在於不同世代之間的「同一」社群，真正問題在於以下四方面：（一）活在這塊土地上的人從來沒有過一次機會，來共同決定集體的命運，當自己的主人；（二）目前逼迫臺灣承認跟中華人民共和國當屬同一國的人不是祖先，而是同一時代的其他活人，且以「不惜武力統一」作為威脅；（三）不准這一代活著的臺灣人來集體決定共同命運的，是一部飄洋到臺的憲法，硬生生地剝奪了活在這塊土地上所有人的集體權利；（四）不允許這裡活著的多數人制定一部屬於他們自己的憲法的人，是一群來自威權時代的黨國精英。因此，這並非不同世代間的意志衝突，而根本是同一世代的某些人（假借祖先之名）對其他人的壓迫──以鄂蘭的話來說，即是暴力。關於傳統，她曾經如此解釋：唯有真正具有權威的才應該被人接受，那是前人賦予後代，讓他們更能面對自己時代的力量，而非限制他們走自己的路（Arendt, 1968: 91-141）。

無論如何，從政治制度而言，意義上最接近社會契約論概念的是公投。此一保留著古希臘民主想像的現代民主機制，在臺灣民主化之後仍被黨國精英視為民粹。這種思維即使不是精英對平民的傲慢，至少也是一種家長式心態。值得注意的是，這一種「民粹」說法近年來增添了一種「知中派」的色彩。黨國精英以各種數據顯示臺灣民主化之後經濟增長遲緩，但採取威權體制的中國卻急速發展，且國力正在趕上西方發達國家，即將成為新的霸權；「民主誤國論」甚囂塵上。更重要的是，這不只是實證研究的經驗證據，更是多數人體驗過威權與民主兩種政治體制之後

所下的客觀判斷。這種看法認為繼續捍衛民主的人，除了不懂政治科學之外，也不懂中國體制的各種優勢。

類似的「知中派」論調也出現在蔡英文勝選後其他藍營政客及其支持者的文章中。他們告誡年輕世代：中國崛起速度多快，北京、上海的頂尖大學如何把臺灣所有學校甩在後頭，臺灣的軟、硬體多麼落後；更重要的是，他們聲稱自己為避免兩岸衝突的關鍵緩衝。對他們來說，這些不知死活還高舉民主價值、倡議民主防衛機制，乃至支持《反滲透法》的蔡英文支持者，才是民粹支持者，是被民進黨課綱洗腦的愚民。這裡反映的依然是一種精英主義，但「精英」是指，唯有他們真正理解中國，也唯有他們能直接和中國官方接觸並發揮兩岸和平的關鍵力量——以政治學的術語來說，他們自詡為舉足輕重的兩岸「掮客」。新精英主義者仍然保有家長式心態，只不過悄悄地切換了原來的家長。

走出黨國教育遺緒的第一步

在過去黨國體制時期，國民黨政府高舉「漢賊不兩立」大旗底下，「殺朱拔毛」、「共匪」、「竊據中國」等充滿仇恨情緒的口號是官方媒體的日常語言，加上抽取儒家思想中相對保守，強調順從、忠誠的部分，進入了小學公民與道德的教育內容，與高中「三民主義」課程共同構成四十年黨國教育的骨幹。西方中學教育當中強調獨立思考與批判能力的培養，則付之闕如。將祖國視為母親或政府視為父親，正是這種教育的結果。直到陳水扁於2004年起實施新課綱才有所轉變，將臺灣史以及基本的法治概念，包括公民抗命以及民主化過程，納入了中學課本。意識到如此，才能理解黨國教育遺緒的狡猾。但黨國教育退去之後留下的精神空缺以什麼來填補呢？換言之，數代接受了大中國主義與

黨國思想的順民，如何轉化成「公民」且適應民主制度？放棄「反共復國」神聖使命的國民黨又如何自圓其說？

完整的答案似乎體現於曾經讓民主化與國營企業民營化無縫接軌，且奠定馬英九兩岸政策的新自由主義，以及盛行於陳水扁時期的「商人無祖國」說法。當產業亟需提升研發來升級時，成長於黨國體制底下的眾多廠商與企業選擇了降低成本、就近市場的決定，大舉西進。這與當初設置加工出口區的策略如出一轍，也是新自由主義的全球化邏輯之一環。姑且不論產生了多少失業人口和社會問題，「商人無祖國」論與民主化初期的政府政策環環相扣。不難想像，民主化初期的臺灣尚欠缺符合新制度的公民文化。

盤旋於島嶼上空的黨國教育遺緒包括：對大有為政府的期待，相信學者專家治國，特別是那些曾經「締造經濟奇蹟」的黨國精英。另一方面，黨外進步力量有些被納入民進黨成為體制的一部分，有些則促成了倡議各種進步議題的社運團體。尤須注意的是，今日看似活躍的臺灣公民社會存有兩個特點：（一）強調「政治中立」的保守宗教團體（如擁有六百萬會員、每年吸收全臺灣公益捐款四分之一的慈濟基金會）才是中流砥柱，且當中不少人強烈反對「拚政治」的同時，也強力反對同性婚姻、廢除死刑等議題，並活躍於兩岸政商之間；（二）其他多數非宗教社團則是倡議單一議題的社運團體或公民團體，它們財源有限、傾向單打獨鬥，2014 年「太陽花學運」似乎是唯一一次的集體合作。

相較於長期配合政府的宗教組織，不少社運團體保留了過去的黨外精神，成員進入政黨或政府之後總是會自動辭職。過去強烈道德化的「漢賊不兩立」文化於是在臺灣步入民主化過程中產生了一種獨特現象：大愛的宗教團體眼中不分漢賊；仍具黨外精神的單一議題社運團體則繼續展現對抗威權政府的風骨，即使進

入政府體制之後也能堅持理念、拒絕妥協，因此，公民社會不但相當分裂，也難以彼此或和政府合作，一如盧梭所擔憂。換言之，他們的政治運作主要體現於縱向的監督、批評乃至對抗政府，但在關乎所有共同命運的事務上參與度相當低。鄂蘭曾經擔憂現代化將造成關於私領域和經濟生活的「社會性事務」（the social）崛起，關乎「集體命運／共同事務」的政治事務卻被擠壓出公共領域之外，最後政治的日常只剩下與家政（oikos）相關的議題和資源分配（Arendt, 1958: 38-46），頗為切合臺灣的現況。

　　筆者以為，臺灣的政治現象除了現代化使然之外，亦有黨國體制遺緒的面向思維，延續自人民不敢碰觸政治的「白色恐怖」時代，因此產生了一種獨特的「時差政治」：不同族群擁有關於過去和未來的各自想像（如兩岸統一或臺灣獨立），涉及了多種中國史觀、臺灣史觀乃至世界史觀，從而對日治時代和殖民遺緒也有南轅北轍之理解，並據此來看待臺灣的政治現狀 —— 包括是否仍處於外來國民黨政權的殖民管治，抑或已經完成民主轉型而不需要轉型正義。

　　關於大脈絡的「時差政治」以及如何走出的可能，筆者曾於他處論述，不再贅述（葉浩，2020）。以下將聚焦於黨國遺緒仍在臺灣民主政治當中作祟這一種時差，它既是轉型正義未竟的結果，也是前述民主三種主要敵人同時出現的原因：（一）存在古希臘時代覬覦民主城邦領土的外敵；（二）欠缺洛克所在意的政治信任，特別是公民社會對政府的預設性不信任；（三）出現了盧梭最擔憂的分裂社會與徇私黨派。

　　這並非援引哪一個西方民主理論即可解決的問題。主張轉型正義乃民主化未竟事業的吳乃德近來指出，黨國精英學者過去慣用「半生不熟」的理論來反對實施民主，例如援引哈佛教授摩

爾（Barrington Moore, Jr.）認為民主必須以經濟發展為前提的主張，或者杭亭頓宣稱的發展中國家在政治制度轉型上相對緩慢，且欠缺足以回應民主化之後勞工與其他族群強烈要求權利與財富重新分配的能力，因此走向混亂與衰敗——換言之，臺灣當時欠缺足夠的經濟、社會與文化條件，過早與過快推行民主將帶來災難（吳乃德，2020：19-28、209-210）。

事實上，這仍舊是黨國精英學者當前的主要政治科學論述。他們高舉杭亭頓所謂「兩次政黨輪替意味著民主鞏固」，藉以反對轉型正義的主張。相信此說者，當然不認為政黨輪替兩次以上的臺灣需要再走「民主化的最後一哩路」，繼續談論轉型正義不過是一個以正義為名、行政黨鬥爭之實的假議題——這是寫入高中課本的政治真理。但其實「鞏固」與否本身涉及了價值判斷，鑲嵌於一種特定的「良好民主」想像當中，純粹的客觀、中立之量化經驗性研究根本不能推出這種理論。常讓人與芝加哥學派連結一起的海耶克，雖然也採用量化研究，但卻堅決反對社會科學應該模仿自然科學，不僅曾為此和他的倫敦政經學院同事波普論戰過，也在他的 1974 年諾貝爾獎感言中再次提醒過度使用量化研究之危險。姑且不論杭亭頓本人的論證，那些不顧脈絡地據此否定轉型正義的學者，已違背了科學方法論教條。

另一方面，援引西方的主流規範性理論來直接套用於臺灣，也同樣不恰當。例如羅爾斯所提出的「社會正義」（social justice）理論，其推論起點始於一種思想試驗：倘若我們不知道自己的社會角色與地位，那我們會希望一個怎樣的社會才是真正好的社會？據他理解，處於這「無知之幕」背後的人們勢必能想到萬一自己是窮人的風險，因此會選擇一個能照顧弱勢者的社會（Rawls, 1972: 136-142）。這基本上是一種將理性抉擇運用於抽象版本自然狀態的假想型社會契約論，實際的推論邏輯還是基於

新自由主義的個人利益最大化之追求：慮及窮人的處境，其實是出自於自利與風險考量，而非愛、友情、社群等內在價值；通往的不是社會福利主義，而是類似於歐巴馬讓廣大底層民眾不滿的強制性社會保險政策。[5]

同理，衍生於羅爾斯正義理論的美國版本「審議民主」（deliberative democracy），雖然被論者視為解決代議民主和直接民主的一種策略，但它預設了盧梭設想的公共意志存在的理論，並且假定人們在審議的過程當中逐漸趨向一個「理性共識」，從而讓單一人民意志浮現，且符合公共意志，事實上還是「理性選民」神話的翻版。倘若根本不存在這種公共意志，亦即不預先存在一個公平正義的決策等待人們去尋找，那「共識」充其量也就是一群人的「共同意見」，不一定是最理性的決定。其優點並非比其他決策模式更接近真理，而是因為那是參與者的共同決定。但如此一來，審議民主的重點將是一種抱著不斷趨近「期待真理愈辯愈明」的政治過程，而真正能確定的是參與過程本身所體現的人與人之間的自由、平等、理性等核心價值。

反之，強調單一共識容易傾向專家治國的立場，正如前文提及的布倫南的主張。倘若我們願意退一步承認，許多政治議題不必然存在一個標準答案，而是必須在多種不同價值當中擇取（如生態保護或土地開發），預設一個正確答案的存在或必須存在，不僅難以實踐，專家彼此也會爭論不休（如排放廢氣是否造成地球暖化），也會剝奪了人們彼此檢驗各自認為掌握的「真理」之機會。正如彌爾所說，即使那是對的，也不過是「死的教條」（dead dogma）而非「活的真理」（living truth）（Mill, 1991: 40）。

5　參見 "Obama's Rawlsian Vision" (19 February 2013), www.economist.com/democracy-in-america/2013/02/19/obamas-rawlsian-vision。

▎別讓民主信仰淪為「死的教條」

彌爾關於「活的真理」和「死的教條」之區分，替臺灣正在扎根的民主制度指出了一條可能的出路：自認為手上握有「真理」的人應當勇敢去爭辯，而且應該走出同溫層去跟意見不同的人爭辯。如此一來，自己的信念才會是「活的真理」，也就是清楚明白我們在爭取什麼，追求什麼價值，不是糊裡糊塗地接受那些學者專家的「真理」。

民主思想可以發源於不民主的地方，只要人不願當他人的奴隸，當會想要爭取自由，當自己的主人。威權體制也不一定能完全壓制人們獨立思考與思辨的能力，對某些人而言，甚至在那種體制下會更加願意思考與行動。但是，民主文化卻只能在民主當中慢慢形成、扎根，因為那是一種「公共」的文化，唯有共同參與才能產生，且失去了信念可能還會倒退。換言之，民主的真諦不只關乎投票選舉（不民主的社會或社團也可採取這種方式來決定領導人），也並非專指政府制度，而是一種集體的生活方式。它仰賴公民的積極參與以及彼此之間的尊重甚至容忍，偶爾也需要公民與政府的合作（至少在防疫的時候）。

前文提及，新興民主社會至少存在三種人。相信民主的後兩種人應當主動和第一種人對話，責無旁貸；尤其是改宗者，他們多半是經歷過黨國與民主化兩個時期的人，也因此更清楚當初曾經相信什麼，為何會改變想法，從而更能知道如何切入對話，喚起政治覺醒。至於第一種人，同樣也需要對話甚至爭辯，因為唯有如此才不致讓民主理念淪為「死的教條」。他們多半可能是享受民主化成果的人，視自由為理所當然，也因此容易輕視這得來不易的權利，甚至輕易願意以此換取其他事物，例如威權體制底下的優勢沒有親身經歷，過去的威權時代浪漫化成一切美好的黃

金年代。

　　柏林曾經以「刺蝟」與「狐狸」來分別比喻思維上展現「一元論」（monism）和「多元論」（pluralism）思維的人（Berlin, 1979: 22-81）。其實一直相信威權主義的人，以及年輕的天然民主世代，都可能是相信自己是對的，但既不能清楚捍衛民主理念，也不能有效適切地反駁威權主義信仰者。這兩者都算是一種「刺蝟」，雖然後者在信仰的內容上可能包括「多元」價值，但因為從未認真思考過另一種體制的可能，他們在信仰的形式上仍然是一元論者。而曾經改宗者其實就是「狐狸」，即使他們不認識多種政治制度或理論，但至少能切換不同的思維模式，並且懂得自己為何最後選擇了民主。

　　不管是相信民主的「刺蝟」或「狐狸」，倘若不主動去對話，那第一種人將可能轉向支持另一個中國，因為那才符合他們的想法。袖手旁觀將會讓他們繼續以懷舊的心態來批評臺灣的民主，甚至在自己從未經歷過政治覺醒成為民主化力量的一部分之前，就宣稱自身經歷了兩種體制才做出了正確判斷。事實上，過去主張不應貿然實施民主的黨國精英，不少人今日遊走於兩岸大談此論，散播「民主誤國論」並稱之為親身經歷得到的結果。這雖然是允許言論自由的民主社會必須予以尊重的，但尊重不同言論不代表不該捍衛民主，甚至應當讓這種言論受到嚴厲檢驗，才不致讓它成為「死的教條」。在此時候，「狐狸」的角色格外吃重。雖然他們的存在本身就是最好的見證，但起來反駁才能造就更成熟的公共思辨文化。轉向支持民主的「狐狸」，應該比只認識民主的「刺蝟」更懂得如何說服只認識威權主義的「刺蝟」。

　　這才符合彌爾所主張言論自由的工具性理由：讓真理愈辯愈明，對自己與對他人都應當如此。更何況，第一種人當中至少有一部分可能真心相信自己能在兩岸同時批評民主，從而論證威權

體制也有言論自由；殊不知唯有在民主制度下人們才能公開批判自己身處的政治體制以及國家領導人，而這才是檢驗政治自由的標準。

　　然而，活在眾多「刺蝟」當中的「狐狸」，應當謹記自己才是最能理解兩種「刺蝟」並促成他們對話的人，且尤須小心別因為對於民主抱有強烈信心，從而對那些尚未認識或接受這種體制的人，既欠缺同理心且講起話來總是咄咄逼人，結果讓自己也成了令人討厭的「刺蝟」。前文提到，穆勒曾提醒反對民粹的自由主義者最好採取溝通、對話的方式，拒絕對話只會讓他們的言論散播更快，激怒對方則更會加深他們的憤怒；反駁反民主的人也是如此。更重要的是，把民主高高舉起，容易讓它重重摔下。民主的優點在於它的某些缺點（如決策緩慢）剛好能避免獨裁者的錯誤判斷，並允許人們犯錯，從中互相學習。因此，民主既是一種永不停歇的實習過程，也是一種希望政治。

　　之所以如此，是因為沒有人手上真的握有顛撲不破的真理，體制上支持民主但行動上倡議單一議題的人或團體（如環境保護或廢除死刑），尤須小心不要過度高舉自己所倡議的價值，甚至無限上綱為所有人都必須接受的唯一信念，或據此不願意和其他價值的倡議者對話或妥協。唯有如此，才能建立起一個民主制度所仰賴的政治文化。此處的「政治」不是指「管理眾人之事」，而是關乎所有人的共同生活世界乃至集體命運之事。

　　容筆者以卡維爾的話作總結：「替自己發聲有時候意味著會遭到你希望能聆聽的人之反駁，或者必須去反駁那些聲稱替你發聲的人，有時候機會就那麼僅僅一次。」（Cavell, 1999: 27）僅以本文拋磚引玉，相信在民主社會必有迴響。

第十三章

從執拗的低音到主旋律：
臺灣轉型正義的思想史側寫

> 關於一個人，一個民族或一個文化的健康而言，到底需要
> 知道多少歷史才能好好活著，是至關緊要的問題。因為，太
> 多的歷史會壓垮生活，讓人不健康。此外，歷史本身也會跟
> 著敗壞，變得不健康！
>
> ——尼采，《不合時宜的思考》

> 罪，並不是一般人所想像的，如竊盜、說謊。所謂罪，是
> 指一個人通過另一個人的人生，卻忘了留在那裡的雪泥鴻爪。
>
> ——遠藤周作，《沉默》

往事並不如煙。20 世紀後半的歷史，見證了尼采對於「記憶政治」的先知先覺。「關於歷史，人們應當記得多少才健康？」不僅是第二次世界大戰之後德國以及剛從殖民統治獨立出來的眾多新興國家的大哉問，也是 1970 年代以降所謂的「第三波」新興民主國家所亟待解決的問題。對一個甫從威權轉型成民主體制的國家而言，關於過往那一段威權時代的集體記憶，忘卻或保存的方式不僅涉及官方檔案的開放與否和歷史詮釋，乃至於中小學的歷史課綱之制訂，也關乎如何對待那些走過舊政權來到

民主時代的加害者與受害者。置於當前的時代脈絡，尼采的提問則具體化為如何處理威權時代政治遺緒的議題——也就是如何落實所謂的「轉型正義」（transitional justice）。

根據美國法政學者泰鐸（Ruti G. Teitel）的理解（Teitel, 2003: 69-94），上述關於德國與第三波新興民主國家處理舊政權的做法，只是轉型正義的前兩個發展階段，近年來逐漸從特例轉為慣例的國際人道干預乃是第三個階段，1999 年北約組織（NATO）在科索沃的干預行動正是此一發展的里程碑。

泰鐸是公認的轉型正義研究權威，而支撐其三階段發展說的，其實是一種典型的司法觀點。據此，1945 年的紐倫堡大審判以國際軍事法為基礎，且眾所周知該判決援引了一個嶄新的人權概念——「反人類罪」（Crimes against Humanity）。始於1974 年葡萄牙獨裁政府垮臺，之後陸續推倒南歐、亞洲、拉丁美洲與東歐等地許多威權政體的第三波民主浪潮，則見證了國際人權建制的進一步鞏固。這些新興民主國家不僅追求「法治」（the rule of law）的建立，也以此對舊政權的官員進行司法起訴。進入 1990 年代之後日益頻繁的國際人道干預，更是以「普世人權」作為出兵另一個國家並起訴其統治者的理由。

看待過往的歷史涉及如何評價，採取「普世人權」的觀點來評價固然符合當前的價值觀，但事情並不如此簡單。一方面，即使上述的三階段發展說是一種對於人權價值的逐步肯定，「反人類罪」概念的提出當時即有爭議，因那等同認定國際上存在一個比國內法更高的法律規範之存在。在《國際人權公約》簽署之後，雖然緩和了此一「自然法」與「實證法」的爭議，但基於國際法的屬性仍以條約（亦即自願接受約束）為主，以此定罪那些尚未接受或明確反對其「普適性」的政府，這種做法距離「普世真理」似乎仍有一段距離。另一方面，法律實則並非人們評價歷

史的唯一判準 —— 人們「定罪」的依據，正如開章引述的遠藤周作所說，不全然是法律問題，還有道德考量，而且忘記自己在他人身上留下的傷害，也是一種罪。

是故，評價歷史不僅僅是個法律問題，涉及處理過去政治暴力與歷史不義的轉型正義更是如此。根據國際轉型正義中心的整理，落實轉型正義的做法包括：真相調查、起訴加害者、賠償受害者、追思與紀念、和解措施、制度改革以及人事清查。[1] 從國際上實際的處理經驗來看，落實轉型正義的做法主要可分為「忘卻」、「起訴與懲罰加害者」與「和解」三種方式（Rigby, 2001）。若將前兩種視為轉型正義光譜上的兩端，那麼和解可謂中間路線。西班牙曾經為了政治穩定而採取集體遺忘的做法，是光譜一端的代表案例。捷克於 1991 年所通過的《除垢法》（Lustration Law），旨在清查人事，徹底根除前共產黨的勢力，則是第二種做法的典型，文獻上一般稱之為「報復型正義」（retributive justice）模式。至於公認為典範的南非真相與和解委員會（Truth and Reconciliation Commission），則是一種追求「和解型正義」（reconciliative justice）的中間路線。

就某程度而言，不同的國家之所以對過往歷史的不義採取了不同做法，一方面反映了對待歷史的態度以及對於未來的想像，另一方面則受限於國情是否有正面對待歷史不義的現實條件，臺灣也不例外。脫胎於第三波民主浪潮的臺灣，轉型正義終於進入了蔡英文的競選政綱，成為民進黨與選民的契約，並成為蔡英文政府執政之後正式進行的工程。

然而，正如江宜樺曾描述，關注轉型正義者多半為親綠的學者與團體，泛藍或親藍者若非刻意不碰，就是以嘲諷或否定的態

1　筆者此處採取了江宜樺的翻譯與順序，參見江宜樺（2007：69）。

度來看待，臺灣的轉型正義因此蒙上揮之不去的綠色陰影（江宜樺，2007：65）。轉型正義過去若不是被視為追討國民黨黨產的政治修辭，就是綠營進行「仇恨政治」之代名詞。[2] 至今，雖然有將近七成的民眾支持政府進行轉型正義，國民黨仍舊認定這不過是政治鬥爭。

　　無論如何，轉型正義曾是島上喧囂的政治底下的執拗低音，每逢「二二八紀念日」將至，相關討論必占據大小媒體的版面。有別於論者向來擇定光譜上特定位置來進行論述的做法，本文試圖提供一個鳥瞰圖，呈現一個比較多方看法的圖像，首先釐清不同陣營的人（政黨、公民團體和學界等）就此議題在光譜上的位置以及各自的理據，再指出分析轉型正義與其他政治議題的關聯，最後據此分析臺灣脈絡底下涉及多重政治時差的特殊性。

▎臺灣的轉型正義光譜

　　落實轉型正義是蔡英文的競選承諾，在她執政兩個月後立法院便通過《政黨及其附隨組織不當取得財產處理條例》，並據此組成了「不當黨產處理委員會」（黨產會），同時首次以臺灣元首身分正式向原住民道歉。支持黨產會的七成民眾，不乏多年前對民進黨寄予厚望者。2002 年，陳水扁執政時期法務部擬定了《政黨不當取得財產處理條例》草案（以下簡稱〈草案〉），並經行政院送立法院審議，最後並未通過不僅因為國會少數，社會對此議題陌生也是重要原因，甚至不少人認為這不過是個假議題。2006 年，民進黨與若干民間團體組成「全民追討黨產大聯盟」，

2　〈民調：逾 7 成認為轉型正義未完成〉（2016 年 3 月 2 日），聯合新聞網，http:// udn.com/news/story/1/1535797。

推動黨產公投連署。[3] 2016 年捲土重來的民進黨明確以「追討黨產，深化民主」為競選主要論述，如今的高度民意支持不僅意味著轉型正義不再被視為「仇恨政治」的藉口，也代表著民主的進一步鞏固。

不過，蔡英文政府的做法與民進黨過去的主張略有差異，不僅在轉型正義光譜上的位置略往中間靠攏，而且有多管齊下的趨勢。與此同時，關心此議題的公民團體和學者，乃至於處於被動的國民黨及其支持者，亦可見光譜位置的微調。雖然如此，各方大抵離本位不遠，且調整過後的相對位置仍然壁壘分明。

首先，民進黨的基本立場可見於上述〈草案〉；收錄於 2006 年《當代》雜誌「轉型正義在臺灣」專刊的一篇文章〈國民黨黨產、黨國體制與轉型正義──「有轉型而無正義」的臺灣民主化〉則詳細闡述了該立場的核心論述，作者是參與撰擬〈草案〉的汪平雲律師（2006：14-25）。文章的副標題儼然是當時支持轉型正義者的共識，甚至連反駁者都傾向以「國民黨黨產乃正當合法」作為捍衛。臺灣智庫於 2008 年出版的《轉型，要不要正義？──新興民主國家與臺灣的經驗對話》再次收錄了這篇文章，並以書名直接呼應其認定臺灣民主轉型缺乏正義的主張──追討國民黨在威權時代所累積的黨產，是伸張正義的必要條件（汪平雲，2006：147-165）。

此一基調可歸結為兩類相關但概念上有別的理由，分別涉及國民黨黨產的不正義以及臺灣的民主轉型。就黨產而言，綠營主張：第一、那是「黨國一體」威權體制之下的不當所得，一方面違背了民主國家的基本治國精神，另一方面破壞了基本的財產

3　參見〈關於「不當黨產條例」的故事──歷經十六年、三次政黨輪替，我們是這樣一路走過來！〉（2016 年 7 月 25 日），關鍵評論網，www.thenewslens.com/article/ 45014。

權，不但漠視日治時代的私法契約，強行接收臺灣人民的財產（陳君愷，2008：74-76），更是涉及到與法治社會「基本正義」背道而馳的「劫收」方式（林佳龍，2008：96-98）。第二、因為黨國體制底下執政黨可同時身兼規則制訂者、裁判、球員等角色，可藉此黨產發展黨營事業，在經營上規避市場競爭，從而造成了人民經濟生活的不公平（林佳龍，2008：99）；例如：執政黨嚴格管控金融業，卻為自己的投資公司大開方便之門，這是黨產再生產與轉賣上的不正義（陳君愷，2008：80-82）。第三、國民黨藉由龐大黨產培植盤根錯節的地方侍從集團，導致選風敗壞與黑金政治，腐化公平選舉的結構（林佳龍，2008：98-99），甚至在失去政權之後，還可藉由掌控媒體製造對於舊有威權的懷舊思想，為「黨國復辟」鋪路（汪平雲，2008：149），這是黨產運用上的另一種不正義（陳君愷，2008：83-84）。

上述第三種不義對民主政治「現在進行式」（汪平雲，2008：155）所產生的負面影響，是多數轉型正義支持者斷定臺灣的民主轉型乃未竟之業的理由。鑑於政黨與選舉在民主政治中所占的特殊地位，公平的政黨競爭以及自主的民意是民主制度良好運作的基石，國民黨持有黨產意味著政黨的競爭有難以公平進行之虞，倘若龐大的資產運用於媒體操控，民意的形成也難說是獨立自主，而運作於如此條件底下的選舉，則恐難落實民主之真正意涵。從政黨政治的角度來看，國民黨的龐大黨產，的確在制度層面上對於臺灣的民主政治構成威脅，因此是民主深化不可迴避的課題，許多從威權轉為民主的國家都致力於此類的「制度改革」（江宜樺，2007：78）。此乃民間團體願意配合民進黨政府發起「討黨產公投運動」的主要理由，其主旨如同〈草案〉第一條明示，「建立政黨公平競爭環境」與「健全民主政治」（汪平雲，2008：161）。

　　是故，追討國民黨黨產的真正意義，必須要置於民進黨整體的民主轉型論述脈絡下才能確切掌握。更重要的是，他們此時所期待的「民主轉型」不僅止於從威權到民主選舉的「政制轉型」，而是包括「國家（主體）轉型」——也就是「去殖民轉型」，讓臺灣成為人民真正享有主權的國家。這正是刊載於上述《當代》雜誌中汪平雲文章之後的〈雙重轉型與待完成的正義實踐〉一文之要旨，其作者為前民進黨族群事務部主任楊長鎮（2006：36-43）。

　　據此觀點，臺灣的民主化在政制轉型路上，走得比去殖民轉型的路還要遠。雖然臺灣已經採用民主選舉，制度上走出了威權，也經歷過政權本土化，但由於國家認同主體化在民主轉型過程中缺席，外來移民（國民黨）統治的後遺症仍在，亦即大中國意識形態依舊支配著臺灣的傳媒與教育，認定臺灣為大中國主體之下的「民主地區」，導致人民的國族認同分裂，因而妨礙此一政體決定自身的命運，尤其體現在對外行使集體的權利——入聯公投的困難不外是此一外來政權的政治遺緒之表徵。楊長鎮從而認定，「臺灣的民主自由將因為去殖民轉型的未完成而未能真正完整實現」（楊長鎮，2006：41）。

　　「雙重轉型」的說法是為「有轉型而無正義」的變奏，且蘊含了另一種（與黨產無關的）不正義，也就是違反了《聯合國憲章》和《國際人權公約》皆明文保護的「人民自決權」（陳隆志，2003：4-6）。與此互相呼應的是，徐永明在《當代》雜誌發表的〈追求臺灣政治的轉型正義〉中緊接提出的「認同轉型」與「威權轉型」必須雙管齊下的說法。兩者共同的指向都是：徹底瓦解過去黨國體制的宰制體系，包括去殖民轉型的落實，建立起國家認同的共識，臺灣才能享有真正的民主——當然，也唯有國民黨歸還不義取得的黨產才可能真正瓦解這個宰制體系，而這

正是黨產議題之於轉型正義乃至於民主政治的另一個重要性（徐永明，2006：26-35；王時思，2008：145）。

　　除了上述兩種轉型的進行速度不同之外，學者出身的林佳龍也指出臺灣的民主化過程是漸進式的，而且這種模式的民主化進程有個後遺症：「讓國民黨的不正當性、非法性隨民主轉型而消失。」（林佳龍，2008：119）第三波民主浪潮不乏這種「協商式轉型」（negotiated transition）案例，且有證據顯示，民主轉型的過程愈長，對於政治迫害的殘酷會更加淡忘，人民也相對比較願意寬待加害者（吳乃德，2006：22）。不過，林佳龍所謂的「消失」並非指涉遺忘，而是國民黨政府一方面得以將原本不當取得的黨產「合法化」，亦即以國民黨的「意志」，立對自己有利之法（汪平雲，2008：157）；另一方面又藉由財力與資源的優勢取得選舉勝利，「正當化」其外來統治。林佳龍強調，這樣的合法化與正當化，實際上是民主化過程中「對於威權政權的不當妥協」，於是主張以「公投討黨產」的方式來彌補這種妥協的缺憾，為漸進式民主化來「補課」。至於必須採取公投方式，原因在於已經合法化的國民黨黨產現今受到私有財產權的保護，而國民黨所主導的立法院也不可能通過民進黨所提的〈草案〉（林佳龍，2008：109）。

　　置於轉型正義光譜之上，民進黨的論述應該可以歸類為前文提及的「報復型正義」的立場。不過，值得注意的是，雖然汪平雲的確提及了美國哈佛大學政治學者施克萊所說，審判罪犯具有樹立法治的功用，並確立憲法保障人權的位階，同時也是公開譴責過去暴力與不義的良機（林佳龍，2008：148），但民進黨的論述倒是刻意避開了如此嚴厲的手段，並未主張匈牙利與德國等所採取的起訴加害者與人事清查等做法，所以算是溫和的「報復型正義」模式。

　　事實上，臺灣的民間社會相當早即開始關注轉型正義議題。戒嚴時期的 1986 年，民進黨成立並制訂了包含「定二二八為和平日」與「公布二二八真相」的行動綱領，即是一個重要的里程碑。1987 年正式解嚴之前數月，亦有鄭南榕等人成立「二二八和平日促進會」，並發起「二二八公義和平運動」。兩年之後，基督教臺灣長老教會定 2 月 28 日為「公義和平日」並舉辦盛大的祈禱大會，公民社會要求平反「二二八事件」與「白色恐怖」的聲勢逐漸高漲。

　　持平而論，國民黨並非完全忽視轉型正義議題。早於 1988 年李登輝便呼籲臺灣人忘掉過去「向前看」（吳乃德，2006：17），又於 1993 年成立了「白色恐怖時代受難平反權益委員會」，兩年後再成立了「二二八事件紀念基金會」並開始廣建紀念碑，最後在 1998 年成立了「戒嚴時期不當叛亂暨匪諜審判案件補償基金會」。

　　此外，馬英九競選總統之前即頻頻參加「二二八事件」相關紀念活動，並多次做出「黨產歸零」的承諾。不過，該承諾最終以黨產交付信託作結，而非如同多數人以為的那樣將黨產歸還國庫。其根本立場闡釋於該黨 2006 年發布的《面對歷史，向全民交代──社團法人中國國民黨黨產總說明》報告書（中國國民黨文化傳播委員會，2006），貫穿其中的概念則是「特殊歷史背景」。這個概念正當化了黨國體制，讓國民黨可以一方面承認有「黨國一體，便宜行事」之實，但強調那是政治環境所迫、百般無奈；另一方面則與威權時代的國民黨切割開來，同時亦可繼承該黨早期對中華民族的貢獻。如此一來，國民黨既面對了歷史，又告別了歷史。這是國民黨對追討黨產議題的正式回應。

　　倘若我們接受其觀點，似乎也必須認同國民黨在威權時代所累積的黨產之合法性與正當性，亦即黨國體制的法律是出於歷史

必然，所以正當，符合當時法律的一切作為，包括接收日本殖民者留下的財產、「二二八事件」涉及的屠殺以及之後白色恐怖的各種剝奪人民政治權利、生命與財產的行為，都是合法。順此邏輯，任何追討國民黨黨產的意圖，即使有了法律基礎，也形同不公不義。更重要的是，當今的黨產必須受到民主法治國家底下私有財產權的保護。

　　相較於民進黨高舉民主法治與人權作為評斷過去的判準，亦即認同此一判準的「回溯適用性」，國民黨對於轉型正義的基本態度則是強調過去與現今在價值觀念上的「不對稱性」──過去因為戰亂與政局不穩，所以採取黨國體制乃正當且合法；今日已是民主時代，因此一切必得符合法治，不得違背神聖不可侵犯的私有財產權來追討一個合法政黨的私有財產。對此，林佳龍堅決反對以「特殊歷史背景」為由一筆勾銷過去的政治暴力、黨產卻不用歸還國家（林佳龍，2008：109）。汪平雲則質疑，倘若國民黨真心認為過去一切皆為正當，該黨大可不必將黨產交付信託，進行事後的「合法化」，此舉無疑是國民黨自知理虧的證據（汪平雲，2008：155）。

　　鑑於李登輝擔任國民黨主席期間從呼籲人民忘掉過去、向前看，到成立二二八事件基金會並力主賠償白色恐怖受害者的做法轉變，可見國民黨並非真的忘了過去，而是承認了過往的某種「不當」──畢竟，賠償不同於救濟金或人道慰問金的發放，而是承認政府的過錯。然而，採取了歷史相對主義（historical relativism）立場的《面對歷史，向全民交代》報告書卻再次轉向，認為黨國時期並無錯誤。或許，我們應該區別李登輝時期與馬英九時期的國民黨，甚至是威權時代與民主時代的國民黨。不過，馬英九主導的報告書實際上並非真的呼籲我們忘記過去，而是要求人民記得國民黨護國有功、推動民主化有功，然後忘掉他們所做的一切

錯誤。更精確地說，這是一種「選擇性遺忘」的立場。

　　另一方面，介於國民黨的「半遺忘」模式與民進黨避開處理人事審判的「半報復」模式之間，中央研究院研究員吳乃德提出了一個轉型正義的中間路線。他所撰寫的〈轉型正義和歷史記憶：臺灣民主化的未竟之業〉堪稱是處理這議題最有影響力的文章，2006 年刊登於《思想》雜誌之後引起多方關注，開啟了學術性質的討論。該文的副標題明顯呼應綠營對民主政治的看法，亦即臺灣的民主化尚未臻至完善，而所缺的就是轉型正義的實踐（吳乃德，2006：1-34）。

　　基本上，吳乃德延續了南非真相與和解委員會的路線，期望尋求和解，而且將和解的基礎建立在「真相的揭露」之上，尤指「二二八事件」的真相。然而，與之有別的是，南非的和解工程乃建立在法庭上由加害者做出真相告解、換取赦免的條件之上；吳乃德的版本旨在追求真相的完整呈現，也就是「將正義還給歷史」，並讓這段真實的歷史作為「未來世代的民主教材」。如此的教材之所以重要，在於民主並非不可逆轉，臺灣的民主成就仍需鞏固，而鞏固亟需族群和解以及對威權時代的徹底拒絕。吳乃德深知臺灣社會是個記憶分裂的社會，存在對過去歷史的經驗與理解差異甚巨的族群，而現今的族群衝突只是威權時代族群分裂的延續，至於真相之所以必要，則是因為唯有真相才是「所有族群都能共同接受的歷史記憶」（吳乃德，2006：31, 33）。

　　基於這樣的理念，吳乃德以及認同此一理念的人士在 2007 年籌設了「臺灣民間真相與和解促進會」（真促會），過去十年來是力促轉型正義公共討論最重要的組織。雖然吳乃德主張揭露真相乃首要之務，但他對真相的輪廓似乎已有把握：臺灣的民主成就不應該歸功給蔣經國，因為後者之所以決定解嚴，主要是受迫於美國與反對運動的壓力，只是個政治妥協；此外，吳乃德將

白色恐怖的苦難歸咎於蔣經國，因為他是當時擁有至高權力的獨裁者。基於此一歷史理解，吳乃德將和解的希望寄託在本省人與外省人同是獨裁國民黨的受害人之事實上 —— 兩個族群都曾勇敢反抗國民黨的淫威，而且兩個族群都有成員受難。「同為國民黨受害者」的說法基本上已經斷定了加害者的身分，而建立在此之上的真促會，將致力於「真相」細節的挖掘，或能添加更多的證據枝葉，但不會更改此一歷史詮釋的主幹。

同為中研院學者的陳宜中於是批評，吳乃德在此脈絡下所能追求的只是「小真相」，而真正不該忽略的「大真相」則是：「二二八的本質根本就不是族群殺戮，而是在日本殖民戰爭、大東亞戰爭、二次世界大戰、國共內戰的戰爭脈絡下，發生於臺灣人的悲劇。」（陳宜中，2007）窮究「小真相」，既無助於民主深化，也無助於落實「轉型正義」或「以史為鑒」，反倒可能成為「仇恨政治」的幫兇。陳宜中從而指出，不敢談「大真相」的人，當然不敢談「大和解」。

與此同時，政治大學臺灣文學研究所教授陳芳明主張，「臺灣人民以選票讓國民黨下臺，基本上已經優先執行了一次實質的轉型正義」。他的理由是「沒有完成歷史轉型，就沒有轉型正義可言」 —— 更精確地說，倘若沒有國民黨推動民主化，民進黨就沒有組黨、參選、執政的可能，所以民進黨無法與國民黨政權完全切割，而無法切割就沒有道德制高點可以批判國民黨，於是繼承國民黨權力的民進黨政府，自身必須繼承尚未解決的歷史問題。陳芳明於是批評，執政時期民進黨的諸多行徑已經對正義構成諷刺與傷害：（一）選擇性遺忘自己曾與威權體制「共謀」，對不起歷史，甚至以「正義」的一方自居；（二）只繼承權力，卻不針對過去的陋規進行改革，有愧於民；（三）為了選票而消費「二二八事件」，有辱當年受害者（陳芳明，2007：83, 90-

91）。總而言之，臺灣人民以「政黨輪替」落實「正義」，也就是以選票結束不義的政黨，並且期待正義的政府出現。然而，民進黨政府卻辜負了人民的寄託，不但沒有創造正義，反而延續且製造更多的不義。

據此看法，因為臺灣的民主轉型未經革命，所以加害者、解放者、改革者之間的角色混淆，而這種特殊性意味著，倘若民進黨真要落實轉型正義，則必須以「共業」史觀處理過去的不義。這種史觀必須將歷史的創傷視為全民的共同記憶、所有族群的創傷，因為在事件的陰影下，每個人都有被悲情綁架的苦，所以不應該以特定族群的角度來理解全體的傷痛。未能抱持這種史觀的轉型正義追求者，終將只會製造新的不義，不會帶來和解。

陳宜中與陳芳明的洞見，讓民進黨、國民黨、真促會三個主要立場所構成的「半報復－半遺忘－半和解」轉型正義光譜，增添了一個從側面思考此一議題的角度。不過，當轉型正義從執拗低音急轉為主旋律的時候，這種聲音勢必是快速淡出的音符。

▎「眼前路／身後身」以及光譜的晃動與微調

在王家衛導演的電影《一代宗師》（2013）中，挑戰葉問取勝的宮二曾對前者說：「拳不能只有眼前路，而沒有身後身。」隨著情節的展開，「眼前路」與「身後身」指涉的不僅是拳路的區別，也說明了兩人的人生態度與際遇。身為八卦形意門宗師獨女的宮二，也是宮家六十四手的唯一傳人，為了替父親報仇而推掉婚事、入道，終身不嫁、不授徒。戰後隻身來到香港開設武館的葉問，則因為政治局勢而使得原以為和妻子的暫別最後竟成了天人永隔。「身後身」不只是宮家拳法的特色，也使宮二最終未能走上「見眾生」的境界。至於妻子過世之後輕嘆一聲「從此只

剩下眼前路」的葉問，卻終成一代宗師。事實上，「眼前路／身
後身」的隱喻也適用於比擬政治理論與實踐的討論。以下進一步
檢視關於轉型正義是否為臺灣「民主未竟之業」的爭辯焦點。這
不僅是國民黨與民進黨長期以來的差異關鍵，也是理解蔡英文政
府與先前民進黨立場之差異的關鍵。

　　首先，臺灣的轉型正義支持者有一個共識：即轉型正義對臺
灣的民主發展具有正面意義，甚至是落實民主所需的條件——
徐永明、林佳龍、汪平雲、吳乃德皆認為轉型正義可促進「民主
鞏固」（徐永明，2008：6；林佳龍，2008：96, 119；汪平雲，
2008：148；吳乃德，2006：24），陳君愷與王時思認為可以進一
步使「民主深化」（陳君愷，2008：196；王時思，2008：124），
而楊長鎮則同時提及兩者，未加以區分（楊長鎮，2006：43）。
反對轉型正義者則傾向認定臺灣已經完成民主轉型，因此駁斥轉
型正義作為民主化進程最後一哩路的說法，甚至認為追究過去只
會損害好不容易建立起來的民主基礎。

　　這裡的關鍵是人們對於「民主」的認知不同。即或承認落
實轉型正義乃民主的未竟之業，我們仍然得問：究竟是哪一種
民主的未竟之業？在臺灣，報章媒體或學界談及民主成就時，
最常引用的是美國自由之家（Freedom House）的評比。此一評
比將一百九十三個國家（country）與十一個政治領域（political
territory）分成「自由」、「部分自由」與「不自由」三種等級，
評比的標準以「政治權利」與「公民自由」為兩大指標，前者主
要與選舉有關，指涉選舉過程、政治多元與參與、政府功能，後
者則關係到言論與信仰自由、集會結社自由、法治、個人自主與
權利。「自由」國家必定是「選舉民主」也是「自由民主」的國
家；至於人民空有政治權利卻無公民自由之實者，只是「選舉民
主」但並非「自由民主」的「部分自由」國家。

　　根據 2016 年自由之家的調查，臺灣在「政治權利」指標上列為第一等（共有七等），而「公民自由」則是第二等（也有七等），與歐美先進國家同列為「自由國家」，自由程度在亞洲僅次於日本，[4] 這當然是一個傲人成就。不過，該評比的指標設計實則反映了美式民主，或更精確地說，是達爾所說的「多元政體」（polyarchy）模式（Dahl, 1971），包含以下七種屬性：（1）民選產生的官員；（2）自由且公平的選舉；（3）普遍的選舉權；（4）參與公職選舉的參政權；（5）言論自由權；（6）新聞自由權；（7）結社自由權（田弘茂編，1997；Dahl, 1998: 221）。

　　相信臺灣已經取得國際認證為「自由民主」的人士似乎有理由相信，再談轉型正義作為一種民主未竟之業不過是政治鬥爭的藉口。不僅如此，他們也可援引另外兩個關於「民主鞏固」的說法來論證轉型正義的不必要：一是比較政治學者林茲（Juan J. Linz）的看法，認為只要一個國家的各個政黨皆認定選舉乃取得政權的唯一方式，就算是個民主鞏固的國家（Linz, 1990: 143-164）；二是提出第三波民主理論的杭亭頓（Samuel P. Huntington），他認定經過「二次輪替測試」（two-turnover test）才算民主鞏固（Huntington, 1991: 266-267）。換言之，馬英九就任總統的 2008 年 3 月 22 日才算是臺灣的民主鞏固紀念日。

　　據此，我們也不難理解當陳水扁執政最後一年再次提起轉型正義時，江宜樺批評說那不過是陳水扁藉此議題為自己的貪腐罪行辯解，不但錯失了追究過去政權不義行為的良機，也讓此一民主國家不該迴避的課題蒙上了一層陰影。此外，他重申了政治思想家柏林強調的「妥協作為一種政治之必要」，並以後者的口

4　〈自由之家年度報告：日本、臺灣列亞洲最自由國家、中國全球倒數第三〉（2016 年 1 月 28 日），關鍵評論網，www.thenewslens.com/article/35404。

吻說：轉型正義固然重要，但它就像「世代正義」（generational justice）與「分配正義」（distributive justice）一樣，都是「正義」的一個次類，彼此無法取代，而更重要的是，即或我們相信它等同於正義本身，也無法取代其他的社會價值，例如自由、平等、幸福、安全與公共秩序等等，更不該讓它無限上綱（江宜樺，2007：81）。

　　事實上，「民主」是個結構繁複的概念，涉及多種政治價值、制度設計以及目的，即使一個社會以追求民主為共識，也不代表此一共識將指向一種特定模式。然而，持不同的理解卻可能讓人們對於現狀是否民主產生不同的判斷。沒有一個假定的民主模式，則既無法談怎麼鞏固民主，也無法談往哪個方向去深化。是故，倘若轉型正義是民主的未竟之業，那麼，尋求怎樣的民主，本身也是轉型正義的未竟之業。換言之，轉型正義是基於「身後身」的考量——報復型與和解型的差別，或許在於前者可以單純關注「身後身」或試圖瞻前且顧後，後者則在瞻前顧後之餘也顧及當前的現實條件。然而，轉型正義終究避不開「眼前路」，而呼籲人們忘記過去、向前看的國民黨更是必須講清楚「前面」是什麼。

　　進一步分析，首先必須指出的是，自由之家所預設的不過是民主理論學者赫爾德（David Held）所列舉的十大民主模式之一，而並不是唯一（Held, 2006）。事實上，該評比檢測的正是柏林所謂的「不受政府干涉」之「消極自由」（negative liberty），而沒有測量關乎個人或集體層面能否「自主／當自己的主人」的「積極自由」（positive liberty）。柏林曾提及，不知積極自由與消極自由之區分者，將無法理解去殖民後淪為獨裁政體的國家，為何有人民竟然會認為生活遠比殖民時代更自由（Berlin, 1969: 116）。置於臺灣的論述脈絡，國民黨傾向於追求

消極自由，而民進黨則同時追求消極與積極自由，但以後者為首要。正如前文提及的「雙重轉型」概念所示，民族的自主才是民進黨轉型正義論述所追求的政治理想。對這種積極自由的追求者而言，只有消極自由而沒有積極自由的民主國家，終究是殘缺的，沒有「完整國家的人格」（楊長鎮，2006：40）。徐永明也明確指出，自由之家的評比同時意味著臺灣民主在形式上的成功與內容上的貧困，其量表上的卓越表現，並不足以顯示臺灣已經真正取得民主——「雙重轉型」的真正意涵在於兼顧消極自由與積極自由，亦即在一個享有（臺灣）民族自決權的框架底下，落實各種個人自由（徐永明，2008：26-35）。

是故，以檢測消極自由的自由之家評比作為臺灣是否「民主」的判準，並據此斷定轉型正義乃劣質的政治操作，並不適切。畢竟，除了奠基於消極自由的彌爾式「代議民主」（亦可理解為「自由主義民主」或洛克式民主）之外，追求積極自由的盧梭式「大眾民主」（亦可理解為「共和主義民主」）也是高尚的民主思想傳統。前者以英語系國家為主，後者的代表是法國以及許多看重「人民公投」的歐洲國家。事實上，中研院政治學者蔡英文曾指出國民黨的民主想像以洛克式民主為主，而民進黨則傾向盧梭式民主（蔡英文，2009）。長期關注轉型正義與國族主義議題的吳叡人更直接以柏林的兩個自由概念來提醒讀者，臺灣的民主化力量不僅可追溯到日治時代人們對於國族的積極自由之追求，亦有當年隨國民黨渡海來臺的「自由主義」人士。黨國時代即呼籲政府落實《中華民國憲法》的後者，或許出於對大中國的認同而不曾考慮過該憲法乃於 1947 年在南京制定，並非出於臺灣人民的意志，因此侵犯其集體自主性，但也可能因為他們對於自由的認知深受洛克、彌爾、海耶克等自由主義者之影響，所以主張落實該憲法對各種公民應該享有的消極自由之保障（吳叡

人，2007：55-105）。

　　置於當前的轉型正義脈絡，著眼於「眼前路」的國民黨其實展現了追求消極自由的高度一致性。首先，馬英九執政時所奉行的兩岸政策，無疑與當前美國共和黨與民主黨的外交政策共識「新自由主義」（neo-liberalism）如出一轍，是一種專注於「眼前路」的意識形態，認定人們的行為動機在於獲得眼前或未來的利益，從而主張經貿的結合可以促進國家間的關係穩定，或者創造和平；換言之，過去的敵對立場都可以因為著眼雙贏的未來而暫時擱置，甚至於得到化解。國民黨論述其奉為圭臬的「一個中國」政策之理據，正是上述「貿易和平論」及其銅板另一面的理念 —— 冀望市場化能帶給中國社會對於自由的進一步渴望與捍衛。此處的「眼前路」是經濟上共創雙贏（當然也包括中華民族的共同繁榮）。

　　再者，採取選擇性遺忘立場的國民黨，向來給人一種「短期記憶過短」（幾乎忘了威權時代迫害人權的一切）、「長期記憶過長」（敘述歷史總是從五千年前或國父革命開始）的錯亂印象，但是從（市場上）消極自由的角度來看，我們卻不難理解何以國民黨高舉「經濟重於政治」的信念：一方面藉此提醒人們該黨對於過去經濟奇蹟的貢獻，同時正當化過去威權時代採取「侍從主義」培植地方派系（日後的選舉樁腳）以及採取「發展主義」卻忽略環境保護的各種作為；另一方面得以據此指責只會「拚政治」的民進黨及其轉型正義訴求，包括隱藏於「雙重轉型」論述之中的積極自由面向。

　　事實上，新自由主義也隱藏著一種歷史主義，亦即相信：（一）人類追求自由的歷程終將來到民主制度（亦即以美國為代表的資本主義憲政民主）；（二）市場自由將帶來政治自由或民主 —— 正好呼應「轉型正義乃民主未竟之業」的理念。對於後

者，江宜樺曾經援引柏林常說的一句話「人性本是扭曲的素材，不能從中產生直截的事物」來提醒人們，轉型正義的實際進程未必可以像理論陳述那樣順暢（江宜樺，2007：80）。有趣的是，他從不批評國民黨長期信奉的新自由主義。然而，柏林的洞見是一把雙刃劍：人們既不應該簡單以為從更換執政黨的次數即可判斷民主的鞏固程度，也不應該簡單認定經濟的緊密結合將帶來政治的和平穩定。同理，如果轉型正義只是正義的一種，不該無限上綱，那何以要擱置「政治」而獨尊「經濟」？

　　無論如何，提醒實踐不如理論般順暢的人，也不應該援引林茲或杭亭頓的理論，來主張當選舉成為政黨取得政權唯一方式的共識或經過兩次政黨輪替就算民主鞏固。畢竟，後者終究避免不了「民主」模式的擇取，而前者把民主壓縮成選舉根本是本末倒置。更何況，至少在有些民進黨人士的眼裡，臺灣的「二次輪替」經驗意味著「黨國復辟」，不是民主鞏固，而是民主逆流（汪平雲，2008：149）。學者李酉潭（2006）也指出，雖然自由之家檢測的「選舉過程」包含了法規是否公平等要素，但龐大的國民黨黨產卻足以影響整個過程。此外，正如林佳龍亦觀察到臺灣轉型正義最大的困難之一在於沒有政黨走革命路線（林佳龍，2008：95-122），或照陳芳明的說法，原本欲走體制外路線者早就全都「被合法改革的選舉制度收編」（陳芳明，2007：84）。是故，李酉潭主張民主的鞏固必須先建立起一個「政治文化」，包括自主公民的養成，以及將黨國體制的精神遺緒徹底根除（李酉潭，2011：139-182）。

　　事實上，隨著過去幾年轉型正義議題逐漸為人熟知，民間社會對於民主的認知已經從選舉擴展到整體政治結構了。馬英九執政第二任期間爆發了許多引起公民社會關注的事件，過往整個盤根錯節的黨國體制浮現檯面，從 2009 年的郭冠英歧視言論風

波及其引發的軍公教年金制度改革問題，到 2012 年反媒體壟斷事件、2014 年反服貿（《海峽兩岸服務貿易協議》）的「太陽花運動」、2015 年反高中課綱微調運動，人民意識到了這些看似性質不同的議題與事件背後有一個仍在影響臺灣社會、經濟、政治、教育等層面的共同結構，也就是黨國體制。

上述事件的爭議焦點和以下的黨國遺緒有關：（一）過去的公務人員任用制度（員額按照省分分配，故本省籍相當難進入）；（二）國民黨政權的鞏固（1995 年以前進入軍公教體系者可於退休之後在一定額度內享有 18% 銀行利率優惠存款，陳水扁於 2006 年廢止，馬英九上臺之後立即恢復並立法保護）；（三）國民黨過去一直把持三個主要電視臺並以龐大黨產干預其他媒體；（四）服貿可能為黨營及其相關事業帶來獲利（源自過去對地方侍從集團的培植），但卻將轉業或失業的風險轉嫁於民間企業與一般民眾；（五）國民黨試圖藉由課綱修正來鞏固自己過往的統治正當性，並阻止所謂「天然獨」的臺灣主體意識之持續增長。由此可見，所有問題都存在一個與轉型正義有關的面向，無一與民主鞏固和深化無關。

直到「太陽花運動」爆發之前，臺灣的公民團體多為單一議題取向（環境、勞工、婦女、教育等等），而且喜歡標榜自己與政治無涉或所謂的「政治中立」。涉及所有生活層面的服貿議題，讓所有團體都可以找到自己對號入座的位置，民間社會轉變成真正的公民社會——隨著資訊流通迅速且充足，因此相對於黨國時期的社會顯得獨立、自主，且不願意再穿政府為他們訂做的「政治」小鞋。政治不再單純關於經濟，也不是國父界定的「管理眾人之事」，而是關乎眾人集體命運的事——臺灣的前途與未來不是政治精英的事，而應該是人民也可以參與甚至決定的事。運動期間公民團體自發組成的「街頭公民教室」，有來自大學各

學系的教授，從政治、經濟、法律、社會、文學、歷史、哲學等各種角度來分析服貿議題涉及的不同層面 —— 重新「補課」，讓「順民」轉為「公民」，是運動的精神。

事實上，「太陽花運動」之前，「哲學星期五」已從臺北蔓延至二十多個城鎮，類似的思想沙龍、讀書會、系列座談會也如雨後春筍般出現，社會正興起一股公共思辯熱潮，且不乏與轉型正義相關的議題。2013 年「共生音樂節」成立，至今仍是最大規模的「二二八事件」紀念活動。同年，雷震民主人權基金會也邀請了南非前大法官薩克斯（Albie Sachs）來臺演講，主題關於「轉型正義與和解」。2015 年，真促會策劃出版的《無法送達的遺書：記那些在恐怖年代失落的人》以及臺灣第一份轉型正義報告書《記憶與遺忘的鬥爭：臺灣轉型正義階段報告》，[5] 也在大小咖啡館與書店掀起風潮。

上述關於公民社會的一切討論旨在說明一件事：當前主導轉型正義與民主深化的，不是政府，也不是政黨，而是獨立自主且正在推進一種新政治文化的公民社會。當然，這並不意味著公民社會對於轉型正義與民主模式有了共識；相反，其動力正是來自介於採取司法起訴的「懲罰」模式與致力於歷史記憶保存的「和解」模式兩者之間的眾聲喧譁。唯一確定的是，「遺忘」不是選項！

不過，有幾個趨勢值得關注。首先，年輕世代對於轉型正義的支持，有逐步發展成世代差異的趨向 —— 在國民黨內也初現端倪，此次總統大選過後便有該黨青年中常委蕭敬嚴、侯佳齡等人主張黨產「魔戒」（亦即龐大財力的誘惑）必須處理，唯有拋開

5　呂蒼一等著，《無法送達的遺書：記那些在恐怖年代失落的人》（臺北：衛城出版，2015）；臺灣民間真相與和解促進會，《記憶與遺忘的鬥爭：臺灣轉型正義階段報告》（臺北：衛城出版，2015）。

黨產包袱才能真正實行改革（楊毅，2016）。雖然此舉晃動了該黨在轉型正義光譜上的立場，至於是否游移仍有待觀察。畢竟，數月前其青年黨團也批評黨產會既愛錢又「違法、違憲」（王家俊，2016）。

其次，雖然真促會致力於真相的追究與歷史記憶的保存，不過，正如前文提及，再多的記憶與真相的增添也不會改變「兩蔣必須為白色恐怖的苦難負責」的歷史定位，例如，史料證據顯示蔣介石經常將判決書更改為死刑，「獨裁濫權躍然紙上」（黃長玲，2015：161）；但是如何從這些「真相」通往「和解」仍是個大哉問。

再來，隨著近年來關於各國轉型經驗的學術著作與公共討論（特別是關於採取司法起訴的德國嚴懲模式）增多，臺灣大學歷史系教授花亦芬甫於 2016 年底出版的《在歷史的傷口上重生──德國走過的轉型正義之路》無疑是其中最詳盡的傑作（花亦芬，2016），公民社會在轉型正義光譜上向嚴懲模式移動的傾向並非不能察覺。事實上，第三大政黨時代力量的說法在許多時候相當接近德國模式，並試圖推動《白色恐怖受害事件責任調查與追究特別條例》，針對民進黨過去不曾主張過的人事清查來進行處理。不過，鑑於該條例內文也包括了「相關責任者主動陳明、揭露相關事件責任」得以免責的機制，是光譜上一個值得觀察的新立場（葉浩，2008：11-48）。

▌未竟之業

蔡英文就任總統（2016 年 5 月）隔月立法院旋即通過《促進轉型正義條例》草案初審，一個多月後黨產會開始追討國民黨黨產，蔡英文也首次向原住民做出了正式道歉，競選時的轉型正

義承諾似乎正在兌現，且同時在光譜上的「嚴懲」與「和解」兩端雙管齊下。不過，過去醞釀於民進黨學者與智庫的「雙重轉型」似乎並不在她的「眼前路」視野之中，僅就黨產議題處理，上述條例其實也引發了爭議。毫不意外，國民黨批評法律不該具有針對性；但原住民立委與學者也指責該法案僅就威權時代違反民主憲政秩序方面處理，無視島上過去百年來的原住民苦難。另一方面，不少期待轉型正義落實去殖民、讓臺灣具有完整主體性的人士，已開始感到悲觀或轉向支持傾向「嚴懲」模式的時代力量。

　　民主轉型涉及「價值翻轉」，亦即對於威權體制的全面拒斥，轉向認同個人自由以及保障人權並限制政府公權力的法治，但是一個新興民主國家中不可能所有的人都已經「翻轉」，因此必然產生價值觀念的時差（葉浩，2008：11-48）。不僅如此，「翻轉」的人之間對於如何處理過去、處理的速度也容或有輕重緩急上的認知差異，理念與實踐的距離亦有各種期待落差的可能，稍有不慎也會讓原本的同志感受到背叛。置於臺灣的脈絡，落實轉型正義不僅應該思索如何兼顧司法正義、法治建立與政局穩定，還應該開啟一條通往和解的路，也就是在諸多價值之間尋求一個適當的妥協，並正視島上不同族群（大中國、臺灣主體乃至於原住民）的史觀與實際經驗；與此同時，還得跟時間賽跑，因為正如國際刑事法院首席檢察官葛斯東（Richard Goldstone）所提醒，在受害者與加害者逐漸凋零、其他人也對於過往的恐怖記憶日益淡忘之下，「時間是敵人，不是朋友」。[6]

6　臺灣民間真相與和解促進會，〈實踐轉型正義，「時間是敵人，不是朋友」！針對民進黨再度拒將促轉條例排入院會新聞稿〉（2016 年 11 月 26 日），公民行動影音紀錄資料庫，www.civilmedia.tw/archives/57551。

　　不同價值間的妥協以及如何調整上述多重「時差」，是艱巨的理論與實踐工作。至今，新政府尚未提供一個可與過去「雙重轉型」論述比擬的系統性說法。摸著石頭過河是一種方式，但過程之中容易亂了陣腳且難以回應各方的批評，更遑論說服 —— 畢竟，那需要一套完整的轉型正義工程論述。「德國能，為什麼我們不能？」是個提問，不是答案。同理，「南非能，為什麼我們不能？」也無法說明此時此代的臺灣「為何」以及「如何」進行轉型正義。德國可援引源自西方自然法傳統的「普世人權」來審判納粹；南非的和解模式也有白人的基督教與黑人強調互相依賴的傳統「烏班圖」（ubuntu）精神為基礎。臺灣呢？鉅細靡遺地陳述他國經驗是起點，但不能取代我們針對自己的歷史脈絡與政治現實的規範性思考。首次關於加害者的「害」如何界定的研討會，2016 年 10 月於臺大舉辦。然而至今，一個完整的轉型正義論述，仍是未竟之業。

第十四章

開創新局，迎接憲政時刻？

▍重返選前之夜的三種訴求

　　2020 年的選前之夜，韓國瑜繼續批評小英貪腐並指控這幾年的改革為撕裂社會的亂源，然後率領高舉國旗的群眾呼喊「下架民進黨」！柯文哲則再次呼籲支持民眾黨，讓「三黨不過半，臺灣重新開機」。另一方面，蔡英文選擇以平和但堅定的語氣告訴支持者，「我們不需要仇恨對方，因為明天過後，他們仍然是我們的同事、家人、朋友」。

　　上述三種訴求反映的選舉策略依序為：（一）強化敵我之分，藉由把社會分裂為「良善的我們」與「醜惡的敵人」來鞏固我群的團結，而且相信自己乃那唯一可懲惡除奸的正義使者；（二）訴諸競爭對手（藍綠）的長期對立與走出對立之必要，意圖塑造出一個超越舊有政治框架的可能空間，同時讓自己對號入座為那一股如摩西帶領以色列人出埃及的力量；（三）傳達友善的訊息給對手的支持者，一方面讓他們知道就算不支持自己這一邊，也不會是敵人，而是選舉結束之後仍然要一起共同生活在這塊土地上的同胞，一方面藉此凸顯出自己的格局與高度。

　　鑒於勝負原因、技術問題以及民粹現象和心理分析，已有精闢的分析，本文無需贅述。筆者以為，重返選前的最後訴求，或許能在選戰的廢墟當中找到些許發光的碎片指引我們如何走出困境，縫合選戰造成的裂縫。

▌韓國瑜的險招以及源自國家認同的雞同鴨講

其實，除非法律明文規定為義務，成熟民主國家中的投票率從來不會百分之百，六成上是正常，超過七成則堪稱踴躍。自實施總統直選以來，臺灣的最高投票率紀錄是 2000 年首次政黨輪替的 82.69%，即使這次藍綠雙方各打危機牌也只有 74.9% 的選民走出家門投票。蔡英文創下的史上最高八百一十七萬二百三十一票，換算下來不過是可投票人口的 43.5%，或說臺灣總人口的三分之一。換言之，在五五波的兩方對峙下，勝敗取決於候選人能否激起支持者走到投票所。若是多方競爭，策略上採取妖魔化對手者則有優勢，畢竟人口金字塔的正常分布意味著傾向理性論辯的公民，遠少過於隨波逐流致力於欲望滿足的民眾。以七成投票率來計算，能催出投票人口三成五以上的一方即可獲勝。

這大抵是柏拉圖擔憂民主容易淪為暴民政治的理由。當今延續他講法最有名的例子，莫過於《反民主》作者布倫南，他倡議廢除普選制度改由知識精英來統治。在他眼裡，採取多數決的普選制度意味著決策實際上由那些非理性、想發財或自以為自己是全世界最正義的多數人所決定，根本危害那些具有理性並能冷靜思考，不讓情感沖昏頭的絕對少數。

其實柏拉圖並沒缺席這次大選，因為他的名言「不關心政治的人將會讓糟糕的人管」也在選前因雞排妹而廣傳。不過，這話還得放在底下脈絡才能理解。據他理解，雖然每個人都有理性、情操、欲望三部分，但每個性格穩定的人都受其一來控制另外兩者。他所設想由致力於實踐理性的哲君來統治的理想國，必須仰賴追求榮譽感的衛國士維持秩序，且天天想發財滿足欲望的眾人根本不能參政或投票。更重要的是，他理解情操的追求若失去理性將極其盲目，畢竟處死蘇格拉底的群眾也熱愛雅典，認為哲學

家破壞了雅典傳統並觸怒守護神。關鍵在於：我們能否將榮譽感或愛國情操的追求，引導至正途？

回到 2020 年的選舉，雖然韓國瑜的情緒性口號相較更能強化內部陣營的凝聚力，但其實也因此喪失了向外拓展票源的能力；反之，蔡英文的政績數據和政策解說，雖然能讓支持者清楚治國理念未來政策走向，對於不同意該具體內涵者，卻更難以說服。從結果來看，此次選舉由學者味濃厚且不善激情演說的蔡英文取得大勝，似乎意味著選民在幾次大選下來趨向成熟，即使不能直接解讀為臺灣人普遍偏好理性論述，至少也證明了多數人不容易被魅力型領袖的激昂修辭煽動。

不過，固然傾向理性與想發大財的兩種族群影響了結果，但榮譽感其實也扮演了關鍵角色，只是不同陣營的支持者能感到光榮和驕傲的基礎不同。揮舞國旗的韓國瑜支持者，不少是支持過去那個曾經對抗中共的中華民國支持者。他們珍惜過去的集體記憶，至今仍慷慨激昂地訴說那些可歌可泣的事蹟。他們並非認同中共，而是那個想像中的中國。借用中國的說法，嚴格說是「國粉」，而非韓粉。更如國粉般地，支持者不乏年輕人，但他們的憧憬不是來自親身經驗的記憶，而是一種因不曾經歷過而浪漫化國民黨的特殊情感，也是一種愛國情操。

另一方的榮譽感則來自遙想那個逝去的福爾摩沙、日本時代短暫獲得伸張的臺灣人主體性、未來可能的美麗島國，以及對於今日實踐於此地並得以區別兩岸的民主價值之認同。更重要的是，他們不僅追求著個人的獨立自主，不受父母的影響而投票，也拒絕讓集體屈服於強大的外人，而當強大外人意圖武力侵略時，他們會視其為敵人而非外人。

英國政治思想家約翰·彌爾於 19 世紀提醒過人們，自由的社會意味著多元，而多元則意味著價值觀差異與認同感的分裂，

若人民缺乏愛國精神或國家忠誠度來凝聚各自獨立的現代人，民主制度將窒礙難行。是故，他在捍衛個人自由與代議民主之時，也強調培養公民關心公共事務能力與愛國精神的重要。這種雙邊呈現對稱性的國族認同與榮譽感，才是難題。

▍柯文哲的模稜兩可作為一種老派情懷

　　選後至今不少國民黨支持者還在努力檢討年輕人，並將上述那種榮譽感與認同感繫於個人獨立乃至集體自主的年輕人，根本是被臺獨課綱洗腦的結果，或說李登輝時期啟動的教改惹的禍，甚至倚老賣老地檢討年輕人，批評他們是缺乏競爭力且不負責任的「靠爸黨」，拚政治但不拚經濟。批評者當中也不乏宣稱自己才是本地需要的知共派，甚至高舉自己為臺海兩岸最需要的緩衝，那些欠缺經驗的年輕人不懂其苦心。然而，筆者以為，年輕人的價值選擇不過是民主制度正常發揮的結果，更何況認同自己生活的土地更是再自然不過的事。

　　無論如何，威權體制需要順民才能良好運作，而順民的特質不外是服從權威，以為「依法治國」（the rule by law）就是法治，不敢妄論政治，並在缺乏參政機會的情境底下，轉向追求個人欲望的滿足，因此社會主流價值不外是個人成功與發財致富，而工程師、醫師、律師、會計師等的專業領域最受青睞。民主制度則預設了能進行理性思辯並做出好的價值判斷的獨立、自主公民。身為公民，他們勇於展現自己個性並拒絕任何的奴役與壓迫，不管是個人或集體，也理解「法治」（the rule of law）指的是針對政府的權力之限縮，而不是指毫無條件地守法。

　　據此，呈現於投票分歧的世代差異，不是草率魯莽與成熟睿智之別，也不僅是價值觀的不同，而是源自黨國時期的歷史遺

緒。我們引以為傲的民主轉型，寧靜革命，之所以平和順遂是因為不曾進行徹底的轉型正義。選舉制度可以一夜改變，但人的習慣並不會。幾十年黨國時期曾為順民的世代，當中仍有許多人至今仍不願意接受民主價值，更別說讓自己具備民主所需的公民精神。反之，獨立自主有自己意見的年輕世代，不過是民主發揮其制度性長期影響的結果。今日的世代差異不過是以黨國教育的遺緒操作民主制度的結果，也凸顯了一個事實：民主化沒有捷徑，跳級生遲早必須補課。

關於民主補課，相較於柏拉圖，倡議代議民主的彌爾可靠許多。他提醒人們民主本身是一種「妥協」，因為致力於真理的哲君不可能存在，而多數人也的確致力於追求欲望的滿足，所以君主制和直接民主都不符合人性與社會現實。對他來說，民主制度也是一種永不停歇的實習過程。這也意味著，民主化並非一種可以達到就不會退步的過程。每個世代都必須重新學習民主內涵；即使出生於民主制度底下也不會自然養成一個民主世代，有些學者口中的「天然獨」年輕人也是。

置於此一脈絡，我們不難理解柯文哲的醫生專業形象與崛起的關聯。一來，身為高學歷醫生的他本身符合黨國時期人們對精英的想像。二來，他的支持度其實也受益於黨國教育的遺緒。正如年輕人不一定就是天然獨，受這種遺緒影響的並非都是長者。相反，不少年輕人也相信專家才能治國，且治國就是拚經濟，凡事有標準答案，而答案只有理、工、醫科背景的精英才能知道。因此，過去政治一團亂都是臺大法律人當總統的結果。

於是，我們也聽到了「藍綠一樣爛」的說法。然而，不論就改革政績或價值理念上，年輕人就是能看出藍綠不一樣之處。姑且不論經濟數字，開放赴中投資和吸引臺商回流不一樣。支持同婚和反對同婚訴諸不同價值。捍衛臺灣主權和接受九二共識更象

徵著抬頭挺胸當臺灣人或屈服於中共兩個不同選擇。而這也導致了許多年輕人因為他的「兩岸一家親」口號而轉向，換言之，讓人看出了他在兩岸立場上與支持九二共識的藍營差異不大。

更重要的是，兩岸一家親的說法根本是國民黨政治風格的翻版，不喜歡把話說清楚，老高來高去讓人霧裡看花。這種和稀泥方式或許適合過去人民不能參政的威權時代，但在今天講求政治責任、政策課責性的民主時代行不通了。同理，柯文哲也未曾解釋需要重新開機的臺灣究竟是電腦出現了病毒？還是軟體設計本身出了問題？

從這角度看，柯文哲其實還頗為老派！

▍小英第二任期該擁抱的弱勢與改革承擔者

或許人人身上都是一個時代，柯文哲也不例外。只不過，當習近平指出「九二共識」就是一國兩制那刻，模稜兩可已是一步死棋。不但馬英九念茲在茲的「一中各表」立即被掃入歷史，國民黨也不能繼續藉此來包裝對中共的屈服。國家認同與文化認同，終歸是兩回事，想藉後者來偷渡前者已不再可行。堅持此說不但不會被西方民主國家當作一種老派情懷來欣賞，也不會受到尊重，更不可能藉此獲得邦交。同理，兩岸一家親之說既不能開創新局，也不會「超越」藍綠，甚至可以說，那充滿著想接收九二共識被戳破之後空下的模糊地帶之意圖。

人人身上都是一個時代也意味著另外幾件事。首先，個人身上背負的那個時代終究會過去，若硬要恢復，不僅不合時宜也等同限制了新一代人的選擇與前途。如果柯文哲的重新開機是想再造蔣經國的強人時代，那他誤會很大。已嘗過自由的年輕人以及走過威權但相信此時比較好的人，想必不會同意。

　　再者，沒有人能強壓自己的時代於他人身上。關於舊時代的記憶無論多麼美好，新一代人既參與不了也感受不到。歌功頌德並逼迫臺灣年輕人去熱愛與他們生活無關的神州大地，不是恢復大陸時期中華民國榮光的好方法，反而是一種鄉愿且會弄巧成拙。此外，唯有活著的人才能一起走下去，也唯有一起走下去才能共創一個新的時代。如果重新開機是這個意思，那即使柯文哲刻意沉默，我們也當嚴肅對待此事。

　　最後一點，那意味著我們應當理解大部分的人並非是時代的締造者，而是在特定時代底下努力生活的人，且不容易改變習慣了的價值觀念和生活方式。這是政治體制可一夕更換但人心不會的理由，但也正是如此當我們在推動改革時，例如年金改革，一定涉及到一群原先讓它運作的人，包括受益者。但改革的對象畢竟是制度本身，而不是在那制度底下守分並辛勤工作的人。若首當其衝的人避免不了經濟上的損失，那推動者尤須讓他們也能感受到改革的重要性和必要性。這需要採取清楚的論述來溝通甚至說服，並盡可能讓人能理解到那是為了讓社會更加公平正義，從而認同其價值並願意犧牲，甚至從中獲得一種榮譽感作為補償，畢竟他們也是改革的承擔者。同情理解而非仇視，也是高舉正義推動改革者必須補的一門民主課。

　　蔡英文在選前兩天也呼籲支持者，不管輸贏，大家都要張開雙手擁抱對手的支持者。想必這包括改革過程當中失去原先社會或經濟資源，轉而支持對手的人。當然，「擁抱」在此指的是讓他們感受到尊重，而非妖魔化他們或藉此進行敵我之分的操作。同樣應當擁抱的還有在過去長期被忽略的弱勢族群，特別是全球經濟一體化底下失去工作，缺少轉業技能乃至學習新技能機會的人。

　　根據德國政治哲學家穆勒（Jan-Werner Müller）的理解，民

粹現象是一種政治人物收割民怨的方式。若某位政客能取得廣大無助且憤怒的人民之信任，讓他們相信自己是唯一能聽得到、聽得懂他們心聲的人，才能代表他們，將能成功崛起。換言之，對體制不滿但無處伸冤甚至心生厭世感的人民，是必要條件；反之，讓社會經濟的相對弱勢族群能獲得足夠的社會福利照顧，感受到社會是正義的，則是不讓政客見縫插針，杜絕此類民粹的釜底抽薪方式。他們需要的是從「制度上」來感受到被擁抱！

無論如何，劃分敵我、分裂社會獲取政權者，將因人民整體必然包括了被界定為恨之入骨乃至必須消滅的敵人在內，而治國相當困難，除非接下來能以另一種方式來迅速凝聚對立雙方為共同體。至於提出具體政見而獲得勝選者，倘若之後不能完全履行承諾，勢必將是批評不斷，甚至讓支持者視為背叛而失去信任。

或許我們該慶幸，勝出的是心存對手支持者的蔡英文。不過，這也意味著提出政見的蔡英文其實正面臨更嚴峻的執政檢驗，她必須面對同一個被負面選戰策略撕裂的社會，並思考如何讓臺灣重新開機。

▌超越舊政治框架的重新開機

當然，重新開機的方式很多，像法國那樣重新立憲進入下一個共和為止是一種，北美十三殖民地脫離英國獨立也是，這個月底即將脫歐的英國則是另一種。隨意翻閱一下人類歷史，國家分分合合關機、開機或重新開機者多的是，不足為奇。而二戰之後最常見的，不外是前殖民地建國，內戰結束之後的後衝突和解工程，以及轉型正義的徹底進行。

關於這議題，曾遭受納粹迫害的猶太裔政治理論家漢娜・鄂蘭無疑提供了當代最豐富的思想資源。她強調人之所以與其他動

物不同，是因為能計畫未來，並採取行動來替自己開啟一條屬於自己的因果鏈結，也就是「創造啟新」的能力。一群人作為一個集體更是如此。他們不但可以創造一個屬於他們的時代，一個可歌可泣的共同故事，也能從戰爭的廢墟當中透過互相原諒與承諾絕不再犯，恢復一個社群甚至重新打造一個全新的國家。

　　當然，一群人最終願意以什麼方式來重新開機，取決於他們自己的意願。停戰和解、建國，立憲乃至修憲，對鄂蘭來說都是選項。唯一不得違背的原則，是不讓任何一方受到壓迫。而所謂的壓迫，不僅指涉有些族群的聲音或意見刻意被排除，或未經共同協商的多數暴力，更重要的是，既然目的是在於重新開啟，讓所有參與者共同打造一個屬於他們的新故事，那就不該以某個族群的史觀或集體記憶作為前提，因為那等同把所有人的未來硬是限制在某一個框架。未來是開放且是屬於每一個活人的，是開放就不是被鎖死在過去某些人在某時間點上的想法。

　　根據鄂蘭的理解，集體記憶是某一群人過去的經驗，如果那是可歌可泣的故事，那值得他們及其後代傳頌，但不該以否定他人的歷史經驗或記憶。更何況，就算是同一群人的歷史或傳統，也不該成為故步自封、裹足不前的力量。相反，她說，真正具有權威的傳統應該如同庇護子孫的先祖一樣，是為了賦予後代力量去追求與開創屬於他們的時代，而不是為了讓他們綁手綁腳。一如擁有自己人生的孩子並非父母的財產，後代子孫的前途更非先祖所能決定，也不應該如此！

　　置於臺灣的政治脈絡，筆者以為，召開國是會議共同商討修憲或制憲，或許可作為第一步，且能真正落實小英選前之夜最後訴求的精神。主要理由有三。首先，現有的轉型正義方式不足以促成國家重新開機。一來，正如當今被視為成功的轉型正義，例如被視為典範的德國的司法起訴途徑或南非以真相換取特赦的和

解模式，落實方式皆設定在憲政層次上來進行。二來，如果我們是為了鞏固民主於族群和解之上才進行轉型正義，那就該避免所作所為都可以被放入藍綠惡鬥的政治框架來解讀。層級設定在行政院底下的促轉會本來就難以施展，被汙名化成「東廠」之後更難承擔國家重新開機之大任。

再者，關於憲政體制的國是會議是一個讓所有不同黨派、族群以及公民社會參與決定共同命運的契機，一個國家所能提供的最大政治舞臺。而根據鄂蘭的說法則是這才是「政治」的本質。一群人自我作主，集體而言不讓他人管，彼此之間自由且平等來共同商討、共同決定未來，也是古希臘時代的「民主」意涵。然而，臺灣這塊土地上卻從來沒有過一次這樣的憲政時刻。筆者以為，國是會議的召開比直接訴諸制憲或修憲更為根本，因為，畢竟那應當是舉國上下人民共同商量或爭辯之後的決定。國是會議是重新讓國家前途回到活著的不同世代人手上的方法，而既然讓我們重新回到一個可以決定未來，可以重新開啟一個屬於我們的故事之際，無需事先預設制憲或修憲，而是首先讓制憲與修憲再次成為可能的選項！

第三，絕大多數生活在臺灣土地上的人，來不及參與國民黨建立中華民國的光輝歷史，在實際生活當中反而體驗到了國民黨的軍事鎮壓，白色恐怖以及失去聯合國代表一中的席次等事蹟。與其沉緬於過去的光榮，抑或持續因為不存在的九二共識而繼續失去年輕世代的支持，國民黨不如攜手與民進黨共同打造一部真正讓國人能驕傲的憲法，更何況，也唯有國民黨以及其他政黨的配合，才可能修憲。蔡英文在 2020 年選前的呼籲若可被解讀為走向和解的橄欖枝，在兩岸論述被人民以多數決否決的國民黨，不得不認真思考此一可能。無論國是會議的結果如何，這是讓所有政黨能針對國家未來提出說法、辯論，並讓人民透過複決的一

個偉大時刻。筆者以為，沒有任何一個時刻比此刻更重要，更能創造讓後代子孫同感驕傲的偉大事蹟。

決定未來的時刻

英國開啟的現代民主與古希臘民主最大差異是在於後者是一種集體作主的實踐，但前者則指涉一種奠基於法治的主權國家，起源於近代主權國家體制當中。這種源自《西伐利亞和約》的體制讓一國的政府成了對內最高，對外也不屈從於其他國家的政治權威。如此的現代國家不僅備有過去任何國家皆不能准許的通敵，也為了防範統治者的權力過大與腐敗而做出了特定的限制，例如三權分立以及定期的選舉，都是預防措施。換言之，法治本身即反對人治，也因此在這樣的現代國家當中，沒有個人可充當體制外的掮客或高舉自己為法治之外的緩衝。然而，我們的憲法本身卻製造了這樣的模糊空間，讓特定人士可藉此來操作老派的人治政治。

無論如何，太多的政治紛爭肇因於 1946 年訂定於南京之後飄洋過海來臺灣的中華民國憲法，雖歷經七次修憲仍留下不少體制上的問題，包括總統制或內閣制的模糊難辨，從而造成了總統職權行使上的各種被惡意解讀的可能，加上監察院和考試院是否存續或改造，以及立法委員席次是否該重新考慮等等，一部符合現實、符合國情的根本大法才能獲得國人以及國際社會真正的尊重，才能杜絕老派的掮客政治。

另一方面，國人已清楚地否決了國民黨的兩岸立場和那個事後建構出來的九二「共識」。正值黨內重新辯論兩岸論述之際的國民黨，擁有的歷史包袱太重，傳統也不再是賦予後人邁向未來的力量，而是讓青年世代的未來卡在先人留下的因果鎖鏈當中，

若想再起，與其訴諸過往不如再造讓這一代人真正能尊敬的光榮。這不但需要智慧，也必須和民進黨政府合作，但卻也可能是短期之內國民黨能脫胎換骨並且在臺灣史上扮演關鍵角色的時刻。無論如何，抓著過往事蹟不放的，不是真正具有歷史感的，是在對抗歷史、對抗現實，而且注定失敗，因為時代總是屬於年輕人的。

　　此時，開放的未來正對島上人們開啟，能否抓住這機會讓我們走出舊有政治格局，不只關乎一個人的歷史地位，而是整個國家的未來！

第十五章

民主跳級生遺忘的政治妥協藝術

▌民主跳級生

　　2018 年，唐獎法治獎得主拉茲來臺領獎，筆者有幸邀請他上民視臺灣學堂「哲學談　淺淺地」節目進行專訪，闡釋他個人的法政思想。錄影之後，他問及此前演講時聽眾提到的轉型正義。我跟他說，「和解」（reconciliation）並非本地的文化傳統，雖然有「慈悲」或「放下」部分重疊的想法，但政治思想傳統當中其實不存在真正相似的概念。他滿臉訝異，但未多說。事實上，對一個倡議不同的世界觀之間存在完全無法溝通之可能的多元論者來說，這不意外。

　　然而，「和解」的概念正是源自拉茲本人的文化傳統，也就是猶太教。正如英國的猶太教首席拉比薩克斯（Jonathan Sacks）在《差異的尊嚴：如何避免文明衝突》（*The Dignity of Difference: How to Avoid the Clash of Civilizations*）一書所解釋，猶太信仰的核心教義就是和解，而上帝與人類的故事就是一部關於上帝主動原諒人類，並尋求與犯了罪的人和解的故事。

　　和解，是加害者承認錯誤並道歉，受害者接受道歉並放下仇恨，不再計較，也就是放棄了自己原本「理應可進行報復」的權利，讓兩者關係恢復到原初，或至少不是敵對的狀態。猶太教相信的上帝耶和華是一位在人類尚未悔改認錯，便主動原諒的神。而和解，在舊約聖經當中，不僅是一種人必須遵守的誡命，也成

了一種固定儀式，不僅涉及個人之間，也適用於族群與族群的關係，是上帝子民的一個義務。

當然，這教義說來容易，落實起來卻相當困難。人，畢竟不同主動選擇原諒的上帝，也不會因為自己是勝利的一方就願意大度原諒另一方，即使另一方是加害者且已成為相對弱勢。對仍然處於弱勢的受害者而言，這更是難上加難，甚至是一種甘願與暴力妥協的怯懦立場，甚至，拉茲的好友以色列哲學家阿維賽・馬格利特在其轉型正義研究當中亦曾指出，倘若受害者不在人間，後代的子孫更可能感受到一種道德壓力，亦即深感「替先人接受原諒」是一種背叛。

追求轉型正義者都明白時間不是朋友，是敵人。阿維賽・馬格利特的觀察替這說法增添了一層注解。時間不只會讓受害者在未得到平反、正義（加害者道歉或接受某種形式上的懲罰）尚未彰顯之前就過世，也可能讓受害者家屬更深感必須為凋零的前輩奔走，否則形同背叛。這不一定適用於所有受害者家屬，但，我們也不應替他們選擇原諒！

以拉茲的話來說，即使兩個同樣重要的價值亦可能在實踐上彼此衝突，必須選擇，且擇取的理由不是兩者的高低之分，而是關於想當一個什麼樣的人？一個人選擇替過往的後害者爭取應得的平反，我們或許可以指向自己認為重要的其他價值，但不該指責，也沒有更高的道德立場來要求他放下負罪感。

▌價值多元論的基本想法

上述關於價值衝突的說法，是拉茲的政治哲學核心思想，以他的術語來說是一種「價值多元論」（value pluralism）立場。作為當代世上最重要的法政思想家之一的他，講的道理其實簡

單，懂得忠、孝不能兩全的人，一定能明白身陷道德兩難的人必須做出選擇，而怎麼選，則意味著他想當一個孝順的人或忠於國家的人。現實環境時常逼迫人們做出選擇。歷史上許多可歌可泣的故事，包括愛情故事，不乏以抉擇兩難作為主題。

關於道德兩難及其政治意涵的論述，首推拉茲的牛津老師兼朋友以撒・柏林的政治妥協理論。縱覽整部西方思想史過後的柏林說，過往的哲學家與革命家幾乎清一色都是「一元論」（monism）信奉者，認定世上的問題只有一個答案，而且一定可以用理性的方法找到那個答案，且所有的答案彼此之間必然沒有衝突。

對一元論者來說，真理必然只有一個，真相也是。而且世界上的苦難或問題，往往可以歸咎於單一原因，只要解決了那個因素，美好的社會將會成真。那個單一原因，可以是存在每個人身上的人性（例如「人性本惡」或猶太－基督教所謂的「原罪」），可以是一個階級（例如共產主義革命分子所認為的資產階級），但可以是一個族群（例如納粹眼中的猶太人），甚至是一個政黨或單一個人，只要消滅了他們，一切問題就解決。

相較於這種簡單歸因，且不論問題的理解或解決問題的方案，思考的起點與終點都是從單一的觀點、角度乃至科系學門出發（例如：社會問題、政治的問題都是經濟問題），柏林提出的價值多元論主張：世上值得追求的價值多元繁複，好的生活也不只一種，甚至，諸如「自由」、「平等」、「正義」等政治改革者念茲在茲的價值，也不只有一種理解方式。例如，自由可理解為消極地「不受他人干涉」，也可理解為積極地想要「獨立自主／當自己的主人」；平等亦至少有「齊頭式平等」或「按照差異給予不同對待」兩種，彼此之間在概念上無法相互化約，也就是把兩種理解歸類為同一種，而且在實踐上常常會彼此互斥。是

故，即使雙方宣稱都在追求自由或平等的兩造，可能理解的不同，落實的方法有異，甚至可以因而產生嫌隙與衝突。

一個價值多元論者會從不同的角度來理解世界，並試著從異己的觀點來觀看世界。拉茲本人借用了心理學的「格式塔轉換」概念來說明這種差異和理解的可能。就像人們可以把右邊這張圖看成花瓶或兩張對看的臉，雖然一次只能看成一種圖案，但其實有能力在不同時間看到兩個。下一點功夫，我們將能暫時擱置自己看法，去理解另一個人的世界觀。

有價值信仰才能談妥協

或許有人想問：如此簡單的道理，何必需要一個思想家來告訴我們？日常生活不就是如此嗎？問題剛好在於，偉大的思想家或偉大的革命領袖，往往是自認為手上握有真理，且是唯一真理的人。他們以先知乃至救世主的姿態降臨群眾，揭示世界的唯一真相、即將或必須變成的那種世界之樣貌，沒空理會日常生活的瑣碎，向人們訴說其異象或天啟都來不及了，哪能浪費時間傾聽異己的聲音。

另一方面，即使人們有能力同情理解他人，也不代表總是有意願；甚至許多時候，直接批評持不同意見者，更加簡單方便，連下一點功夫都可以省略。更重要的是，如果我們承認對方想的也有道理，那將衝擊到我們對自己信念的堅持，而且必須接受如

此承認的另一個後果：學習與異己和平相處，並就不同的看法上達成某種「妥協」（compromise）。

正如柏林堅稱的，倘若我們不希望看法不同或觀念上的差異最後衍生成社會對立或更嚴重的政治衝突，我們應當盡可能地去同情理解另一方，然後想辦法達成某程度的妥協或共存之道。前者等同一種放下自己、傾聽他人的修為，後者則更是一種涉及首先必須弄清楚自己真正想法，自己到底在堅持什麼、和為什麼價值堅持的自省，然後據此和他人溝通和爭辯的政治活動。

這正是價值多元論者所主張，身為一個人來回應「價值多元」這一個事實最適切的回應方法。選擇不同價值的他人，與我們一樣都是人，甚至與我們同樣理性客觀的人，也可以在眾多的價值當中，做出與我們不同的選擇。

所謂的妥協，絕非模稜兩可或似是而非，或故意把話講不清楚的高來高去手段。相反，對柏林與拉茲等人來說，唯有把話講清楚、說明白，弄清楚自己堅持的價值，並試圖讓人理解，才是進行妥協的第一步。

舉例而言，面對虎視眈眈不惜以武力侵犯的強大鄰國時，想在主權上讓步以換取安定，必須清楚告訴人民此時以安定為重，因此某程度犧牲了主權。若堅持主權的不可退讓，則須極力捍衛，並想辦法安定民心。拋出一種兩邊似國非國的論調，是一種不僅無從欺敵，也說服不了人民的障眼法，甚至會讓自己在國際社會當中陷入其他國家無法幫腔的窘境。

正如一個面對忠孝不能兩全必須選擇的人，擇取其一不意味著對另一個價值的拒斥，畢竟，是同時感受到兩者之重，才會不論選取哪一個都留下遺憾，才有兩難。不上戰場而回家照顧年邁雙親的人，是孝順，但並不代表他不在意國家安危或榮辱。選擇走向前線護國的人，也不代表毫無保家的意願。選擇的必要，是

因為人生處境、現實條件不允許兩者兼得，而非不想兩者兼顧。

▎政治妥協的（道德）底線

是故，因為堅持了兩相衝突或不可能同時落實的價值，才須妥協；只能感受到單一價值重要性或糊裡糊塗的人，不會有兩難的抉擇！想必讀者至此開始意識到了，這種說法與我們語境當中的妥協不盡相同。當我們聽到中文的「妥協」兩字時，浮現腦海的似乎是那些缺乏中心思想、沒有原則的人，或見風轉舵的騎牆派，甚至是作為醬缸文化特徵的和稀泥。

前文提過的以色列思想家阿維賽‧馬格利特於 2010 年出版的著作《妥協與爛妥協》（*On Compromise and Rotten Compromises*）剛好對上述的讀者，提供了一個值得探討的論點。他指出民主制度底下的妥協，大多稱得上是可接受的「適度」（decent）妥協，但人們必須提防一種超越了道德底線，也就是對人施加「永久的殘忍與羞辱」的爛妥協！

阿維賽‧馬格利特似乎對民主憲政體制深具信心，因此他的主張其實允許了某程度的「不公義」得以在正當程序之下維持一段時間（精確地說，一個世代）──倘若如此可以換得走出僵局的機會，且那種不公義可以在穩定當中持續消弭。換言之，走出僵局是妥協的主要目的。一個傑出的領導人或一群稱得上政治家的人，必須在考量僵局的繼續下去和與對手做出某程度的相互讓步之間，擇取後者，才對得起人民，才能讓民主運作下去。妥協於是乃一種政治對話與協商的過程，而且不該以無限上綱己方原則的方式來進行。

根據上述標準，除非對方的要求超出了上述的底線，例如向迫害特定族群、進行種族屠殺的獨裁者俯首稱臣，否則都該以走

出僵局為重。對此，美國政治科學家古特曼（Amy Gutmann）和政治哲學家湯普森（Dennis Thompson）憂心忡忡，認為阿維賽·馬格利特的論述對妥協的接受程度過於狹隘。於是，他們在 2012 年出版的合著專書《妥協的精神》（*The Spirit of Compromise*）一方面深化政治妥協的概念，一方面試圖修正阿維賽·馬格利特的論述。

他們對阿維賽·馬格利特的主要回應是：首先，在某些歷史條件底下，讓某種不義的情況維持超過一個世代，也可能是一種必要，因為其結果將利大於弊；因此，我們不該預設立場，認為一個世代的時間是我們對不義所能容忍的最長時間；再者，就算阿維賽·馬格利特的原則可以運作，也不代表所有符合該原則的妥協，都是適度的，畢竟，滿足這條件的妥協可能在另一方面或對另一群人造成更多的不義；最後，在政治協商正式開始以前就預設立場，限制協商的範圍或選項，根本無視協商的本質乃且戰且走，瞬息萬變之下一切都有可能。

換言之，好與爛的妥協其實無法事先取得一個清楚的界定，畢竟，此舉等同於設立了一個「不容妥協」的標準，根本犯了一種邏輯上的自我矛盾。替妥協設下了該與不該的界線，反而壞了願意進行政治妥協的精神；既然是必要，就不該設限！

▎政治妥協對民主來說為何必要

事實上，《妥協的精神》的兩位作者是美國長期倡議「審議民主」（deliberative democracy）的重要學者，而轉向「民主妥協」是其關於審議政治理論的最新發展。該書正文的第一句話即是：「妥協是困難，但治理一個民主國家卻不進行妥協，根本不可能！」

　　過去，審議民主的核心概念是「理性共識」。倡議者相信，人們的意見不同乃至衝突，肇因資訊掌握的多寡有別，因此，在一個資訊完全充足的情境底下，理性的人應當會做出相同的判斷，而民主就貴在人們願意保持一種開放的態度，亦即對自己手上所掌握的資訊與證據，不過分自信，且願意在更加充分的情境之下改變原初的想法。知識上的某程度謙遜，加上理性溝通的意願和交換彼此的資訊，是審議民主實際運作的過程。

　　然而，此時的古特曼和湯普森則認定，政治妥協的實際進行不免涉及多種具體措施的混搭，不僅彼此在邏輯上衝突，道德上也可能互斥，但，願意接受這種「價值衝突」的處境才是真正的妥協。取消了阿維賽・馬格利特所設定那一個絕對性的道德原則，反而讓協商的空間更加寬廣。更精確地說，廢除了一個被認定是神聖不可侵犯的原則之後，其他各種原則反而從此可以進入談判桌上來討價還價，讓雙方走出僵局的可能性增大。

　　這才是《妥協的精神》一書的標題所欲傳達的訊息。對作者來說，不僅民主制度本身不該拒斥政治妥協，審議民主才是最能容納並彰顯此一精神的制度。甚至，他們援引了德國哲學家哈伯瑪斯 1994 年著作的一句話，來宣稱此一審議民主理論的創始人，自始即認定政治妥協是其不可或缺的一環。

　　如此一來，原先高舉理性共識之可能並拒斥價值多元論的審議民主論者，終於往柏林六十多年前開始倡議的「不穩定平衡」（precarious equilibrium）概念靠攏，並和長期主張「暫定協議」（modus vivendi）的另一位價值多元論代表人物約翰・葛雷進行了理論上的某種和解。

　　不過，古特曼和湯普森的主要思想資源，來自 19 世紀的英國自由主義者兼代議民主的理論奠定者約翰・彌爾。上述的柏林、拉茲與葛雷三者，其實也都是彌爾追隨者。彌爾強調，民主

制度底下的人們當然要致力於捍衛並試圖徹底落實自己的理念，但是，在時機尚未成熟之前，妥協是一種必要，特別是當對手的立場其實並非全錯，且讓步之後反而可以讓局勢有利於自己所堅持的理念之落實的時候。據此，古特曼和湯普森進而主張，倘若雙方各退一步可以走出僵局，而且妥協的方案並不會違背我們的目標與原則，那麼，我們就不該堅持不惜任何代價也要把理念進行到底，且一次達標的想法，而是選擇各退一步，讓騰出來的空間成為各自能再次施力的地方。

▎妥協的精神及其主要敵人

值得一提的是，《妥協的精神》一書並非出自於單純學術旨趣的著作，而是企圖喚醒曾經存在美國歷史，讓民主得以順利運作的一種精神。而兩位作者之所以從理性共識轉向政治妥協，某程度反映他們對美國民主的看法，試圖在逐日陷入困境的僵局的兩黨政治，特別是在立法過程當中，尋求一條出路。

對該書兩位作者來說，政治妥協出自於務實的考量，但本身是一種雙方「互相尊重」的展現，是讓兩黨能以一種亦敵亦友的方式來進行政治的方式，因此也是一種政治文化，且應該是民主制度的日常一環。

進一步解釋，政黨政治當然是以兩個以上的敵對政黨為基礎的競爭，但，此處的「敵對」是一種修辭，並非真的是一場你死我活，必須殲滅對方的戰爭，而是各自藉由政策與說服能力來爭取選票的競賽。選舉過後，雙方連同選民都會繼續存在，沒有人應該在任何一場競選過程當中被徹底殲滅或離開共同的社群。因此，競選過程的敵人，在競選過後仍是同一個政治共同體的朋友。

然而，《妥協的精神》指出，在過去頻繁且任何一方愈來愈

難以大獲全勝的選戰當中，你死我活的對立從競選過程延續到選後的政治日常，甚至是一切的立法與施政過程。政治人物的相互尊重不再，必須彼此合作、容納對方意見才能在辯論過後順利推動法案的情境，也幾乎省略，轉為直接訴諸選民或媒體，導致政策意見的不同提升為社會對立。

原本應當秉持的審慎精神與理性對話，當然日益困難，而妥協不但幾乎不可能，任何意圖採取和對手進行某程度妥協的政治人物，甚至會在唯恐天下不亂的媒體渲染之下淪為背叛者、立場不堅定的騎牆派，然後遭到己方政黨和選民的唾棄。

古特曼和湯普森提醒，即使捍衛個人自由毫不妥協的約翰・彌爾在競選國會議員的時候，也同樣表現出死也要將自己主張進行到底的決心，以無限上綱特定的價值來激勵選民，贏得選票；但是，當選之後他卻願意尋求與對手合作，進行妥協，不讓對立延續到選後！

一言以蔽之，競選期間與執政期間是不同的時期，仰賴不同的策略與做法。政治人物混淆了兩者不但讓自己疲於奔命，也會讓政治淪為無法停歇的對立。換言之，選上的政治人物不該馬上想著連任，把選戰精神和策略延伸至就任期間。敗選的人當然也不該盡一切手段在這期間進行選戰的延長賽。另一方面，媒體更不應該刻意斷章取義或樂於見縫插針，關於任何政治議題的報導也不該總是聚焦於誰輸誰贏。這樣的政治文化與媒體文化導致妥協難以進行，若不立即制止，美國的民主運作會持續惡化，最終徹底撕裂社會。

▎民主跳級生來不及修的一堂課

閱讀至此，想必讀者對於古特曼和湯普森兩位美國政治學者

的擔憂並不陌生。同樣的政治現象與媒體文化，在本地不遑多
讓，甚至有過之而無不及。然而，我們缺乏「妥協精神」嚴格說
並不是一種政治傳統的遺忘，而是揮之不去的威權遺緒使然，而
且與「寧靜革命」民主化過程有關。

　　首先，讓我們先確認一件事：民主制度除了選舉之外，還必
須有（一）「法治」的落實，其核心為人權的保障，通常以憲法
一方面明文保障人民基本權利，一方面限制公權力的行使，並以
三權分立方式來防範權力過於集中於特定政黨或機構；（二）人
民具備相應的「公民精神」，亦即關心公共事務，並負責任地使
用自己手上的選票；再加上（三）特定的「政治文化」，亦即公
民與政治人物願意採取理性溝通和對話的方式來理解與爭辯政治
議題──如果古特曼和湯普森正確的話，也包含「妥協精神」在
內，民主才能順利運作。

　　再者，之所以稱臺灣的民主化為「寧靜革命」，當然並不是
說過程中沒有經歷過激烈的社會運動或學運，畢竟，黨外運動和
民主抗爭在解嚴前後都不曾斷過。其「寧靜」之處在於，一來未
曾掀起許多國家曾經歷過的大規模流血革命，而是政權和平轉
移，二來轉型過程當中也沒進行過歷史清算，特別是並未針對威
權時期參與白色恐怖或各種侵犯人權政策的官員，進行真相調查
與清算，即逕行實施選舉制度。此外，我們才以短短數十年時間
就完成了西方民主國家花了兩百年才達成的基業，從威權體制轉
為民主普選制度。

　　這當然是一種政治奇蹟。不過，並非沒有代價。相較於許多
晚近民主國家經歷過落實轉型正義來建立法治，包括制定新的憲
法，軍隊國家化，進行關於過往侵犯人權體制參與者的人事清
查，一方面杜絕威權復辟，一方面彰顯捍衛人權的決心，並還給
受害者在威權時期所不可能獲得的正義，我們的寧靜其實也意味

著錯失了鞏固法治，宣示不讓侵犯人權事件再犯的決心。

另一方面，雖然英、法等國家經歷了兩百多年的民主化過程，但那卻是一個人權法治思想扎根的過程。換言之，國家採取了民主制度不是因為統治精英的思想轉變，也非迫於國際壓力，而是對於日益壯大的公民社會民主訴求的回應。然而，我們的跳級式成就，意味著選舉制度的運作，必須仰賴長期接受黨國教育的人民自行覺醒，從服從權威、唯命是從的「順民」轉為認定自己是國家主人的「公民」──亦即否定黨國教育所教導人的「政治乃（政治精英）管理眾人之事」，開始相信政治是各種公共事務的參與，關乎集體命運的決定，沒有人能置身事外。

▎威權遺緒和妥協政治的困難

事實上，民主跳級生來不及修的那一堂課，內容包括了妥協政治的重要性。因此，我們除了也有古特曼和湯普森所指出，阻礙美國的妥協精神之類似條件之外，亦即包括政客過度在意連任，把競選時期的策略與心態帶進了就任期間，加上見縫插針的媒體文化，導致政治不斷兩極對立化，我們還有一個尚未妥善處理的威權遺緒，以隱微的方式妨礙著民主妥協的進行。

進一步解釋，讓我們首先考慮黨國教育的一個明顯後遺症。正如前文提及，缺乏轉型正義之下的臺灣民主，運作上自始必須仰賴原本接受黨國教育的人能自主轉變為具備公民素質的選民，然而，這並不容易。姑且不論這教育致力於灌輸對特定政黨歌功頌德，對特定的領袖崇拜，並妖魔化敵方意識形態以及過往政敵等內容，其教導的思維方式正是上述拉茲等價值多元論思想家們努力提醒人們應該避免的「一元論」：歷史只有一個正確的（中華民國正統）史觀，政治是由上而下的管理，僅關乎經濟發展，

對複雜的社會問題採取了簡單歸因的理解方式（例如相信經濟奇蹟乃一黨甚至一人之功勞），而相信任何問題只有一個標準答案！

「簡單歸因」和「領袖崇拜」當然是民粹的主要特徵，如果說臺灣政治有民粹的現象，其根源當可追溯回過去的黨國教育。雖然幾次政黨輪替已經讓多數人不相信任何造神文宣，但，也不乏對過往威權時期的懷舊者。不過，本文在此更在意的是，欠缺多元想像的思維方式，也是一種威權的遺緒，且禁錮著我們的政治運作，也是讓古特曼和湯普森所倡議的民主妥協難以進行的因素之一。

如此理解，「國民黨不倒不會好」這種想法，本身也是拜黨國教育所賜，而國民黨正是始作俑者。然而，比這更隱微地影響，也可見於對政治妥協的直接拒斥。這是一種強烈的道德立場。過去，一個異議者面對獨裁者時拒絕任何形式的妥協，是一種道德立場的宣示，也是高貴人格的展現方式。然而，在沒有獨裁者的民主時代底下，拒絕妥協雖然可能宣示特定的道德立場，卻可能不具有對抗獨裁政權那種高度，而是一種堅持諸多價值當中之一（例如環保或經濟發展）並將它無限上綱的展現。

如果說美國忘了妥協精神，是因為政客和媒體把公僕的就任期間當作競選的延長賽（或預備賽），那臺灣對於妥協的拒斥原因，則再加上我們把威權時代的思維習慣與心態，帶進了已實施選舉制度的民主階段。

誠然，制度可以在一夕之間改變，公民精神的養成與政治文化的形塑卻不可能。落實轉型正義是出路，但無奈上述威權遺緒的兩面，也影響了我們對轉型正義的理解與實踐。

▌轉型正義即是一種妥協政治

　　根據美國法政學者柯琳・墨菲（Colleen Murphy）的權威性專書《轉型正義的概念基礎》（*The Conceptual Foundations of Transitional Justice*），轉型正義基本上是一種關於不同種類的正義與不同道德要求之間妥協。此一理解正好符合筆者十多年前根據柏林與拉茲的思想提出的主張：轉型正義嚴格說不是「一種」正義，而是在特定的歷史情境底下，必須在司法正義（對個人咎責），分配正義（因為涉及補償或賠償，需要動用國家資源），代間正義（例如黨國時期的特定公務人員享有相較於民主化之後公務人員的優惠存款利率）之間，以及人權、原諒、和解等諸多道德價值之間，做出權衡。

　　人們常說的「德國模式」或「南非模式」嚴格說並不是「一種」模式。前者採取司法起訴的方式來面對過去侵害人權的政權及其官員，南非也的確允許了加害者以交代真相來換取特赦，但這兩個國家的做法並不是從模式出發，按照特定藍圖進行。相反，他們都是在不同價值之間擇取了認為重要的價值，加上政治與社會現實條件的考量，制訂出他們所認為最可行的方案。

　　進一步解釋，德國訴諸的理據假定了一種次序：以人權為目的的自然法高於憲法，更不用說白紙黑字的一般法律——是故，針對侵犯基本人權的法律追訴，不受法治原則如「不能溯及既往」所推翻。之所以能如此，是因為他們的法律傳統當中包括了自然法，所以可以據此認定納粹政權制定的那些違反人權的法律其實「違法」。更重要的是，當法院以「違反人道罪」來定罪時，其實是再次伸張了西方法律傳統本來就應該捍衛的價值。

　　相較之下，南非並未援引層次上高於國家法律的自然法，而是訴諸了兩造能接受的政治高度，亦即穩固社會、不進一步激化

原有衝突的目標。其根本屬性是政治，不是為了落實特定模式或道德理想，也不涉及無限上綱的「和解」價值來進行。不過，他們的做法實則仰賴了南非白人的基督教神學與黑人的「烏班圖」文化，剛好存在一個相通的「和解共生」想法，並以此作為進行歷史清算、還受害者公道的一個方向，且實際制訂的解決方案，也是考量了許多現實條件才做出的權衡之計。

正如墨菲所說，轉型正義的「正義」指的其實是妥協結果的適當與否，因此可以有程度上的差別。據此，倘若我們把人家的妥協結果，也就是特定歷史脈絡底下，多種價值之間的權衡，加上和現實的磨合，當作一個可移植到他國的「模式」，其實等同把世界當作黏土硬塞進去一個模型的想法──其本質無異於那種自認為手上握有真理，或世界上只有一個價值值得追求的一元論心態，亦即柏林所謂缺乏歷史感與現實感的「生搬硬套」。

是時候告別和稀泥醬缸文化

轉型正義讓德國走入了新的憲政主義時代，也讓南非重建了分裂的政治社會。雖然兩國訴諸的理據層次不同，但成功的共通之處是，不讓過往的事件或歷史記憶繼續維持在原本的認識框架當中，而是有了另一層「新」的意義，其內涵是由新的意義框架所賦予。

德國的「新」在於以司法途徑再次確立自然法與人權作為政治與立法的最高指導原則。南非的「新」則首要在於揮別過去的敵對與仇恨，讓社會步入另一個階段，使雙方得以走出過去那個舊有的「理解框架」，不再從兩個族群原先的高度（例如：族群史觀與價值觀）互相審視對方，而是從一個「未來」的團結政治社群之視野，來端詳此時的現實，從而攜手走出各自表述的歷史

與經驗。不論其終極目的為何，兩者的轉型正義工程都是為了與前朝的政治制度與價值體系劃清界線，從而開創出一個真正的新時代！

是故，與其爭辯德國或南非「模式」孰優孰劣，抑或進行轉型正義的路線之爭，不如認真開始社會對話，讓不同的過去理解與未來想像進行爭辯，並藉此過程確立我們的社會到底追求什麼價值——社會穩定、族群和解、應報正義、人權或法治等等，都是重要且不可忽略的價值，只不過，我們必須記得，並非所有的價值可在同一時間百分之百徹底實踐，因此必須做出妥協。

當然，妥協不是和稀泥的醬缸文化。事實上，前總統馬英九曾在 2006 年採用了葛雷提出的「modus vivendi」（其字面意思為「活路」）概念，提出了兩岸應該發展一種國際參與的「暫行架構」之方案。[1] 然而，執政之後實際執行的「活路外交」卻是在「一中原則」底下沒有國際參與的做法。姑且不論這種做法是否為阿維賽・馬格利特所說，是一種對於不義政權的屈從，既喪失了道德底線，也損及了自身的價值與尊嚴的「爛妥協」。根據古特曼和湯普森的說法，預設立場且限縮選項的協商，根本稱不上妥協，更不是讓人能走出僵局的方法！

或許，故意把話講不清楚，高來高去的和稀泥政治，正是讓「妥協」長期在中文語境底下含有負面意思的原因。而面對權力即放棄立場或道德底線，甚至與之靠攏，更是人們厭惡的見風轉舵式妥協文化。

然而，本文所討論的妥協精神，並不是立場不堅定的騎牆做法。相反，那是唯有以堅持特定價值為前提，在道德底線之前的一種讓步。而之所以讓步，一方面是為了騰出一個協商空間，也

1　http://news.ltn.com.tw/news/politics/paper/63266

是一種尊重對手的做法 —— 更具體說，是承認了對手並非我們真正想徹底殲滅的「敵人」，而是選後或轉型正義進行過後，仍然要繼續和平相處下去的同胞。

在威權時代，語帶模糊或許是生存之道，且拒絕妥協是一種道德高度的展現。然而，剛步入民主時代的社會需要的卻是一種把話講清楚，不以模糊作為政治高明的妥協政治，更不需要動輒以不對話、不合作、不協商來證明自己或維護個人清譽。此時的政治人物，若不思索如何尋求與對手妥協，共同走出僵局，許是受困於揮之不去的醬缸文化 —— 抑或威權的遺緒仍然在心裡作祟。

第十六章

國際關係主流夾縫中的
兩岸「和平」思考

> 王何必曰利？亦有仁義而已矣。王曰：「何以利吾國？」
> 大夫曰：「何以利吾家？」士庶人曰：「何以利吾身？」上
> 下交征利，而國危矣！
>
> ——《孟子·梁惠王上》

> 教授書房裡安靜培養出來的哲學概念，可以摧毀一個文明。
>
> ——以撒·柏林（Berlin, 1969: 119）

　　「現實主義」與「新自由主義」是美國國際關係學界的兩個主流理論，也是主導美國外交政策實踐的兩大傳統。國內學界長年深受美國影響，無論在教學或研究上，皆以這兩個理論為基礎觀點，解讀或分析兩岸關係。不僅如此，新現實主義與新自由主義也是二〇一一年國民黨政府處理兩岸事務的主要思想依據，依序反映在對美軍購政策以及 ECFA（Economic Cooperation Framework Agreement，兩岸經濟合作架構協議）的簽訂之上——至於近日沸沸揚揚的美牛議題，政府的解釋若非採取現實主義語言，坦承美方壓力，便是以新自由主義語言，宣稱開放美國牛肉乃是重啟 TIFA（Trade and Investment Framework Agreement，貿易暨投資架構協議）談判的必要前提。然而，理論與實踐如此緊密的案例，卻也讓我們不得不思考：剩下多少空間讓我們從事政

治想像的工作，特別是關於「兩岸和平」如此嚴肅且同時饒富理論與實踐意涵的議題。

　　本文乃關於兩岸和平議題的政治理論習作。其主旨在於討論新現實主義與新自由主義所蘊藏的「和平」理念，進而提供關於兩岸和平的幾點思考。本文第一節聚焦於上述兩大國際關係主流理論的和平思想，亦即「均勢」與「互利」的取得與維持，筆者將對主要相關論述做出分析與評論。第二節討論國內應用現實主義與新自由主義理解兩岸關係的主要論述，著重在「三邊互動理論」相關與衍生的論述，以及引導馬政府兩岸政策的「互賴和平論」，並且予以批判。本文隨後將進一步區分「消極和平」與「積極和平」的概念，並且藉由探索以撒・柏林的思想資源，提供關於促進兩岸積極和平的幾點理論上與實踐上的思考，旨在拋磚引玉，讓兩岸的國際關係思考能在美國主流理論之外，走出適合我們自己的道路。

新現實主義與新自由主義的和平理念：「均勢」與「互利」

　　國際關係學界的現實主義理論，基本上假定國家乃追求利益最大化的個體，而所謂的「利益」指涉「權力」，也因此國與國之間不存在互信，倘若相信道德則是陷自己於不義的愚蠢行為。在這個理論框架底下，國際「秩序」的產生只能來自於戰爭或者「均勢」（balance of power）。進而言之，誠如人稱西方「孫子」的戰略思想家克勞塞維茨所理解，戰爭才是國際常態，一般所謂的和平不過是「休戰」（truce）狀態。現實主義者認為戰爭沒有「終止」的一天，和平不過是一種戰爭的「中止」狀態，若非交戰雙方疲於征戰，就是正值勢均力敵，以致雙方皆不敢輕舉

妄動。姑且不論同時將「和平」理解為手段、目的以及過程是否過於模糊，現實主義者對於和平的思想正是如此。

根據蘇格蘭啟蒙運動大哲休姆的考察，「均勢」乃現代概念，源自於 18 世紀所簽訂的一連串國際條約，以及對於這些政治實踐的反思（Hume, 1987: 332-341）。不過，究竟「均勢」所指為何，至今仍眾說紛紜，莫衷一是。當代新現實主義大師摩根索（Hans Morgenthau），於其經典名著《國際間的政治》（*Politics among Nations*）之中使用到這概念時也指涉諸多事物，並且時而理解為「手段」時而理解為「目的」，一方面當作「解釋」工具，一方面又當作「規範」概念。更令人困擾的是，摩根索對於均勢的看法，也遊走於「偶然」與「必然」之間——雖然大多時候認為均勢狀態乃諸國追求自身利益必然的結果（Morgenthau, 1978: 61）。弔詭的是，倘若未曾意識到其偶然性，吾人便不需試圖為其辯護，畢竟，無論如何都會發生（Brown, 2005: 100）。況且，誠如魏特所觀察，歷史證據也顯示均勢並非「自然而然」（spontaneous）之事，國際上權力集中的現象反倒是多過於分散狀態（Wight, 1966: 167）。

持平而論，上述的困境並非只出現於摩根索的著作，其他現實主義者事實上也有類似問題。作為解釋工具而言，當代最突出的均勢例子或許是 60 年代的冷戰：由於雙方各自握有毀滅對方的致命武器，劍拔弩張的局勢從未升至熱戰——就此而言，「恐怖平衡」的本身就是「和平」，也因此可以被視為一種「目的」。據此邏輯，國際衝突或戰爭乃肇因於上述的追求破壞了原先的平衡。換言之，制衡乃是維持雙方或多方的和平機制，也就是一種「手段」，於是也可以轉化為一種規範性概念，亦即：國與國之間必須致力於制衡的追求。

關於如何追求均勢，現實主義者提出了兩種主要方式：藉由

軍備競賽，抑或藉由合縱連橫。傳統上，現實主義將「權力」理解為土地、資源、軍事設備以及經濟實力等等實體的表徵，所以，無論是藉由自身的軍備擴張，或者與其他國家組成聯盟，事實上都旨在求得戰爭時派得上用場的權力，以與敵方抗衡。不過，「權力」也可以理解為涉及「關係」抑或「結構」的概念（Dahl, 1970; Lukes, 1974）。作為關係概念的權力，指涉一種相對優劣，只有在實際運作或對抗時才浮現可見，單靠硬體設備或經濟能力的比較，無法估計勝敗。例如，越戰時的美國與北越兩國軍事懸殊至極，前者卻無法致勝，原因在於軍事實力之外的諸多條件，包括軍隊士氣、領導魅力、人民的支持與否等等。慮及此一層面的權力，「均勢」概念將難以量化，倘若介入衝突的不只兩方，情況則無疑更為複雜，而據此所理解的「和平」似乎會淪為難以操作 —— 無論理解為規範性政治處方或經驗性因果解釋 —— 的制衡概念。

新現實主義者華茲專注於國際的結構性力量，因而主張：倘若諸國能正確掌握國際情勢，包括了解自身的處境，並據此調整對外政策，而且實際的權力分配剛好也可允許均勢的出現，均勢才得以達成（Waltz, 1979; 1993: 44-79）。簡言之，均勢乃是諸國慮及國際上的實際權力結構，所做的「理性抉擇」之結果。進一步說明，華茲堅持現實主義的核心主張，亦即「國家」乃國際政治的唯一行為者，同時正視結構上的「無政府狀態」，也就是國際上不存在跨國的中央權威之事實，並且以「結構／體系」的性質來解釋「行為者／單位」的性質 —— 也就是說，國家之所以必須自私自利，追求權力的最大化，乃出自於理性，並且是以「國際無政府」為認知背景所做的計算。作為一種理性抉擇，其「理性」之處在於看清自身的實力難以殲滅所有敵人而稱霸於世，其「抉擇」之處則在於選擇「次好」的處境，或說是情境所

允許的最好處境，於是維持均勢的繼續存在。如此一來，「和平」不外是理性運作與時俱進的結果，而任何企圖破壞均勢的作為則皆是出自於無知與魯莽的危險行為。

作為一個國際政治理論，華茲的「結構現實主義」之核心無疑是「均勢」概念。然而，並非所有的現實主義者皆認為，制衡乃無政府狀態底下的理性思考之必然抉擇。前文已提及魏特的歷史觀察，權力集中似乎才是常態，論者也指出國際上的「扈從」（bandwagoning）現象（Walt, 1987），亦即一種選擇依附正在崛起之大國的策略。趨炎附勢的政治邏輯，無疑也是種理性抉擇。倘若結構現實主義者欲否認如此策略，其「制衡」概念將會在難以解釋實際現象之外，淪為一種獨斷的政治處方。近來興起，以米爾賽默（John Mearsheimer）為首的「攻勢現實主義」，主張國家必然盡可能追求軍事實力，企圖成為全球性霸權或至少稱霸一方的強權，而非滿足於均勢（Mearsheimer, 2001），同理也難逃此一邏輯。現實主義究竟旨在解釋或規範國際政治，是個不可避免的難題。

無論如何，現實主義所謂的「均勢」就是其「和平」概念，而「制衡」的實踐就是維持和平的機制。相較於新現實主義的簡明，新自由主義所能提供思考「和平」的理論資源則繁複許多，且必須小心推敲才不至於混淆。的確，今日通用於學界的「新自由主義」一詞，主要指涉兩套思想相通但源自不同學門的思想主張，亦即國際關係理論的「新自由制度主義」以及國際政治經濟學的「自由政治經濟理論」，而且各自與「自由國際主義」、「複合相互依賴理論」、「霸權穩定論」、「民主和平論」、「新保守主義」、「建制理論」有錯綜複雜的思想關聯。當然，之所以稱為「新」自由主義，它必然在某些部分承襲源自於啟蒙運動的「古典自由主義」，其政治面向為「憲政主義」，經濟面

向則是「自由放任主義」。本文礙於篇幅限制無法完整地正本清源，也必須略過各個思想流派的內部爭議，只能藉由勾勒其發展脈絡，讓蘊藏於新自由主義關於「和平」的理念逐步浮現。

首先必須指出的是，無論作為國際關係理論主流學派或國際政治經濟理論的一支，新自由主義與「和平」最直接相關的概念是：自私自利的國與國之間存在「共同利益」（common interest）。此一想法乃新自由主義賴以批判新現實主義，並且可以自由主義自居的重要概念。進一步解釋，簡短回顧國際關係學門的起源有其必要性。作為一門獨立學科，國際關係學門乃一次世界大戰之後，1919 年成立於英國威爾斯大學，其創系時所設立的「威爾遜講座教授」（Woodrow Wilson Chair）反映了當時濃厚的「自由國際主義」氛圍。該學門的設立目的在於藉由國際政治的研究與教學，促進世界和平。自由國際主義者並未因為一次世界大戰而絕望，反而診斷其原因，試圖防止戰爭再次發生。其診斷如下：人民其實不願意見到戰爭發生；他們加入戰爭主要乃受到軍國主義者與獨裁政權的鼓動，而後者之所以如此鼓動，是因為他們正當的建國心願，無法實現於由少數帝國所掌控的國際體系。而處方則是：（一）促進各國發展民主與法治，建立憲政體制；（二）國際上落實民族自決原則（Brown, 2005: 21）。

由上述的診斷與處方可見，自由國際主義之「自由主義」色彩在於相信民主制度的「普適性」，以及假設國與國之間的「利益和諧」（harmony of interests）——正如「古典自由主義」的經濟主張假設社會上所有成員的利益不僅互不衝突，甚至互相效力，自由國際主義者將此想法應用於國際上；差別之處在於，古典自由主義者相信市場有一隻「看不見的手」進行調節與調和，自由國際主義者卻仰賴國際組織從事此一工作，而「國際聯盟」無疑被賦予如此高度的期待。然而，二次世界大戰的發生似乎

徹底否定了自由國際主義，取而代之的正是前文所討論的現實主義。至少，戰後陸續於美國大學設立的國際關係系所徹底反對自由國際主義。取代「國際聯盟」的「聯合國」設立了「安理會」，並且賦予五個常任理事國否決權，不但背離自由主義的民主原則，也認同了現實主義者所相信的「大國外交」理念。

雖然自由主義的「國際」主張受挫，其經濟主張卻在戰後得到新的發展與印證。首先，在經濟學界，凱因斯主義退潮，海耶克與傅利曼為首的「新古典經濟學」──又稱「新保守主義」與「放任自由主義」──取得主導權，並且受到時任英國首相柴契爾夫人與時任美國總統雷根的政策背書（葉浩，2010：73-96）。此外，國際舞臺上也開始湧現跨國企業、國際組織，以及「歐洲共同體」的形成。這些團體與組織，有別於現實主義所預設的國際政治唯一行為者，亦即國家；他們的存在與現實主義的國家中心論格格不入。關注此一發展的國際關係學「多元論者」基歐漢（Robert Keohane）與奈伊（Joseph Nye），於 70 年代末提出「複合相互依賴論」，用以解釋當時逐漸興起的國際組織與建制（regime），同時挑戰現實主義的國家中心論基本假設（Keohane and Nye, 1977）。其重點在於，安全並非國家的首要考量，國與國之間有軍事以外的諸多關聯，而且經濟等非軍事議題逐漸在國際關係上成為焦點──當然，這意味著國際關係的焦點不只一個，而事實也證明，現實主義無法解釋多元繁複的國際關係型態。

多元論者自 80 年代起逐漸發展成新自由主義者。較令人意外的是，作為國際關係學派的新自由主義，在方法論上與新現實主義如出一轍，同樣援引理性抉擇論與賽局理論等源自於古典經濟學的解釋工具，並且接受現實主義的核心預設，亦即（一）國際乃無政府狀態與（二）國家乃自利的行為者，只不過，新自由主義強調：自私自利的國家在國際無政府狀態仍有互相合作

的可能。當然，新現實主義者也不排除合作的可能，其關鍵性差異在於：新現實主義認為國家旨在追求與他國之間的「相對獲利」（relative gains），而新自由主義者卻認為國家可以滿足於「絕對獲利」（absolute gains），也就是有獲利就好，不一定要處處勝過合作對象。事實上，兩方各自有經驗證據支持自身的論點。美國的外交政策實踐，基本上印證了現實主義者的觀察——畢竟，美國的國家主權觀念乃典型的西伐利亞體系觀點，亦即視國家為相互絕緣的個體，主權乃滴水不漏的概念。然而，著眼於國際組織與跨國企業的新自由主義者，見證了主權的相互滲透性質，進而關切如何確保「互利」與防範「搭便車」（free-riding）的合作方式。

新自由主義的其中一支於是致力於發展「建制理論」。根據柯拉斯納（Stephen Krasner）的界定，「建制」指涉某個國際關係領域中，相關的行為者自身願意且期待他人遵守的一組原則、規範與規則抑或一套決策程序，可以是明文規定，但也可隱密不彰（implicit）（Krasner ed., 1983: 2）。據此，「國際貨幣基金」、「世界貿易組織」等等國際組織都可理解為國際建制。無疑，缺乏強而有力的國家背書，如此的國際建制難以成立，甚至可能因為行為者的不守規則而宣告瓦解。於是，新自由制度主義者在理論摸索與實踐反思的過程中，提出了「霸權穩定論」作為成功案例的解釋。「霸權」指的是具有「能力」主導規範的建立，並且有「意願」遵守的國家。一次世界大戰前的英國與二次世界大戰後的美國，都曾經扮演過穩定世界金融秩序的霸權。當然，將建制的維持寄望在霸權的身上，有其風險，而且似乎意味著霸權的不存在將導致建制的瓦解，正如金德伯格（Charles Kindleberger）對於 30 年代大蕭條時期的研究所顯示（Kindleberger, 1973）。於是，放眼於「後霸權時代」的基歐漢主張正式「制度」的建

立，才是正途，進而──事實上途徑始於 40 年代的「新功能主義」與「地區統合理論」（Keohane,1984; 1986）──開展出一條「新自由制度主義」的理路。值得注意的是，正如前文所指出，現實主義內部存在「解釋性」與「規範性」路線的緊張關係，援引歷史實例的霸權穩定論與寄望於建立制度取代霸權作為保障的兩條路線，似乎也存在同樣的緊張關係。

關於和平穩定的相關研究，「民主和平論」可謂新自由主義所提出至今最有影響力的理論，其核心主張為：民主國家之間幾乎不會發生戰爭。作為客觀的科學觀察，相關的統計數據證實民主國家之間的確相對和平，不過，其爭議處在於，該經驗性陳述太容易讓人解讀成規範性主張：唯有民主化世界上所有國家，才能確保全球的和平。姑且不論提出此說的人是否意在於此，過去十年的美國「新保守主義」外交政策論述即根植於此，試圖以武力提倡全球民主化的「小布希主義」更是如此。值得注意的是，民主和平論也讓講求科學證據的新自由主義，與傳統的自由主義政治理論連結，特別是康德的「永久和平」（perpetual peace）概念。不過，識者已經指出，如此的連結基本上是對於康德的誤讀，畢竟，康德的和平方案並不要求（也反對）以武力民主化他國，而是在於讓憲政體制國家與非憲政體制國家簽訂和平協議──此外，當時所謂的憲政體制與今日美國眼中的「民主」也有所區別。事實上，民主和平論在內容上與性質上幾乎是約翰·彌爾「自由帝國主義」的翻版；該理論區別了遵守國際法與懂得互惠精神的「文明」國家與剩下的「野蠻」國家，主張文明國家之間不可干涉彼此內政，但可以干預野蠻國家以維護自身的安全，並且實質促進受干預國人民的福祉（葉浩，2009）。

彌爾的理論強調非軍事干預的重要性，亦即，以通商與貿易的方式來改造野蠻國家，使其了解並且受益於國際法與互惠原

則，如同他所屬的代理大英帝國統治印度的「東印度公司」。試圖摸索武力手段以外以促進他國民主的新自由主義者（包括民主和平論者在內），經由統計數據也推論出類似結論，例如，「互賴和平論」主張經濟上的緊密相連可保障兩國彼此的和平，「貿易和平論」則認為經由貿易促進非民主國家的經濟成長，有助於該國人民的自主性，進而要求政治參與以及民主法治。值得注意的是，焦點轉移至經貿上的民主和平論者，不但可接軌原先作為國內經濟理論的「新保守主義」與「自由放任主義」，也就是諸如海耶克、傅利曼（Milton Friedman）等人的「新古典經濟學」，也能循路回歸亞當・斯密的古典自由主義，開創新自由主義國際政治經濟理論（Russett, 1993）。「華盛頓共識」（Washington Consensus）無疑是此類論述的實踐典範。此外，關注制度建構的新自由制度主義也在此匯合，新自由主義的政治支流與經濟支流於是匯集成當今「全球治理」（global governance）的主流理論。

弔詭的是，隨著上述的民主和平論與其他衍生理論的崛起，或說與古典自由主義的結合，冠在新自由主義的「新」字似乎愈來愈喪失其意義。進一步解釋，新自由主義與新現實主義之所以有新意，是因為方法論上有所更新，結合量化的經驗性研究並且援引經濟學的論證工具；然而，其仰賴的經驗證據往往也有反例或異例可尋：例如，經貿上緊密結合反而導致衝突，經濟的自由並未直接促進人民追求民主，民主和平論者必須提出論述，直接證成民主的正當性與可欲性（desirability），也就是援引政治哲學的論點來說明與捍衛民主價值──簡言之，在缺乏「普世性」的科學證據之下，民主和平論者不得不轉而捍衛其「普適性」。同理，走向制度建構之後的新自由主義，也必須借助傳統規範性政治理論的思想資源來證成其建議乃正當可行。就方法論而言，

此舉猶如棄守實證主義立場，進入規範性政治理論的戰場。無論如何，西方的國際關係理論正在與傳統的規範性政治哲學結合，事出有因，原因就是經驗證據並非完全站在新自由主義這邊。

┃「三邊互動派」與「權力不對稱論」

　　相較於西方國際關係學界逐漸與政治哲學接軌，國內的國際關係學界裡，現實主義與新自由主義仍是主流，對於兩岸關係的反思與理論性討論，也以現實主義的應用為基調。較具代表性的是明居正稱為「三邊互動派」的相關論述，將兩岸關係置於臺灣、中國與美國的三角關係架構之中來理解與討論（明居正，2009：305-334）。[1] 作為兩岸關係研究的主流，三邊互動派在理論上深受美國學者羅德明（Lowell Dittmer）的「三角政治」概念影響，並且有國內學者長期對於政治實踐的經驗觀察作為後盾，且自始便聚焦於臺、中、美三角關係的結構平衡因素，尤其重視後者所扮演的角色。正如上一節所指出，現實主義對於和平研究的主要貢獻在於提出「均勢」概念，亦即國與國之間若能保持軍事實力上的恐怖平衡，任何一方皆不敢輕舉妄動，因此不至於發生戰爭。據此理解，面臨強鄰威脅的小國所能做的不外是自立自強或尋求他國的支持，藉以抗衡，抑或選擇扈從於該強權。

　　吳玉山近年來所提出的「權力不對稱論」，正是現實主義的理論應用，一方面強調臺灣與中國之間權力地位不對稱的事實，意味著只有「抗衡」與「扈從」兩種策略可行；一方面複雜化羅德明的分析架構，讓我們認清「美－中－臺」小三角關係乃「美－俄－中」大三角關係的一環，同時也讓我們意識到美國在

1　筆者對於中國學者有關美中臺關係之論述的理解，以及底下的相關討論，受益於本篇文章的整理，在此銘謝。

小三角關係中所扮演的「非自願」樞紐角色（吳玉山，2009：31-59）。此外，吳玉山也提出了「提升角色」概念，用以解釋小國無論選擇抗衡或扈從作為策略的政治目的。援引此一概念的包宗和，進一步分析了三角關係可能發展的四種性質，亦即，互為敵人的兩方同時與作為樞紐的第三方友好之「羅曼蒂克型」、兩方友好結盟留下第三方如同孤雛的「結婚型」、三邊互為敵人的「單位否決型」以及「三邊家族型」，並且主張以三方互為朋友關係的「三邊家族型」才是平衡度最高且三方皆能獲利——並且因此具有最高穩定度——的最佳總體戰略，與個體戰略所強調的相對獲利有所差別。如果包宗和的分析正確（包宗和，2009：335-354），美、中、臺三邊關係自馬英九總統執政開始便朝向三邊家族模式發展，既脫離陳水扁政府時期臺灣淪為孤雛的結婚型模式，也讓臺灣逐步脫離過往以美國為樞紐的羅曼蒂克模式。

　　姑且不論上述對於美國角色演變的理解是否精準無誤，將兩岸關係置於美中臺三角政治框架來解讀與分析，當然是一種承認與關注美國在兩岸關係中的樞紐地位。除了上述將美國理解為非自願樞紐角色與正視臺灣角色提升的友邦兩種看法之外，主流見解似乎視美國在兩岸關係中所扮演的乃「平衡者」之角色，前國安會秘書長蘇起（2003）又稱之為「預防管理者」，基本上無異於邵宗海（2006）所謂的「調和者」與「監督者」。雖然學者對於美國是否會繼續扮演此一角色有所疑慮，但大抵不脫此思考框架。不過，必須指出的是，此一見解似乎將兩岸和平的維持寄望於拒作調和者的美國，也就是仰賴其擔任制衡與監督的角色。然而，看在一再宣稱擁有臺灣主權的中國眼裡，美國的角色扮演似乎不是兩岸和平的支柱，而是危險因子。例如，中國學者鍾楊認為美國自冷戰至今的對中政策不外是「接觸」、「對抗」與「搞垮」三部曲（鍾楊，1996：2-20）。此外，何仲山、郭建平與張

瑩則指出兩岸問題乃兩岸自己的事務，任何外部的介入──尤其是美國──皆是和平的負面因子（何仲山、郭建平與張瑩，2001：209-245），崔之清（2001）等學者更是直指美國的對臺軍售是個反華大陰謀，為的是建立其處於東亞的霸權地位。

　　兩岸學者的歧見，源自於臺灣學者正視臺灣為一個獨立於中國（大陸）之外的政治體，並且傾向以國際政治角度來討論兩岸問題，中國學者卻恪守官方立場，視臺灣為中國領土的一部分，於是將兩岸關係化約為中國內部事務，也因此只能用藍普頓（David Lampton）所謂的「臺灣問題透視鏡」來看待與理解美國的角色（明居正，2009：321）。然而，兩岸學者的歧見底下其實隱藏一種「共識」，亦即「現實主義」國際關係理論，本文必須指出，此一共識正是讓兩者之間的歧見無法化解的理由，而這也凸顯基於現實主義來思考兩岸關係的危險之處。

　　進一步解釋，由於現實主義將和平視為一種權力平衡的狀態，或說是均勢的維持，應用於實際策略上只能建議一個受威脅國家自立自強，也就是富國強兵，或者與其他國家結盟。就臺灣的處境而言，落實現實主義的「制衡」意味著採取底下兩個策略：（一）提升戰力，增強經濟實力；（二）繼續或甚至加強扮演美國戰略夥伴的角色，與此同時當然不能違背美國的對華政策，也不能損及美國在東亞的國家利益。這兩個策略當然緊密相連，不過，卻也有互相衝突之處。長期以來，策略一當然指涉臺灣的軍購政策，特別是對美軍購，而且基於《臺灣關係法》美國也有義務出售武器給臺灣；策略二則意味著恪守美國要求兩岸「和平解決」的一貫政策，亦即，臺灣不能片面改變兩岸狀態，不可邁向臺獨，也不可當「麻煩製造者」（猶記此乃美國為前總統陳水扁冠上的稱呼），掀起臺海風波。當然，美國也同樣不允許中國的挑釁，正如 1996 年「飛彈危機」時派遣軍艦馳援臺灣

所示。冷戰過後世界局勢丕變，雖然美國成為單一超強，但中國也隨之崛起，有日漸成為區域霸權之勢，世界金融危機之後則儼然成為國際經濟強權，九一一事件後也一度扮演美國打擊恐怖分子的戰略夥伴。

如此的轉變，意味著美國在東亞的國家利益之轉變，也衝擊臺美關係。臺灣不能單靠美國基於《臺灣關係法》捍衛臺灣的決心與善意，更不可忽視中國對於美國的經濟重要性。姑且不論美國對臺軍售的微妙轉變，或者近年來美國與中國撲朔迷離的亦敵亦友關係，臺灣與中國的軍事與經濟實力懸殊，意味著：倘若沒有聯合外在的力量，軍事上絕對不可能與中國抗衡。吳玉山的「權力不對稱」之重點不外在此 —— 畢竟，就兩岸的權力懸殊而言，就算傾臺灣之國力壯大軍事實力，也不可能與對岸匹敵。無論如何，採取聯合外力策略以制衡中國，臺灣能有的選項其實也只有美國，抑或日本。倘若美國並不可靠，而深陷經濟蕭條與震災、核災等複合性災難的日本自身也難以對抗中國，臺灣似乎只剩下「扈從」策略可行。然而，令人尷尬的是，臺灣與中國的關係畢竟並非如同吳玉山的研究對象 —— 前蘇聯解體後的俄羅斯與其他分裂出來的小國 —— 之間的關係，扈從於中國的臺灣猶如放棄主權，等同於對外宣布自己是中國的一部分。換句話說，在國與國之間存在清楚的主權界定之下的扈從關係，是種自保且得以維持自身國家利益的策略，然而，自願依附於中國之上的臺灣，顯示臺灣缺乏捍衛自己國家主權的決心，或許就經濟而言可以獲利，但就國家主體性而言卻明顯是無利可圖。

無論如何，扈從於美國的臺灣，仍是一個主權實體，甚至因而提升處於上述三角關係中的角色地位，一如過往的政策所證實，選擇扈從於中國卻並非如此，甚至意味著上述三角關係理論的不再適用，因為那有可能讓三角政治化約為中國與美國的雙邊

關係。事實上，中國的政府與學界正是如此界定中美關係 —— 據此，兩岸問題絕非「國與國」或「特殊國與國」問題，而只是中國內部的「臺灣問題」。同理，包宗和的分析框架在此也難以真正適用。首先，臺灣提升角色地位的做法乃藉由「外交休兵」方式與中國取得和平，但是此舉就政治意義而言，象徵主權的放棄，也是承認自己為中國的一部分。換言之，馬政府的大陸政策並非讓美、中、臺三角關係邁向三邊家族模式，而是化約為中美雙邊 —— 無論理解為朋友或敵人或「同床異夢」（借用藍普頓的用語[2]）的情人 —— 關係，臺灣與中國不是「結婚」，而是迷途在外的「孤雛」終於回家。

此刻，學者可以反駁，並且將焦點指向三角政治新關係之中三邊各有所獲的事實，亦即個體層次上美、中、臺都在經濟上受益於總體層次上的穩定。包宗和本人當然意識到此，也因此他認為自己的理論雖然源自於現實主義卻也挑戰了該主義的「相對利益」預設，畢竟，事實證明涉及的三方皆從中獲得「絕對利益」（包宗和，2009：351）。不過，必須指出的是，戰略三角理論雖然經由量化指標證明其基本主張，但是，之所以可以如此，正是因為該理論並未區分「國家利益」的種類，也就是忽略了「經濟」與「政治」利益的本質差異。倘若我們承認，經濟利益與政治利益實際上乃「不可共量」（incommensurable）的兩種價值，且有互相衝突、顧此失彼的可能，現實主義的解釋效力將大打折扣，且概念上難以操作。系出同門的戰略三角理論也是如此。然而，美國與受其影響的國內主流國關學者為了理論的精簡與操作方便，無視於此一差異之存在。無論如何，現實主義預設：所有

2　David Lampton 著，計秋風譯，《同床異夢》，香港：香港中文大學出版社，2003。

的國家皆有相同動機與目的，亦即自私自利的同質性個體；缺乏跨國中央政府的國際局勢乃是各個國家必須尋求自力救濟的無政府狀態。事實上，當真認同現實主義，無論採取「制衡」或「扈從」策略，就不該相信美國或中國，因為它們必然隨時會為了自利緣故犧牲臺灣的主權或經濟利益，抑或會為了重大的政治利益而在經濟上做出「讓利」──以「一個中國」為原則所簽署的 ECFA 只是眾多例子之一，即使真如國民黨政府所言，臺灣可從中獲取巨大經濟利益，其所涉及的主權流失或許無法彌補。

　　不過，值得注意的是，根據國民黨政府的說帖，ECFA 的簽訂並非在現實主義的思維框架底下所做的決策。相較於國內學界對於現實主義的普遍接受，時任總統馬英九似乎是個新自由主義的篤信者。在許多接受媒體採訪的場合，馬總統總是強調：ECFA 的簽署可讓兩岸的經貿緊密相連，帶來和平穩定，而且，中國部署於東南沿海瞄準臺灣的飛彈屆時將會是個很不協調的畫面，會讓中國飽受國際壓力。如此相信中國的善意，或在意國際壓力，甚至會因為畫面不協調而主動撤除飛彈，當然不是現實主義者所能。有鑑於此，上述的主流解讀與建議似乎有生搬硬套現實主義於兩岸關係的嫌疑。無論如何，馬總統的說法乃新自由主義論述，並且與第一節所提的「民主和平論」及其衍生理論如出一轍。簽署 ECFA 的背後論述無疑是「互賴和平論」，其根本預設乃相信國與國之間有合作可能，可以雙贏，也就是新自由主義的主張：雙方皆可獲得絕對利益。事實上，時任總統馬英九對於新自由主義的篤信也表現在底下兩個特殊場合：（一）2009 年 3 月 4 日要求國防部長要有「新時代」的新思維，並引用第一節所提及新自由主義大師奈伊的概念，強調「國防戰略應以『軟實力』作為主要嚇阻力量」（Nye, 2002）──或許，國民黨於在野年代強烈反對軍購的做法，也必須在此自由主義框架底下才能

正確解讀；（二）2010 年 4 月 25 日就 ECFA 問題與時任民進黨主席蔡英文進行辯論時，援引新自由主義管理學大師大前研一的論述，反駁蔡主席政治光譜偏左的社會福利想法將使企業優勢流失而頓失全球競爭力，因而強調接軌全球化經濟之重要性，並且將其解讀為與崛起的中國接軌。

　　然而，筆者在此必須指出，新自由主義其實也難逃上述現實主義的理論困境。不過，首先需要注意的是，現實主義並不認為經濟互賴會導致和平，反之，經貿上的爭端可能劇增，甚至引發戰爭。此外，互賴和平論並沒有堅實的經驗證據作為基礎，反例倒是存在——例如，二次世界大戰發生前的德國與日本都是經濟上與他國緊密相連（所以致力於自給自足）的時刻。姑且不論現實主義與新自由主義對於互賴是否導致戰爭的爭辯，後者對於互賴帶來和平的信念無疑奠基於對國家「利益」的如此理解：經貿領域的互利，抑或利益，可能「外溢」到政治領域，也就是說，兩國經貿的緊密連結，會讓雙方為了維持利益而降低衝突可能。作為新自由主義的提倡者，前美國總統柯林頓的競選口號「笨蛋，問題出在經濟」，指的就是經濟生活將「取代」政治生活，至少是經濟思維將「外溢」至政治領域——柯林頓深陷醜聞依然未減政治聲望或許就是證據。如此理解與現實主義理論的預設相通，亦即對於國家利益的理解不分經濟與政治領域。不過，新自由主義與現實主義的差異在於，前者對和平的希望乃寄託於人民終將看重經濟生活而逐漸漠視政治價值或生活；套用於兩岸政治之上，亦即：臺灣與中國的經濟結合，或能讓兩方因為經濟利益的緣故而放棄政治的對立，至少，任何爭端發生時雙方總能因為經濟利益的緣故而不至於導致武力衝突。

　　互賴究竟能否降低衝突或者引起戰爭，於國關學界仍是個爭辯不休的問題，實踐上也有待歐盟的進一步發展給我們啟示。當

時馬政府如此仰賴新自由主義，實乃缺乏確切的學理依據。此外，其論述尚有其他兩個重大的缺失。第一、該論述既未能正視海峽兩岸具有如吳玉山所謂的「軍事／經濟」權力不對稱，也忽略了另外的政治制度不對稱性（也忽略了兩岸政治制度不對稱性的要素）。進一步解釋，倘若馬政府真能正視吳玉山的不對稱論，必須知道臺灣並不具備經濟上與中國抗衡的實力，也就是說，經濟的緊密結合只會導致臺灣「依賴」中國，而非兩個經濟體之間的互賴，並且可能產生磁吸效應，讓臺灣的廠商舉家西遷。西遷的結果不僅會導致臺灣產業進一步的空洞化，也會直接引起失業問題，進而使貧富差距加劇。此外，兩岸相對獨立的政治體，事實上也處於不同的政治制度，或者發展階段（假定中國必然會走向民主化階段），如此（也是吳玉山所忽略）的「不對稱」意味著臺灣不該一廂情願地視中國為「民主的發展中國家」，也不該高估自己促成中國民主化的能力；更值得注意的是，實施民主制度的臺灣反而因為政治制度的緣故而自曝其短，甚至處於絕對劣勢，例如，威權體制的中國可隨時藉由公權力強制都市改造，具有施政效率上的相對優勢。不僅如此，缺乏朝野共識之下強行簽署 ECFA 的結果，馬政府業已做了民主的不良示範；對於自詡為中國大陸的民主燈塔之臺灣而言，此舉似乎有些不智，反倒間接強化了中國威權統治的正當性。

　　第二、馬政府新自由主義論述的另一個缺失在於對兩岸國族認同上的「雙重對稱性」體會不足：中國大陸與臺灣內部藍綠兩大族群都有強烈且未竟的「西伐利亞願望」（Westphalian aspiration）──也就是在現代主權國家體系底下成為國際認可的成員之政治願望。中華民族自從 19 世紀列強侵略開始，就以富國強兵為手段，試圖建立現代民族國家。甲午戰爭的失敗，大清帝國將臺灣割讓給曾經致力於漢化的日本，是為民族的恥辱。中

華民國的建立，正是源自於如此的西伐利亞願望。失去大陸山河的中華民國，一度視光復大陸為使命，也曾經於冷戰格局之中（局勢之中）以中國正統自居，擁有聯合國裡唯一的中國席次；失去席次後的國民黨政府，仍然長達多年不放棄（前朝時期的）主權國家願望。中華人民共和國的建立，也是為了要讓中華民族在國際社會之中「站起來」，並且以收復臺灣這塊（前前朝所失去的）「固有領土」為神聖的民族使命；大國崛起仍然是中國的自我定位與期許，事出有因。另一方面，1895 年失去祖國的臺灣人民，曾經宣布獨立，也試圖抵抗日本政府的武力接收，但終究成為日本殖民地長達半個世紀之久，其間，有人徹底認同日本，也有人奮鬥爭取臺灣自治；國民黨接收臺灣之後，有人視同回歸祖國，也有人認為不過是外來政權統治的續篇，是為臺灣人民西伐利亞願望的再一次受到壓抑。

　　筆者無意在此深究兩岸不同族群之間多元繁複的國族主義發展與變遷，只想指出：「藍－綠」與「臺灣－中國」兩個源自於 19 世紀的西伐利亞願望，構成臺灣與中國政治互動的基本政治格局，是個國關理論與實踐皆不可忽視的政治現實。當然，如此的「雙重對稱性」是個歷史偶然性，正如形成於 17 世紀歐洲的西伐利亞體系本身。事實上，作為新自由主義思想源頭的歐洲，如今早已遠離 18 世紀的國族主義浪潮，甚至逐步邁向後西伐利亞時代，歐盟的建立便是個「共享主權」的跨國政治體。相較之下，美國仍然捍衛自身的國家主權不遺餘力，且絲毫不容許其主權受到侵犯，因而極力反對「國際犯罪法庭」的成立，宣稱有權審判他國公民，卻不容許自己的國民在外受審，並且據此原則與多國簽訂了「雙邊豁免協議」。歐美在「主權」概念與實踐上的不同調提醒我們正視：（一）放眼國際，並非所有國家都有未竟的西伐利亞願望，且有此願望的民族或政治社群在追求實踐的過

程中可能互有衝突，此方的成就，等於彼方的失落；（二）就國際政治現實而言，新自由主義暢談的「地球村」或「全球治理模式」乃是個後西伐利亞政治願景，其落實仍需主權國家之間的合作與努力；（三）就國際經濟現實而言，雖然對於跨國企業或商人而言「地球是平的」，可通行無阻，但對窮人與弱勢者而言仍是圓的，其表面崎嶇不平且滯礙難行，畢竟，即便主張經濟自由化的美國也必須採取關稅手段來保護自己國家的弱勢產業。

綜上所述，忽略不同族群政治願景的新自由主義政策，不但不能帶來和平，甚至可能引起族群衝突；此外，忽略不同產業與族群所能獲得的利益，將造成社會不正義，以及隨之而來的相對剝奪感，因而加深原先存在的族群矛盾。正如本文第一節所指出，新自由主義在經驗上的證據不足與理論上的諸多困難，已經逐漸讓支持者轉向尋求政治哲學的支持依靠，性質上趨向規範性的國際政治理論，必須就所提倡的政治願景之「正當性」與「可欲性」提供更堅實的論點。馬前總統在暢談新自由主義的全球化願景時，不能忽視該理論的反面意見，也不該不假思索地接受新自由主義的基本預設，亦即「經濟」相較於「政治」的優先性，甚至以此宣稱他人的政治追求為「非理性」訴求（正如美國對待所有致力於獨立或解放運動的民族一樣），並且在做如此宣稱的同時自己卻從事另一種對稱性的國族主義志業。兩岸關係不僅受制於吳玉山所論述的兩岸的「權力不對稱」，同時也有意識形態上的不對稱不得不注意；思考兩岸和平之道時，不僅有「美－中－臺」小三角與「美－俄－中」大三角關係必須考量，同時也須顧及更深層的西伐利亞願望之差異，以及導致如此「雙重對稱性」的歷史因素。正視此一事實，意味著國際關係的理論思考必須具有歷史感與兼顧現實性，也才能在歷史的洪流下自我定位以及瞻望未來。

▌兩岸邁向「積極和平」的幾點理論思考

　　誠如施政鋒所指出，當代和平研究的操作性定義，現實主義所理解的「均勢」或「恐怖平衡」乃是「消極和平」（negative peace）概念，與所謂的「積極和平」（positive peace）有別——後者旨在「消除『結構性暴力』，以社會公義來促進人與人之間的和諧關係，也就是在肯定生命的價值、生命的尊嚴的基本前提下，〔思考〕如何建構一個比較好的社會結構」（施政鋒，2001：11）。這種二分法之所以廣為接受，必須歸功於當代和平研究創始學者高頓（Johan Galtung）（Galtung, 1996）；據其實證主義界定，和平研究學者如同醫者，涉及診斷、治療與預防等三項工作，也就是必須從事實證研究與分析，進而批判現狀與提出改進方法，隨後建構一套實踐所需的價值，採取實際行動來防範衝突再次發生。按照高頓的界定（Galtung, 1996: 1-3），消極和平充其量只能算是治療，唯有積極和平才能有效預防（施政鋒，2001：11）。不過，應用於國際關係之上，如此區分卻頗有費解之處，因為，即使制衡與扈從策略皆可理解為「治療」，新自由主義的相關策略似乎也難以歸屬於「預防」——畢竟，經貿合作或經濟整合並非旨在落實公義或肯定生命尊嚴，甚至可能（正如上節所指出）引發貿易衝突；此外，捍衛民主和平論所主張的普世人權，則更是直接造成與非民主國家衝突的因素，倘若以武力的手段進行（人道）干預，就已經是戰爭，難以說是積極和平。

　　相較之下，徐斯儉如下的界定似乎較為邏輯連貫：「『消極和平』是防止衝突或戰爭的發生，但『積極和平』則是要創造有利於和平的發生和維持的條件。」（徐斯儉，2001：250）只不過，此舉似乎也讓積極和平往施政鋒所謂的消極和平靠攏。關鍵

在於：如此的界定也並非針對「和平」本身的意義，而是採用現實主義的定義，亦即「沒有戰爭」。換言之，徐斯儉的界定乃是依據新自由主義的框架來進行，也就是現實主義的政治邏輯。正如前文所指出，新自由主義不脫現實主義基本預設，視國家為自私自利單位，差異僅在於認為國家可基於自利理由而合作。脫胎於如此預設的「民主和平論」，基本上視「民主」為手段，不是目的，功能上與「貿易」無異──正是如此，阿爾傑（Chadwick Alger）在提出自己的區分版本時，將經濟發展視為促進積極和平的「功能主義」手段（Alger, 1999: 13-42）。本節無意在此評論各種「積極／消極」和平的版本定義之優劣，而是藉由上述具開創性的重要和平研究指出：消極與積極和平的區分，關鍵不在於概念的抽象定義，而是在於具體脈絡底下特定價值與行動可被解讀的實質意義。

此刻筆者必須坦承，本文至此的批判觀點乃是以撒・柏林所提倡的「價值多元論」。由於筆者已於他處闡釋過此自由主義理論的方法論（葉浩，2011：59-113）與國際政治理論雛型（葉浩，2007；2009），並且據此立場提出過處理歷史不義的規範性轉型正義理論（葉浩，2008：11-48），在此僅就與兩岸關係相關之處做出綱要性說明。首先，價值多元論肯認人類價值的多元繁複，其中有些必然互相牴觸，抑或「不可共量」，且有悲劇性衝突的可能。如此的多元事實，貫穿於人類思想的三個層次之上：（一）個別的價值概念，例如「自由」，其理解方式至少有「免於他人干涉」與「自我作主」兩種，分別為「消極自由」與「積極自由」；（二）個別的文化、文明或價值體系內部，必然存在不只一種的人生意義、價值觀或政治理想，而且彼此或有衝突；（三）不同的價值體系之間，也必然存在差異性，甚至相互牴觸，例如基督教與佛教或者民主國家與非民主國家之間。順此

而下，任何無限上綱特定（一組）價值的理論或文化，乃不願正視人類價值多元事實的「一元論」思維模式。馬克思主義正是此類理論的典型例子，其所預設的人類歷史之必然走向，以及將自由界定為除去意識形態束縛的積極自由，都是罔顧多元繁複事實的狹隘理論，實際上大幅限制了人類的理論想像與實踐之可能性。同理反推，任何的實際社會倘若缺乏多元價值的現象，具有高度的同質性，則肯定受制於特定權威的壓迫，以人為的政治手段消弭人類在享有消極自由的情況之下所自然呈現的多元性。

價值多元論是個政治理論方法論，同時也具有實質的政治實踐意涵。作為方法論，其主要意涵在於：視個人為具道德自主能力的個體（moral agent），必須予以尊重，且顧及人的實際感受，拒絕以抽象與純粹邏輯的政治思維來建構理論，反對將人類多元繁複的價值化約為單一價值概念，主張政治理論的建構必須奠基於「同情理解」（empathetic understanding）之上，也就是事先對於所欲規範或批判的對象（無論是個人或集體）取得正確的內部理解，避免將理論框架強加於人，既無助於事情的理解或解決，同時也貶低了適用對象的自主性與尊嚴——嚴格說，如此的理論根本無法「適用」，其所犯的不僅是方法論錯誤，也是道德與政治上的錯誤。簡言之，價值多元論採取「個殊主義」（particularist）方法論立場，從事理論建構時不僅必須聚焦於行為者自身的價值追求之上，也在乎行為的整體脈絡與情境。

事實上，當徐斯儉在進一步反思民主和平論時，也清楚指出該理論的「時空適應性」問題；例如：非民主國家並不必然傾向動武，民主國家之間的貿易互賴也不見得多過於非民主國家之間，而且唯有兩個經濟體缺乏替代性市場時，貿易糾紛才會對於兩國的爭端產生影響（徐斯儉，2001：262）。無論如何，所謂具體脈絡乃現實主義與新自由主義的各種和平策略——制衡、扈

從、貿易互賴、民主推動等等──之（被）解讀框架，而兩岸所
有互動的解讀框架正是上節末端所指出的「雙重對稱性」──共
產黨、國民黨以及民進黨各自有不同的西伐利亞願望尚未實現，
而且彼此之間的追求卻構成他方的障礙，而且所有各種構成他方
障礙的舉措或行動，都容易在此框架底下被解讀為政治上的破壞
現狀或挑釁，甚至是道德上的惡意，進而不斷累積三方用以指責
他方不義的論述資源。

　　舉例而言，在此框架底下，國民黨政府的對美軍購必然被中
國理解為進一步分裂中國意圖的證據，而非民進黨政府所理解的
維持現狀之必要，無論如何都會招致另外兩方其一的批評與不信
任；至於國民黨政府的 ECFA 政策，雖然有其新自由主義依據，
但中國卻可能是以現實主義觀點視之為邁向統一的跨步──民進
黨的意見則較為分歧，大致可分為許信良強調經貿合作以降低彼
此衝突可能性的「大膽西進」、陳水扁執政時採取的「強本西
進」、深綠人士向來所擔憂的「聯共賣臺」等三種不同路線的解
讀。同樣一件事情，卻有三方多種解讀，唯一的共同之處乃各持
「本位主義」。臺灣的防禦性國防（根據阿爾傑的定義等同於消
極和平政策），在中國眼中根本是製造衝突的肇端。同樣的本位
主義思維之下，國民黨追求積極和平的經貿互賴策略，對獨派而
言則是象徵屈從（於中國）的消極和平動作，甚至是向帝國主義
中國的霸權低頭。

　　基於價值多元論立場，筆者主張，兩岸積極和平所迫切需要
的是個能夠兼顧柏林所謂的「現實意識」（sense of reality）與
「歷史意識」（sense of history）的國際關係理論，也就是正確
理解現狀與現實，同時認清其歷史緣故，進而做出合理的診斷，
並據此提出因應之道。如此的理論與當前的兩大主流理論有底下
三個重要差別。第一、從價值多元論角度來看，現實主義以「利

益」來理解所有的國家行為與動機，不僅過度窄化人類的思想與想像，將不同的「利益」化約為軍事或經濟利益，也有違事實——畢竟，國家或民族可以為「榮譽」或「尊嚴」而戰，也可能為了更高的人類道德理想。當然，道德詞彙對於現實主義者來說只是政治修辭，不具實質意義。不過，筆者對此的反駁是：如此對於一切道德規範與理想追求視若無睹的態度，或許有助於建構簡潔乾淨且方便操作的理論，但是，在成就了理論的同時，卻也貶低了人類的尊嚴。同理，雖然新自由主義某程度上肯認了人類的合作可能，但把合作的動機解釋為自利的緣故，也過於狹隘，這也等同於將國家的地位提升至高於國際上一切規範（norms）之上——遵不遵守規範，端視能否符合自身利益而定，符合則奉為圭臬，不符合時則棄如敝屣，甚至否認其真實存在。價值多元論呼籲國關學者正視國際規範的效力，並且肯認國際法與道德的存在。

　　第二、相較於現實主義對「當前」利益的著重，以及新自由主義傾向以「未來」的共同利益作為當下的合作條件與契機，價值多元式國關理論是個「瞻前顧後」的理論。當然，瞻前顧後並非無視於「現狀」與「現實」，因為，「瞻前」在於帶領我們脫離現實主義的利益算計，建立一個符合最低限度正義，也就是消弭當前與過往不義的兩岸互動關係，「顧後」則指涉直面過去，也就是制約當今兩岸三方互動關係與解讀的歷史結構。有鑑於兩岸具體的歷史特殊性，價值多元論者主張，真正對症下藥的做法在於徹底根除「雙重對稱性」的歷史根源，以及源自於當前軍事與意識形態「不對稱」的各種不義之舉。一言以蔽之，適用於當前兩岸特殊歷史情境之下的「和平」概念乃是正面處理主流國關理論學者所忽視的歷史因素，也就是隱藏於吳玉山所謂的「小三角」背後錯綜複雜的歷史。

　　第三、現實主義所理解的和平，實際上可發生於強者壓迫弱者的權力不對稱狀態，亦即「不義」的處境——無論此等不正義是出自於強者以武力脅迫，或者弱者自知無力對抗的自願性屈從。相對於「正義」概念的本質爭議性（essentially contested），脅迫乃是種不義似乎難有反駁餘地。建立在此之上的和平，最多也只稱得上「消極和平」。奠基於上的新自由主義所理解的和平，也是如此。與其一味追求兩大主流國關理論所理解與提供的和平策略，毋寧致力於消弭可能誤解或惡意解讀他方政治行為的具體條件，並且避免進一步製造「不義」或者三方之間的不信任與敵意。

　　綜上所述，價值多元論主張的「積極和平」：（一）否認和平為單純沒有戰爭的狀態；（二）致力於消弭歷史不義，以及任何製造不義、導致不信任或提供復仇依據的條件；（三）正視國際上已存在的各種政治、道德與法律規範，也就是國際社會的存在。如此的理解主要基於價值多元論的方法論，究其具體內容，讓我們進一步理解該基礎理論的實質政治意涵。其關鍵在於蘊含於上述「個殊主義」之內的政治與道德態度。從方法論的觀點，價值多元論反對以自身的價值體系判斷他者的文化傳統，同樣邏輯應用於政治領域則意味著我們必須以「同情理解」的方式對待他者，秉持「寬容」態度對待他者的價值觀與選擇，並且在追求自身理想的實踐時，必須止於該價值理想的相對有效性（relative validity）所允許的合理程度。此處所謂的「相對」性質，乃是價值多元論事實的邏輯延伸，亦即：倘若值得追求的價值與理想多元且繁複，自由的個人當然會做出不同的選擇，然而，社會不可能同時容許所有被選擇的價值與理想全數得到落實——這不只是個邏輯必然，也是社會條件的必然結果，於是尋求平衡點的妥協（precarious equilibrium）乃是種政治上的必要，而這種妥協政治

的落實則意味著人與人之間必須相互尊重對方的選擇，並且學習自我克制。

　　柏林的政治思想核心在於這種自我克制與尊重他人的精神。這當然是一種自由主義，而且推論自價值多元事實。[3] 秉持此一觀點來解讀上述的「雙重對稱性」，讀者不難發現，兩岸三方在追求各自的政治理想時並未以「同理心」對待他者，往往以強烈的道德詞彙予以批評，甚至妖魔化異己想法。之所以如此，並非因為共產黨、國民黨與民進黨三方追求不同的「價值」，而是所追求的價值乃同一個，也就是「國族自主」，差別在於各自對於「國族」的解讀有所不同 —— 依序分別以「血緣」、「文化」與「共同苦難經歷」來界定國族。放眼國際，事實上今日的獨立民族國家各自有不同的界定自己國族的方式，而唯有一元論者才會認定理解的方式只有一個。以單一理解方式批判他人的理解本身並不符合人類歷史的多元性，而無限上綱「國族」價值本身也是無視於人類價值多元事實的做法。

　　無限上綱「國族」價值的後果，就是對於歷史解釋的偏頗，以及罔顧許多事實，而這正是兩岸關係上所有爭議的源頭。其偏頗來自於以「自我族類」為中心，既不願意傾聽他者的聲音，也不尊重非我族類的實際歷史經驗。大清帝國以「天朝」自居是如此、孫中山推動革命初期的口號「驅逐韃虜，恢復中華」也是如此，而兩岸三方又何嘗不是如此。罔顧事實則主要表現於「時序錯亂」（anachronism）或「以今論古」的諸多現象。滿清革命後期「中華」兩字，由排他性種族概念轉化為包容性文化概念，漢族之外的諸多其他民族因此也納入在內。此等的「包容」事實上也湮滅了不同民族的血淚歷史，至少，當今中國版圖之內的諸

3　關於之間的邏輯與推論細節，參照葉浩（2011）。

多少數民族之歷史經驗並未得到發聲的機會，完全消音於官方的歷史書寫當中。不僅如此，過去的民族英雄如岳飛，也在此歷史觀點之中淪為參與「兄弟鬩牆」的歷史人物，而這就是時序錯亂的結果。國民黨的中華民國歷史，妖魔化曾經滿懷理想拯救中國的共產黨，對於民進黨念茲在茲的「二二八事件」則輕描淡寫，也是如此。同理，許多綠營支持者對於原住民的歷史經驗也脫離不了漢人「種族中心主義」的思考。

然而事實是：「民族國家」源自於 17 世紀歐洲《西伐利亞和約》的簽訂，而且，當初所謂的「國」之所以彼此在主權上互不侵犯乃是基於財產獨立原則——亦即，國家領土乃是君主的財產。民主化之後的歐洲才讓國家主權等同於人民集體主權，才將「互不干涉原則」重新理解為對於「具有自主權利的人民群體」之尊重。現實主義與新自由主義預設了西伐利亞體系的存在，所提的建議因此難以跳脫如此框架，即使逐漸朝向「分享主權」的歐盟在對外關係上也仍然如此，歐盟只是「民族國家」的擴大版。據此觀點，深陷於民族國家理想的兩岸三地似乎必須思考「後西伐利亞」時代的可能，否則不正義的關係將會持續下去。不過，這並非唯一的必然推論，因為，除了上述的歷史因素之外，價值多元論者也不會無視於底下兩個層面的現實：（一）已經建立的國族認同感，不會因為概念上的解構便退卻，因而受挫（如戰敗或被殖民）的實際體驗，也不可能因為觀念一轉則消失；（二）此外，兩岸的交往與互動，並非在「道德真空」底下進行，畢竟，國際法與其他形式的規範也存在。

現實主義者否認後者，視國際政治場域為個別國家必須自力救濟的「無政府體系」，然而，這並非不能挑戰，因為這猶如要求我們一方面對現行的國際法視若無睹，另一方面則把國際政治上經常使用的道德語彙視為政治修辭或者空洞言詞。事實上，

此種論調不僅是該理論自己的道德立場之宣示，同時也是一種政治「處方」（prescription）。把握如此事實，現實主義並非如同其方法論所宣示的「科學」或者「客觀」，反倒也是一種「規範性」（normative）理論，亦即該主流學派所堅決反對甚至譏諷的立場。相較之下，「建構主義」與「英國學派」（English School）則正視國際規範的存在。建構主義直指「國際無政府」乃是當今眾國們自己所造成的事實，並非是個不能更改的「給定」（given）。換句話說，只要國家之間存在意願，且願意彼此合作，也能脫離現在的無政府狀態，進入一個相對文明的國際體系。至於英倫學派，則直接認定「國際社會」的既存，其核心為國際法，外圍也有其他的道德規範。

礙於篇幅與行文目的，本文不詳述這兩個相互友好的國關理論的主要反對陣營，只能指出底下兩點作為進一步討論兩岸關係的基礎。第一、崛起於 80 年代的建構理論雖然在方法論上取得戰果，實質的理論發展至今卻尚未有突破性建樹，而且，美國的分支似乎有逐漸與新現實主義合流的現象（Wednt, 1999），亦即將國際規範的建立寄望於特定的軍事與經濟領域上的合作，因而實質內容上與「建制理論」日益難以區隔；至於歐洲的分支（Kratochwill 1989），則傾向於更廣義的國際規範與合作領域，因此也逐漸聚焦於國際法與道德規範之上，換句話說，內容上逐步靠向英倫學派所謂的「國際社會」。第二、致力於發展「國際社會」概念的英倫學派，是在方法論上最接近價值多元論的國關理論（葉浩、陳麗娟，2009），近年來也逐漸關心中國崛起為國際社會整體所帶來的影響（Buzan, 2003; 2004），而且對於國際規範的理解也發展成兩個派別，亦即認定國際社會已經存在「普世道德」的「團合論」，以及不認為國際存有「普適道德」因而尋求國際最低限度規範共識的「多元論」——前者日漸援引傳統

的規範性政治哲學，後者則肯定現實主義者的部分洞見，雖然依舊堅持正視國際實際存在的規範，不過卻堅守詮釋性質的國關理論。[4]

上述發展與兩岸關係理論思考最直接相關的，不外是中國國關學者已經深受建構主義與英倫學派的影響，進而循線致力於發展所謂「具有中國特色的國關理論」，至今的成果西方學界稱之為「中國學派」（Chinese School）。不過，與英倫學派有別的是，中國學派並非源自於多年的學術傳統與外交實踐，而是官方主導下學界所呼應的努力，給人有先插旗子再尋找內容的印象（石之瑜，2011）。無論如何，中國學派至今的實質內容有二：「中國和平崛起」論述，以及「天下」觀的國際社會概念。弔詭的是，倘若兩者是連貫的思想，那麼崛起的中國是個「天朝」，且和平的代價是其他國家對之朝貢，叩首臣服——如此近乎霸權穩定論的理解似乎只會引起鄰國的不安，而非帶來東亞的和平。倘若兩者互無關聯，我們可以把前者理解為中國政府的宣示，後者則針對臺灣（或者中國境內的少數民族）所提出的類邦聯制政治願景，那麼，中國學派實際上並無邏輯連貫的內容，雖然我們同時也必須承認：一個當前最引起鄰國擔憂的大國若能致力於和平，無疑是地區的安全與福祉之最大保證。

只不過，鑒於當前中國對臺灣在國際處境上的打壓，以及部署於東南沿海瞄準臺灣的飛彈，現實並不容許我們一面倒地將中國政府的和平宣示當真，也難以如同馬前總統般相信中國會因為畫面的不協調而撤除飛彈，最多只能在秉持善意理解的同時審慎以對。無論如何，兩岸關係研究的「中國崛起派」（明居正，2009），不分國內外學者大多傾向將「中國崛起」視為一種威脅，

4　詳細討論，請參閱梁文韜（2010）。

並非沒有依據。慮及國際法與道德規範存在的學者，此刻的呼籲便是：中國當以遵守當前存在的國際規範作為「和平崛起」的證據，一方面（借用龍應台的說法）以文明說服鄰國，以具體行動證明現實主義理論的預設錯誤，一方面展現文化大國的實力，為當今的國際社會注入一股中國文化特色的道德力量，使其更能包容異己與尊重他者的文化傳統──畢竟，反駁西方主流理論的最有力方式，莫過於體現另一套有別於自利思維的外交模式。

　　文攻武嚇無法說服他國自己乃愛好「和平」的國家，真正的「包容」也不是漠視異己的實際感受甚至將其領土與歷史（集體記憶）納入自己的國家。已經發展出自己國家認同與民族意識的集體，不會因為恫嚇而退縮，也不會因為利誘而放棄西伐利亞夢想的實現；此外，上一代人的未竟之夢可能成為下一代人的使命，而受挫的集體記憶傳給未曾實際經歷的下一代，也並不見得會褪色或淡忘，反而可能更有切膚之痛。現實主義者與新自由主義者不能正視如此的人類基本事實，或許中國特色的國關理論可以──如果兩岸的學者可以共同努力的話，價值多元論或許可以作為理論思考的養分。

┃ 書房裡的哲學概念可能摧毀世界

　　　自我應驗的預言是一種起初為假，但能引發某種行為的說法，使得原先不正確的預言最後卻成真。

　　　──勞伯・莫頓（Robert K. Merton）（Merton, 1968: 477）

　　誠如柏林所言，教授書房裡安靜培養出來的哲學概念可能摧毀世界，而莫頓所謂的「自我應驗的預言」的概念似乎可作為此一想法的註解。本文藉由價值多元論的觀點來批判現實主

義與新自由主義，但這並非意味著上述兩大國關主流理論的觀點與解釋不值得參考或重視。相反地，具有現實感的國關學者必然也清楚，主流理論至今並非只是「解釋」，而是同時也改變了世界政治，因為這些學者不僅從事理論建構，同時也提供政策建議，對實際的外交政策具有強大的影響力，特別是在美國。價值多元論者反對讓這兩大理論來主導我們在規範性層次上的國際政治思考，也清楚他們的實際力量，但同時也必須指出，國際政治正如人類行為與思想一樣複雜，不僅動機多元，行為也往往有不只一種的解讀可能，此外，國際法與道德規範也都同時存在，或多或少地發揮作用，所以不應該僅從特定且狹隘的「利益」觀點來解釋一切。據此觀點，國家可以認定國際政治場域乃「無政府狀態」，所以秉持自利原則自力救濟，也可以視之為「國際社會」，並且自願遵守特定的法律與道德規範，兩種對待的方式都可能，同時也都存在一個多元的社會之中，端視個別國家的自我認知與定位。

此外，國族主義可以是具有排他甚至侵略的性質，也可以是寬容甚至是友善的，端視論者如何界定與論述，兩岸關係的研究又何嘗不是。從事兩岸關係研究的學者，可以為了理論而理論，也可以為了促進兩岸和平或特定一方的政治利益而建構理論，端視最終的目的為何。孟子與梁惠王的「義利之辨」提醒我們，利益考量之外，尚有「仁義」，處於儒家復興時期的中國與向來標榜中華文化正統的臺灣皆不該忽視此一事實。價值多元論者的結論是：國際關係研究關乎兩岸的發展，也關乎人類整體的未來，將此事完全交給只重利益而輕忽道德規範的現實主義者與新自由主義者是一件學術上與道德上皆不負責任的做法。兩岸的國關學者，或許此刻可以共同面對歷史交付給我們的使命 —— 然後從正視兩岸關係上不可承受的歷史之重開始。

島嶼的新敘事共時性開端

> 困難不在於新的想法，而在於如何擺脫那些跟著我們大部
> 分的人一起成長，早已遍布在我們腦袋每一個角落的舊觀
> 念。
>
> —— 凱因斯

▍「公共哲學」的理論嘗試

　　曾長期任教於倫敦大學院（UCL）並致力於結合哲學與公共
政策研究的英國學者沃爾夫（Jonathan Wolff）在其《倫理與公共
政策》（*Ethics and Public Policy*）書中提及，他在撰寫過程中才
真正意識到了柏林的價值多元論共同倡議者威廉斯對他本人的影
響（Wolff, 2011: 215）。威廉斯認為，當代哲學流行一種把倫理
學當作道德原則的邏輯推論或效益（utility）計算，將政治哲學
當作一種「應用倫理學」（applied ethics）的延伸領域之做法，
因此無論在討論道德或政治議題時，既不能反映出人在採取行動
時所涉及的各種判斷，提出的解決方案也難以兼顧現實脈絡及價
值衝突的現實感。

　　沃爾夫的著作促成了當今發展快速的「哲學與公共政策」領
域。他在擔任英國國民健保署（National Health Service）的顧問
期間，也曾借鏡柏林的自由的兩種概念之分，一方面將人權《兩
公約》當中的「公民與政治權利」和「經濟社會文化權利」分別

理解為避免政府干涉或公權力侵犯的「消極」權利和政府應當提供並促進公平分配的「積極」權利，另一方面則藉此提出了「健康」作為一種基本人權的政治理論和改革方案，對英國健保的改革與世界衛生組織的工作推動做出了卓越貢獻（Wolff, 2012）。新冠肺炎疫苗未上市前夕，他接任了牛津大學新成立的政府學院職位並聯合多位跨領域學者共同發起全球性的倡議工作，呼籲以滿足病情嚴重國家為優先的需求為原則來分配疫苗，藉以杜絕「疫苗國族主義」（vaccine nationalism）並防止市場邏輯主導國際疫苗市場，讓原本相對弱勢的國家與人民受到更大的傷害。[1]

　　深諳資本主義邏輯如何滲透到當代人類各種生活領域的沃爾夫，也理解各國政府對疫苗的急切需要，醫療資源短缺的國家在爭取疫苗上的困難，以及藥廠的研發成本及追求利潤的動力。因此，他把分配正義（distributive justice）在疫苗議題上的實踐，理解為必須能獲得國內與國際各級單位同意的一種政治妥協與利益平衡。他將自己致力於實踐的學問稱為「介入式」（engaged）政治哲學，並提出底下的步驟作為實際操作方式：（一）指認出議題所在和現實狀態與條件；（二）指認出爭議中的雙方或多方論點與意見，以及涉及的各種價值理念；（三）掌握歷史脈絡並比較此前試過的各種方案；（四）擬定一份可能方案的清單；（五）對清單上的方案進行評估；（六）提出最後的政策建議（Wolf, 2019: 17-22）。

　　筆者則是在撰寫過程當中，意識到了沃爾夫的立場即是本書希冀能建立的一種「公共哲學」（public philosophy）。不過，正如他所言，這種工作在實踐上需要不同領域學者的共同合作，才能在分析、診斷和具體建議上避免誤區，筆者僅以本書作為一

1　關於該倡議的內容，詳見 https://www.science.org/doi/10.1126/science.abe2803。

個拋磚引玉的嘗試。更重要的是，也如他所指出，「幾乎沒任何公共政策是單一價值取向，只為了落實某一價值理念。價值多元、務實做法和折衷妥協都是現實生活的一部分。直接從哲學理論推論出來的政策，也不過是介入爭論的其一方案。」（ibid.: 17）本書提出的規範性理論及更為具體的議題討論，皆以促進對話為目的。也因此，此處所捍衛的最高價值，毋寧說是關於事實的「詮釋」空間及這一種空間所蘊含的「自由」——包括體現於柏林的論述分析當中，任何價值或理想都開放不同解讀、不同的實踐方式乃至相較於其他價值的不同排序，以及鄂蘭所謂的行動可能，尤其是以言說來開啟一個新故事並改變世界的可能性。

同理，「敘事共時性」在具體層次亦有諸多可能的實踐方式。進一步解釋，奠基於此的政治社群，本身高度仰賴一種時間與政治的共構關係，而不是過往民族主義所訴諸的單一血緣、語言、文化或宗教。那指的是鄂蘭所謂的「共同生活的一群人」（a living together people）。它始於一群人慢慢發展成為一個群體並共同建立起的政治體。這過程即是一個專屬於他們的故事，所有的參與者都是共同主角。一個政治社群即是一群人協力行動的共同成就。鄂蘭將人們共同生活在一起的意願歸功於不受壓迫之下自然而然發展出來的「多元性」，亦即，人們可以平等、自由地互動並藉此展現自我，成為一個關係網絡中的某種角色。這是「政治」生活的必要條件，也是充分條件。據此理解，政治的意義在於「自由」，而自由在此指的是開啟一條新的故事線的實現。有時候，那意味著協力守護既有的社群。有時候，那意味著徹底脫離既有的故事框架或因果鏈結，啟動一個屬於參與者們的新故事。這理論不僅讓一群彼此相逢的人蘊含一種成為政治社群的潛力，也將多大程度上他們可以延續或斷開過往至今的因果鏈結，完全交付給當事人本身去判斷。

　　是故，從鄂蘭文本當中提煉出來的政治本體論，雖然說的是一個政治體的形成過程，但那並不規範過程中的每一個步驟，也不認為一個「人群／people」發展到「民族／nation」或「國家／state」是一種必然，遑論哪一種制度才是完美。嚴格說，該理論在積極地致力於保留當事人的最大選擇空間時，也消極地指向不該走往的方向。一方面，社群的延續絕不該以壓抑多元性為前提，或斷絕後人成為新參與者的可能性。換言之，即使是開國元勛或革命先烈，也不能提前把故事說死；相反，後來的加入者不僅能重新詮釋故事，也具有改變其意義或框架的潛力。另一方面，那也意味著當一個政治社群崩壞之後，這一群人是否願意再續前緣，以原諒彼此的方式來重啟共同故事，那也是他們的事情。鄂蘭對此的唯一意見是：

> 　　原諒是一種涉及人與人之間基本關係的概念。其兼具偉大膽識和獨特自豪之處，不在於它指向了一種把災難性罪惡和錯誤翻轉為一種展現寬大為懷並促成團結的可能性。原諒嘗試做的是那看似不可能的事情：去解除已經造成的後果，並在那似乎不再有可能開創新局之處，成功打造一個新的開始。（Arendt, 2005: 57-8）

如此一來，政治應許給人類的不僅是讓一群人凝聚為社群，也在於以寬恕來重啟破裂的關係。這是所有人與生俱來，人之所以為人的能力，也是人性尊嚴之所在。如果說一個人以言詞和作為把自己嵌入人際網絡是「二次誕生」，那藉由寬恕與承諾絕不再犯則是一個社群的重生方式。奠定於敘事共時性的政治共同體於是在不援引基督教神學的情況底下，既賦予了「人性尊嚴」一個哲學基礎，也提供了一個有關「和解」能如何進行的論述。

作為一個關於政治體如何形成及如何在破裂之後重新凝聚的抽象理論，它最具體的規範性指向的是：人們在實際情況底下有自行做出判斷與決定的自由。至於以哪一種方式來重新開始一群人的故事，二戰之後許多前殖民地及聯合國託管領土採取的人民自決公投，是最常見的一種，而且意味著獨立建國（陳隆志，2018：368-9）。二戰後法國組成立憲議會提案新憲法並交付公投來決定新國家體制，讓國家進入下一個共和，也是一例。南非政治領袖所採取的轉型正義方式，包括旨在落實修復式正義的法庭及真相與和解委員會的設立，則是國際上公認的修復破裂關係之相對成功案例。修憲或本書第三部分討論的召開國是會議，也是一種重啟社會的可能。除了這些涉及憲政層級的政治行動之外，定期的國會選舉乃至不以特定單一族群的視角為敘事觀點來重新書寫歷史教科書，也都具有某程度的重啟意義。

惟，民進黨政府推動的轉型正義工作並未借鏡南非的方式。雖然每一次的政黨輪替或政權轉移可以被詮釋為一種新的開始，但考慮到競選過程中發生的衝突及對立，在臺灣的實際運作難說是重啟。相反，那恐怕是有深化族群裂痕之虞。正如自由概念能指向不只一種理解，落實的原則及方式也可能多元繁複，抽象理論也不必然指向一種實踐方式。其他國家的成功案例，更不一定能複製到島嶼的政治脈絡。選舉作為一種重啟社會的方案，高度仰賴成熟的民主政治文化及公民精神。在欠缺後者的情況之下進行轉型正義，則不僅難以讓社會重啟，甚至可能造成原本破裂的族群關係更加惡化。

無論如何，以上提及的各種方案若不是以普世人權為基本預設，即某程度仰賴宗教信仰或文化因素。更精確地說，人權《兩公約》內容及人民自決原則本身源自於自然法傳統。開啟現代民主理論的社會契約論，亦是以此為基礎。無論是採取「和解」或

「嚴懲」的轉型正義也都深受猶太－基督教影響，前者將和解視為一種誡命，後者則指向根植於基督教神學的「自然法」作為國家法律之上的更高權威。二戰後的紐倫堡大審及兩德統一後的法官能以「違反人道罪」來定罪前納粹和前共黨官員，可謂是對自然法傳統的再確認。然而島嶼上並無類似的法律傳統，更無以認錯換取原諒的「和解」誡命或文化。此外，為死者「復仇」對許多人來說是一種道德義務。「復國」的偉大精神更是深植於熟讀黨國教科書的數代人心中。

當然，筆者並不否認「和解」一詞不在轉型正義的論述當中。畢竟，該詞在《促進轉型正義條例》當中頗具分量，出現過三次，且每一次都重複提及和解是轉型正義的目標。[2] 問題是，正如臺大歷史學者周婉窈所觀察到，「臺灣社會最喜歡講的『和解』，並不是轉型正義的核心概念，那是轉型正義落實之後期待可以獲致的效果。」（周婉窈，2019，頁10）[3] 是故，中研院法律學者許家馨進而指出，這種和解說不過是指向了一個「正義完成後的狀態，本身沒有行動上的指導意義」（許家馨，2024：384）。事實上，這是一種從支持轉型正義的角度出發的說法。堅決反對轉型正義的人其實也談「和解」，而且那指的是別再翻舊帳，過去的事就讓它過去。這種談法則具有行動上的指導意義。

以上兩段的共同指向是：鄂蘭那一種不仰賴猶太－基督教神學和解概念的「政治原諒」論述與不以「上帝形象」（*Imago Dei*）為基礎的「人性尊嚴」概念，遠比直接援引西方主流和解論述更能符合島嶼上既愛談和解，但又欠缺理據及明確行動方針

2　https://law.moj.gov.tw/LawClass/LawAll.aspx?pcode=A0030296

3　引自許家馨，〈對當代臺灣政治論述中『和解』概念的初步反思〉，收錄於許家馨編，《歷史記憶的倫理》，臺北：臺大出版中心，頁386。

的狀態。奠基於鄂蘭式政治本體論的公共哲學，正是為了填補這一種論述赤字而提出。關於論述赤字，猶記〈前言〉提及馬英九援引了「*modus vivendi*」概念來論述兩岸暫行架構和活路外交，而謝長廷其實也提過「和解共生」。鄂蘭本人的政治理論以一群人願意「共生」為預設，因此對這議題能說的有限。最為人熟知的應該是她所主張，原諒是讓關係破裂的雙方能共同走下去，讓他們不再受困於過往的唯一方法。

不過，鄂蘭對外顯行為乃至行動的展演性之看重，倒也提醒了我們，原諒絕非一種單方面的行動，更不是人們可在意念之中能完成的事。相反，那必須是一方承認錯誤，另一方選擇原諒，然後彼此承諾絕不讓同樣的過錯再犯的一種政治儀式。相較於一個人即可獨立完成的放下、讓事情過去或刻意遺忘的個人式和解，鄂蘭將「原諒」與「承諾」視為一個銅板的兩面，必須在公開場合中開始，且需要雙方協力才能完成的事。筆者以為，此即一種「政治和解」。從敘事共時性的角度來說，這也是讓雙方再次成為同一故事的「共同主角」並恢復雙方共同舞臺的一條理論。

敘事共時性概念，既深化了葛雷的暫定協議理論，也替未竟的「和解共生」論述建立了一個政治哲學基礎。筆者曾於本書第一章指出，暫定協議理論是葛雷從柏林的價值多元論推導出來的第三套理論，此前亦有強調內在衝突的「爭勝式自由主義（agonistic liberalism）及另一種承認自由主義不是西方特定歷史產物，因此不具有普世性的主張。事實上，敘事共時性理論也能容納葛雷在意的「爭勝精神」（agonism）。一方面，正如鄂蘭也強調偉大事蹟締造者的可能，故事的開啟及重大轉折的背後，總能見到以言行來激勵眾人採取行動的人物，敘事共時性本身仰賴這樣的政治家或行動的發起者來延續故事並創造可流傳後世的

情節，而且，爭勝既可存在於同一時間的行動者之間，亦可存在於不同世代之間。嚴格說，護國行動與奠基偉業也無高低之分，端視當下的歷史脈絡及政治條件。另一方面，有鑒於奠基於敘事共時性的政治本體論本身不預設特定政治制度，而是將實際的制度留給當事人去決定，這種理論本身當然能允許自由主義作為一種憲政體制或更加具體層次的政治安排。更何況，自由主義畢竟是致力於容納多元也因此最能體現溝通與說服能力的政治競爭型態。

尤須注意的是，以上葛雷提出的兩個理論都是仰賴柏林本人的「暫時性平衡」（precarious equilibrium）概念，「暫定協議」或「爭勝式自由主義」其實都是在更為具體的層次落實這概念的方式。〈前言〉提及主權國家體系正是建立在三十年戰爭交戰陣營的暫定協議之上，因此這概念最早指的是國際政治的一種安排，當時也被理解為一種「宗教寬容」。葛雷將這概念挪到國內層次來使用，指涉現代國家內各種不同族群及意識形態捍衛者之間的共生之道。布萊爾（Tony Blair）政府對待北愛爾蘭恐怖組織的政策，也直接受到葛雷的影響。而根據以和平研究著稱的愛爾蘭學者萊恩（Stephen Ryan）的說法，這想法的核心在於它並不指望衝突雙方能達成實質的政治共識，也不預設有一個「共同未來」（shared future），而是以共存為目的，且這目的也不是以「和平」為至善或最高價值來進行的推論，而是一種現實需求。[4] 至於爭勝式自由主義，則是葛雷藉以反駁美國政治哲學家羅爾斯及德國哲學家哈伯瑪斯認為理性對話能達至某種實質共識的一種主張。因此，那也是針對「審議民主」理論的批判。對葛

4　Ryan, Stephen, 2010, "Peacebuilding in Northern Ireland: The Past, Present and Future," *Peace and Conflict Studies*: Vol. 17 : No. 1 , Article 3., p.19.

雷來說，暫定協議的達成，本身絕不能以任何預設前提（例如國家統一）為基礎來進行。北愛爾蘭的和談因此才能開始，和平也才能維持。

　　一言以蔽之，暫定協議或爭勝式自由主義的核心是一種對未來抱持開放的心態，也是對各種可能性都存在的一種承認。筆者同意這是關於柏林所謂的「暫時性平衡」之詮釋，而且提供了連結價值多元論與鄂蘭式開放性故事的一條理路。不過，本書也主張「暫時性平衡」在民主制度底下更應該通往一種以妥協或折衷為基礎的政治藝術。事實上，根據約翰・彌爾的理解，代議民主制度本身即是一種理想與現實之間的折衷。他欽羨古希臘民主的運作，但卻不認為那種公民集體參議的模式能適用於人口眾多的現代社會。此外，要求所有人都關心公共事務並積極參與也不切實際。一方面，隨著政治事務日益複雜化並愈來愈仰賴專業知識，公民不具備做出適當判斷的能力。另一方面，即使有能力，事必躬親意味著公民難以有餘裕去追求個人的嗜好或理想，而現代政治的可貴之處則在於應許人人有私人空間及休閒的可能。因此，唯有允許專業政治工作者的代議民主才是可行制度（Mill, CW XVIII: 412）。換言之，彌爾對現代民主制度的捍衛本身即是一種人在追求偉大政治理想時不走極端，懂得該「止於相對正當性」的折衷精神之展現。

▎針對時間性「政治異化」的一份診斷

　　奠定於敘事共時性的政治本體論，不僅是一套抽象層次的公共哲學，也是本書藉以診斷島嶼政治處境的病理學。試圖為現實把脈，本是許多政治哲學家自願承擔的職責，對介入式規範性理論工作者更是如此。柏林提出兩種自由的概念是為了介入冷戰雙

方陣營的爭辯。鄂蘭提出的「世界異化」及「社群共感」這一組概念，以及同樣作為銅板兩面的「平庸之惡」及「責任的承擔與政治的判斷」，也是她藉以診斷極權主義如何崛起於現代社會的依據。剛剛提到的彌爾及接下來將討論的托克維爾，也都替他們自己身處的社會進行了診斷並開立處方。

若以醫療語言來做比喻，本書〈前言〉提出的「雙螺旋時差結構」猶如當前臺灣政治的 DNA。民主轉型已經完成或尚有最後一哩路要走？社會改革的速度太快或過慢？該回首面對歷史還是忘掉過去向前看？戒嚴時期諸多措施是抵擋匪諜入侵的必要措施或違反人權之惡行？是必要之惡或絕對之惡？是根本惡或平庸之惡？以上諸多政治爭議無一不涉及了時間維度的認知差異，亦即「政治時差」。不可否認，不同族群擁抱著不同的集體記憶並採取不同的史觀來理解歷史事件的意義，從而產生對當前政治體制及其運作的不同評價與認知。

本書〈導論〉將肇因於各種政治時差的現象稱為「時間性政治異化」。就某程度而言，政治時差亦可說是本書藉以分析和診斷臺灣分裂社會之根源的病理學。這些異化造成了人們對於政治的過度狂熱與過度冷漠，族群之間的互不信任，以及對同一事件有南轅北轍的解讀，也因此導致完全不同的危機感。相對主義，各說各話。彼此妖魔化對方，以陰謀論代替事實查核，將各種爭論視為意識形態鬥爭，從而走入政治上的虛無主義，鄙視一切的政治理想追求。

以上的種種現象，是肇因於政治時差的症狀。倘若本書第三部分（尤其是第十二章、第十三章及第十五章）關於現實政治處境的分析正確，那麼，臺灣政治深陷的不僅僅是西方社會長期以來的多元文化或族群衝突，而是多了一個源自移民與移植而來的「延」與「異」。「異」指的首要是歷史認知（包括史觀、集體

記憶和關於各種重大歷史事件的理解）、呈現對立的未來的想像及據此而來的迫切感，甚至是亡國感。此外，島嶼上不同族群對於「自由」、「民主」、「法治」、「人權」、「民族」等抽象概念乃至「轉型正義」或「主權國家」等複合性的政治理念，也都存在根本認知差異，甚至對它們的重要性排序也難有共識，正如「國家尊嚴」與「經濟發展」在實際的政治爭論中那樣。

　　然而這些現象究其根源，也涉及了時間維度上不同程度的「延」。不可否認，許多人仍然抱持著諸多源自威權時期的認知、心態與思維習慣來運作得來不易的民主制度。公民精神未能趕上民主政治體制所需的思辨、溝通及妥協的能力，因此造成了制度性的政治異化。而這種問題的根本，既不同於西方的左右意識形態之爭，跟民主實踐數百年之後的疲乏或敗壞的歐美國家也不能類比。另一方面，那一部制定於島外且並非經由島嶼上各族群協商後才制定的憲法，以致人們繼續以分裂甚至錯亂的國族認同來運作民主制度，既未能讓 1996 年的首次總統直選成為確認共同體的內外並藉此重啟一個新的政治時間之契機。猶有甚者，在這種處境底下的一次次選舉，實則讓「移民」與「移植」這兩條軸線更加強化為相互纏繞的鏈條，也讓鑲嵌於不同史觀當中的身分認同不斷阻礙民主政治的正常運作。

　　換言之，雙螺旋時差結構這 DNA 之外，民主化過程並未徹底根除威權遺緒的後天失調，也是病症的根源。威權主義的幽靈仍舊徘徊在民主化了三十多年的島嶼上空。當年讓中華民國退出聯合國的「漢賊不兩立」此時已轉為統獨對立。不溝通、不談判、不妥協的對象，也從作為外敵的共產黨轉為各自堅持著不同意識形態的政黨，持續內耗。這些症狀彼此扣連成一個綿密的時差政治結構。尋求一個如何突破這種困局的方向，於是成了一種必要——正如尼采在〈導論〉第一段引言當中所提醒，關乎時間

與政治的一切也關乎個人、集體和文化上的健康。

　　幸而，以上的醫療語言只是一種比喻。雙螺旋時差結構畢竟不同於人類與生俱來的生理結構，而是人為活動的結果。因此，即使我們同意尼采所說的「哲學家是文化醫生」（語出剛剛提及的引言同處，尼采原本想以此為《歷史之於人生的使用價值與誤用》的書名），[5] 也不能忘記「文化」的運作方式畢竟不同於生理機制。即使是那些看似堅不可摧、難以撼動的結構，也都蘊藏著重新塑造的可能性。

　　事實上，柏林與鄂蘭共享的現實感提醒我們必須如此區分。相較於柏林將焦點放在哲學家如何過度使用類比（analogy）和隱喻（metaphor），以邏輯推論抹去道德掙扎，以史觀代替了充滿偶然性的真實歷史，甚至把人當材料來捏塑，鄂蘭則聚焦於當時的社會科學研究如何以邏輯來取代偶然的因果關係，如何高度仰賴通則化（generalise）和量化方法來製作各種社會模型，然後把「製作」事物的原理套用到真實社會之上，一方面按照藍圖來打造，一方面則將社會發展當作一種明確畫出起點與終點的時間表來進行的工程，從而徹底忽略了個體層次的特殊性和不同社會之間的差異性。但兩者都強調人為世界與自然世界的根本差異，也都強烈反對硬是想把人類社會塞入某一理想模型的政治哲學。對他們來說，社會科學方法本身具倫理意涵，因為那預設了關於人與社會的根本理解，而且極權主義的起源跟社會科學研究方法失去了現實感有關。正如納粹崛起的過程中，那些高舉科學、理性、客觀等價值來保持中立的學者，也是對受迫害的猶太人袖手旁觀，放棄價值判斷的人。

5　詳見 Tongeren, Paul V., 1999, "Reinterpreting Modern Culture: An Introduction to Friedrich Nietzsche's Philosophy", *Purdue University Press Books*, pp.2-12。

　　當然，他們仍有差異。就方法上而言，柏林看重的是論述當中的概念及其落實方式和狀態，鄂蘭著眼的則是個別人、事、物在時間舞臺上的展演及相對於彼此的新意，有時甚至認為唯有「新」或「異」才有獨特意義。前者是針對某一時間點上的斷層切片來進行分析，後者則是將事件放在過去與未來之間進行審視。兩種方法其實並不互斥，正如我們既可播放影片也能分析定格畫面。本書多篇致力於從思想史側寫來掌握實際政治發展並藉此進行概念分析的文章，基本上是兩者的同時運用。也唯有如此，才能得出底下四種涉及了時間維度的政治異化之區分。它們分別是：（一）不同政治族群之間的意識形態衝突；（二）民主制度與政治文化之間存在嚴重落差；（三）島嶼民主政治與國際人權建制的疏離，乃至於（四）島嶼上的公民普遍對中華民國曾與其他國家共同扮演要角所建立的國際社會如此陌生。前兩種異化必須置於民主的理論與實踐歷史當中，才能真正掌握，而後兩種則必須放在主權國家體系發展史及移植美國主流國際關係理論的過程當中，方可分析與討論。

　　本書第三部分以轉型正義議題的各方論述差異來凸顯出第一種時差。這一種時差肇因於史觀、集體記憶、對過去的歷史認知及對未來的政治想像等涉及了時間維度的認知差異，但也關乎人們對「民主」及「轉型正義」的理解差異，且關於民主的理解則本身也與不同族群在不同時間點接觸到並試圖移植入島嶼的不同民主理論有關，尤其是渡海來臺自由主義者支持的洛克式民主與臺籍知識分子所倡議的盧梭式民主。本書提及數次，不再贅述。更為關鍵的是，那也和新興民主國家必然存在底下三種不同族群作為一種分裂性民主認知結構有關：（一）未曾真正接受民主價值並格外懷念記憶中那靜好歲月的一代；（二）經歷過價值翻轉，從成長過程中所習慣的威權統治改為支持自由、民主和法治

等觀念的一代，以及（三）生長於民主體制底下，因為對個人自由與不受限的言論表達習以為常的世代，當中有人不僅忘了那是如何得來不易，甚至是經歷過多少人前仆後繼的努力才取得，願意拿國家主權或個人尊嚴來換取經濟利益的說法亦有所聞。不曾確切執行過轉型正義（例如取消威權時代政黨或徹底進行過人事清查）的新興民主社會，以上三種族群的分野格外清楚，而且第三種經常是年輕世代。三種族群之間的彼此異化，既肇因於轉型正義未曾落實，也跟世代差異及第二種族群尚未從威權的懷抱當中轉身過來面對民主時代有關，因此也是一種時差政治。不過，第十二章〈民主政治的理想與現實〉提及的彌爾對「活的真理」與「死的教條」之區分，更能幫助我們理解這種時差如何造成了上上一段指出的第二種異化。

　　進一步解釋，容筆者以本結論最後一個實質討論的主題來作為開始。猶記第九章〈民主制度的診斷與處方，以及一份病理報告〉曾對〈前言〉提及的托克維爾做過深論。托克維爾認為美國民主的成功主要受益於底下三個因素：（一）從祖國帶來的地方鄉鎮自治傳統；（二）清教徒的保守基督教信仰，包括不允許女性到外拋頭露臉，所以男性能在職場上認真工作並愛護家庭，以及（三）當時的資本主義精神不僅讓公司如雨後春筍般增生，也讓人懂得投資的重要性，願意將更好的享受延緩到未來。以上三個分別屬於政治、宗教與經濟的生活領域的心態與習慣，「外溢」（split over）到更大的全國性政治活動當中時，產生了一種熱中於公共事務參與互助合作的精神，從不同場合與層級來學習並實踐共善，尤其是不急躁且懂得將眼光放在更遠未來的精神。

　　筆者在本書中指出，最後一點對我們的時代極為重要，因為不急躁才能讓政府能計畫未來，讓政治人物擘劃長遠政策，且人民也不會苛求民選出來的代議士追求立竿見影的短線操作。欠缺

這種時間跨度超過一次選舉的視野，實施起民主制度將迫使政治人物必須在業績上採取各種短線操作，國家政策將難以有連貫性。這正是第九章和第十一章〈民主雖容易著火，但比任何制度更能滅火〉的主要論點。當延緩享受的投資精神轉為追求快速獲利的投機主義時，民主將面臨危機。求快正是民粹的根源之一（第六章），而最極致的展現莫過於布倫南要求人們拿起手上的槍枝來自行伸張正義，讓行惡的人能就地正法的那一種零時差正義（第十章）。

時間維度對民主運作的重要性，在此不言而喻。然而此時更重要的是，學界向來將這一份關於「一般文化」如何促進和維持「政治運作」的研究，理解為一種「政治文化」的經典個案。托克維爾看到了兩個不同層次的活動之關聯性。來自不同領域的運作邏輯，在政治場域中所融合而成的一種約定俗成之習性，是為政治文化。尤須注意的是，該個案研究所指出的主要是「外於」美國民主制度的領域邏輯如何支撐著中央政府的治理與聯邦層級的選舉制度。況且，即使是自治傳統，其決策過程也不一定會採取諸如投票表決、多數決和共同審議的方式（例如長老決議並發號施令也是一種），但來自英國的鄉鎮傳統卻是如此。因此，那本身也是一種特殊的運作邏輯，並非自治的通則。更重要的是，基督教也跟資本主義一樣都會與時俱進。因此，說是基督教支持了民主制度，甚至因此認為唯有將前者也移植過來才能讓民主能真正落地生根，並非托克維爾的真正洞見所在。這種說法誤將特定文化元素的運作所能發揮之「功能」，等同為該文化元素本身。而事實上是資本主義既會變質，基督教信仰也不一定能在另一個社會當中發揮起在原生地所具備的社會功能。甚至，那幾乎必然有不一樣的意義，因為涉及了本書第八章〈現代性的罪惡：自由主義的怨恨者、模仿犯〉討論的「模仿」，而制度模仿無疑

是最炒短線的一種「移植」。

　　相信讀者至此也能完全掌握了本書第二部分與第三部分的關聯性。前者收錄的所有文章之共同指向是：西方民主社會本身在作為一種激進資本主義的新自由主義崛起之後，即逐漸失去了原本支撐民主制度的政治文化。當然，這並未取消美國仍然是一個基督教國家的事實（即使此時仍有63%的教徒）及其致力於「萬國傳教」的新教傳統。[6] 只不過，此時外傳的不再是那一個高舉勞動美德及以財富累積來榮耀上帝的清教徒（Puritans）世界觀，而是結合了民主選舉及自由貿易的新自由主義民主制度。這種美式民主本身是當年支撐民主政治的資本主義之變質結果。互惠共利是此一世界觀的唯一運作邏輯，而這種市場邏輯不僅如哈佛政治哲學家桑德爾（2012）所說，業已入侵了當代人類的幾乎所有生活領域，甚至直接取代了原本不同領域的運作邏輯。將這種逐利而居的資本主義移植到新興民主國家，不僅意味著民主政治難以落地生根，更可能摧毀當地原有的支撐社會凝聚之元素。

　　而作為第三部分核心的第十二章〈民主政治的理想與現實〉指出，美國民主已失去了支持該制度運作的政治文化。臺灣在80年代末期引入新自由主義之際，也將這種異化的因子移植過來了島嶼，而這為原本即欠缺能支持民主政治的社會添加了更難操作民主制度的元素。置於轉型正義並未竟及三民主義退出政治

6　基督教徒占美國人口比例的變遷，見 https://www.pewresearch.org/religion/2022/09/13/how-u-s-religious-composition-has-changed-in-recent-decades。早期移民北美的英國人以反對英國國教的清教徒為主，他們相信自己是上帝的新選民，而他們抵達北美則是上帝曾允諾以色列人的「流奶與蜜之地」的兌現。這是一種舊約式「上帝選民」的自我理解。但隨著國力日漸壯大，另一種新約式的自我理解也逐漸浮現，其核心為使徒保羅（Saint Paul）呼籲將福音傳至萬國的誡命。

意識形態主要舞臺的脈絡當中，那更意味著「商人無祖國」和「政治就是拚經濟」的論調將成為主流，甚至是衡量政府施政乃至民主政治價值的唯一判準。另一方面，人們將延續威權時代的偉人崇拜，然後把國家類比為一間公司，把政府當作 CEO 來對待。如此一來，不曾經歷過價值翻轉的威權體制支持者，開始懷念歲月靜好並歌頌經濟奇蹟的推手。部分支持這種美式民主的人們，也容易對難以再創經濟奇蹟的政府感到失望。不曾經歷過威權時代的人們當中，則因為民主價值尚未真正扎根，而轉向民粹型政治領袖，甚至不乏有人否定民主制度本身，做出該制度並不優於威權體制或中共政權的判斷。此外，亦有人因此對威權時代或強人神話產生好感，從而有了一種「並非來自親身經歷的懷舊」（anemoia）。

不意外，「民主」在新興民主社會若非被當作僅具工具價值的制度，就是一種「死的教條」。至於臺灣，島嶼上既有肇因於制度移植本身欠缺適當文化土壤的異化，也有因為轉型正義未竟及接軌了新自由主義而來的異化跡象。對此，本書提出的化解方式即是讓民主政治成為一種真正的「活的真理」存在社會。正如彌爾所主張，民主社會乃一間不斷實習、不斷做中學的「公民精神學校」（school of public spirit），其運作既仰賴人們從學校教育當中培養思辨能力和公共精神，也仰賴公眾願意不斷繼續學習新知並參與政策辯論（Mill, CW XIX: 412）。且唯有如此，各種政策的理據才得以愈辯愈明，作為提供此一體制的民主政治也才能有一個能支撐其運作的「政治文化」。

這種政治文化的核心當然也包括彌爾及柏林都在意的妥協與折衷。那是一門政治藝術，也是民主制度失傳的一種技藝。這正是第十五章〈民主跳級生遺忘的政治妥協藝術〉必須被理解為一種因應政治異化的方式之理由。其哲學基礎也就是本書第一章

〈柏林的價值多元論與自由主義〉當中所指出，各種價值之間的一種平衡。本書第四章〈尋找柏林式的價值多元轉型正義理論〉既主張南非轉型正義模式即是一種政治妥協，也藉此提出：轉型正義不該被視為追求特定一個價值的理想，更非一個具有實質指涉的「正義」，而是一種必須在不同價值之間取得平衡，做出妥協，兼顧現實與理想、過去與未來的一種政治實踐。藉此來化解政治制度與政治文化的落差，及這種時差意味的政治異化，以及導致這異化的時差，才是本書認為最適合此時臺灣具體脈絡的規範性主張。

▍讓島嶼和國際社會重新接軌的一種敘事

以上兩節的結語分別從相較於直接民主和獨裁政權，以及作為一種制度的實際運作而言，來指出代議民主制度本身即是一種折衷，實踐上也仰賴政治溝通與妥協藝術。本書主張，關乎「不同政治族群間的意識形態衝突」及「民主制度與政治文化存在嚴重落差」這兩種政治異化的因應，必須從正視這一種內建於民主制度的折衷與妥協精神作為開始。〈前言〉提及一個現代國家不僅是一個「人民」（people）的集合體，一個生命共同體，也是所有人得以共同成長與發展獨立人格的場域。鑑於民主制度對人民必須作為公民的要求，那更意味著這一種制度確實如彌爾所說的「文化成就」（cultural achievement）。這種成就包括政治文化與政治制度的吻合，尤其是不以自己為大、不認為自己手上握有唯一真理，因此在堅持己見並為之捍衛的同時，在心中保有一個願意接受其他想法的可能性的公民精神。

這其實也是柏林與鄂蘭的現實感之共同指向。曾負責草擬《世界人權宣言》的聯合國教科文組織（UNESCO）在 2002 年

決議推動哲學教育的普及，並於 2005 年的巴黎會議上正式將每年 11 月的第三個星期四訂立為「世界哲學日」。而根據其前總幹事博科娃（Irina Bokova）在 2012 年的說法，哲學的重要性在於：

> 面對錯綜紛雜的當今世界，哲學思考首先需要我們謙卑下來，從自己立場退後一步，參與理性的對話，並針對我們所無法左右的挑戰，共同提出應對的措施。這才是教育開明的公民，使其免受愚昧和偏見困擾的最好方法。我們遇到的困難愈大，愈需要通過哲學來理解和平與可持續發展問題。

正如深受托克維爾影響的彌爾最後轉向建立符合民主制度的政治文化，而非仰賴一般文化的外溢效用來支撐民主政治，聯合國教科文組織此時也寄望於此。事實上，聯合國也曾於 1989 年舉辦過「世界宗教與人權」研討會來啟動「宗教對話」（Inter-religious Dialogue）計畫。會議中，瑞士天主教神學家孔漢思（Hans Küng）提出「沒有宗教之間的和平，就沒有世界的和平」（No Peace without）之說，受到與會的宗教代表熱烈回應。然而該計畫後來由「跨文化對話」（Intercultural Dialogue）所取代，最後更將希望寄託於落實民主的全球性哲普計畫，成為該組織的「學習共同生活」（Learning to Live Together）子計畫（詳見葉浩，2018）。此一轉變或許也證實了〈導論〉曾討論過的杭亭頓「文明衝突論」之真確性。至少，聯合國不再單純寄望於宗教或文化界的意見領袖由上而下的呼籲，或說一般文化元素的外溢效用，而是改採更直接的方式來推動公民教育，希冀那能促成可支撐民主制度的政治文化。

政治溝通與妥協，對柏林與鄂蘭來說即是現實感使然的一種

必要。尤須在此重申的是，妥協從不意味著和稀泥或息事寧人，更不是一種指向應該在平反不義之後才能有的「和解」並據此反對正視歷史並確實面對不義的理由。反之，恪守現實感指的是我們應當理解：（一）追求社會整體修復的「政治和解」既不同於個人層次的「道德和解」，也非司法途徑能達成，但卻是欠缺社群共感的分裂社會應該努力的方向；（二）司法責任與道德責任必須區分，哪些行為屬於該予以司法咎責或道德批判的「不義」也不可混為一談，且必須符合當時的價值觀念與歷史脈絡才不至於落入時間維度上的本位主義；（三）威權體制底下的參與者在多大程度上可被司法起訴或進行道德批判，不該單憑職位與職務來斷定，而是必須兼顧當事人的具體情境及對此情境的理解與判斷。

同理，轉型正義不但不是一種獨特的「正義」，那是一種必須在多種價值——例如人權、正義（司法正義、分配正義、代間正義）、社會穩定乃至原諒與和解——之間尋求平衡的政治實踐。過程中必須考慮在內的不僅是抽象價值，亦得兼顧歷史不義的平反、當前政治局勢、共創未來的可能性，因此既是一種亟需多方商議、溝通並考驗執政者的政治智慧與判斷的工作，執行起來更不該被簡化為移植哪一個特定國家的模式。

另一方面，旨在為歷史不義平反的「不義」（injustice），內涵本身亦能從政治、道德、法律等不同角度來理解。不意外，法律上的不義最為直截了當，指涉各種違反當時國家法律的行為，包括過當執法。如果把國際法也考慮進來，不義的範圍則會擴大不少，甚至可涉及了各種原本可能被認定為屬於「道德」的領域。例如，當一個人接受了違反人道的政府命令，既不進行道德判斷也不採取良心抵抗的時候。換言之，「惡法亦法」的堅稱本身並不是法律命題，而是道德判斷。以鄂蘭的話來說，那等同

於放棄思考，放棄一個人之所以為人的最根本條件。至於政治上的不義，那首要指的當然是政治人物或國家元首故意讓人民陷於水深火熱或各種導致生靈塗炭的政策，例如發動侵略性戰爭或違反人權、強迫公民彼此監督並相互舉報以維持政權穩定等法令。但剛愎自用或立意良善卻造成人民受苦的政策，也是一種，因為那本身是不把其他人當成政治社群的共同成員，或說同一故事的共同主角所致。

或許值得一提的是，現實感也讓鄂蘭的指導教授雅斯培（Karl Jaspers）甚至對個人的「罪責」（Schuld/guilt）分為刑事（criminal）、政治（political）、道德（moral）以及形而上（metaphysical）四種，各自的適用主體與違反事項（Jaspers, 2000: 25-40；參閱石忠山，2018）。刑事罪責來自觸犯了明確的既定法律，法院可以據法咎責。政治罪責則專指一位因發動戰爭而陷人民於不義的國家元首，戰勝國可對其審判。道德罪責則關乎個人身為道德行為者一切所作所為而產生的責任，包括昧著良心聽從不義政府指令，把惡法也當作法來執行的種種作為，審判者是自己與親友的良心和靈魂。至於形而上罪責則尤指每一個人跟這世界所發生的各種「不義」都不能徹底脫離關係，因為我們都是人類的一部分，既必須以此身分來相互對待，更應據此來阻止一切罪惡的發生；換言之，當我們對罪惡或不義視而不見、任其蔓延時，我們就都有罪。

雅斯培的分類也是他藉以說明為何公民的道德生活與身處國家的政治模式不僅存在關聯性，前者甚至必須為後者的行為承擔起一種「集體罪責」（collective guilt）。相較於此，本書第三章〈過去與未來的政治行動〉指出鄂蘭本人對極權主義的反思也在於個人如何「回應」（respond）時代的困境之上，第四章〈尋找柏林式的價值多元轉型正義理論〉則論述過柏林將焦點放在個

人的責任（responsibility）之上。鄂蘭與柏林基本上都強調個案處理，個別追究，才能斷定一個人真正該負的罪責。與此同時，筆者也從柏林的立場推論了底下兩種「政治不義」。一是當人們能為受害者平反而不如此行時，二是將此時我們應該也能承擔的責任推卸給下一代。兩者都是卸責，也都將後代推向了更為棘手的處境。而從時間維度來重新詮釋鄂蘭的政治本體論，基本上與柏林的說法並無二致，但那能更加明確地提醒人們：任何企圖阻斷未來世代（包括年幼及尚未出生的人們）得以決定並創造屬於他們的故事的舉措，例如國家意識形態的灌輸或強制性政治手段，也都是一種政治不義。

　　至於，島嶼住民最終是否願意採取體現於北美十三州在1776年共同發起的《獨立宣言》（Declaration of Independence）那一種方式，來重新界定領土邊界及社群內外並爭取國際社會承認的方式，甚至繼而制定憲法，重啟一個新的命運共同體，那是島嶼上所有公民必須共同決定的事，取決於政治領導人及人民的意志。英籍哈佛大學教授阿米蒂奇近來指出，美國的《獨立宣言》作為一種新式文類，既是一份對外的獨立宣示，也是一份對內向統治階級的聲討，更是一份關於人與生俱來的權利宣告，且發起至今已促成了全球半數國家效仿（David Armitage, 2023）。

　　當然，對外宣示獨立並試圖以主權國家之姿躍上國際舞臺，不可能在國際政治真空當中進行。畢竟，某一政治社群的開端可能是另一政治社群的結束。更何況，對於實質獨立的政治體所追求的本身是國際社會的認同。隱藏於鄂蘭以「承諾」與「原諒」來訴說開端或社會重啟的那一種溫和語言背後，其實存在著一種相當基進的政治性。也正因如此，她的思想才一直指引著過去三十年來的「基進民主」（radical democracy）論述發展（見Mouffe, 1989; Turner, 2015），甚至啟發了新一代的民粹主義倡

議者（Ziarek, 2019）。雖然鄂蘭本人並不會支持以特定階級為行動主角的左派，但她的思想確實能為革命及激烈反抗壓迫政權的運動提供思想資源。

恪守鄂蘭及柏林的現實感意味著人們在判斷及擇取具體方案時，必須慮及國際現實處境。不過，現實感並不等同於美國國際關係主流理論的現實主義（Realism），更不是接受那一種國際上僅有權力鬥爭、倫理道德是空談的世界觀。相反，那是一種承認國際上存在許多道德規範及法律，但因為欠缺一個世界政府的存在，法律的權威性不若國內法那樣具強制性，務實與理性才是行事準則。兼顧這一種實際存在的國際規範及務實態度，正是本書第五章〈想像一個像鴨又像兔的輪廓〉致力於捍衛的英國學派的立場。以美國的非主流社會建構論（social constructivism）學者溫特（Alexander Wendt）的話來說，「無政府狀態是國家們自己所造成的」（Wendt, 1992）。那並非是霍布斯所謂的自然狀態，而是一種「無政府社會」。而任何意義上的社會都意味著內建了許多規範，強權是聯合國得以執法的後盾，但權力運作並非當中的唯一原則。

以上這種國際關係理論立場並不否認，大國崛起之後總是挑戰既有秩序，在某程度上不願意遵守限制其行動的規則，甚至意圖想讓自己的形象來重新打造世界。美國是一例。其外交政策總是擺盪於將美式民主及資本主義外傳的「萬國傳教」和專注於獨善其身的「上帝選民」兩種傳統之間。前者是民主黨的意識形態根源，也是後冷戰時期的主流，後者則是共和黨及川普高舉的意識形態。不可否認，國際聯盟的失敗與美國獨善其身的傳統有關。一來，那制度預設了「國國平等」的理想及外於美國國會的決策過程。二來，對許多美國共和黨國會議員來說，加入國際聯盟將意味著美國必須介入歐洲事務，弊大於利。高喊「讓世界成

為民主的安居之所」（make the world safe for democracy）口號
的美國總統威爾遜，則是萬國傳教的代表，但最終未能說服另一
方。因此，當聯合國於 1945 年成立時必須設置安理會及常任理
事國制度，即使那坐實了英國作家歐威爾（George Orwell）在同
年出版的《動物農莊》（*Animal Farm*）當中所說的「所有的動
物皆平等，但有些比其他的更平等」，那是唯一能讓美國不置身
事外的方式。對參與了聯合國憲章起草過程的柏林及英國學派國
際關係學者來說，那是一種務實的折衷方案，也是讓大國能肩負
更多責任的方式。[7]

事實證明，會員大會上的「國國平等」加上「有些國家比較
平等」的五大常任理事國制度，是讓取代國際聯盟的聯合國能運
作至今的折衷方案，一如彌爾所理解介於君主制度和直接民主之
間的代議民主。事實上，最早提出「國際聯盟」計畫並致力於推
動成立的英國費邊社（Fabian Society），以彌爾的思想繼承者自
居（Winkler, 1948）。而受彌爾影響至深的英國首相勞合・喬治
（David Lloyd George, 1863-1945）也是「十四點原則」的支持
者。更重要的是，彌爾對何謂「民族」有一種資格論想法，雖然
並未寫入聯合國憲章，但其實持續運作於國際現實當中。該想
法陳述於他的 1859 年文章〈關於不干預的一些想法〉（A Few
Words on Non-Intervention）當中。底下是其開頭：

> 少有比這更亟需道德與政治哲學家來處理的問題：如
> 何才能確立一套規則或標準，讓干預他國事務的正當性
> （justifiableness）──以及有時也同樣令人起疑的刻意不干

7　Joshua L. Cherness, A Mind and its Time: The Development of Isaiah Berlin's
　　Political Thought（Oxford: Oxford University Press, 2013），p.66.

預之正當性——得以被明確且理性的檢測？（Mill, CW XXI: 118）

該文當年是刊載於頗受知識分子歡迎的《弗雷澤雜誌》（*Fraser's Magazine*）上。彌爾的提問透露出國際干預在當時是一個既存的事實，但尚未有一套清楚的論述來限定哪樣的條件底下才具有正當性。無疑，這也是一種旨在「介入爭論」的一種方案。

　　讀者可想而知，「主權」概念及至彌爾的書寫年代，不再是以羅馬民法中的絕對主權概念為基礎的概念，而是從實際互動過程中建立起來的一套國際法基本原則。主權國家之間仍然互不隸屬，但並非絕對不能互相干涉。這才是彌爾得以介入的空間，而他的主張是：干涉的理由必須是出自於對方因深陷於嚴重的天災或人禍而向國際社會求援，抑或某國遭遇外敵的不正當侵略，內戰爆發所導致的主權事實不在。另一方面，該文也指出「民族」（nationality）的資格是爭來的一種成就，而非源自於同一血源或語言的給定事物。尤有甚者，彌爾甚至直指：欲脫離原先統治者的一群人必須提起槍桿子來爭取，才有資格讓國際社會當他們是一個（新的）民族，且唯有如此形成的民族才能真正存續下去。

　　不可否認，彌爾的民族資格論主張依然有效。需要提起槍枝來捍衛自己，並不意味國際社會總是太過現實或欠缺道義的證據，而是因為「民族」的資格必須是爭來的，正如「自由」與「民主」那樣。此時如火如荼與俄羅斯交戰的烏克蘭即是一例。當然，時至今日，國際社會對此有更細緻且複雜的戰爭規範。但即使《聯合國憲章》和《兩公約》及奠定於此的國際人權建制承認了「人民自決權」，而甫於聯合國確認的「國家保護責任」條文（見本書第七章）也再次肯定了相關部分的法律效力，但何謂一個獨立的「人民」則本身不是單憑法律能斷定，而是必然涉及

了政治判斷乃至政治決斷的事。彌爾的資格論即是一種判斷依據。那指出了一群人在何種條件底下可被國際社會認定為是已發展為一個獨立民族的「充分條件」。這也是深受柏林影響的美國「義戰論」（just war theory）學者沃爾澤之立場。[8] 對他來說，「自力救濟」（self-help）才是真正的關鍵檢測。

再一次，這種自力救濟說不等同於美國現實主義所謂的「國際乃一自力救濟場域」。沃爾澤本人堅持這點，畢竟他相信的是法律體系。而事實上這立場與本書〈前言〉及〈導論〉提及的國際法巨擘克洛福教授關於臺灣的國家地位主張，也並無衝突。島嶼上的永久住民的確未曾以國際社會認可的方式，對外明確宣示過自己為一主權國家。另一方面，也正如〈前言〉討論過的加拿大最高法院在 1998 年對魁北克是否有權單方逕自脫離的判決當中，也指向了「領土完整」和「人民自決權」兩者之間的緊張關係，並如此解釋：

> 國際法預期人民自決的權利將在既存主權國家的架構底下行使，而且符合這些國家領土完整的維持。假使這是不可能的時候，在某些例外情形下，分離獨立的權利可能出現。[9]

以上是加拿大高等法院對《聯合國憲章》的詮釋。即使我們堅信國際法的效力，也必須認清法條本身是抽象的，因此，實際應用上必然是涉及了詮釋及關於現實條件的理解及判斷。真正決定某一群人是否具備了相當組成一個獨立的政治體、不受外人管

8　Michael Walzer, Just and Unjust Wars（4th ed.）（New York: Basic Books, 2006），pp.87-91.

9　https://scc-csc.lexum.com/scc-csc/scc-csc/en/item/1643/index.do，第 122 段。譯文引自陳隆志（2018），頁 371。

轄的意志，不僅該滿足鄂蘭所謂的「願意共同生活」這條件，還須以政治行動來證實。國際法文件所賦予的「人民自決權」是法律權利，但「哪一群人」才是該權利的主體，則需要具體的證據。想被國際上「承認」一個獨立的「主權國家」意味著該國家的成立方式既必須符合國際法律規範，也要以具體行動才算來證明自身的獨立性。想以含糊的語言來爭取國際社會的認可，抑或堅持一部宣稱此時並無實質管轄權的領土及人民是主權範圍，那終將難以獲得國際社會的認同。

　　置於以上關於聯合國的成立及奠定於此的人權建制脈絡，加上考慮到中華民國曾為安理會常任理事國並主導過《世界人權宣言》起草的事實，本書最後的提問是：為何我們會如此接受美國主流國際關係的現實主義？為何我們的學界、政府及主流媒體會與世界人權建制如此疏遠？甚至將自己曾貢獻過的人權建制當中對人民自決和據此而來的轉型正義要求視為一種外來想法？甚至在《兩公約》入法之後仍如此疏離？

　　島嶼民主政治與國際人權建制的疏離，以及公民普遍對中華民國曾與國際盟友共同建立的國際社會如此陌生，本身即是嚴重的政治異化。而這兩種異化業已嚴重影響到了民主化的進行、轉型正義的落實、國家正常化的想像，甚至是如何面對兩岸關係的處理。本書第十六章〈國際關係主流夾縫中的兩岸「和平」思考〉指出，癥結所在是冷戰期間政治學界大幅移植了美國的國際關係理論。不可否認，美國曾背棄臺灣的事實及終結中華民國在聯合國中國代表權的「聯合國大會第二七五八號決議」是許多人支持現實主義的理由。[10] 不過，筆者在本書的最後也想問：難道

10　柯喬治（George H. Kerr），《被出賣的臺灣》（*Formosa Betrayed*），臺北：前衛出版社，2003。

有人真心覺得當年總人口為一千五百萬的臺灣真能代表人口估計
為將近九億的中華人民共和國行使「中國代表權」？哪一種現實
感或符合民主精神的代表權理論能支持這樣的代表權永久持續？

　　本書主張，認為島嶼住民能永久代表中國甚至據此將九億人
排除在聯合國乃至國際社會之外的想法，本身既不符合現實感，
也超過了「相對正當性」的允許範圍。被剝奪代表權的同時，國
際社會曾給予了島嶼住民機會是否願意以符合主權統治範圍的領
土及人民來參與聯合國。當初拒絕的是島嶼上的政權。「漢賊不
兩立」是理由之一，但那也是一種不願意與政治現實妥協的舉
措。以中國唯一合法代表自居，更是一種脫離現實的主張。拒絕
讓島嶼住民以另一種名義加入聯合國，則是對當時及後代去書寫
自己故事的權利之剝奪。

　　換言之，正如溫特所說「無政府狀態是國家們自己所造成
的」，「亞細亞的孤兒」也是島嶼政權自己造成的。自絕於國際
社會的發展，不相信國際法，甚至把對外關係的建立或外交實務
的運作理解為一種必須依附美國或中國的做法，則是政治學者及
廣大的社會大眾自己造成的。如果我們想破除這一種異化，那我
們必須先從正視自己的處境及能力所及的範圍。也唯有如此，才
能真正落實符合《兩公約》的民主深化及藉由落實轉型正義來建
立一套民主防衛機制，才能真正與時俱進，一方面讓不同族群能
從 19 世紀的「百年恥辱」、20 世紀的「亞細亞的孤兒」等各種
從特定民族主義立場出發的集體記憶和歷史認知當中走出，一方
面真正接軌變遷中的國際社會並為這一個人類共同世界盡一份力
量。

▌公民身分的實踐，一個政治行動的開端

　　相較於島嶼上有人活在以 1895 或 1945 或 1947 為起點的時序當中，甚至從而想接軌「北京時間」或「華盛頓時間」，本書提出的理論以西伐利亞體系發展至今的歷史為依歸。作為一個意圖介入政治論辯的公共哲學理論，筆者希冀本書提出的時序能提供一個凝聚島嶼上所有族群的敘事共時性，作為一個最終能實踐人民自決的想像共同體之基礎。置於當前的國際現實脈絡中，柏林的現實感提醒我們：鄂蘭式重啟社會固然有國際法源基礎，但那也意味著單憑公民投票表達人民自決意願並不足以能讓臺灣以主權國家之姿躍上國際舞臺，而是可能必須以更具體的手段來證實島嶼住民值得被承認為一個國際社會的成員。從民主精神與代表性角度來審視當年島嶼政權所享有的安理會席次和中國唯一代表權，並非沒有商榷之處。此時若想以「中華民國」名義來爭奪十四億中國人的代表權，更是緣木求魚。換言之，名副其實才是真正的出路。而第一步就是放棄那一部宣稱擁有中國大陸主權的憲法，讓作為國家根本大法的憲法能符合事實，才能有尊嚴。這也是一種調整島嶼上各種政治時間與國際規範的時差之方法。

　　本書作為一個規範性政治理論，必須止於筆者於第一章揭櫫的方法論所能允許的「相對正當性」。那就是提出一個符合本地脈絡的規範性主張，而此處的「規範性」同時指涉（一）島嶼上關於民主、轉型正義及主權國家的實際爭議當中的價值和理想；（二）民主制度及主權國家作為兩種不同的政治理想所各自涉及的種種價值規範和實踐原則，以及據此（三）開立的政治處方──包括立憲、國是會議乃至重建一個符合民主制度的政治文化等幾種方案。

　　更重要的是，無論是民主理論、普世人權理念及轉型正義，

基本上都源自於西方政治哲學傳統，尤其是脫胎於基督教神學的自然法及人性尊嚴概念。筆者認定島嶼上並不具備這樣的思想傳統，但人們又試圖擁抱這些理念並致力於落實在本地的文化土壤之上，因此，不從基督教神學立場來提出一個符合本地脈絡的論述成了一種必要，也是解決相關「論述赤字」的唯一方式。這正是筆者撰寫本書的主要動機，也是「止於相對正當性」的具體實踐。選擇柏林與鄂蘭的思想，也因為他們的著作提供了豐富的思想資源且不直接援引猶太－基督教神學概念。民主制度的移植，尤須為其提供適當的政治文化土壤，否則不僅難以落地生根，甚至有倒退的危險。威瑪共和是前車之鑑。其民主憲政設計本身也是一種移植，失敗的理由則凸顯了底下事實：當社會與經濟生活模式尚未具備可支撐民主制度的外溢作用以前，且人們也尚未真正理解平等、人權、法治乃至以此為核心的憲法尊嚴之下，即恪守民主制度原則並高舉經濟自由與絕對的個人言論自由，而非致力於公民精神的培養，尤其是道德判斷的能力，難以建立一個蓬勃發展的民主政治。移植本身是一種取快的措施，但事實證明民主政治正如彌爾所說是一個仰賴社會成員不斷實習如何當公民的學校，否則活的真理將會淪為死的教條。是故，跳級生不僅該補課，每個世代也都必須重新認識民主的內在價值並懂得如何進行理性溝通及培養妥協的政治藝術。

　　本書講述了一個島嶼曾經和世界的實際連結，並將二戰至今的政治處境置於中華民國曾經參與建立的國際社會，然後跟鄂蘭式政治本體論並置來討論哪些時刻讓島嶼錯失了從實質政治社群走向法理主權國家的機會。至於能否成為一場鄂蘭式政治行動的開端，取決於有多少讀者願意以特定的角色來參與民主政治文化之建立，以及共同捍衛這一塊土地及其象徵的價值之決心。此時，容筆者再次引用第二章〈過去與未來的政治行動〉提及的康

德這段話來作結：

> 　　對一個國家的立法權威（我們當然得將最大的智慧歸它）
> 而言，就它對其他國家的行為的原則求救於屬下（哲學
> 家），似乎是屈辱；不過，如此做卻是十分明智之舉，因
> 此，國家將要求哲學家默然地（故而它將此事當作一項祕
> 密）為之。這等於說：它讓哲學家自由而公開地談論用以從
> 事戰爭與促成和平的普遍格律……（康德，2013：204）

時至今日，該側聽哲學人妄議的國家立法權威者不再是君主，而
是作為國家真正主權者的人民。本書乃是一位享受了言論自由的
公民，針對國家發展方向乃至永久和平可能性的公開談論。這是
筆者身處一種康德式共和制度底下的公民身分之具體實踐。至於
這種言說能否轉化為一個政治行動的開端，能否吹縐一池春水或
泛起一點思想的漣漪，則完全取決於身為民主政體的真正主權
者，也就是即將闔上本書的您。

各章原出處列表

*按章節順序排序。

2011，〈價值多元論與自由主義——兼論伯林的政治理論方法論〉，收錄於《政治與社會哲學評論》，第三十九期，頁 59-111。

2023，〈鄂蘭的政治本體論：一個從時間維度來詮釋共和主義的嘗試〉，收錄於《政治與社會哲學評論》，第七十八期，頁 1-64。

2024，〈介於過去與未來的政治行動：論鄂蘭思想之轉型正義意涵〉，收錄於許家馨主編，《歷史記憶的倫理：從轉型正義到超克過去》，頁 299-346。臺北：國立臺灣大學出版中心。

2008，〈價值多元式轉型正義理論：一個政治哲學進路的嘗試〉，收錄於《台灣政治學刊》，第十二卷第一期，頁 11-51。

2013，〈Robert Jackson 的「全球共約」理論與柏林的價值多元主義：兼論國際關係英倫學派的古典途徑〉，收錄於《政治與社會哲學評論》第四十五期，頁 111-173。

2016，〈同床異夢的民主與民粹：川普時代的左派價值何去何從？〉，收錄於 2016 年 12 月 6 日《報導者》評論。

2021，〈解讀美中「政治時差」與中國夢實際內涵〉，收錄於 2021 年 8 月 4 日《報導者》評論。

2019，〈思想史側寫：不平等世界的元凶、幫凶和模仿犯〉，收錄於潘卡吉・米什拉《憤怒年代：共感怨憤、共染暴力的人類歷史新紀元》一書之推薦序，頁 7-13。臺北：聯經出版公司。

2018，〈布倫南對民主制度的診斷與處方，以及欠我們的一份病理報告〉，收錄於傑森・布倫南《反民主：選票失能、理性失調，反思最神聖制度的狂亂與神話！》一書之導讀，頁 5-25。臺北：聯經出版公司。

2020，〈不管您是誰或誰的誰，落實零時差的正義是一種道德義務？〉，收錄於傑森・布倫南《暴民法：當國家為惡、政治失控、

正義失靈，人民的反抗無罪》一書之導讀，頁 9-15。臺北：聯經出版公司。

2019，〈民主雖然容易著火，但也比任何制度更能滅火〉，收錄於大衛・朗西曼《民主會怎麼結束：政變、大災難和科技接管》一書之導讀，頁 8-15。臺北：立緒出版。

2020，〈理想與現實之間的民主政治 —— 臺灣黨國體制及其遺緒的反思〉，收錄於《二十一世紀》第一百七十八期，頁 16-37。

2017，〈從過去的執拗低音到今日的主旋律 —— 關於台灣轉型正義論述的側寫〉，收錄於《二十一世紀》第一百五十九期，頁 24-38。

2020，〈新政府能否縫合選戰裂縫，開創新局迎接憲政時刻？〉，收錄於 2020 年 1 月 20 日《報導者》評論。

2018，〈轉型正義的艱難 —— 重新理解「和解」與「妥協」的意義〉，收錄於 2018 年 10 月 16 日《報導者》評論。

2012，〈國際關係主流理論夾縫中的兩岸「和平」思考：一個價值多元論觀點的理論嘗試〉，《文明的呼喚：尋找兩岸和平之路》，第二章，頁 83-124。臺北：左岸文化。

參考書目

外文

Agar, Jolyon. 2014. *Post-Secularism, Realism and Utopia: Transcendence and Immanence from Hegel to Bloch*. London: Routledge.

Alger, Chadwick. 1999. "The Expanding Tool Chest for Peacebuilders," in *The New Agenda for Peace Research*, ed. Ho-Won Jeong. Aldershot: Ashgate.

Allen, Jonathan. 2007. "A Liberal-Pluralist Case for Truth Commissions: Lessons from Isaiah Berlin." In *The One and the Many: Reading Isaiah Berlin*, eds. George Crowder & Henry Hardy. Amherst: Prometheus Books.

Amstutz, Mark R. 2005. *The Healing of Nations*. Oxford: Rowan & Littlefield.

Ansell-Pearson, Keith. 1996. *Nietzsche contra Rousseau: A Study of Nietzsche's Moral and Political Thought*. Cambridge: Cambridge University Press.

Arendt, Hannah. 1958. *The Human Condition*. Chicago: University of Chicago Press.

Arendt, Hannah. 1968a. *Men in Dark Times*. San Diego: Harcourt Brace & Co.

Arendt, Hannah. 1968b. *The Origins of Totalitarianism*. New York: Harcourt Brace Jovanovich.

Arendt, Hannah. 1968c. *Between Past and Future: Eight Exercises in Political Thought*. New York: Penguin

Arendt, Hannah. 1973. *The Origins of Totalitarianism*. New York: Harcourt Inc.

Arendt, Hannah. 1976a. *Crises of the Republic*. New York: Harcourt Brace Jovanovich.

Arendt, Hannah. 1976b. *The Life of the Mind*, Vol. 1, *Thinking*. New York: Harcourt Inc.

Arendt, Hannah. 1978a. *The Jew as Pariah*. New York: Grove Press.

Arendt, Hannah. 1978b. *The Life of the Mind,* vol.2, *Willing.* New York: Harcourt Brace Jovanovich.

Arendt, Hannah. 1990. *On Revolution.* New York: Viking Press.

Arendt, Hannah. 1989. *Lectures on Kant's Political Philosophy*, ed. Ronald Beiner. Chicago: University of Chicago Press.

Arendt, Hannah. 1989. *Lectures on Kant's Political Philosophy*, ed. E. Beiner. Chicago: University of Chicago Press.

Arendt, Hannah. 1994 *The Origins of Totalitarianism.* New York: Harcourt Inc.

Arendt, Hannah. 1998a. *The Human Condition.* Chicago: University of Chicago Press.

Arendt, Hannah. 1998b. *Love and Saint Augustine.* Chicago: University of Chicago Press.

Arendt, Hannah. 2005a. *Essays in Understanding, 1930-1954: Formation, Exile, and Totalitarianism.* New York: Schocken Books.

Arendt, Hannah. 2005b. *The Promise of Politics*, ed. Jerome Kohn. New York: Schocken Books.

Arendt, Hannah. 2006a. *Between Past and Future.* London: Penguin.

Arendt, Hannah. 2006b. *Eichmann in Jerusalem.* London: Penguin.

Arendt, Hannah. 2006c. *On Revolution.* London: Penguin.

Benhabib, Seyla. 1994. "Deliberative Rationality and Models of Democratic Legitimacy," *Constellations* 1, 1, pp.26-52.

Benjamin, Walter. 2007. *Illuminations.* New York: Schocken.

Berlin, Isaiah. 1957. *The Hedgehog and the Fox: An essay on Tolstoy's view of history.* Dublin, Ireland: Mentor Books.

Berlin, Isaiah. 1969. *Four Essays on Liberty.* Oxford: Oxford University Press.

Berlin, Isaiah. 1978. *Karl Marx* (4th edition). London: Fontana Press.

Berlin, Isaiah. 1979. *Russian Thinkers*, ed. Henry Hardy & Aileen Kelly. London: Penguin.

Berlin, Isaiah. 1991. *The Crooked Timber of Humanity.* London: Fontana Press.

Berlin, Isaiah. 1998. *The Proper Study of Mankind*. London: Pimlico.

Berlin, Isaiah. 1998. "My Intellectual Path," *New York Review of Books XLV*.

Berlin, Isaiah. 1996. *The Sense of Reality*. London: Pimlico.

Berlin, Isaiah. 1999. *Concepts and Categories*. London: Pimlico.

Berlin, Isaiah. 2001. *The Power of Ideas*. London: Pimlico.

Berlin, Isaiah. 2002. *Liberty: Incorporating Four Essays on Liberty*, ed. Henry Hardy. Oxford: Oxford University Press.

Berlin, Isaiah. 2003. *The Crooked Timber of Humanity: Chapters in the History of Ideas*, ed. Henry Hardy. London: Pimlico.

Berlin, Isaiah. 2013. *Three Critics of the Enlightenment: Vico, Hamann, Herder*. London: Pimlico.

Berlin, Isaiah & Bernard Williams. 1994. "Pluralism and Liberalism: A Reply," *Political Studies*, XLI. pp. 306-309.

Bernstein, Richard. 2002. *Radical Evil*. Cambridge: Polity Press.

Bowring, Finn. 2011. *Hannah Arendt: A Critical Introduction*. London: Pluto Press.

Brennan, Jason. 2016. *Against Democracy*. Princeton: Princeton University Press.

Brown, Chris. 2002. *Sovereignty, Rights and Justice: International Political Theory Today*. Cambridge: Polity Press.

Brown, Chris. 2005. *Understanding International Relations*. London: Palgrave Macmillan.

Brown, Chris. 2019. *Understanding International Relations*. London: Red Globe Press.

Burke, Edmund. 1899. "Reflections on the Revolution in France," in *The Works of the Right Honorable Edmund Burke*, vol. 3. Boston: Little, Brown and Company.

Butler, Judith. 2018. *Notes Toward a Performative Theory of Assembly*. Cambridge: Harvard University Press.

Buzan, Barry. 2004. *From International to World Society? English School Theory and the Social Structure of Globalization*. Cambridge: Cambridge

University Press.

Buzan, Barry & Ole Wæver. 2003. *Regions and Power: The Structure of International Security*. Cambridge: Cambridge University Press.

Calhoun, Craig. 2017. "Two Facets of the Public Sphere," in *Institutional Change in the Public Sphere*, eds. Fredrik Engelstad, Håkon Larsen, Jon Rogstad & Kari Steen-Johnsen. Boston: De Gruyter.

Canovan, Margaret. 1992. *Hannah Arendt: A Reinterpretation of her Political Thought*. New York: Cambridge University Press.

Caute, David. 2013. *Issac and Isaiah: The Covert Punishment of a Cold War Heretic* (2nd edition). New Haven: Yale University Press.

Cavell, Stanley. 1999. *The Claim of Reason: Wittgenstein, Skepticism, Morality and Tragedy*. Oxford: Oxford University Press.

Crowder, George. 1994. "Pluralism and Liberalism," *Political Studies*, XLII. pp.293-305.

Crowder, George. 2002. *Liberalism and Value Pluralism*. London: Continuum.

Crowder, George. 2004. *Isaiah Berlin: Liberty and Pluralism*. Cambridge: Polity Press.

Crowder, George. 2007. "Value Pluralism and Liberalism: Berlin and Beyond." in *The One and the Many*. eds. George Crowder & Henry Hardy. New York: Prometheus Books.

Crowder, George & Henry Hardy eds. 2007. *The One and the Many*. New York: Prometheus Books.

Dahl, Robert A. 1970. *Modern Political Analysis*. New York: Prentice Hall.

Dahl, Robert A. 1972. *Polyarchy: Participation and Opposition*. New Haven: Yale University Press.

Dahl, Robert A. 1998. *On Democracy*. New Haven: Yale University Press

Davidson, Donald. 2004. *Problems of Rationality*. Oxford: Oxford University Press.

Deák, István, Jan T. Gross & Tony Judt. 2000. *The Politics of Retribution in Europe: World War II and its Aftermath*. Princeton: Princeton University Press.

De Brito, Alexandra Barhona, Carmen Gonzalez-Enriquez & Paloma Aguilar. 2001. *The Politics of Memory: Transitional Justice in Democratizing Societies*. Oxford: Oxford University Press.

Digeser, P. E. 2001. *Political Forgiveness*. Ithaca: Cornell University Press.

Dolan, M. Frederick. 2000. "Arendt on philosophy and politics," in *The Cambridge Companion to Hannah Arendt*, ed. Dana Villa. Cambridge: Cambridge University Press.

Dworkin, Ronald. 1984. "Rights as Trumps." in Theories of Right. ed. Jeremy Waldron. Oxford: Oxford University.

Dworkin, Ronald. 2001. "Do Liberal Values Conflict?" in *The legacy of Isaiah Berlin*. eds. Dworkin, Ronald, Mark Lilla & Robert Silvers. New York: New York Review of Books.

Dworkin, Ronald, Mark Lilla & Robert Silvers eds. 2001. *The Legacy of Isaiah Berlin*. New York: New York Review of Books

Elster, Jon. 2004. *Closing the Books: Transitional Justice in Historical Perspective*. Cambridge: Cambridge University Press.

Elster, Jon ed. 2006. *Retribution and Reparation in the Transition to Democracy*. Cambridge: Cambridge University Press.

Fukuyama, Francis. 1992. *The End of History and the Last Man*. New York: Free Press.

Gallipeau, Claude J. 1994. *Isaiah Berlin's Liberalism*. Oxford: Oxford University Press.

Galston, William. 2002. *Liberal Pluralism*. Cambridge: Cambridge University Press.

Galtung, Johan. 1996. Peace by Peaceful Means: Peace and Conflict, Development and Civilization. London: Sage.

Gregory, Eric. 2010. *Politics and the Order of Love*. Chicago: University of Chicago Press.

Geuss, Raymond. 1999. *Morality, Culture, and History: Essays on German Philosophy*. Cambridge: Cambridge University Press.

Gray, John. 1980. "On Negative and Positive Liberty," *Political Studies*, Vol.

28, pp.507-526.

Gray, John. 1984. *Liberalism*. Milton Keynes: Open University Press.

Gray, John. 1989. *Liberalisms: Essays in Political Philosophy*. London: Routledge.

Gray, John. 1993. *Post-Liberalism*. London: Routledge.

Gray, John. 1995a. *Isaiah Berlin*. London: Fontana Press.

Gray, John. 1995b. *Enlightenment's Wake: Politics and Culture at the Close of the Modern Age*. London: Routledge.

Gray, John. 2000. *Two Faces of Liberalism*. Cambridge: Polity Press.

Green, T.H. 1885-1888. *Works of T. H .Green (3 volumes)*, ed. R. L. Nettleship. London: Longmans.

Habermas, Jürgen. 1989. *The Structural Transformation of the Public Sphere*. Cambridge: MIT Press.

Habermas, Jürgen. 1996. *Between Facts and Norms: Contributions to Discourse Theory of Democracy*. Cambridge: MIT Press.

Hampshire, Stuart. 1991. "Nationalism," in *Isaiah Berlin: A Celebration*. eds. Edna Margalit & Avishai Margalit. London: Hogarth.

Hampshire, Stuart. 1999. *Justice as Conflict*. Princeton: Princeton University Press.

Hao, Yeh. 2007. "A Liberal Approach to the Problem of Political Interaction," in *International Conference in Honor of Professor John Dunn: Taking Unreason's Measure: Facing the Global Challenge of Politics*, Center for Political Thought, RCHSS, Academia Sinica, 2007.

Harlow, Carol. 2002. "Voices of Difference in a Plural Community," *The American Journal of Comparative Law* 50, 2, 339-67.

Harris, Sam. 2012. *Free Will*. New York: Free Press.

Hayden, Patrick. 2009. *Political Evil in a Global Age*. London: Routledge.

Hayek, Frederich von. 1994. *The Road to Serfdom*. Chicago: University of Chicago Press.

Held, David. 2006. *Models of Democracy*. Cambridge: Polity Press.

Herzog, Annabel. 2014. "Responsibility," in *Hannah Arendt: Key Concepts*, ed. Patrick Hayden. London: Routledge.

Hobsbawm, Eric. 1994. "Hannah Arendt on Revolution," in *Revolutionaries: Contemporary Essays*. London: Weidenfeld and Nicholson.

Horton, John. 2006. *The Political Theory of John Gray*. London: Routledge.

Hume, David. 1987. "Of the Balance of Power," in *Essay, Moral, Political and Literary [1741]*, ed. Eugene Miller, Indianapolis: Liberty Fund.

Huntington, Samuel P. 1991. *The Third Wave: Democratization in the Late Twentieth Century*. Norman: University of Oklahoma Press.

Huntington, Samuel P. 1993. "The Clash of Civilizations?" *Foreign Affairs*, 72, 3, pp. 22-49.

Ignatieff, Michael. 1997. *The Warrior's Honor*. New York: Metropolitan Books.

Ignatieff, Michael. 1998. *Isaiah Berlin: A Life*. London: Chatto & Windus.

Jackson, Michael. 2014. *The Politics of Storytelling: Variations on a Theme of by Hannah Arendt* (2nd edtion). Chicago: University of Chicago Press.

Jaspers, Karl. 2000. *The Question of German Guilt*. New York: Fordham University Press.

Josefson, Jim. 2019. *Political Philosophy in the Moment: Narratives of Freedom from Plato to Arendt*. New York: Routledge.

Kane, Robert. 1998. *The Significance of Free Will*. Oxford: Oxford University Press.

Kaufman, Peter Iver. 2019. *On Agamben, Arendt, Christianity, and the Dark Arts of Civilization*. London: Bloomsbury.

Kelly, Aileen. 1998. *Towards another Shore: Russian Thinkers between Necessity and Chance*. New Haven: Yale University Press.

Kelly, Aileen. 2001. "A Revolutionary without Fanaticism," in *The legacy of Isaiah Berlin*. eds. Dworkin, Ronald, Mark Lilla & Robert Silvers. New York: New York Review of Books.

Kelly, P. J. 1999. "Contextual and Non-Contextual Histories of Political Thought," in *The British Study of Politics in the Twentieth Century*, eds. Jack Hayward, Brian Barry & Archie Brown. Oxford: Oxford University

Press.

Keohane, Robert O. 1984. *After Hegemony*. Princeton: Princeton University Press.

Keohane, Robert O. 1986. *Neorealism and its Critics*. New York: Columbia University Press.

Keohane, Robert O. & Joseph S. Nye. 1977. *Power and Interdependence*. Boston: Little Brown.

Kiess, John. 2016. *Hannah Arendt and Theology*. London: Bloomsbury T&T Clark.

Kindleberger, Charles K. 1973. *The World in Depression 1929-1939*. Harmondsworth: Penguin.

Krasner, Stephen ed. 1983. *International Regimes*. Ithaca: Cornell University Press.

Kratochwill, Friedrich. 1989. *Rules, Norms and Decisions*. Cambridge: Cambridge University Press.

Kritz, Neil J. 1995. *Transitional Justice: How Emerging Democracies Reckon with Former Regimes*. Washington, D.C: United States Institute of Peace.

La Caze, Marguerite. 2014. "Promising and Forgiveness," in *Hannah Arendt: Key Concepts*, ed. Patrick Hayden. London, Routledge.

Linz, Juan J. 1990. "Transitions to Democracy," *Washington Quarterly*, 13, 3, 143-164.

Linz, Juan J.& Alfred Stepan. 1996. *Problems of Democratic Transition and Consolidation: Southern Europe, South America, and Post-Communist Europe*. London: The Johns Hopkins University Press.

Levin, Yuval. 2014. *The Great debate*. New York: Basic Books.

Luban, David. 2004. "A Theory of Crimes against Humanity," *Georgetown Law Faculty Publications and Other Works*, 146. Available at https://scholarship.law.georgetown.edu/facpub/146

Luban, David. 2006. "Review of Jon Elster, Closing the Books," *Ethics*, 116, 2, 409-12.

Luft, Sandra Rudnick. 2003. *Vico's Uncanny Humanism*. Ithaca and London:

Cornell University Press.

Lukes, Stephen. 1974. *Power: A Radical View*. London and Basingstoke: The Macmillan Press.

Lukes, Stephen. 1988. "Isaiah Berlin in Conversation with Steven Lukes," *Salmagundi* 120: 3, pp. 52-134.

Lukes, Stephen. 1989. "Making Sense of Moral Conflicts," in *Liberalisms and the Moral Life*. ed. Nancy L. Rosenblum. Cambridge, M.A.: Harvard Univeristy Press.

Lukes, Stephen. 2003. *Liberals and Cannibals: The Implications of Diversity*. London: Verso.

Lukes, Stephen. 2008. *Moral Relativism: Big Ideas/Small Books*. New York: Picador.

Margalit, Avishai. 2002. *The Ethics of Memory*. Cambridge: Harvard University Press.

McAdams, A. James. 1997. *Transitional Justice and the Rule of Law in New Democracies*. Notre Dame: University of Notre Dame Press.

Macedo, Stephen. 1991. *Liberal Virtues: Citizenship, Virtue, and Community in Liberal Constitution*. Oxford: Oxford University Press.

MacCallum, Gerald C. 1972. "Negative and Positive Liberty," in *Philosophy, Politics and Society, 4th series*. eds. Peter Laslett, W. G. Runciman, and Quentin Skinner. Oxford: Oxford University Press.

Margalit, Avishai. 2004. *The Ethics of Memory*. Cambridge: Harvard University Press.

McNay, Lois. 2007. "Recognition as fact and norm: the method of critique," in *Political Theory: Methods and Approaches*. eds. David Leopold & Marc Stears. Oxford: Oxford University Press.

Mearsheimer, John. 2001. *The Tragedy of Great Power Politics*. New York: W. W. Norton.

Merton, Robert K. 1968. *Social Theory and Social Structure*. New York: Free Press.

Milbank, John. 1990. *Theology and Social Theory: Beyond Secular Reason*.

Oxford: B. Blackwell.

Mill, John Stuart. 1963-1991. *The Collected Works of John Stuart Mill*, 33 vols, ed. J.M. Robson. London: Routledge and Kegan Paul.

Mill, John Stuart. 1991. *On Liberty and Other Essays*, ed. John Gray. Oxford: Oxford University Press.

Miller, David. 1995. *On Nationality*. Oxford: Oxford University Press.

Morgenthau, Hans J. 1978. Politics Among Nations: The Struggle for Power and Peace (5th edition). New York: Alfred P. Knopf.

Mouffe, Chantal and Paul Holdengräber. 1989. "Radical Democracy: Modern or Postmodern?" in *Universal Abandon? The Politics of Postmodernism*, ed. Andrew Ross. Minneapolis: University of Minnesota Press.

Müller, Jan-Werner. 2017. *What is Populism?* London: Penguin.

Nagel, Thomas.1992. "Pluralism and Coherence," in *The legacy of Isaiah Berlin*. eds. Dworkin, Ronald, Mark Lilla & Robert Silvers. New York: New York Review of Books.

Newey, Glen. 2001. *After Politics*. Basingstoke: Palgrave.

Nietzsche, Friedrich. 1969. *Thus Spoke Zarathustra*: *A Book for Everyone and No One*, London: Penguin.

Nietzsche, Friedrich. 1986. Human, All Too Human, trans., R. J. Hollingdale. Cambredige: Cambridge University Press.

Nietzsche, Friedrich. 1995. *Unfashionable Observations*, trans., Richard T. Gray. California: Stanford University Press.

Nordquist, Kjell-Ake. 2017. *Reconciliation as Politics: A Concept and its Practice*. Eugene: Pickwick Publications.

Nye, Joseph S. 2002. *Soft Power*. New York: Public Affairs.

Oliner, Samuel P. 2008. *Altruism, Intergroup Apology, Forgiveness, and Reconciliation*. St. Paul: Paragon House.

Peterson, Ryan S. 2016. *The Imago Dei as Human Identity: A Theological Interpretation*. Eisenbrauns: Penn State University Press.

Pettit, Philip. 1997. *Republicanism: A Theory of Freedom and Government*. Oxford: Clarendon Press.

Philpott, Daniel. 2006. *The Politics of Past Evil: Religion, Reconciliation, and the Dilemmas of Transitional Justice*. Notre Dame: University of Notre Dame Press.

Pitts, Jennifer. 2005. *A Turn to Empire: The Rise of Imperial Liberalism in Britain and France*. Princeton: Princeton University Press.

Plot, Martin. 2014. *The Aesthetico-Political: The Question of Democracy in Merleau-Ponty, Arendt, and Rancière*. London: Bloomsbury Academic.

Popper, Karl. 1945. *The Open Society and its Enemies*. London: Routledge.

Popper, Karl. 1959. *The Logic of Scientific Discovery*. London: Routledge.

Rawls, John. 1972. *A Theory of Justice*. Oxford: Clarendon Press.

Raz, Joseph. 1986. *The Morality of Freedom*. Oxford: Clarendon Press.

Raz, Joseph. 2003. *The Practice of Value*. Oxford: Oxford University Press.

Riccardi, Mario. 2008. "Berlin on Liberty," in *The One and the Many*. eds. George Crowder & Henry Hardy. New York: Prometheus Books.

Rigby, Andrew. 2001. *Justice and Reconciliation: After the Violence*. Boulder: Lynne Rienner Publishers.

Robinson, Dominic. 2011. *Understanding the 'Imago Dei': The Thought of Barth, von Balthasar and Moltmann*. London: Routledge.

Rorty, Richard. 1989. *Contingency, Irory and Solidarity*. Cambridge: Cambridge University Press.

Rosanvallon, Pierre. 2012. *Counter-Democracy: Politics in an Age of Distrust*, trans. Arthur Goldhammer. Cambridge: Cambridge University Press.

Runciman, David. 2018. *How Democracy Ends*. New York: Basic Books.

Russett, Bruce. 1993. *Grasping the Democratic Peace: Principles of a Post-Cold War World*. Princeton: Princeton University Press.

Ryle, Gilbert.1949. *The Concept of Mind*. Chicago: University of Chicago Press.

Sacks, Jonathan. 2002. *The Dignity of Difference: How to Avoid the Clash of Civilizations*. London: Continuum.

Sandel, Michael. 1984. "Introduction" in *Liberalism and its Critics*. ed. Michael Sandel. Oxford: Oxford University Press.

Sartre, Jean-Paul. 1948. *Existentialism and Humanism*, trans., Philip Mairet. London: Methuen.

Schaap, Andrew. 2001. "Guilty Subjects and Political Responsibility: Arendt, Jaspers and the Resonance of the 'German Question' in Politics of Reconciliation," *Political Studies* 49, 4, 749-65.

Schaeffer, John D. 2020. *Sensus Communis: Vico, Rhetoric, and the Limits of Relativism*. Durham: Duke University Press.

Schultz, Bart. 2017. The Happiness Philosophers: The Lives and Works of the Great Utilitarians. Princeton: Princeton University Press.

Schumpeter, Joseph A. 1943. *Capitalism, Socialism, and Democracy*. London: G. Allen & Unwin Ltd.

Shklar, Jutith N. 1990. *The Faces of Injustice*. New Haven: Yale University Press.

Shue, Henry. 1983. *Basic Rights: Famine, Affluence and United States Foreign Policy*. Princeton: Princeton University Press.

Skagestad, Peter. 2005. "Berlin and Collingwood: A Comparison," Journal of the History of Ideas, 66, 1, 99-112.

Skinner, Quentin. 1984. "The Idea of negative Liberty: Philosophical and Historical Perspectives," in *Philosophy in History*. eds. Richard Rorty, J. B. Schneewind & Quentin Skinner. Cambridge: Cambridge University Press.

Skinner, Quentin. 1998. *Liberty before Liberalism*. Cambridge: Cambridge University Press.

Skinner, Quentin. 2002. "A Third Concept of Liberty," *Proceedings of the British Academy*,117, pp.237-268.

Stears, Marc. 2010. *Demanding Democracy: American Radicals in Search of a New Politics*. Princeton: Princeton University Press.

Susan, Neiman. 2002. *Evil in Modern Thought: An Alternative History of Philosophy*. Princeton: Princeton University Press.

Susan, Neiman. 2019. *Learning from the Germans: Race and Memory of Evil*. New York: Farrar, Strauss and Giroux.

Swift, Adam. 2006. *Political Philosophy: A Beginner's Guide to Students and Politicians*. Oxford: Oxford University Press.

Teitel, Ruti G. 2003. "Transitional Justice Genealogy," *Harvard Human Rights Journal*, 16, 69-94.

Tocqueville, Alexis de. 1994. *Democracy in America*, Vol. 2. London: Everyman's Library.

Tongeren, Paul V. 1999. *Reinterpreting Modern Culture: An Introduction to Friedrich Nietzsche's Philosophy*. Indiana: Purdue University Press Books.

Turner, Jack. 2015. "The Constitution of Radical Democracy," *Polity* 47, 4, pp.558-65.

Tutu, Desmond M. 1999. *No Future without Forgiveness*. New York: Doubleday.

Vico, Giambattista. 2020. *The New Science*. New Haven and London: Yale University Press.

Villa, Danna. 1995. *Arendt and Heidegger: The Fate of the Political*. Princeton: Princeton University Press.

Villa, Danna. 1999. *Politics, Philosophy, Terror: Essays on the Thought of Hannah Arendt*. Princeton: Princeton University Press.

Villa, Danna. 2001. *Socratic Citizenship*. Princeton: Princeton University Press.

Young-Bruehl, Elisabeth. 2004. *Hannah Arendt: For Love of the World* (2nd edition). New Haven: Yale University Press.

Walt, Stephen. 1987. *The Origin of Alliances*. Ithaca: Cornell University Press.

Waltz, Kenneth. 1979. *Theory of International Politics*. Reading: Addison-Wesley.

Waltz, Kenneth. 1993. "The Emerging Structure of International Politics," *International Security*, 18, pp.44-79.

Walzer, Michae. 1977. *Just and Unjust Wars*. New York: Basic Books.

Walzer, Micahel. 1983. *Spheres of Justice*. Oxford: Blackwell.

Weale, Albert. 2018. *The Will of the People: A Modern Myth*. Cambridge:

Polity Press.

Wednt, Alexander. 1999. *Social Theory of International Politics*. Cambridge: Cambridge University Press.

Welch, Cheryl. *De Tocqueville*. Oxford: Oxford University Press.

Wight, Martin. 1996. "The Balance of Power," in Diplomatic Investigations, eds. Herbert Butterfield & Martin Wight. London: George Allen & Unwin.

White, Nicholas P. 1992. "Plato's metaphysical epistemology" in *The Cambridge Companion to Plato*, ed. Richard Kraut. Cambridge: Cambridge University Press.

Whitehead, Alfred North. 1979. *Process and Reality*. New York: Free Press.

Williams, Bernard. 1972. *Morality and the Limits of Philosophy*. Cambridge: Cambridge University Press.

Williams, Bernard. 1991. "Introduction," in *Concepts and Categories: Philosophical Essays*. Isaiah Berlin, ed. Henry Hardy. Princeton: Princeton University Press.

Williams, Bernard. 1993. *Morality*. Cambridge: Cambridge University.

Williams, Bernard. 2001. "Liberalism and Loss," in *The legacy of Isaiah Berlin*. eds. Dworkin, Ronald, Mark Lilla & Robert Silvers. New York: New York Review of Books.

Williams, Bernard. 2005. *In the Beginning Was the Deed*. Princeton: Princeton University Press.

Williams, Rowan. 2016. *On Augustine*. London: Bloomsbury.

Winch, Peter. 1972. "Understanding a Primitive Society," in *Ethics and Action*. London: Routledge.

Wittgenstein, Ludwig. 1958. *Philosophical Investigations*, trans. G. E. M. Anscombe. Oxford: Basil Blackwell.

Wolff, Jonathan. 2011. *Ethics and Public Policy: A Philosophical Inquiry*. London: Routledge.

Wolff, Jonathan. 2012. *The Human Right to Health*. New York: W. W. Norton & Company.

Wolff, Jonathan. 2019. "Method in Philosophy and Public Policy: applied philosophy versus engaged philosophy," in *The Routledge Handbook of Ethics and Public Policy*, eds. Annabelle Lever and Andrei Poama. London: Routledge.

Ziarek, Ewa Plonowska. 2019. "Populism-A Crux or Crisis of Politics?: Laclau versus Arednt," *Soundings: An Interdisciplinary Journal*, 102, 2-3, 128–151.

中文

四劃

王時思，2008，〈轉型正義在臺灣 —— 政府的角色〉，收錄於徐永明編《轉型，要不要正義？—— 新興民主國家與臺灣的經驗對話》。臺北：臺灣智庫。

王家俊，2016，〈藍青年團控林全、顧立雄失職 促監院彈劾〉，《蘋果日報》（臺灣），網址：www.appledaily.com.tw/realtimenews/article/politics/201610 06/963054，2016 年 10 月。

中國國民黨文化傳播委員會，2006，《面對歷史，向全民交代 —— 社團法人中國國民黨黨產總說明》。臺北：中國國民黨文化傳播委員會。

五劃

石之瑜，2011，〈文明與國際關係理論：亞洲學派的不／可行性〉，包宗和主編《國際關係理論》。臺北：五南。

石元康，1995，《當代自由主義理論》。臺北：聯經出版公司。

田弘茂等主編，1997，《鞏固第三波民主》。臺北：業強出版。

石忠山，2018，〈沉默時代的道德辯護：雅斯培論國家行動的罪與責〉，《政治與社會哲學評論》，第六十六期，頁 43-100。

包宗和，2009，〈戰略三角個體論檢視與總體論建構及其對現實主義的衝擊〉，收錄於包宗和與吳玉山主編《重新檢視爭辯中的兩岸關係理論》。臺北：五南，頁 335-354。

六劃

江宜樺，2007，〈臺灣的轉型正義及其省思〉，《思想》，第五期，頁64-81。

七劃

吳乃德，2006，〈轉型正義和歷史記憶：臺灣民主化的未竟之業〉，《思想》，第二期，頁1-34。

吳乃德，2020，《臺灣最好的時刻，1977-1987：民族記憶美麗島》，臺北：春山。

吳玉山，2009，〈權力不對稱與兩岸關係研究〉，收錄於包宗和與吳玉山主編《重新檢視爭辯中的兩岸關係理論》。臺北：五南，頁31-59。

汪平雲，2006，〈國民黨黨產、黨國體制與轉型正義 ── 「有轉型而無正義」的臺灣民主化〉，《當代》，第二百三十期，頁14-25。

汪平雲，2008，〈國民黨黨產、黨國體制與轉型正義 ── 「有轉型而無正義」的臺灣民主化〉，收錄於徐永明編《轉型，要不要正義？── 新興民主國家與臺灣的經驗對話》。臺北：臺灣智庫。

李西潭，2011，《自由人權與民主和平：臺灣民主化的核心價值》。臺北：五南。

李歐梵，1994，《狐狸洞話語》。香港：牛津大學。

吳叡人，2007，〈自由的兩個概念：戰前臺灣民族運動與戰後「自由中國」集團政治論述中關於「自由」之概念的初步比較〉，收錄於殷海光基金會主編《自由主義與新世紀臺灣》。臺北：允晨文化，頁55-105。

八劃

花亦芬，2016，《在歷史的傷口上重生 ── 德國走過的轉型正義之路》。臺北：先覺出版。

亞里斯多德（Aristotle），2018，《形而上學：研究所有哲學基本問題之學問》，吳壽彭譯。臺北：五南。

明居正，2009，〈國際體系層次理論與兩岸關係：檢視與回顧〉收錄於包宗和與吳玉山主編《重新檢視爭辯中的兩岸關係理論》。臺北：

五南，頁 305-334。

邵宗海，2006，《兩岸關係》。臺北：五南。

林佳龍，2008，〈轉型，沒有正義——論國民黨黨產對臺灣民主鞏固的挑戰〉，收錄於徐永明編《轉型，要不要正義？——新興民主國家與臺灣的經驗對話》。臺北：臺灣智庫。

洪聖斐，2006，〈中山思想與民粹主義〉，收錄於《第九屆孫中山與現代中國學術研討會論文集》。臺北：國父紀念館，頁 123-36。

九劃

施正鋒，2001，〈和平學與臺灣〉，收錄於雷敦龢主編《和平學論文集2001》。臺北：唐山出版，頁 3-76。

十劃

徐永明，2006，〈追求臺灣政治的轉型正義〉，《當代》，第二百三十期，頁 26-35。

徐斯儉，2001，〈民主與和平〉，收錄於雷敦龢主編《和平學論文集2001》。臺北：唐山出版，頁 249-288。

桑德爾（Michael J. Sandel），2012，《錢買不到的東西：金錢與正義的攻防》吳四明與姬健梅譯。臺北：先覺出版。

十一劃

崔之清編，2001，《臺灣是中國領土不可分割的一部份》。北京：人民出版社。

梁文韜，2010，《國際政治理論與人道干預：論多元主義與團合主義之爭辯》。臺北：巨流出版。

陳君愷，2008，〈從轉型正義看黨產問題〉，收錄於徐永明編《轉型，要不要正義？——新興民主國家與臺灣的經驗對話》。臺北：臺灣智庫。

陳宜中，2007，〈吳乃德沒說清楚的問題〉，《中國時報》，2007年2月。

陳芳明，2007，〈轉型正義與臺灣歷史〉，《思想》，第五期，頁 83-94。

陳隆志，2003，〈聯合國的人民自決原則——臺灣的個案〉，《新世紀智庫論壇》，第二十二期，頁 4-6。

屠圖（Desmond Tutu），2005，《沒有寬恕就沒有未來》，江紅譯。新北：左岸文化。

康德（Immanuel Kant），2013，《康德歷史哲學論文集》，李明輝譯注。臺北：聯經出版公司。

十二劃

黃長玲，2015，〈那些我們該記得卻不記得的事〉，收錄於臺灣民間真相與和解促進會編《記憶與遺忘的鬥爭：臺灣轉型正義階段報告》（第三卷）。臺北：衛城出版。

曾國祥，2010，〈理論與歷史現實：唐恩的政治懷疑主義析論〉，《政治與社會哲學評論》，第三十四期，頁 95-143。

鄂蘭（Hannah Arendt），2008a，《責任與判斷》，蔡佩君譯。新北：左岸文化。

鄂蘭（Hannah Arendt），2008b，《平凡的邪惡》，施奕如譯。臺北：玉山社。

鄂蘭（Hannah Arendt），2010，《政治的承諾》，蔡佩君譯。新北：左岸文化。

鄂蘭（Hannah Arendt），2013，《平凡的邪惡：艾希曼耶路撒冷大審紀實》，施奕如譯。臺北：玉山社。

鄂蘭（Hannah Arendt），2016，《人的條件》，林宏濤譯。臺北：商周文化。

鄂蘭（Hannah Arendt），2017，《政治的承諾》（新版），蔡佩君譯。臺北：商周文化。

鄂蘭（Hannah Arendt），2021，《過去與未來之間》，李雨鍾、李威撰、黃雯君譯。臺北：商周文化。

十三劃

葉浩，2008，〈價值多元式轉型正義理論：一個政治哲學進路的嘗試〉，《臺灣政治學刊》，第二十卷一期，頁 11-48。

葉浩，2009，〈彌爾的自由帝國主義理論〉，發表於《2009 中華民國

國際關係學會年會》，國立中正大學政治學系，2009 年 5 月。

葉浩，2010，〈意識型態〉，收錄於陳義彥編《政治學》。臺北：五南，頁 73-96。

葉浩，2011，〈價值多元論與自由主義：兼論伯林的政治理論方法論〉，《政治與社會哲學評論》，第三十九期，頁 59-113。

葉浩，2017，〈導讀〉，漢娜・鄂蘭著，蔡佩君譯，《政治的承諾》。臺北：左岸文化，頁 7-28。

葉浩，2018，〈寫在哲普退潮前的幾點反思〉，《新世紀智庫論壇》，第八十一期，頁 67-72。

葉浩，2020a，〈新政府能否縫合選戰裂縫，開創新局迎接憲政時刻？〉，發表於《報導者》，網址：www.twreporter.org/a/opinion-2020-election-suggestion-national-conciliation，2020 年 1 月。

葉浩，2020b，〈社群共感、政治共時性，以及鄂蘭的政治本體論：從時間向度重新詮釋共和主義的一種嘗試〉，發表於《民主與現代性的政治反思：蔡英文教授紀念研討會》，中央研究院人文社會科學研究中心，2020 年 9 月。

葉浩，2022，〈自由主義式帝國主義作為提升人類文明的政治工程〉，收錄於曾國祥與劉佳昊主編，《帝國與文明：政治思想的全球轉向》。臺北：聯經出版，頁 391-428。

葉浩與陳麗羽，2009，〈價值多元論與英國學派的平行與交集〉，發表於《2009 年中國政治學會年會暨學術研討會 —— 金融海嘯下的全球化、民主化與民主治理》，國立臺北大學公共行政暨政策學系，2009 年 11 月。

楊長鎮，2006，〈雙重轉型與待完成的正義實踐〉，《當代》，第二百三十期，頁 36-43。

楊毅，2016，〈國民黨青年中常委：世代交替、徹底改造〉，《中時電子報》，網址：www.chinatimes.com/newspapers/20160118000293-260102，2016 年 1 月。

十五劃

蔡英文，2002，《政治實踐與公共空間 —— 漢娜・鄂蘭的政治思想》。臺北：聯經。

蔡英文，2008，〈導讀一〉，漢娜‧鄂蘭著，蔡佩君譯，《責任與判斷》。新北：左岸文化，頁 7-20。

蔡英文，2009，《當代政治思潮》，臺北：三民書局。

劉蔚之，2019，〈教育學者張彭春的思想演進及其對《世界人權宣言》之鍛造（1923-1948）〉，《教育研究集刊》，第六十五期第三卷，頁 1-40。

十六劃

錢永祥，2001，〈「我總是活在表層上」──談思想家伯林〉，《縱欲與虛無之上：現代情境裡的政治理論》。臺北：聯經出版公司，頁 119-133。

蕭高彥，2013，《西方共和主義思想史論》。臺北：聯經出版公司。

盧梭（Jean-Jacques Rousseau），1999，《社約論》，徐百齊譯。臺北：臺灣商務印書館。

十七劃

環球聖經公會，2016，《聖經新譯本》。香港：環球聖經公會。

二十劃

蘇起，2003，《危險邊緣：從兩國論到一邊一國》。臺北：天下文化。

鐘楊，1996，〈海峽兩岸關係中的美國因素〉，收錄於明居正編《雙贏？雙輸？兩岸關係何去何從》。臺北：吉虹文化，頁 2-22。

政治時差・時差政治：敘事共時性作為民主政治的一種想像

2024年7月初版　　　　　　　　　　　　　　　　定價：新臺幣560元
有著作權・翻印必究
Printed in Taiwan.

特別感謝何宜謙、趙翊夫的協助。

著　　　者　葉　　　　浩	
叢書主編　黃　淑　真	
校　　　對　馬　文　穎	
內文排版　張　靜　怡	
封面設計　兒　　　　日	

出　　版　者　聯經出版事業股份有限公司　　副總編輯　陳　逸　華
地　　　　址　新北市汐止區大同路一段369號1樓　總編輯　涂　豐　恩
叢書編輯電話　(02)86925588轉5322　　　總經理　陳　芝　宇
台北聯經書房　台北市新生南路三段94號　　社　長　羅　國　俊
電　　　　話　(02)23620308　　　發行人　林　載　爵
郵政劃撥帳戶第0100559-3號
郵　撥　電　話　(02)23620308
印　　刷　者　世和印製企業有限公司
總　　經　銷　聯合發行股份有限公司
發　　行　所　新北市新店區寶橋路235巷6弄6號2樓
電　　　　話　(02)29178022

行政院新聞局出版事業登記證局版臺業字第0130號

國家圖書館出版品預行編目資料

政治時差・時差政治：敘事共時性作為民主政治的一種想像/
葉浩著 . 初版 . 新北市 . 聯經 . 2024年7月 . 568面 . 14.8×21公分
　ISBN　978-957-08-7421-1 (平裝)

1.CST：民主政治　2.CST：政治思想

571.6　　　　　　　　　　　　　　　　　　113008286